Autoritarismus als Gruppenphänomen

Zur situationsabhängigen Aktivierung
autoritärer Prädispositionen

von

Jost Stellmacher

Tectum Verlag
Marburg 2004

Stellmacher, Jost:
Autoritarismus als Gruppenphänomen.
Zur situationsabhängigen Aktivierung autoritärer Prädispositionen.
/ von Jost Stellmacher
- Marburg : Tectum Verlag, 2004
Zugl.: Marburg, Univ. Diss. 2003
ISBN 978-3-8288-8633-9

© Tectum Verlag

Tectum Verlag
Marburg 2004

Danksagung

In den letzten fünf Jahren hat diese Dissertation mal mehr mal weniger mein Leben bestimmt. Mit Sicherheit war sie aber immer ein Teil meiner Gedanken, auch wenn ich nicht an ihr gearbeitet habe. Die Theorie, die dieser Arbeit zugrundeliegt, hat sich im Laufe von diversen Auseinandersetzungen mit unterschiedlichen Personen zu der entwickelt, die in dieser Arbeit vorgestellt wird. Einen besonders großen Anteil daran hat Prof. Dr. Ulrich Wagner, der die Arbeit als Erstanleiter betreut hat. Er hat mich mit Nachfragen und kritischen Anmerkungen immer wieder dazu bewegt, das Theoriekonzept bis zur heutigen Fassung weiterzuentwickeln. Einen großen Dank gebührt ebenso meinem Zweitanleiter, Prof. Dr. Gert Sommer. Bei ihm habe ich in der ersten Zeit meiner Dissertation als wissenschaftlicher Mitarbeiter gearbeitet und meine Leidenschaft für die Menschenrechtsforschung entdeckt, die bis heute ein wichtiges Forschungsgebiet für mich ist. Sehr zu Dank verpflichtet bin auch Herrn PD Dr. Johannes Becker. Ohne seine tatkräftige Organisation einer finanziellen Überbrückung durch eine Anstellung beim Arbeitskreis Marburger Wissenschaftlerinnen und Wissenschaftler für Friedens- und Abrüstungsforschung während der Anfangsphase der Dissertation wäre diese Arbeit womöglich nie entstanden.

Und schließlich möchte ich mich ganz herzlich bedanken:

- bei all meinen Kolleginnen und Kollegen der Arbeitsgruppe Sozialpsychologie am Fachbereich Psychologie der Universität Marburg, die mir jederzeit mit Rat und Tat zur Seite standen und immer wieder dafür gesorgt haben, dass meine Laune nicht gar so schlecht wurde,

- bei den vielen Kolleginnen und Kollegen sowie Studierenden, die mir bei der Durchführung meiner Studien behilflich waren,

- bei meinen Korrekturleserinnen und -lesern, die hervorragend verstanden haben, meine niederländische Seite nicht gar so heftig in der Grammatik zum Vorschein kommen zu lassen,

- und schließlich auch bei meiner geliebten Partnerin, Daniela-Maria Franke, die zu oft in den letzten Jahren mit großer Geduld einen grübelnden und wankelmütigen Freund ertragen musste und vor allen Dingen ertragen hat.

Gewidmet sei die Arbeit all denjenigen, die nach über sechzigjähriger Autoritarismusforschung immer noch bereit sind, das Autoritarismuskonzept weiterzuentwickeln.

Inhaltsverzeichnis

Zusammenfassung

In dieser Arbeit wird ein Autoritarismusmodell vorgestellt, das die traditionelle Autoritarismusforschung (Adorno, Frenkel, Brunswik & Levinson, 1950; Altemeyer, 1981, 1988, 1996) mit dem Social Identity Approach (Tajfel & Turner, 1986) verbindet. Aufbauend auf den Arbeiten von Duckitt (1989, 1992) und Feldman (2000) wird ein Prozessmodell formuliert, in dem Autoritarismus als Gruppenphänomen definiert wird. Die Grundannahme dieses Modells ist, dass bedrohte Identifikationen mit Gruppen bei Personen mit starken autoritären Prädispositionen eine autoritäre Einstellungsreaktion auslösen. Autoritäre Einstellungsreaktionen werden als Grupenautoritarismus erfasst. Dabei wird Gruppenautoritarismus als die Vorstellung von Individuen definiert, welche Beziehung zwischen der Gruppe und ihren Mitgliedern existieren sollte. Der autoritaristische Pol von Gruppenautoritarismus beschreibt die Einstellung, dass alle persönlichen Bedürfnisse, Werte und Neigungen von Gruppenmitgliedern dem Zusammenhalt und den Anforderungen der Gruppe so weit wie möglich unterzuordnen sind, während der nicht-autoritaristische Pol beinhaltet, dass die Forderung nach Gruppenzusammenhalt und die Anforderungen der Gruppe der Autonomie und dem Bedürfnis nach Selbstbestimmung einzelner Mitglieder untergeordnet werden sollen. Im Empirieteil dieser Arbeit wird die Entwicklung einer Skala vorgestellt, die in der Lage ist, Gruppenautoritarismus zuverlässig in verschiedenen Gruppenkontexten zu erfassen. Mit dieser Gruppenautoritarismus-Skala, als Maß für die Stärke einer autoritären Einstellungsreaktion, kann in drei Studien das Gruppenautoritarismus-Prozessmodell bestätigt werden: Bei bedrohten Identifikationen mit Gruppen reagieren Personen mit einer autoritären Prädisposition mit einer autoritären Einstellungsreaktion. Darüber hinaus werden Annahmen formuliert, wann und wie sich eine autoritäre Einstellungsreaktion in autoritäres Verhalten umsetzen wird. Anhand einer Studie, in der Maße für autoritäres Verhalten erfasst werden, kann gezeigt werden, dass autoritäre Einstellungsreaktionen prinzipiell auch mit autoritärem Verhalten einhergehen: Je höher die Gruppenautoritarismusneigung ist, desto stärker sind ein Konformitäts-Bias, eine autoritäre Folgebereitschaft und ein Ingroup-Bias zu erkennen. Gruppenautoritarismus hängt allerdings stärker mit *intra*gruppalem Verhalten als mit *inter*gruppalem Verhalten zusammen. Darüber hinaus kann gezeigt werden, dass der Zusammenhang zwischen Gruppenautoritarismus und intragruppalem Verhalten besonders stark ist, wenn die Statusbeziehungen zwischen Gruppen als illegitim und instabil wahrgenommen werden. Diese Befunde sind in einem erweiterten Gruppenautoritarismus-Prozessmodell festgehalten worden.

Zusätzlich zur Überprüfung des erweiterten Gruppenautoritarismus-Prozessmodells werden Möglichkeiten zur Reduzierung von Autoritarismus diskutiert und empirisch in einer Längsschnittstudie über 14 Monate untersucht. Es kann gezeigt werden, dass Autoritarismusneigungen durch ein Universitätsstudium signifikant reduziert werden können. Allerdings sind die Reduzierungseffekte weniger auf das Studium selber, als vielmehr auf besondere mit der Aufnahme des Studiums verbundenen (sozialen) Erfahrungen zurückzuführen. Reduzierungen der Autoritarismusneigung sind nur bei Studierenden zu finden, die für ihr Studium ihren vorherigen Wohnort wechseln mussten. Bei denjenigen, die ihren vorherigen Wohnort für das Studium nicht aufgeben mussten, waren keine Reduzierungseffekte zu finden. Diese Befunde stützen die Annahme von Altemeyer (1988), der eine Ursache von Autoritarismus im Verharren in engen sozialen Netzwerken sieht.

Einleitung

"This is a book about social discrimination. But its purpose is not simply to add a few more empirical findings to an already extensive body of information. The central theme of the work is a relatively new concept - the rise of an "anthropological" species we call the authoritarian type of man." (Horkheimer, 1950, p. ix)

Dies sind die ersten Sätze des Vorwortes von Max Horkheimer zu der wohl am häufigsten zitierten Arbeit innerhalb der Autoritarismusforschung von Adorno, Frenkel-Brunswik, Levinson und Sanford: "The Authoritarian Personality". Dieses Buch, das 1950 erstmals erschien, stellt zwar nicht den Anfang der Autoritarismusforschung dar - es ist aber die Arbeit, die erstmals Theorie und Empirie zum Thema Autoritarismus in einem Werk umfassend integriert. In der Datenbank PsycINFO (früher Psyclit) sind seit 1950 unter dem Stichwort "authoritaria*" im Titel oder im Abstract über 2500 Veröffentlichungen zu finden. Trotz dieser Vielfalt an Forschungsarbeiten sind die gesicherten Erkenntnisse so gering, dass die Sinnhaftigkeit der Autoritarismusforschung in Frage gestellt wurde (vgl. Oesterreich, 1985; Altemeyer, 1981). Interessanterweise waren es aber gerade Oesterreich und Altemeyer, die in den 80er und 90er Jahren zwei Rekonzeptualisierungen der Autoritarismustheorie vorlegten. Diese Arbeiten gaben der Autoritarismusforschung neuen Impulse. Dennoch vermochten auch sie nicht, wichtige Fragen in der Autoritarismusforschung zu beantworten. Unklar ist bislang beispielsweise die zentrale Frage, was die Ursache für Autoritarismus ist und wie Autoritarismusneigungen entstehen. Wenn diese Fragen aber nicht eindeutig beantwortet werden können, dann "verkommt" das Autoritarismuskonzept zu einer reinen Beschreibung eines Phänomens, welches aber kaum verändert, geschweige denn beseitigt werden kann. Warum also noch Autoritarismusforschung durchführen?

Die Antwort ist einfach: Kaum ein anderes Konzept zeigt so konsistent und so stark Zusammenhänge zu den verschiedensten Formen von Vorurteilen, Rechtsextremismus, Militarismus und ähnlichen Phänomenen, die eine Gefährdung für demokratische Strukturen und Ordnungen in Gesellschaften darstellen. Autoritarismus ist eine Antwort auf die Frage, warum so viele Menschen bereit sind, z.B. Kriegen, Diskriminierungen und Gewalt zuzustimmen, wenn die jeweiligen "Machthabenden" es verlangen. Darüber hinaus hat die Autoritarismusforschung in den letzten zwanzig Jahren eine Erneuerung erlebt. Es ist mit neueren und verwandten Theorieansätzen (vgl. Altemeyer, 1996; Oesterreich, 1996; Feldman, 2000; Sidanius & Pratto, 1999) nicht nur der Versuch gestartet worden, bisherige Forschungsbefunde in ein neues Theoriekonzept zu integrieren, sondern es sind auch Annahmen formuliert worden, die empirisch eindeutig überprüfbar sind. Wie erfolgreich diese Neuformulierungen der Autoritarismustheorie sein werden, steht noch aus.

Diese Arbeit versucht eine Lücke in der Autoritarismusforschung zu schließen, die bisher wenig Beachtung gefunden hat. Die in der internationalen Wissenschaftsszene diskutierten Autoritiarismusansätze sind größtenteils individualistischer Natur. Es werden lediglich die psychischen Strukturen einer Person analysiert, die sie besonders empfänglich für antidemokratische und faschistische Ideologien macht. Allerhöchstens werden noch Interaktionen zwischen Personen thematisiert. Der soziale Kontext wird dabei kaum betrachtet. Was innerhalb der Autoritarismusforschung fehlt, ist die Betrachtung des Individuums als Mitglied sozial definierter Gruppen. Dabei hat die moderne Intergruppenforschung (vgl. Tajfel & Turner, 1979, 1986) aufgezeigt, dass das Verhalten von Personen als Gruppenmitglieder qualitativ vom Verhalten von Personen als Individuen zu unterscheiden ist. Eine Integration dieser Annahmen mit der Autoritarismusforschung hat bislang kaum stattgefunden. Lediglich John Duckitt hat Ende der achtziger Jahre eine Autoritarismustheorie auf Gruppenebene entwickelt (vgl. Duckitt, 1989, 1992). Duckitt hat versucht, die traditionellen individualistisch orientierten Autorismusansätze mit dem Social Identity Approach (Tajfel & Turner, 1986) zu verbinden. Ein Problem ist jedoch, dass Duckitts Ansatz nie ernsthaft diskutiert oder empirisch überprüft wurde. Daher ist ein Hauptanliegen dieser Arbeit, diesen Ansatz anhand neuerer Erkenntnisse weiterzuentwickeln und empirisch zu überprüfen. Bei der Weiterentwicklung wird auch auf den neuen Autoritarismusansatz von Stanley Feldman (2000) eingegangen, der Autoritarismus im Spannungsfeld zwischen sozialer Konformität und Autonomie diskutiert. Als Ergebnis wird ein Gruppenautoritarismus-Prozessmodell formuliert, das beschreibt, unter welchen situativen Bedingungen autoritäre Prädispositionen auf der Einstellungsebene aktiviert werden. Die situationsabhängige Aktivierung autoritärer Prädispositionen wird als autoritäre Einstellungreaktion bezeichnet. Zusätzlich werden Annahmen formuliert, wann und wie sich eine autoritäre Einstellungsreaktion in autoritäres Verhalten umsetzen wird.

Die Arbeit gliedert sich in drei Teile. Im ersten Teil (Kapitel 1 bis 3) wird ein historischer Rückblick auf prominente ältere (Kapitel 1) und neuere (Kapitel 2) Autoritarismusansätze dargestellt. Teil 1 endet schließlich mit einem Resümee, in dem diskutiert wird, was im Rahmen der Autoritarismusforschung als gut oder weniger gut gesichert gelten kann (Kapitel 3). Im zweiten Teil der Arbeit (Kapitel 4 bis 8) wird dann auf Basis dieses Resümees vor allem das Gruppenautoritarismus-Prozessmodell hergeleitet. Ein wichtiger Teil stellt dabei die Vorstellung von Theorien aus der modernen Intergruppenforschung dar (Kapitel 4). Es werden Vorschläge gemacht, in welchen Bereichen die Befunde der Intergruppenforschung die Autoritarismustheorien bereichern können (Kapitel 5). Schließlich wird in Anlehnung an Duckitts Theorie ein revidiertes Modell von Autoritarismus als Gruppenphänomen (Gruppenautoritarismus-Prozessmodell) vorgestellt (Kapitel 6). Darüber hinaus wird Gruppenautoritarismus von verwandten Konzepten wie soziale Dominanzorientierung (Sidanius & Pratto, 1999), Intergruppenangst (Stephan & Stephan, 1985) und Individualismus-Kollektivismus (Triandis, 1995) abgegrenzt (Kapitel 7) und schließlich einige Möglichkeiten zur Reduzierung von Autoritarismus diskutiert (Kapitel 8). Der dritte Teil der Arbeit (Kapitel 9 bis 15) widmet sich schließlich der empirischen Überprüfung der dieser Arbeit zugrundeliegenden Annahmen. Nach einem Überblick über die Fragestellungen dieser Studien (Kapitel 9) und einigen Vorbemerkungen zum statistischen Vorgehen (Kapitel 10) wird zunächst die Entwicklung und die empirische Überprüfung der Gruppenautoritarismus-Skala vorgestellt (Kapitel 11). Diese Gruppenautoritarismus-Skala erfasst die Vorstellungen von Personen, welche Beziehung zwischen einer Gruppe und ihren Mitgliedern existieren sollte. Es werden Skalen vorgestellt, die auf spezifische Gruppenkontexte formuliert worden sind. Anhand von fünf Studien werden die Gütekriterien der verschiedenen Gruppenautoritarismusskalen diskutiert. Darüber hinaus wird anhand von drei Studien die zentrale Annahme des Gruppenautoritarismus-Prozessmodells überprüft (Kapitel 12): Führen bedrohte Identifikationen bei Personen mit einer hohen autoritären Prädisposition zu einer autoritären Einstellungsreaktion? Eine weitere experimentelle Laborstudie untersucht dann, wann und wie autoritäre Einstellungsreaktionen mit autoritärem Verhalten zusammenhängen (Kapitel 13). Am Ende wird eine Längsschnittstudie über 14 Monate vorgestellt, die analysiert, ob und wie sich Autoritarismusneigungen während eines Universitätsstudiums reduzieren (Kapitel 14). Ausgehend von einem Resümee aus der präsentierten Forschung wird schließlich ein Ausblick auf mögliche zukünftige Forschungsfelder im Bereich Autoritarismus gegeben (Kapitel 15).

Teil I: Ideengeschichtliche Entwicklungen in der Autoritarismusforschung

Einleitend sollen die wichtigsten ideengeschichtlichen Entwicklungen in der Autoritarismusforschung dargestellt werden. In aller Regel wird dabei eine chronologische Reihenfolge gewählt. Die Darstellungen beginnen mit den psychoanalytischen Autoritarismuskonzepten, die den Anfangspunkt in der Autoritarismusforschung darstellen. Diese sollen im ersten Teilkapitel vorgestellt werden. Von zentraler Bedeutung ist dabei das Buch "The Authoritarian Personality" von Adorno, Frenkel-Brunswik, Levinson und Sanford (1950). Dieses Buch gilt bis heute als das zentrale Werk in der Autoritarismusforschung. Aus der Kritik der darin enthaltenen Thesen haben sich neue Fragestellungen, Forschungsarbeiten und Theorieansätze gebildet. Das zweite Teilkapitel wird sich mit den Revisionen der psychoanalytisch orientierten Autoritarismustheorien beschäftigen. In der neueren Ideengeschichte wurde die psychoanalytische Orientierung durch kognitionspsychologische und lerntheoretische Theorien abgelöst. Es bestand die Hoffnung, mit einer Revision der Theorie viele Kritiken an "The Authoritarian Personality" entschärfen zu können. Dies gelang den neueren Ansätzen nur bedingt. Vor allen Dingen wurde den neuen Ansätzen der Vorwurf des Reduktionismus gemacht, d.h. der Reduzierung von komplexen gesellschaftlichen Gruppenphänomenen auf individualistisch orientierte psychische Prozesse (vgl. Duckitt, 1989). Die neuere Autoritarismusforschung hatte jedoch eine stärkere empirische Überprüfbarkeit der zentralen Annahmen ermöglicht. Entsprechend sollen in einem dritten Teilkapitel die wichtigsten Erkenntnisse aus der empirischen Autoritarismusforschung zusammengefasst und einer kritischen Reflexion unterzogen werden. Es wird aufgezeigt, dass Autoritarismus nicht nur auf individueller Ebene analysiert werden darf, sondern stärker als ein Gruppenphänomen begriffen werden muss.

1. Psychoanalytisch orientierte Konzepte

1.1. Die Ursprünge

Die Autoritarismusforschung ist aus der Motivation entstanden, einen psychologischen Beitrag zur Erklärung der Entstehung des Faschismus zu leisten. Das Ziel war, die psychologischen Kräfte des Faschismus zu erkennen, um ihn besser bekämpfen zu können. Nach Adorno (1973, S.1) gefährdet keine politisch-soziale Strömung demokratische Werte und Strukturen so stark wie der Faschismus. Adorno, Frenkel-Brunswik, Levinson und Sanford (1950) starteten mit der Absicht, das potenziell faschistische Individuum, dessen Persönlichkeitsstruktur es besonders empfänglich für antidemokratische und faschistische Propaganda macht, zu identifizieren und zu charakterisieren. Die zentrale Frage war, warum Menschen bereit sind, sich bedingungslos Autoritäten zu unterwerfen und deren Werte und Normen bereitwillig zu übernehmen, auch wenn dies gegen ihre eigenen Interessen verstößt.

Die Anfänge der Autoritarismusforschung gehen in die 30er Jahre zurück. Damals waren es vor allen Dingen marxistisch orientierte Psychoanalytiker, die den Begriff der autoritären Persönlichkeit entwarfen. Nach marxistischer Theorie hätte mit der fortschreitenden Verelendung breiter Schichten der deutschen Bevölkerung in den 20er und Anfang der 30er Jahre eine sozialistische Revolution einsetzen müssen. Doch diese trat nicht ein. Im Gegenteil: Breite Massen wanderten nach "rechts". Die Nationalsozialisten erlangten in den Wahlen des Januar 1933 die Mehrheit. Nach Reich erfolgte der Rechtstrend zunächst aus dem Kleinbürgertum, doch setzte dieser sich auch in Teilen der Arbeiterschicht durch (Reich, 1986, S.30f.)[1]. Die skizzierte Gesellschaftsentwicklung widersprach den marxistischen Auffassungen, die die politische Wirklichkeit unter sozioökonomischen Gesichtspunkten analysierten. Reich hielt diesen "Vulgärmarxismus" für zu verkürzt, um die gesellschaftliche Realität erfassen zu können. Er forderte daher neben der sozioökonomischen Gesellschaftssituation auch die psychische Massenstruktur zu analysieren, denn das Leben der Menschen sei nicht nur von ihrer sozioökonomischen Lage bestimmt, sondern immer auch von der Ideologie der herrschenden Klasse. Die Ideologie einer Gesellschaft hat nach Reich neben der Funktion, die herrschende Gesellschaftsordnung widerzuspiegeln, eben auch die, die herrschende Gesellschaftsordnung in den psychischen Strukturen der Menschen zu verankern. Die Gedanken der herrschenden Klasse sollen so zu herrschenden Gedanken in den Köpfen der Masse werden.

Dennoch blieb die Frage, wie der Prozess der Implementierung der herrschenden Ideologie in die psychischen Strukturen der Massen vonstatten ging. Nach den Vorstellungen von Reich, Fromm sowie auch der Berkeley-Gruppe wird die herrschende Ideologie durch die Sozialisation in der frühen Kindheit im Denken, Fühlen und Handeln der Individuen implementiert und trägt durch Unterordnung unter Autorität zur Herrschaftsstabilisierung bei (vgl. Reich, 1986, S.36f.). Fromm (1987)[2] und Reich (1986, S.63ff.) hoben die besondere Bedeutung der patriarchalen Familie für die Herstellung einer auf Unterordnung basierenden, gesellschaftlich erwünschten seelischen Struktur hervor. Das wertvollste Machtinstrument des autoritären Staates sei der Vater in jeder Familie, denn:

"die gleiche Stellung, die der Vorgesetzte dem Vater gegenüber im Produktionsprozeß einnimmt, hält dieser innerhalb der Familie fest."
(Reich, 1986, S. 68)

Damit reproduziere sich das autoritäre Gesellschaftssystem in der Familie. Fromm betonte, dass ein Herrschaftssystem, das auf reiner Gewalt und Unterdrückung basiert, nicht funktioniert. Nach Fromm (1987, S.84ff.) ist die äußere

---

[1] Die Erstausgabe des Buches von Reich erschien 1933.

[2] Die Erstausgabe des Artikels von Fromm erschien 1936.

Gewalt und Macht einer Gesellschaft bzw. der in ihr herrschenden Autoritäten zwar eine unerlässliche Voraussetzung für das Zustandekommen der Fügsamkeit und Unterwerfung der Masse unter diese Autorität, aber der Hauptbestandteil eines autoritären Systems ist, dass seine Autoritätsträger als Autoritäten anerkannt werden und ihre Werte und Normen verinnerlicht werden.

Den Prozess der Verinnerlichung von Autorität und damit herrschender Ideologie erklärte Fromm unter Rückgriff auf die Psychoanalyse von Freud. Eine zentrale Rolle spielt demnach das Über-Ich als phylogenetisch letzte Instanz des seelischen Apparates mit der Funktion der Selbstbeobachtung, des Gewissens und der Idealbildung (Freud, 1972, S.246ff). Die Entstehung des Über-Ichs steht nach Freud in einer engen Beziehung zum Vater. Durch den Ödipuskonflikt werden die gegen den Vater gerichteten feindseligen und eifersüchtigen Wünsche in eine Identifizierung mit demselben verkehrt, da er als übermächtig erlebt wird. Die Ge- und Verbote des Vaters werden introjiziert, d.h. unhinterfragt übernommen. Nach Fromm ist das Verhältnis Über-Ich und Autorität somit ein dialektisches: Das Über-Ich ist eine Verinnerlichung der Autorität, und die Autorität wird durch Projektion der Über-Ich-Eigenschaften auf sie idealisiert und dadurch der rationalen Kritik entzogen. Fromm ging davon aus, dass die Idealisierung des Vaters im späteren Leben auf gesellschaftliche Autoritäten übertragen wird. Sind es in der Kindheit die Werte und Normen des Vaters, die das Über-Ich bilden, so treten im späteren Erwachsenen an dessen Stelle die Werte und Normen der gesellschaftlichen Autoritäten, als Vertreter der äußeren Gewalt.

"Indem das Über-Ich bereits schon in den frühen Lebensjahren des Kindes durch die Angst vor dem Vater und dem gleichzeitigen Wunsch, von ihm geliebt zu werden, entsteht, erweist sich die Familie als eine wichtige Hilfe für die Herstellung der späteren Fähigkeit des Erwachsenen, an Autoritäten zu glauben und sich ihnen unterzuordnen" (Fromm, 1987, S.87).

So kann sich nach Fromm eine auf Unterordnung basierende Ideologie im Sozialisationsprozess manifestieren und die Persönlichkeit der Menschen bestimmen. Dennoch muss erklärt werden, warum eine solche Persönlichkeitsstruktur massenhaft in der Gesellschaft der Weimarer Republik verankert war, so dass der Nationalsozialismus seine Massenbasis finden konnte. Hier thematisierte Fromm die wichtige Rolle der Ich-Entwicklung. Normalerweise treiben die Bedürfnisse des Individuums es dazu, die Umwelt im Sinne seiner Triebbefriedigung zu verändern. Dagegen steht jedoch die Umwelt, die die Bedürfnisse des Individuums zwingt, sich den äußeren Bedingungen anzupassen. Solange das Ich eines Individuums noch relativ schwach ist, ist es der Aufgabe der Unterdrückung und Abwehr von Triebimpulsen, die mit den gesellschaftlichen Notwendigkeiten unvereinbar sind, noch nicht gewachsen. Das Entscheidende am Verhältnis des Ichs zum Über-Ich - sowie des Individuums zu den Autoritäten - ist nach Fromm

(1987, S. 96) sein emotionaler Charakter: Der Mensch will sich sowohl vom Über-Ich als auch von der Autorität geliebt fühlen, fürchtet jedoch ihre Feindschaft. So kann das Individuum nur dann seinem Bedürfnis nach Selbstliebe gerecht werden, wenn es seinem Über-Ich oder seinen Autoritäten, mit denen es sich identifiziert, wohlgefällt. Die besondere Wirkung von Autorität liegt somit in der eher irrationalen und unbestimmten Angst vor Liebesverlust. Solange also gesellschaftliche Bedingungen dergestalt sind, dass die "gefährlichen" individuellen Triebimpulse in sehr früher Kindheit bereits durch ein starkes Über-Ich unterdrückt und verdrängt werden müssen, damit das Individuum unter den gesellschaftlichen Bedingungen überleben kann, solange wird das Ergebnis die weitverbreitete Entwicklung eines masochistischen Charakters sein, der sich durch eine Lust am Gehorchen, an der Unterwerfung und nicht zuletzt durch die Aufgabe der eigenen Persönlichkeit auszeichnet (vgl. Fromm, 1987, S.110ff).

Darüber hinaus führte Fromm an, dass zu einer charakterologischen Struktur, die den Masochismus enthält, notwendigerweise auch der Sadismus gehört. Als zentrales Kennzeichen der sadistischen Charakterstruktur beschrieb Fromm das Streben, einen anderen zum willen- und wehrlosen Instrument des eigenen Willens zu machen und im extremen Fall zum Leiden zu zwingen. Besonders in autoritären Gesellschaftsformen finden sowohl die masochistischen als auch die sadistischen Bestrebungen ihre Befriedigung. Jeder ist in ein System von Abhängigkeiten nach oben und unten eingegliedert. Fromm setzte den sado-masochistischen Charakter mit dem autoritären Charakter gleich (vgl. Fromm, 1987, S.115).

Mit Hilfe des geschilderten autoritären Charakters erklärte Fromm (1987) die Erfolge der Nationalsozialisten. Die sich verschärfenden ökonomischen Verhältnisse einer autoritär organisierten Gesellschaft haben in Kombination mit den auf Unterordnung programmierten Persönlichkeitsstrukturen Anfang der 30er Jahre dazu geführt, die Menschen politisch nach rechts zu drängen, anstatt eine sozialistische Revolution zu entfachen. Dass die Massenbewegung besonders aus dem Kleinbürgertum entstanden ist, erklärte Fromm mit dem Umstand, dass sado-masochistische Charakterstrukturen besonders typisch für die Individuen dieser Schicht gewesen sind.

Die Arbeit von Fromm umfasst sowohl psychodynamische Aspekte der Persönlichkeit als auch ideologische, historisch-philosophische und sozioökonomische Ansätze. Besonders der Versuch, den Zusammenhang zwischen Persönlichkeitsentwicklung und Gesellschaft zu beschreiben, wird in späteren Arbeiten zur autoritären Persönlichkeit oftmals vernachlässigt. Darüber hinaus umreißt Fromm mit der Skizzierung des sado-masochistischen Charakters bereits die drei zentralen Dimensionen, die in späteren Arbeiten als Kennzeichen einer autoritären Persönlichkeit beschrieben werden (vgl. Altemeyer, 1996): Die autoritäre Unterwürfigkeit und die unhinterfragte Übernahme und Verinnerlichung der Werte und Normen der Autoritäten (Konventionalismus) als Kennzeichen des masochistischen Strebens sowie die autoritäre Aggression gegenüber Schwächeren als Kennzeichen des sadistischen Strebens.

Fromm spezifizierte einige Jahre später seine Theorie des autoritären Charakters in "Die Furcht vor der Freiheit" (vgl. Fromm, 1945). Darin erweiterte er seine 1936 in "Studien über Autorität und Familie" aufgestellte Theorie der sado-masochistischen Persönlichkeit zum Einen durch eine historisch-philosophische Begründung der Ursachen autoritären Verhaltens und zum Anderen durch eine Beschreibung der dem Verhalten zugrunde liegenden psychischen Mechanismen (vgl. Oesterreich, 1996). Fromm stellte dar, wie die Menschheit im Laufe der letzten Jahrhunderte mit zunehmenden individuellen Freiheitsgraden konfrontiert worden ist. Besonders die Entwicklung der kapitalistischen Industriegesellschaft sei durch eine starke Zunahme von Individualität begleitet gewesen. Die Steigerung individueller Freiheitsgrade ging jedoch mit einer zunehmenden Hilflosigkeit des Individuums einher, diese zu bewältigen. So seien die Menschen im Laufe der Gesellschaftsentwicklung zwar unabhängiger, selbstsicherer und kritischer geworden, gleichzeitig seien sie aber auch verunsicherter, einsamer und isolierter geworden. Entsprechend formulierte Fromm,

"daß der Mensch - je mehr Freiheit er erringt, (...) nur die eine Wahl hat, sich entweder mit der Welt freiwillig in Liebe und nützlicher Arbeit zu einen, oder aber eine Art Sicherheit in Bindungen zu suchen, die seine Freiheit und den reinen Bestand seines individuellen Selbst zerstören" (Fromm, 1945, S.29f.).

Diese Flucht vor den negativen Begleiterscheinungen zunehmender individueller Freiheiten konkretisierte Fromm durch die Formulierung von drei Fluchtmechanismen (Fromm, 1945, S.141ff.):

- Autoritäre Tendenzen (authoritarianism): Damit ist eine Tendenz gemeint, die Unabhängigkeit des eigenen Selbst aufzugeben und es mit jemand oder etwas Außenstehendem zu verschmelzen, um so die dem individuellen Selbst mangelnde Kraft zu gewinnen. Diese findet sich in dem masochistischen und sadistischen Streben nach Unterwerfung und Beherrschung wieder.

- Der Zerstörungstrieb (destructiveness): Im Gegensatz zum Sadismus, der auf die Aneignung des Objektes seiner Triebe ausgerichtet ist, hat der Zerstörungstrieb die völlige Zerstörung seines Objektes zum Ziel. Das Individuum bleibt zwar dennoch allein, doch ist dies eine Isolation, in welcher es nicht durch die überwältigende Macht der Dinge außerhalb seines Selbst entmutigt und "zermalmt" wird.

- Die automatische Anpassung (automaton conformity): Das Individuum entwickelt sich genau so, wie es von ihm erwartet wird. Durch diese vollkommene Anpassung an die Erwartungen seiner Umwelt werden die

Gefühle der Isolation, der Einsamkeit und der Machtlosigkeit verschwin-
den. Doch die Folge der automatischen Anpassung des Individuums ist der
Verlust seines Selbst.

Mit den geschilderten Konkretisierungen vollendete Fromm, was in "Studien über
Autorität und Familie" bereits angedeutet worden war: Die emotionalen und
motivationalen Grundlagen zur Unterordnung und Unterwerfung unter Autorität
sind die aus einer bedrohlich erlebten Welt entstehende Angst und Verunsiche-
rung. Damit hat Fromm eine wichtige theoretische Grundlage zur Entwicklung
des Konzepts der autoritären Persönlichkeit geleistet (vgl. auch Oesterreich, 1996,
S.38). Der Aspekt der Bedrohung ist ein wichtiger Bestandteil "moderner"
Autoritarismustheorien (vgl. Oesterreich, 1996; Feldman, 2000, Duckitt, 1989).
Daher wird in einem späteren Kapitel ausführlicher auf die Bedeutung von
Bedrohungserleben für die Genese autoritärer Persönlichkeiten eingegangen.

Ein interessanter Aspekt in Fromms Konzept des sadomasochistischen Charakters
liegt in der Annahme, dass bestimmte Gesellschaftsformen und -klassen durch
ihre (An-)Forderungen einen ganz bestimmten Sozialcharakter hervorbringen,
unabhängig von individuellen Unterschieden. Schließlich ist es bei Fromm vor
allen Dingen die Familie, die diese (An-)Forderungen in die psychische Struktur
des Individuums sozialisiert. Dadurch entstehe ein sozial determiniertes
Unbewusstes. Damit brach Fromm mit der Freudschen instinkttheoretischen Basis
der Libidotheorie (vgl. Funk, 1998). In einem Brief an Karl August Wittfogel
1936 schrieb er (zitiert nach Funk, 1998, S.219):

*"The central point of this fundamental disagreement is that I try to
show that drives which motivate social behavior are not, as Freud
assumes, sublimations of sexual instincts. Rather, they are the products of social processes, or, more precisely, reactions to certain
constellations under which the individual has to satisfy his/her
instincts. These drives, which I divide into those having to do with
human relations (love, hate, sadomasochism) and those having to do
with methods of acquisition (instincts of receiving, taking away,
saving, gathering, producing), are fundamentally different from
natural factors, namely the instincts of hunger, thirst, sexuality.
Whereas these are common to all human beings and animals, the
former are specifically human products and not biological; they are
to be understood in the context of the social way of life ..."*

Insgesamt kann festgehalten werden, dass einige zentrale Bestandteile der
späteren Autoritarismustheorien bereits bei Fromm zu finden sind. Erstaunlicher-
weise wird in der Literatur zum Thema Autoritarismus kaum Bezug auf diese
frühen Arbeiten genommen (vgl. jedoch Samelson, 1993; Oesterreich, 1996).
Kritisch anzumerken bleibt jedoch, dass die Theorie von Fromm bis heute keiner
umfassenden empirischen Überprüfung unterzogen worden ist. Zwar waren

empirische Überprüfungen z.B. in den Studien über Autorität und Familie angedacht, diese nahmen jedoch in der Publikation selber keinen Raum ein. Der einzige Hinweis auf den Versuch einer empirischen Überprüfung findet sich in dem Buch "Arbeiter und Angestellte am Vorabend des Dritten Reiches" (Fromm, 1980). Das darin enthaltene Datenmaterial kann jedoch nicht zur Überprüfung der Theorie Fromms herangezogen werden, weil z.b. keine Informationen über Sozialisationserfahrungen in der Familie erhoben wurden. Darüber hinaus müssen einige Grundannahmen der Theorie von Fromm und Reich heute als wenig überzeugend bezeichnet werden. Bei Fromm und Reich entsteht der Eindruck, dass letztendlich die charakterologische Erklärung über sozioökonomischen und situativen Erklärungsebenen dominiert (vgl. Oesterreich, 1996, Wacker, 1979). Die Entwicklung des autoritären Charakters wird auf die frühe Kindheit festgelegt, auch wenn beispielsweise Fromm immer wieder betont hat, dass äußere Gewalt auch im späteren Lebensalter notwendig ist, um die Dominanz des Über-Ichs über das Ich aufrecht zu halten. Erst in "Escape from freedom" sind mit der Betonung von Fluchtmechanismen Ansätze zu erkennen, die auf eine stärker situationsorientierte Konzeption hinweisen und einer reinen Festlegung der Genese eines autoritären Charakters in der frühen Kindheit widersprechen (vgl. Fromm, 1945). Aus heutiger Sicht wird situativen Einflüssen ein sehr viel stärkerer Einfluss auf die Empfänglichkeit für faschistische oder rechtsextreme Einstellungen und Verhaltensweisen zugewiesen (vgl. Oesterreich, 1996, 1997; Wacker, 1979). Auffallend ist schließlich in den frühen Werken auch, dass die Rolle der Frauen vollständig ausgeblendet wird. "Mensch und Mann" werden gleichgesetzt (vgl. Oesterreich, 1996, S. 38).

1.2. The Authoritarian Personality

Anfang der 30er Jahre emigrierten viele Wissenschaftler aufgrund der (drohenden) faschistischen Machtergreifung in Deutschland in die USA. Darunter waren auch Adorno, Fromm und Horkheimer sowie einige andere Wissenschaftler des Frankfurter Instituts für Sozialforschung. Die wissenschaftliche Weiterarbeit des Instituts für Sozialforschung in den USA unter Leitung von Max Horkheimer war vor allen Dingen von finanziellen Problemen geprägt. Aber auch eine wenig mit marxistischer Terminologie und Theorie vertraute Wissenschaftstradition in den USA führte zu einer gemäßigteren und mehr an amerikanischen Verhältnissen orientierten Weiterarbeit. Darüber hinaus zeichnete sich die weitere Zusammenarbeit zwischen den verschiedenen emigrierten Wissenschaftlern der Frankfurter Schule durch starke Spannungen aus (vgl. Wiggershaus, 1986; Samelson, 1993). Im Jahr 1944 finanzierte "The American Jewish Committee" ein Forschungsprojekt zum Thema Antisemitismus, an dem sowohl Horkheimer und Adorno als auch die Forschergruppe um Nevitt R. Sanford beteiligt waren. Dieses Projekt war der Ausgangspunkt einer umfassenden Forschung zur Entstehung von Vorurteilen und antidemokratischen Einstellungen. Als zentrales Werk dieser Forschungsarbeiten erschien schließlich 1950 "The Authoritarian Personality", das heute zu den meist zitierten Werken innerhalb der Sozialwissenschaften gezählt werden muss. Als Autoren wurden Theodor W. Adorno, Else Frenkel-Brunswik, Daniel J. Levinson und Nevitt R. Sanford genannt, obwohl noch weitere Personen an der Arbeit beteiligt waren. In der Literatur wird diese Arbeitsgruppe auch als Berkeley-Gruppe bezeichnet.

Die Arbeiten zu "The Authoritarian Personality" hoben sich von den bisherigen Ansätzen von Fromm und Reich in wichtigen Punkten ab. In "The Authoritarian Personality" wurde erstmals der Versuch unternommen, das Autoritarismussyndrom systematisch empirisch zu überprüfen. Des weiteren erweiterte sich im Vergleich zu den frühen Studien von Fromm (1987) und Reich (1986) die Fragestellung von der Erklärung der Entstehung faschistischer Systeme auf die allgemeinere Frage nach der Entstehung von Vorurteilen und antidemokratischen Bestrebungen. Die Theorie der autoritären Persönlichkeit der Berkeley-Gruppe erhob den Anspruch, die hauptsächlichen Determinanten, Erscheinungs- und Entstehungsformen von Vorurteilen und antidemokratischen Einstellungen zu erklären (vgl. Adorno et al., 1950). Entsprechend war die Theorie der autoritären Persönlichkeit detaillierter und ausgearbeiteter als die von Fromm und Reich. Darüber hinaus beschäftigte sich die Berkeley-Gruppe mit der Frage, wie stark potenziell faschistische Individuen in der amerikanischen Gesellschaft verbreitet waren.

Das methodische Vorgehen der Berkeley-Gruppe war in erster Linie empirie- und weniger theoriegeleitet. Die ursprüngliche Absicht der Forschergruppe war, durch Fragebogenstudien und Interviews mit Extremgruppen herauszufinden, wie sich hoch ethnozentrische und antisemitische von niedrig ethnozentrischen und antisemitischen Personen unterscheiden. Erst im Verlaufe dieser Forschungen kristallisierte sich die autoritäre Persönlichkeit als eine Charakterstruktur heraus, die die Grundlage für politische Präferenzen wie Ethnozentrismus und Antisemitismus ist. Es entstand eine Beschreibung der "Autoritären Persönlichkeit" durch neun Dimensionen (vgl. Adorno, 1973, S.45):

- Konventionalismus: Starre Bindung an die konventionellen Werte des Mittelstandes.

- Autoritäre Unterwürfigkeit: Unkritische Unterwerfung unter idealisierte Autoritäten der Eigengruppe.

- Autoritäre Aggression: Tendenz, nach Menschen Ausschau zu halten, die konventionelle Werte missachten, um sie verurteilen, ablehnen und bestrafen zu können.

- Anti-Intrazeption: Abwehr des Subjektiven, des Phantasievollen, Sensiblen.

- Aberglaube und Stereotypie: Glaube an die mystische Bestimmung des eigenen Schicksals; die Disposition in rigiden Kategorien zu denken.

- Machtdenken und Kraftmeierei: Denken in Dimensionen wie Herrschaft - Unterwerfung, stark - schwach, Führer - Gefolgschaft; Identifizierung mit Machtgestalten; Überbetonung der konventionalisierten Attribute des Ich; übertriebene Zurschaustellung von Stärke und Robustheit.

- Destruktivität und Zynismus: Allgemeine Feindseligkeit, Diffamierung des Menschlichen.

- Projektivität: Disposition, an wüste und gefährliche Vorgänge in der Welt zu glauben; die Projektion unbewusster Triebimpulse auf die Außenwelt.

- Sexualität: Übertriebene Beschäftigung mit sexuellen Vorgängen.

Nach Ansicht der Berkeley-Gruppe ergänzen sich diese Dimensionen zu einer mehr oder weniger dauerhaften Struktur im Individuum, die es für antidemokratische Propaganda anfällig macht (vgl. Adorno, 1973, S.46). Horkheimer bezeichnete die so definierte autoritäre Persönlichkeit als eine neue anthropologische Spezies, die aufgrund ihrer Orientierung an Autorität als einer angeblichen Teilhabe an Macht und Ruhm den Verführungen des Faschismus erliegt (vgl. Adorno et al., 1950, S. IX).

1.2.1. Die dynamische Charakterlehre

Die zentrale Annahme der Berkeley-Gruppe war, dass die Grundlage von Antisemitismus oder Ethnozentrismus weniger in soziologischen oder geschichtlichen Determinanten zu suchen seien, sondern vielmehr in der Empfänglichkeit für antisemitische oder ethnozentrische Tendenzen. Sie postulierten daher, dass der Charakter eines Menschen die entscheidende Determinante sei, ob bei gegebener gesellschaftlicher Situation Personen ideologische Präferenzen wie Antisemitismus oder Ethnozentrismus entwickeln (vgl. Adorno, 1973, S. 6ff.). Als verbindendes Glied zwischen ideologischen Präferenzen und Charakterstruktur wurden die im Charakter innewohnenden Kräfte in Form von Bedürfnissen postuliert. Entsprechend beschrieb Ludwig v. Friedeburg im Vorwort der deutschen Übersetzung derjenigen Kapitel, an denen Adorno beteiligt war,

> *"daß die Anfälligkeit für faschistische Propaganda weniger mit politischen, wirtschaftlichen und sozialen Vorstellungen per se zusammenhänge, sondern, daß solche Meinungen als Reaktionen auf psychische Bedürfnisse zu verstehen, Ausdruck einer bestimmten, der autoritätsgebundenen Charakterstruktur seien" (vgl. Adorno, 1973, S. XI.).*

Charakter wurde definiert als "eine mehr oder weniger beständige Organisation von Kräften im Individuum, die in den verschiedenen Situationen dessen Reaktionen und damit weitgehend das konsistente Verhalten - ob verbal oder physisch - bestimmen" (Adorno, 1973, S. 6). Jedoch sei das beobachtbare Verhalten nicht mit der Charakterstruktur gleichzusetzen. Der Charakter liege hinter dem

Verhalten und dessen Kräfte seien im wesentlichen Bedürfnisse (Triebe, Wünsche, emotionale Impulse). In diesem Sinne stellt nach Adorno die Charakterstruktur vor allem ein Reaktionspotenzial dar, d.h. die Bereitschaft zu einem Verhalten, nicht das Verhalten an sich. Ob dieses Verhalten zum Ausdruck kommt, hängt von den Faktoren der objektiven Situation ab. In diesen verborgenen Reaktionstendenzen liegt nach Adorno das Potenzial für demokratische oder antidemokratische Ideen und Handlungen (vgl. Adorno, 1973, S.5).

Im Gegensatz zu den frühen Ansätzen von Fromm (1945, 1987) und Reich (1986), war bei der Berkeley-Gruppe nur noch rudimentär der Versuch zu erkennen, psychologische mit soziologischen oder historischen Erklärungsansätzen zu verbinden. Nach der Anschauung der Berkeley-Gruppe bestanden Ideologien unabhängig vom Einzelnen und sind Resultat historischer Prozesse sowie des sozialen Zeitgeschehens. Die Berkeley-Gruppe betonte jedoch, dass der Charakter bestimmend für ideologische Präferenzen ist. Die Charakterstruktur ist demnach der Agent, der soziologische Einflüsse auf die ideologische Präferenz von Individuen vermittelt (vgl. Adorno, 1973, S. 8): Je stärker eine autoritätsgebundene Charakterstruktur wirksam ist, desto anfälliger wird dieser Mensch für rechtsgerichtete Propaganda sein. Allerdings wurde der Charakter von der Berkeley-Gruppe nicht als alleinbestimmende Instanz beschrieben, die Einfluss auf die Ausbildung ideologischer Präferenzen nimmt:

"Weit davon entfernt, etwas von Anfang an Gegebenes, Fixiertes zu sein, das auf seine Umwelt reagiert, entwickelt er (der Charakter) sich unter dem Druck der Umweltbedingungen und kann niemals vom gesellschaftlichen Ganzen isoliert werden, in dem er existiert."
(Adorno, 1973, S. 7)

Entsprechend nannte die Berkeley-Gruppe als Ziel der Studien die Untersuchung des Einflusses soziologischer, sozioökonomischer, religiöser und ethischer Faktoren sowie des Einflusses von Gruppenmitgliedschaften auf die Empfänglichkeit für faschistische Ideologien. Dieser Anspruch wurde jedoch nicht wirklich in die Tat umgesetzt. Es fehlten Analysen, inwieweit sich soziologische, sozioökonomische, religiöse oder ethische Faktoren auf Autoritarismus - gemessen mit der F-Skala - auswirken. Es wurden lediglich einige Korrelationen zwischen der F-Skala auf der einen Seite und Antisemitismus, Ethnozentrismus und politisch-ökonomischer Konservatismus auf der anderen Seite berichtet, die zwar zeigen, dass die F-Skala antidemokratische Trends erfassen kann. Die Korrelationen können aber nicht belegen, inwieweit die F-Skala eine in der Charakterstruktur begründete Anfälligkeit des Individuum für Faschismus wiederspiegelt. Nach Aussagen der Berkeley-Gruppe selbst müsse dies noch bewiesen werden (vgl. Adorno, 1973, S.101). Insgesamt blieb in der Theorie und Empirie weitgehend offen, wie sich gesellschaftliche Prozesse auf die Charakterstruktur auswirken und sie formen.

Zur Genese einer Charakterstruktur legte die Berkeley-Gruppe dar, dass der Charakter nichts von Anfang an gegebenes ist. Die Umwelt formt den Charakter und zwar um so gründlicher, je früher sie in der Entwicklungsgeschichte eine Rolle spielt. Daher hängt die Entfaltung des Charakters entscheidend vom Verlauf der Erziehung des Kindes ab, die wiederum von ökonomischen und sozialen Faktoren geprägt ist. Auch wenn die in der frühen Kindheit entstandene Charakterstruktur modifizierbar ist, so ist sie doch gegen tiefgreifende Veränderungen resistent. Daraus ist nach Adorno zu erklären,

"dass Menschen in der gleichen soziologischen Situation abweichende oder gar gegensätzliche Meinungen zu gesellschaftlichen Fragen haben." (Adorno, 1973, S.8)

Da die auf den geschilderten Annahmen fußenden empirischen Studien der Berkeley-Gruppe bis heute starke Aufmerksamkeit erregt haben, werden die wichtigsten Ergebnisse dieser Studien kurz dargestellt.

1.2.2. Ergebnisse der Studien der Berkeley-Gruppe

Das zentrale Anliegen der Berkeley-Gruppe war, das potenziell faschistische Individuum zu identifizieren und zu charakterisieren. Um dieses leisten zu können, wurden sowohl Fragebogenstudien als auch klinische Interviews und projektive Tests durchgeführt.

Die Fragebogenstudien

Im Zentrum der Fragebogenstudien stand die Entwicklung einer Skala, die die relativ verborgenen Züge der autoritären Charakterstruktur erfassen und somit entsprechende Dispositionen enthüllen konnte, bei entsprechender Gelegenheit faschistische Ideen spontan zu äußern oder sich von ihnen beeinflussen zu lassen (vgl. Adorno, 1973, S.20). Diese Skala wurde als F(aschismus)-Skala bekannt und sollte ohne die Nennung von Minderheiten dennoch in der Lage sein, Vorurteile und ethnozentrische Einstellungen zu erfassen. Von Januar 1945 bis Juni 1946 wurden insgesamt fast 3000 Personen mit verschiedenen Versionen der F-Skala befragt[3]. Die Stichproben bestanden am Anfang der Skalenentwicklung vorwiegend aus Studierenden. Bei der Befragung mit den endgültigen Versionen der F-Skala (Form 45 und 40) wurde eine heterogene Stichprobe angestrebt. In ihr waren auch Extremgruppen wie z.B. ehemalige Soldaten, Strafgefangene oder psychische Kranke enthalten. Die Mehrheit der Befragten stammte aus der sozioökonomischen Mittelschicht. Die Autoren konstatierten selbst, dass die Stich-

---

[3] In der Übersicht von Adorno (1973) sind 2099 Befragte aufgeführt. Aus dem Text ist darüber hinaus zu entnehmen, dass weitere 900 Studierende einer Anfängerklasse für Psychologie mit Form 40 und 45 für Korrelationsanalysen befragt worden sind (vgl. Adorno, 1973, S. 90).

probe nicht für eine Generalisierung auf die Gesamtbevölkerung gedacht sei. So bemerkten sie, dass ihre Messinstrumente für Personen mit einer niedrigen Schulbildung aufgrund ihrer z.T. komplizierteren Itemformulierungen und Inhalte kaum geeignet waren. Entsprechend wurde als ein Hauptziel dieser Befragungen, die Charakterisierung von sogenannten Schlüsselgruppen, d.h. Personen mit stark oder schwach ausgeprägten ethnozentrischen Einstellungen, definiert.

Tabelle 1: Die Items der F-Skala (Form 45 und 40)

Itemformulierung mit Itemposition innerhalb des Gesamtfragebogens	Zugeordnete Dimensionen
1. Gehorsam und Respekt gegenüber der Autorität sind die wichtigsten Tugenden, die Kinder lernen sollten.	"Konventionalismus" "Autoritäre Unterwürfigkeit"
2. Weder Schwäche noch Schwierigkeiten können uns zurückhalten, wenn wir genug Willenskraft haben.	"Macht und Robustheit"
4. Die Wissenschaften haben ihre Berechtigung, aber es gibt viele bedeutsame Dinge, die der menschliche Geist wahrscheinlich niemals verstehen kann.	"Autoritäre Unterwürfigkeit" "Aberglaube und Stereotypie"
6. Es wird immer Kriege und Konflikte geben, die Menschen sind nun einmal so.	"Destruktivismus und Zynismus"
8. Jeder Mensch sollte einen festen Glauben an eine übernatürliche Macht haben, deren Entscheidungen er nicht in Frage stellt.	"Autoritäre Unterwürfigkeit" "Aberglaube und Stereotypie"
9. Wenn jemand Probleme oder Sorgen hat, sollte er am besten nicht darüber nachdenken, sondern sich mit erfreulicheren Dingen beschäftigen.	"Anti-Intrazeption"
12. Wer schlechte Manieren und Angewohnheiten und eine schlechte Erziehung hat, kann kaum erwarten, mit anständigen Leuten zurechtzukommen.	"Konventionalismus" "Autoritäre Aggression"
13. Was die Jugend am meisten braucht, ist strikte Disziplin, harte Entschlossenheit und den Willen, für Familie und Vaterland zu arbeiten und zu kämpfen.	"Autoritäre Aggression" "Macht und Robustheit"
16. Manche Menschen haben den angeborenen Drang, sich in die Tiefe zu stürzen.	"Aberglaube und Stereotypie"
18. Heutzutage, wo so viele verschiedene Menschen ständig unterwegs sind und jeder mit jedem zusammenkommt, muß man sich besonders sorgfältig gegen Infektionen und Krankheiten schützen.	"Projektivität"
19. Wer unsere Ehre beleidigt, muß auf jeden Fall bestraft werden.	"Autoritäre Aggression" "Macht und Robustheit"
21. Junge Menschen haben manchmal rebellische Ideen; wenn sie aber erwachsener werden, sollten sie das überwinden und sich zufriedengeben.	"Autoritäre Unterwürfigkeit"
22. Es wäre am besten, man setzte in Deutschland einige Vorkriegsautoritäten wieder ein, um Ordnung zu halten und ein Chaos zu verhindern.	"Macht und Robustheit"

23. Was dieses Land vor allem braucht, mehr als Gesetze und politische Programme, sind ein paar mutige, unermüdliche, selbstlose Führer, denen das Volk vertrauen kann.	"Autoritäre Unterwürfigkeit" "Macht und Robustheit"
25. Sittlichkeitsverbrechen, wie Vergewaltigung und Notzucht an Kindern, verdienen mehr als bloße Gefängnisstrafe; solche Verbrecher sollten öffentlich ausgepeitscht oder noch härter bestraft werden.	"Autoritäre Aggression" "Sexualität"
26. Die Menschen kann man in zwei Klassen einteilen: die Schwachen und die Starken.	"Aberglaube und Stereotypie" "Macht und Robustheit"
27. Es gibt kaum etwas Gemeineres als einen Menschen, der nicht große Liebe, Dankbarkeit und Achtung für seine Eltern empfindet.	"Autoritäre Aggression"
29. Eines Tages wird es sich wahrscheinlich zeigen, daß die Astrologie vieles zu erklären vermag.	"Aberglaube und Stereotypie"
31. Heute mischen sich immer mehr Menschen in persönliche Angelegenheiten anderer ein, die Privatsache bleiben sollten.	"Anti-Intrazeption" "Projektivität"
33. Kriege und soziale Unruhen werden wahrscheinlich eines Tages durch ein Erdbeben oder eine Flutkatastrophe beendet werden, welche die Welt vernichtet.	"Aberglaube und Stereotypie" "Projektivität"
34. Die meisten unserer gesellschaftlichen Probleme wären gelöst, wenn man die Asozialen, Gauner und Schwachsinnigen loswerden könnte.	"Autoritäre Aggression"
35. Die sexuellen Ausschweifungen der alten Griechen und Römer waren ein Kinderspiel im Vergleich zu gewissen Vorgängen bei uns, sogar in Kreisen, von denen man es am wenigsten erwarten würde.	"Projektivität" "Sexualität"
37. Wenn die Menschen weniger reden und mehr arbeiten würden, könnte es uns allen besser gehen.	"Konventionalismus" "Autoritäre Aggression" "Anti-Intrazeption"
38. Die meisten Menschen erkennen nicht, in welchem Ausmaß unser Leben durch Verschwörungen bestimmt wird, die im Geheimen ausgeheckt werden.	"Macht und Robustheit" "Projektivität"
39. Homosexuelle sind auch nicht besser als andere Verbrecher und sollten streng bestraft werden.	"Autoritäre Aggression" "Sexualität"
41. Der Geschäftsmann und der Fabrikant sind viel wichtiger für die Gesellschaft als der Künstler und der Professor.	"Konventionalismus" "Anti-Intrazeption"
42. Kein gesunder, normaler, anständiger Mensch könnte jemals daran denken, einen guten Freund oder Verwandten zu kränken.	"Autoritäre Unterwürfigkeit"
43. Vertraulichkeit erzeugt Geringschätzung.	"Destruktivismus und Zynismus"
44. Wichtige Lehren muß man stets mit Leiden bezahlen.	"Autoritäre Unterwürfigkeit"

Die letzten Formen der F-Skala (Form 45 und 40) besaßen bei 30 Items[4] eine gute Reliabilität von .90. Die durchschnittliche Interitemkorrelation bei einer Stichprobe von 900 Studierenden lag bei r=.13. Die mittlere Item-Gesamtkorrelation betrug r=.59. Da die Skala sowohl Vorurteile als auch faschistische Empfänglichkeit messen sollte, wurden zur Konstruktvalidierung Korrelationen mit Vorurteilen, Antisemitismus und politisch-ökonomischen Konservatismus ermittelt. Die mittleren Korrelationen der F-Skala zur Ethnozentrismus(E)-Skala (r=.73) waren sehr hoch. Die Korrelationen der F-Skala zur Antisemitismus (A-S)-Skala wurde nur in Form 78 erfasst und lag bei r=.53. Ähnlich hoch ist die mittlere Korrelation der F-Skala zur politisch-ökonomischen Konservatismus (PEC)-Skala mit r=.52. Insgesamt waren die berichteten Korrelationen hypothesenkonform. Auch wenn die Autoren bemerkten, dass die Höhe der Korrelationen zwischen verschiedenen Gruppen schwankten[5], so schien es gelungen zu sein, eine Skala zu entwerfen, die Vorurteile ohne die Nennung von Minderheiten erfassen kann. Ob diese Skala auch zur Messung einer in der Charakterstruktur verborgenen Empfänglichkeit für faschistische Ideologien geeignet sei, müssten jedoch nachfolgende Untersuchungen belegen (vgl. Adorno, 1973, S.101). Hinweise, wie eine Charakterstruktur beschrieben werden kann, die besonders empfänglich für faschistische Ideologien ist, sollten durch klinische Interviews gefunden werden.

Interviews und projektive Tests

Ein besonderes Anliegen der Berkeley-Gruppe war es, quantitative Fragebogen-Analysen mit qualitativen Daten zu verknüpfen. Daher wurden zusätzlich zu den quantitativen Fragebogendaten Interviews und projektive Tests durchgeführt. Dabei ging es in erster Linie darum, hoch-vorurteilsbeladene Personen (Highs) im Gegensatz zu niedrig-vorurteilsbeladenen Personen (Lows) zu charakterisieren. Entscheidende Informationen wurden in erster Linie aus den Interviews erarbeitet und weniger aus den projektiven Fragen und Tests (vgl. auch Roghmann, 1966). Daher wird an dieser Stelle lediglich auf die Interviews näher eingegangen.

Für die Interviews wurden 80 Personen aus dem oberen und unteren Quartil der Ethnozentrismus- und Antisemitismus-Scores ausgewählt. Entsprechend ihrer Werte auf diesen Skalen wurden die Personen als "Highs" oder "Lows" eingestuft. Die F-Skala wurde zur Definition von "Highs" und "Lows" nicht herangezogen. Des weiteren wurde eine Gleichverteilung bzgl. Alter, Geschlecht politischer und religiöser Orientierung sowie nationalem und regionalem Hintergrund zwischen

---

[4] Bei Adorno et al (1950, S. 255ff.) und Adorno (1973, S. 81ff.) werden nur 29 von angekündigten 30 Itemformulierungen in der Form 45 und 40 aufgelistet.

[5] Die Korrelationen zwischen der F- und der E-Skala schwankten zwischen den Gruppen von r=.56 bis r=.87. Die Korrelationen zwischen der F- und der PEC-Skala schwankten zwischen den Gruppen von r=.23 bis r=.72.

"Highs" and "Lows" angestrebt. Im Folgenden werden zunächst die zentralen Ergebnisse der klinischen Interviews geschildert, die Else Frenkel-Brunswik berichtet hat. Frenkel-Brunswik beschäftigte sich in ihren Interviews in erster Linie mit den Bereichen beruflicher Werdegang, Einkommen und klinischen Angaben wie familiärer Hintergrund, Kindheitserfahrungen, soziale Beziehungen. Zur Auswertung der Interviews kodierten verschiedene Rater anhand einer Liste das Vorkommen interessierender inhaltlicher Charakteristika für "Highs" und "Lows". In der Zusammenfassung der Charakteristika von "Highs" und "Lows" werden im Folgenden diejenigen Aspekte geschildert, die als zentrale Ergebnisse benannt wurden.

PSYCHODYNAMIK

Als theoretisches Grundgerüst zur Entwicklung der Theorie der autoritären Persönlichkeit diente wie bereits in den frühen Theorien von Fromm und Reich die Psychoanalyse von Freud. Damit wird die Entstehung einer autoritären Persönlichkeit auch von der Berkeley-Gruppe in der frühen Kindheit verortet. Der zentrale Konflikt der autoritären Erziehung liegt nach Frenkel-Brunswiks Interviewdarstellungen darin, dass das Kind von den Eltern stark am Ausleben eigener Bedürfnisse gehindert wird. Die daraus entstehenden negativen Gefühle gegenüber den Eltern können jedoch nicht ausgelebt werden, da Angst und Abhängigkeit es dem Kind unmöglich machen, die Eltern zu kritisieren. Es entsteht eine angstbesetzte Unterwürfigkeit gegenüber Autoritäten. Unerwünschte Impulse wie Furcht, Schwäche und Passivität sowie sexuelle und aggressive Impulse besonders gegenüber Autoritäten werden somit als bedrohlich erlebt und müssen ins Unbewusste verdrängt werden. Diese Impulse finden im späteren Leben unbewusst Ausdruck in der Projektion auf andere Menschen. Besonders die Projektion von Aggressionen auf andere Personen führt dabei zu einer Weltsicht, in der die Umwelt als bedrohlich und gefährlich erlebt wird. Die Identifikation mit den Mächtigen und der Wunsch nach einer vermeintlichen Teilhabe an deren Macht, die für "Highs" typisch sind (vgl. Adorno et al., 1950, S. 413ff.), können daher als Reaktion auf die als bedrohlich erlebte Welt verstanden werden.

Die Psychodynamik von "Highs" ist bestimmt durch ein starkes aber externalisiertes, d.h. an Autoritäten orientiertes, Über-Ich. Bei "Lows" ist dagegen eine stärkere Orientierung an eigenen Wert- und Moralvorstellungen zu erkennen (vgl. Adorno et al. 1950, S.454ff.). Entsprechend werden die drei Dimensionen der Autoritären Persönlichkeit (Autoritäre Unterwürfigkeit, Konventionalismus und Autoritäre Aggression) von Sanford als Ausdruck des starken externalisierten Über-Ichs beschrieben (vgl. Sanford, 1973). Das Ich, als integrierende Instanz zwischen Über-Ich- und Es-Impulsen, ist dagegen bei "Highs" entsprechend schwach ausgebildet. Die Konflikte zwischen Über-Ich- und Es-Impulsen können häufig z.B. nur durch Verdrängung oder Projektion gelöst werden. Der Ausdruck der Projektion und Verdrängung unerwünschter Impulse aus dem "Ich" ist ein Mangel an innerer Orientierung (vgl. Adorno et al., 1950, S.474ff.).

Das herausragende Merkmal in der kognitiven Persönlichkeitsorganisation von "Highs" gegenüber "Lows" ist ihre Rigidität. Ein Ausdruck dieser Rigidität ist ein stark ausgeprägtes Schwarz-Weiß-Denken. Unklarheiten und Ambivalenzen werden, wenn möglich, vermieden (vgl. Adorno et al., 1950, S.463ff.).

ELTERN UND FAMILIE

Da die Entstehung einer autoritären Persönlichkeit in der frühen Kindheit verortet wird, ist die entscheidende Einflussgröße für die Genese nach der Berkeley-Gruppe in den Sozialisationspraktiken der mittelständischen und patriarchalen Familie zu suchen. Die Ursache für die Entwicklung einer autoritären Persönlichkeit wird in einer rigiden und auf Disziplin und Gehorsam ausgerichteten Erziehung (im weiteren als autoritäre Erziehung bezeichnet) gesehen. Das Familienklima ist vor allen Dingen durch eine kühl dominierende Vaterfigur und einen Mangel an emotionaler Wärme charakterisiert. Das Verhältnis der Kinder zu ihren Eltern wird als eher distanziert beschrieben. Bei den Kindern herrscht daher eine angstvolle Unterwerfung unter die Forderungen der Eltern und eine frühe Unterdrückung unerwünschter Impulse vor. Gleichzeitig ist aber auch ein Hang zur Glorifizierung der Eltern zu erkennen. Die Erziehungsziele der Eltern sind auf einen hohen Konventionalismus ausgerichtet: Was sozial akzeptiert ist, ist gut, was sozial abweicht, ist schlecht. Die Folge dieses Familien- und Erziehungsklimas ist, dass die Kinder unerwünschte Anteile von ihrer Persönlichkeit abspalten und einen Mangel an internalisierten und individuellen Wertorientierungen entwickeln. Dies steht im Konflikt zur Entwicklung einer selbstbestimmten und klaren persönlichen Identität (vgl. Adorno et al. 1950, S. 384ff.). Entgegen dieser Interviewergebnisse bei "Highs" ist in den Interviews bei "Lows" eine vergleichsweise geringere Gehorsamserwartung der Eltern an die Kinder zu erkennen. Abweichende Meinungen und Verhaltensweisen werden eher toleriert; emotionale Anteile sind bei "Lows" besser ausgebildet als bei "Highs" und werden stärker ausgelebt. "Lows" werden als kreativer und phantasievoller sowie in ihrer Persönlichkeit als besser integriert beschrieben (vgl. Adorno et al. 1950, S.388ff.).

ZWISCHENMENSCHLICHE BEZIEHUNGEN

Die späteren zwischenmenschlichen Beziehungen von "Highs" sind entsprechend den bisherigen Ausführungen durch eine starke Externalisierung gekennzeichnet: "Highs" präferieren Kontakt besonders zu solchen Personen, die in der sozialen Hierarchie hoch stehen und die mit konventionellen Standards konform gehen. Gleichzeitig ist eine übertriebene moralische Verurteilung solcher Personen zu erkennen, die den konventionellen Standards nicht entsprechen. Außerdem herrscht ein starkes Misstrauen gegenüber "fremden" Personen vor. Damit verbunden ist ein Streben nach Macht und materiellen Vorteilen. Freundschaftliche Beziehungen sind daher im Vergleich zu "Lows" stärker von Kosten-Nutzen Abwägungen geprägt (vgl. Adorno et al., 1950, S.405ff.).

Fazit

Insgesamt erinnern die Ausführungen zur Genese von hoch-vorurteilsbeladenen Personen sehr stark an Fromms Darstellungen bzgl. des sado-masochistischen Charakters. Auffällig ist jedoch, dass kaum ein Verweis darauf zu finden ist. Eine mögliche Erklärung mag in dem Bruch zwischen der Frankfurter Schule und Fromm 1939 liegen (vgl. Wiggershaus, 1986). Der Wert der Studien der Berkeley-Gruppe zur autoritären Persönlichkeit liegt darin, dass hier zum Ersten Mal eine systematische empirische Überprüfung der Thesen zur autoritären Persönlichkeit angestrebt wurde. Mit der gegenüberstellenden Untersuchung von hoch- und niedrig-vorurteilsbeladenen Personen durch Interviews wurde Datenmaterial gewonnen, das wertvolle Rückschlüsse auf die Psychodynamik und Genese autoritärer Persönlichkeiten erlaubt. Darüber hinaus lieferte die Berkeley-Gruppe mit der F-Skala ein Instrument, das nicht nur in der Lage ist, Vorurteile ohne die Nennung von Minderheiten zu messen, sondern auch einen ersten Versuch darstellt, mittels Einstellungsfragen eine im Charakter manifestierte psychodynamische Persönlichkeitsorganisation zu erfassen. Damit war eine Verbindung zwischen sozialpsychologischer Methodik und psychodynamischen Theorien geschaffen worden. Als Ergebnis der umfangreichen Studien ist schließlich eine gut entwickelte Theorie der autoritären Persönlichkeit entstanden (vgl. auch Hyman & Sheatsley, 1954, S.53). Nachfolgende Studien mussten nun prüfen, inwieweit die Theorie der Autoritären Persönlichkeit Gültigkeit besitzt.

1.3. Kritiken an "The Authoritarian Personality"

Die Kritiken an "The Authoritarian Personality" sind umfangreich. An dieser Stelle soll lediglich ein knapper Überblick über die zentralen Kritiken gegeben werden. Ausführliche und lesenswerte Diskussionen über die Theorie und die Studien der Berkeley-Gruppe selbst sowie Ausschnitte aus Ergebnissen nachfolgender Studien sind bei Altemeyer (1981), Christie und Cook (1958), Christie (1991), Duckitt (1992), Eckhardt (1991), Hyman und Sheatsley (1954), Kirsch und Dillehay (1967), Meloen (1993), Roghman (1966), Sanford (1973), Stone, Lederer und Christie (1993), Titus und Hollander (1957) sowie Zick (1997) zu finden. Die umfangreichen Kritikpunkte an "The Authoritarian Personality" lassen sich grob in methodische und psychometrische sowie konzeptuelle Kritiken unterteilen.

1.3.1. Methodische und psychometrische Kritik

Ein Schwerpunkt nachfolgender Studien lag in der Anwendung und Überprüfung der F-Skala. Systematische Übersichten über die Ergebnisse nachfolgender Studien mit der F-Skala sind besonders bei Altemeyer (1981), Christie und Cook

(1958), Hyman und Sheatsley (1954), Kirscht und Dillehay (1967), Meloen (1993) sowie Titus und Hollander (1957) aufgelistet. Eine umfassende Übersicht über Ergebnisse mit revidierten Versionen der F-Skala hat Christie (1991) vorgelegt. Roghman hat 1966 eine umfassende Dokumentation und Kritik der Vorgehensweise und Ergebnisse der Studien der Berkeley-Gruppe in deutscher Sprache veröffentlicht. Kritisiert wird hauptsächlich die Konstruktion der F-Skala und die Stichprobenwahl. Im Folgenden werden die wichtigsten Einwände zusammengefasst.

ANWORTTENDENZEN

Als zentrale Kritik an der F-Skala wird die Formulierung aller Items als Positivindikatoren genannt. Alle Items der F-Skala der Berkeley-Gruppe waren vom Inhalt autoritär formuliert. Items, die den anderen nicht-autoritären Pol formuliert hätten (Negativindikatoren), existierten in der Version der Berkeley-Gruppe nicht. Auch die Antisemitismus- und Ethnozentrismusskala waren in dieser Form formuliert. Dadurch war nicht unterscheidbar, ob die positiven Korrelationen zwischen der F-Skala und Antisemitismus sowie Ethnozentrismus in den Studien der Berkeley-Gruppe durch Antworttendenzen zustande gekommen sind oder echte inhaltliche Zusammenhänge wiederspiegeln. Als Antworttendenz wird zum Einen die Verzerrung des Antwortverhaltens durch die Tendenz, eine Frage unabhängig vom Frageinhalt zu beantworten, verstanden (vgl. Hyman & Sheatsley, 1954). Diese Tendenz wird auch als Ja-Sage-Tendenz bezeichnet. Zum Anderen kommen Antworttendenzen aufgrund der Neigung zustande, Antworten in sozial erwünschter Form zu präsentieren. Durch die einseitig formulierten Items der verwendeten Skalen in den Berkeley-Studien bleibt unklar, wie stark eine Ja-Sage-Tendenz bei der F-Skala auftritt.

Eine Möglichkeit, eine Ja-Sage Tendenz bei der Beantwortung einer Skala zu reduzieren, ist die Bildung sowohl von Positiv- als auch Negativindikatoren. Einige Autoren haben versucht eine revidierte F-Skala zu entwickeln, die gleichermaßen Positiv- wie Negativindikatoren beinhalten. Die Hauptschwierigkeit in der Konstruktion einer balancierten F-Skala liegt allerdings in der Formulierung von Negativindikatoren. Christie, Havel und Seidenberg (1958) kritisieren, dass viele Negativindikatoren von balancierten F-Skalen kein psychologisches Pendant zu den Originalitems darstellen. Auch andere Autoren weisen auf die Schwierigkeit hin, adäquate Negativindikatoren für Autoritarismus zu formulieren (vgl. Kohn, 1972; Lee & Warr, 1969; zum Überblick: Altemeyer, 1981; Christie, 1991; Duckitt, 1992). Christie et al. (1958) formulieren neue Negativindikatoren, die psychologisch mit den Originalitems der F-Skala übereinstimmen. Aber auch sie erhalten nur relativ moderate Korrelationen zwischen den Positiv- und den Negativindikatoren. Mit einer neuentwickelten Methode zur

Überprüfung des Ausmaßes einer Ja-Sage-Tendenz[6] entdecken Christie et al. (1958) allerdings keine Hinweise auf eine Ja-Sage-Tendenz bei der Verwendung ihrer F-Skala. Inwieweit allerdings die von Christie et al. entwickelte balancierte F-Skala zu verwandten Konzepten von Autoritarismus, wie Ethnozentrismus oder Antisemitismus, korreliert, bleibt offen.

Als Fazit muss daher festgehalten werden, dass ein Einfluss einer Ja-Sage Tendenz auf die Korrelationen zwischen der F-Skala einerseits sowie Antisemitismus und Ethnozentrismus andererseits in den Studien der Berkeley-Gruppe nicht ganz ausgeschlossen werden kann. Kirscht und Dillehay (1967) wie auch Altemeyer (1981) haben als pragmatische Lösung des Problems die Bildung von vollkommen ausbalancierten Skalen zur Messung von Einstellungen oder autoritären Persönlichkeitsstrukturen vorgeschlagen. In der heutigen Autoritarismusforschung gilt Altemeyers rechtsgerichtete Autoritarismus-Skala als bisher erfolgreichster Versuch, Negativindikatoren in einer Autoritarismus-Skala zu integrieren (vgl. Altemeyer, 1981; zum Ansatz von Altemeyer siehe auch Kap. 2.2.1).

EINDIMENSIONALITÄT DER SKALA

Die F-Skala ist entwickelt worden, um eine kohärente Persönlichkeitsstruktur bestehend aus neun z.t. stark kovariierenden Dimensionen zu erfassen. Somit wurde die F-Skala als eindimensionales Konstrukt konzeptualisiert. Sanford (1973) konstatiert die hohe Split-Half-Reliabilität von .90 der F-Skala als Beleg für ihre Eindimensionalität. Nachfolgende Studien zeigen jedoch z.t. erheblich niedrigere Reliabilitäten (vgl. Christie & Cook, 1958, S. 174). Des weiteren fällt die durchschnittliche Interitemkorrelation mit .13 in den Studien der Berkeley-Gruppe relativ gering aus. Faktorenanalysen mit der F-Skala zeigen in aller Regel mehrdimensionale Strukturen (vgl. Altemeyer, 1981). Entsprechend kann die Annahme der Eindimensionalität der F-Skala nicht aufrecht erhalten werden.

BILDUNGSABHÄNGIGKEIT DER ITEMS

Die Items der F-Skala waren z.t. relativ komplex formuliert und erfassten meist mehrere Aspekte einer autoritären Persönlichkeit. Schon in der Einleitung zu "The Authoritarian Personality" wurde daher bezweifelt, ob die Items der F-Skala für Personen mit niedriger Bildung geeignet sind. Dagegen behaupten andere Autoren wiederum, dass die Items der F-Skala von gebildeten Personen durchschaut werden könnten (vgl. Cohn, 1952; Jaerisch, 1975). Ob und wie stark sich

---

[6] Christie et al. haben mit der Annahme, dass ihre Negativindikatoren psychologisch exakte Gegenstücke zu den Positivindikatoren der F-Skala darstellen, die Negativindikatoren recodiert und vom Mittelwert der Positivindikatoren subtrahiert. Mit dieser Methode würde ein Wert von 0 inhaltliche Konsistenz darstellen. Je positiver der Wert ist, desto stärker wird nach dieser Methode eine Ja-Sage-Tendenz diagnostiziert.

die Beantwortung der Items der F-Skala bei Personen mit unterschiedlichen Bildungsniveaus unterscheidet, ist bis heute ungeklärt.

VALIDITÄT DER F-SKALA

Mit der F-Skala sollte eine Empfänglichkeit für faschistische Propaganda als zentraler Ausdruck einer autoritären Persönlichkeitsstruktur erfasst werden. Die Validierung dieser Annahme erfolgte in den Studien der Berkeley Gruppe lediglich durch Korrelationen mit der Antisemtismus- und der Ethnozentrismus-Skala. Roghmann (1966) konstatiert, dass qualitative Analysen mit Personen aus Extremgruppen, wie sie die Berkeley-Gruppe durchgeführt hat, eine adäquate Herangehensweise zur Validierung von Skalen sei. Zur Validierung der F-Skala hätten jedoch die Extremgruppen anhand der F-Skala und nicht anhand der Ethnozentrismus- bzw. Antisemitismus-Skala gebildet werden müssen. So bleibt unklar, ob die F-Skala in der Lage ist, ein faschistisches Potenzial zu messen (vgl. Roghmann, 1966, S. 46f.). Stark kritisiert wird auch, dass die Konstruktion der F-Skala durch Herauslösen besonders der Items erfolgte, die nur gering mit Ethnozentrismus korrelierten. Dadurch können die hohen Korrelationen in den Berkeley Studien eher künstlich durch empirisch ausgerichtete Itemselektion hervorgerufen worden sein (vgl. Roghman, 1966). Ein weiterer schwerwiegender Einwand bzgl. der Validität der F-Skala wird durch die schon erwähnte Ja-Sage-Tendenz aufgeworfen. Durch die Konstruktion der F-Skala nur mit Positivindikatoren würden die wahren Zusammenhänge zu Ethnozentrismus stark überschätzt, da die Ethnozentrismus-Skala ebenfalls nur aus Positivindikatoren bestand (vgl. Altemeyer, 1981; Hyman & Sheatsley, 1954; Kirscht & Dillehay, 1967; Roghman, 1966).

Nachfolgende Studien versuchten daher, die korrelativen Ergebnisse der Berkeley-Gruppe mit unterschiedlichsten Vorurteilsmessungen zu replizieren. Campbell und McCandless (1951) demonstrieren, dass die F-Skala mit einer Reihe von verschiedenen Vorurteilsmessungen z.T. sehr hohe Zusammenhänge zeigt. Altemeyer diskutiert eine Übersicht über Korrelationen der F-Skala mit balancierten und unbalancierten Vorurteilsskalen. Er zeigt, dass die F-Skala mit balancierten Vorurteilsskalen niedriger korreliert ist als mit unbalancierten Vorurteilsskalen. Altemeyer schließt daraus, dass die in der Berkeley-Gruppe gefundenen hohen Korrelationen von Ethnozentrismus- und F-Skala bislang zu einem erheblichen Teil durch eine Ja-Sage-Tendenz zustande gekommen sind (vgl. Altemeyer, 1981, S. 33). Kritisch an Altemeyers Übersicht ist anzumerken, dass er Studien mit sehr unterschiedlichen Formen der Vorurteilsmessungen verglichen hat. Duckitt berichtet in einer Übersicht zwischen ausbalancierten Autoritarismus- und Vorurteilsskalen von moderaten Korrelationen von r=.40 bis r=.50 (vgl. Duckitt, 1992, S. 204).

Insgesamt legen die genannten Befunde tatsächlich den Schluss nahe, dass die in "The Authoritarian Personality" berichteten Studien eher eine Überschätzung der tatsächlichen Zusammenhänge darstellen. Dennoch muss dies nicht bedeuten, dass die F-Skala invalide ist. Die Zusammenhänge zwischen Autoritarismus und Vorurteilen sind auch bei der Verwendung von balancierten Skalen substanziell.

Ein zweites wichtiges Kriterium für die Konstruktvalidität der F-Skala ist der Zusammenhang mit politisch-ökonomischem Konservatismus. Viele Studien haben einen solchen Zusammenhang analysiert (vgl. Übersichten bei Altemeyer, 1981; Eckhardt, 1991; Kirscht & Dillehay, 1967; Meloen, 1993). Es gibt eine Fülle von Befunden, die einen positiven Zusammenhang zwischen Autoritarismus und politisch-ökonomischem Konservatismus nachweisen. Ebenso werden Zusammenhänge zu verwandten Konstrukten von Konservatismus dokumentiert. In verschiedenen Studien sowohl mit der Originalversion der F-Skala als auch mit balancierten Versionen der F-Skala sind positive Zusammenhänge zwischen Autoritarismus und Nationalismus sowie zwischen Autoritarismus und Patriotismus zu erkennen (vgl. zusammenfassend Duckitt, 1992, S. 206). Exemplarisch für den Zusammenhang zwischen Autoritarismus und politischem Konservatismus soll hier die Metaanalyse von Meloen (1993) genannt werden. Meloen kann u.a. zeigen, dass Gruppierungen, die profaschistische und antidemokratische Positionen vertreten, die höchsten F-Skalenwerte zeigen. Diese Werte unterscheiden sich signifikant von denen demokratisch orientierter Gruppierungen. Politisch linksorientierte Gruppierungen weisen auf der F-Skala meist die niedrigsten Werte auf (vgl. Meloen, 1993, S.51ff.).

AUSWERTUNG DER INTERVIEWS

Von einigen Autoren wird bezüglich der Durchführung der Interviews kritisiert, dass die neun Interviewer über die Ethnozentrismuswerte der Interviewten Bescheid wussten und dass den Kodern der Interviews die Hypothesen der Arbeitsgruppe bekannt waren (vgl. Hyman & Sheatsley, 1954). Dies könnte zu einem hypothesenbestätigenden Vorgehen geführt haben. Roghmann (1966) wendet dagegen ein:

"Bei der äußerst komplizierten Schlüsselliste hätte aber kaum ein Koder ohne genaue Kenntnis der verwendeten Begriffe und Theorien arbeiten können. Auch die Interviewer hätten nicht so intensive Arbeit ohne Kenntnis der Skalenwerte leisten können." (vgl. Roghmann, 1966, S.51)

Entsprechend geht Roghmann davon aus, dass auch bei rigoroserem Vorgehen bei der Durchführung und Auswertung der Interviews keine abweichenden Ergebnisse zustande gekommen wären (vgl. auch Sanford, 1973) und dass die Ergebnisse der Interviews wertvolle Hinweise besonders für die kognitiven Strukturen von hoch- und niedrigvorurteilsvollen Personen ergeben haben (vgl. Roghmann, 1966).

AUTORITÄRE PERSÖNLICHKEITEN UND AUTORITÄRES VERHALTEN

Die Berkeley-Gruppe definierte in ihrer psychoanalytischen Sichtweise die autoritäre Persönlichkeit als Charakterstruktur. Mit dieser Charakterstruktur sollte eine Empfänglichkeit für faschistische und antidemokratische Ideologien erfasst werden. Es wurde jedoch nicht spezifiziert, wie sich diese Empfänglichkeit im Sozialverhalten ausdrückt. Oesterreich betont, dass aus der autoritären Persönlichkeitsstruktur zwar beispielsweise aggressives, rigides, konformes, unterwürfiges oder vorurteilsvolles Verhalten abgeleitet werden kann, dennoch wird nicht jedes aggressive, rigide, konforme, unterwürfige oder vorurteilsvolle Verhalten auf eine autoritäre Charakterstruktur hinweisen. Entsprechend fordert Oesterreich, dass näher bestimmt werden müsse, wie sich autoritäre Persönlichkeiten verhalten und wann ein Verhalten als Ausdruck einer autoritären Persönlichkeit zu werten sei (vgl. Oesterreich, 1996, 93f.). Tatsächlich zeigen sich in nachfolgenden Befragungen nur geringe Korrelationen zwischen der F-Skala und Sozialverhalten (vgl. Altemeyer, 1981; Christie & Jahoda, 1954; Kirsch & Dillehay, 1967; Titus & Hollander, 1957)

ERFASSUNG EINES CHARAKTERSYNDROMS DURCH EINSTELLUNGSMESSUNGEN

Schließlich wird auch kritisiert, dass die F-Skala eine Charakterstruktur durch Einstellungsitems erfasst hat (vgl. Oesterreich, 1996; Roghmann, 1966, Hyman & Sheatsley, 1954). Die Berkeley-Gruppe war sich des Problems bewusst und konstatierte, dass es gerade die Herausforderung gewesen ist, eine tieferliegende Charakterstruktur durch ihre Äußerungen in Einstellungsmustern zu erfassen. Inwieweit dies tatsächlich gelungen ist, sollten nachfolgende Studien zeigen. Entsprechende qualitative Studien mit der F-Skala liegen jedoch bis heute nicht vor.

STICHPROBENAUSWAHL UND GENERALISIERBARKEIT DER ERGEBNISSE

Als einen Beweggrund für die Studien zur autoritären Persönlichkeit gab die Berkeley-Gruppe das Ziel an, die Stärke der Empfänglichkeit der Bevölkerung bzw. bestimmter Bevölkerungsgruppen der USA für faschistische Ideologie zu erfassen. Um solche Aussagen machen zu können, wäre es notwendig gewesen, eine repräsentative Stichprobe zu befragen. Eine repräsentative Stichprobe wurde von der Berkeley-Gruppe jedoch nicht erhoben (vgl. Hyman & Sheatsley, 1954). Die Stichprobe bestand zu mehr als der Hälfte aus Studierenden, Personen aus Gesellschaftsclubs oder gewerkschaftlichen Zusammenhängen (ca. 1200 von 2099 Personen). Dies sind Personen, die überdurchschnittlich großes Interesse an politischen Fragen haben. Darüber hinaus kamen weitere 700 Personen aus Extremgruppen (Patienten aus einer Psychiatrie, Gefangene im San Quentin-Staatsgefängnis oder Soldaten) (vgl. Adorno, 1973, S.27ff.). Insgesamt stammte der größte Teil der Stichprobe aus der Mittelschicht. Personen aus sozial schwächeren Schichten oder mit geringerer Bildung - beides Variablen von denen angenommen wird, dass sie einen Einfluss auf die Autoritarismusneigung haben – wurden kaum erfasst. Somit konnte die Gültigkeit der Ergebnisse der Berkeley-Gruppe nur für eine relativ selektive Stichprobe anerkannt werden. In wie weit die Ergebnisse auch auf andere soziale Gruppen und Schichten übertragbar sind, blieb offen.

1.3.2. Konzeptuelle Kritik

Die Kritik an den Studien der Berkeley-Gruppe bezieht sich nicht nur auf das methodische Vorgehen oder die psychometrischen Qualitäten der F-Skala, sondern auch auf das theoretische Konzept der Berkeley-Gruppe an sich. Interessante Auseinandersetzungen über das Konzept der Autoritären Persönlichkeit der Berkeley-Gruppe sind zu finden bei Duckitt (1992), Hopf und Hopf (1997), Hyman und Sheatsley (1954), Kirsch und Dillehay (1967), Altemeyer (1981) sowie Oesterreich (1996). Im Folgenden werden einige zentrale Diskussionen zum Autoritarismuskonzept der Berkeley-Gruppe zusammenfassend wiedergegeben.

SOZIALISATIONSTHEORETISCHE ANNAHMEN UND
PSYCHOANALYTISCHE ORIENTIERUNG

Vielfach wurde die psychoanalytische Orientierung der Berkeley-Gruppe und ihre Festlegung der Genese autoritärer Persönlichkeiten auf frühe Kindheitserfahrungen kritisiert (vgl. Hyman & Sheatsley, 1954, Kirsch & Dillehay, 1967, Altemeyer, 1981, 1988, Oesterreich, 1996, 2000). Dadurch erhielt die Familie als Sozialisationsinstanz eine zentrale Bedeutung. Es wurde ein Zusammenhang von in der Kindheit erlebten autoritären d.h. strengen, straforientierten, lieblosen und distanzierten Erziehungspraktiken und autoritären, rechtsextremen sowie ethnozentrischen Orientierungen im Erwachsenenalter angenommen. Dieser Zusammenhang wird bis heute sehr kontrovers diskutiert.

Oesterreich lehnt die Annahme autoritärer Erziehungspraktiken als zentrale Grundlage der Genese autoritärer Persönlichkeiten ab (vgl. Oesterreich 1993, 1996, 2000). Eine kalte ablehnende und straforientierte Haltung der Eltern gegenüber dem Kind als Ursache einer autoritären Persönlichkeit sei bislang empirisch nicht bestätigt worden (vgl. Oesterreich, 1993, S.39). Nach Oesterreich wird eine solche autoritäre Erziehung eher neurotische oder asoziale Tendenzen hervorbringen, aber keine autoritären Persönlichkeiten (vgl. Oesterreich, 2000; vgl. auch Kapitel 2.2.2). In einem Review über Studien, die den Zusammenhang zwischen frühen Kindheitserfahrungen und Autoritarismus untersuchen wollten, findet Altemeyer (1981, S.33ff.) nur schwache Hinweise, die die Annahmen der Berkeley-Gruppe bestätigen: Er berichtet von einer Studie von Lyle and Levitt (1955), die nur schwache Effekte (r=.28 bis r=.32) zwischen der Straforientierung der Eltern und der Autoritarismusneigung der Kinder gefunden haben. Vier von fünf bei Altemeyer berücksichtigte retrospektiven Fragebogenstudien zeigen lediglich schwache Zusammenhänge zwischen Autoritarismus und der Idealisierung der

Eltern, die in der psychoanalytischen Erklärungstradition als Folge einer straforientierten Erziehung angesehen wird. Schließlich sind auch nur moderate Zusammenhänge zwischen den F-Skalenwerten von Studierenden und ihren Eltern zu finden (r=.12 bis r=.38). In einer späteren Zusammenfassung eigener Studien zum Zusammenhang der Autoritarismusneigung von über 2000 Studierenden und ihren Eltern findet Altemeyer (1988, S.65) eine mittlere Korrelation von r=.40. Die von Altemeyer berichteten Ergebnisse zeigen zwar, dass Eltern einen Einfluss auf die Autoritarismusneigung von späteren Erwachsenen besitzen, dieser Einfluss aber schwächer ist, als die Berkeley-Gruppe dies angenommen hat (vgl. Altemeyer, 1981). Altemeyer selbst liefert Befunde, die eine Erklärung der Genese von Autoritarismus durch soziales Lernen (vgl. Bandura, 1979) vor allen Dingen im Jugendalter plausibel machen (vgl. Kap. 2.2.1). So berichtet er z.b. signifikante Korrelationen zwischen den Autoritarismusneigungen von Freunden (r=.31), zwischen der Autoritarismusneigung und der Beurteilung von persönlichen Erfahrungen mit autoritären Verhaltensweisen[7] (r=.72), sowie signifikante Reduzierungen der Autoritarismusneigung während des Studiums (vgl. Altemeyer, 1988, S.51ff.). Diese Ergebnisse legen die Interpretation nahe, dass Autoritarismusneigungen vor allem durch soziale Erfahrungen im Jugendalter geprägt werden. Kann damit aber der Einfluss von frühen Kindheitserfahrungen auf die Autoritarismusneigungen im Erwachsenenalter weitgehend ausgeschlossen werden?

Ein Problem von Studien zum Zusammenhang zwischen frühen Kindheitserfahrungen und Autoritarismusneigungen im Erwachsenenalter liegt darin, dass sie mit retrospektiv und standardisiert erhobenen Daten arbeiten. Retrospektive Daten werden jedoch in ihrer Aussagekraft stark angezweifelt, da sie zu starken Verzerrungen unterliegen (vgl. Hopf und Hopf, 1997). Es muss in Frage gestellt werden, ob Personen in der Lage sind, ihre lang zurückliegenden Kindheitserfahrungen adäquat und präzise zu erinnern. Darüber hinaus können Verzerrungen durch den Wunsch entstehen, die eigene Sozialisation in rosigen Farben zu malen.

Prinzipiell können zwei Wege beschritten werden, trotz der genannten Einwände, die Rolle früher Kindheitserfahrungen für autoritäre oder rechtsextreme Orientierungen zu erfassen. Eine Möglichkeit ist es, Längsschnittstudien durchzuführen, die in der Kindheit der Befragten ansetzen. Diese sind jedoch sehr aufwendig und kostspielig. In der Autoritarismusforschung gibt es eine solche Längsschnittstudie bislang nicht. Die zweite Möglichkeit besteht in der Anwendung spezieller Interviewtechniken, die durch relativ offene Fragen die Unter-

---

[7] Autoritäre Lebenserfahrungen wurden beispielsweise durch folgendes Item erfasst: "It has been my experience that physical punishment is an effective way to make people behave." Damit erfasst die "Experience scale" von Altemeyer, wie stark autoritäres Verhalten als richtig beurteilt wird, wenn solche Erfahrungen persönlich gemacht wurden.

drückung subjektiver Bedeutungen durch vorfixierte Antworten verhindern sowie widersprüchliche Aussagen der Befragten identifizieren und aufklären soll. Von solchen Interviews wird erwartet, dass sie ein realistischeres Abbild von Sozialisationserfahrungen geben als standardisiert erhobene retrospektive Daten (vgl. Hopf und Hopf, 1997).

Mit entsprechenden Leitfadeninterviews haben Hopf, Rieker, Sanden-Marcus und Schmidt (1995) ein Studie zur Genese von Rechtsextremismus und Autoritarismus durchgeführt. In einem Teil dieser Studie haben sie den Zusammenhang zwischen rechtsextremen Orientierungen und Bindungserfahrungen mit dem "Adult Attachement Interview" erfasst (vgl. Main, 1995). Dieses Verfahren verfolgt den Gedanken, dass nicht die konkreten Geschehnisse in der frühen Kindheit, sondern die kognitiven und affektiven Verarbeitungen dieser Erfahrungen wichtig sind. Entsprechend werden verschiedene Bindungsstile und der Einfluss dieser Bindungsstile auf rechtsextreme Einstellungen analysiert. Hopf et al. (1995) können zeigen, dass besonders die sicher-autonome Bindungserfahrung vor rechtsextremen Orientierungen zu schützen scheint, während abwehrend-bagatellisierende Bindungsrepräsentationen besonders häufig mit rechtsextremen Orientierungen einhergehen. Personen mit einer sicher-autonomen Bindungserfahrungen können sich gut und detailliert an ihre sozialen Beziehungen in der Familie erinnern. Es wird akzeptiert, andere Menschen zu brauchen oder auch von anderen Menschen gebraucht zu werden. Bei einer abwehrend-bagatellisierende Bindungsrepräsentation hingegen werden Bindungserfahrungen und -beziehungen eher entwertet, ausgeklammert, bagatellisiert oder verleugnet (vgl. Hopf et al., 1995). Darüber hinaus haben Hopf et al. (1995) ihre interviewten Personen mit verschiedenen moralischen Dilemmata konfrontiert. Die Ergebnisse weisen darauf hin, dass je weniger eine autonome Moralinstanz entwickelt wird, desto empfänglicher werden Individuen im Erwachsenenalter für ethnozentrische oder rechtsextreme Ideologien. Dies deckt sich mit Befunden aus anderen Studien (vgl. Hoffman & Saltzstein, 1967, van Ijzendoorn, 1989). Entsprechend resümiert Hopf (2000), dass frühe Kindheitserfahrungen in der Familie sehr wohl das Verhältnis zu Autoritäten, Schwächeren und Minderheiten beeinflussen.

Als Fazit der geschilderten Befunde kann festgehalten werden, dass frühe Kindheitserfahrungen einen Einfluss auf die Entwicklung von autoritären, ethnozentrischen oder rechtsextremen Orientierungen besitzen. Fraglich ist jedoch, ob ein straforientierter und auf Disziplin konzentrierter Erziehungsstil die Quelle für autoritäre, ethnozentrische oder rechtsextreme Orientierungen ist. Es scheinen besonders solche Erziehungsstile vor einer Entwicklung autoritärer, ethnozentrischer oder rechtsextremer Orientierungen zu schützen, die auf eine sichere emotionale Eltern-Kind-Bindung aufbauen (vgl. Hopf, 2000). Hopf betont, dass der Entwicklung einer autonomen moralischen inneren Instanz dabei ein zentraler Stellenwert zukommt. Allerdings können frühe Kindheitserfahrung nicht als alleiniger Faktor für die Genese von autoritären Persönlichkeiten angesehen werden.

So weisen z.b. standardisierte retrospektive Befragungen darauf hin, dass nicht nur die Erfahrungen mit den Eltern eine wichtige Rolle spielen, sondern auch eigene Erfahrungen, die außerhalb des Elternhauses z.b. in Peergroups gemacht werden (vgl. Altemeyer, 1988).

IDEOLOGIEANFÄLLIGKEIT

Als "The Authoritarian Personality" der Berkeley-Gruppe 1950 erschien, war der Hauptfeind der USA nicht mehr der Faschismus, sondern der Kommunismus. Das beeinflusste auch die Autoritarismusforschung. Es entstand der Vorwurf, dass autoritäre Charakterzüge im linken Spektrum in "The Authoritarian Personality" bewusst vernachlässigt worden seien (vgl. Shils, 1954). Es folgte eine lange Diskussion über die Vergleichbarkeit von autoritären Strukturen im linken und im rechten Spektrum (vgl. zur Übersicht Oesterreich, 1996; Stone & Smith, 1993). Die Versuche, empirisch einen Linksautoritarismus nachweisen zu können, (vgl. Eysenck, 1954; Rokeach, 1960) blieben bislang erfolglos.

Gegner der These eines Linksautoritarismus kritisieren die Versuche, Kommunismus mit Faschismus gleichzusetzen (vgl. Stone & Smith, 1993; Oesterreich, 1996). In der Diskussion um den Linksautoritarismus bleibt vollkommen unbeachtet, dass die Ideologien von Faschisten und Kommunisten gänzlich verschieden sind. Basiert die faschistische Ideologie auf Hierarchie und der Annahme der Überlegenheit einer Rasse, so betont der Kommunismus die Gleichheit aller Menschen. Hopf und Hopf (1997) weisen beispielsweise auf zentrale Unterschiede zwischen rechtsgerichteter und linksgerichteter Aggression hin. Aggressionen richten sich bei politisch rechtsgerichteten Personen gegen Schwächere. Bei "Linken" geht es um eine notfalls mit Gewalt zu vollziehende Umgestaltung der gesellschaftlichen Verhältnisse in eine Richtung, die den Trägern des Umgestaltungsgedankens als geeigneter und humaner erscheint (vgl. Hopf & Hopf, 1997, S. 47).

Entsprechend der kontroversen Debatte schwanken die Resümees über die Existenz eines Linksautoritarismus zwischen der Deklarierung eines Linksautoritarismus zu einem Mythos (vgl. Stone, 1980, Stone & Smith, 1993) und der Feststellung, dass es durchaus einen Linksautoritarismus gibt, dieser jedoch strukturell grundsätzlich anders aussieht als der rechtsgerichtete Autoritarismus (vgl. Altemeyer, 1981). Aber auch Altemeyer konstatiert nach eigenen Studien mit einer selbstentwickelten Linksautoritarismus-Skala, dass auch er nicht in der Lage war, eine linksautoritäre Person in seinen Studien mit kanadischen Befragten zu finden, dafür aber "tonnenweise" Rechtsautoritäre (vgl. Altemeyer, 1996, S. 229). Kritiker könnten aber auch hier einwenden, dass lediglich in den westlichen Industriestaaten kein Linksautoritarismus zu finden sei, da kommunistisches Gedankengut in diesen Staaten nicht staatstragend ist. Studien, die in postkommunistischen Ländern durchgeführt wurden, können aber auch dort keine Hinweise auf die Existenz eines Linksautoritarismus finden. Einige dieser Studien sind nach dem Zusammenbruch des kommunistischen Regimes in Russland durchgeführt worden (vgl. Hamilton, Sanders & McKearney, 1995; McFarland, Ageyev & Abalakina-Paap, 1992; McFarland Ageyev & Abalakina, 1993; McFarland, Ageyev & Djintcharadze, 1996). In den genannten Artikeln wird über drei Studien berichtet, die 1989, 1991 und 1993 mit einer russischen Version der Right-Wing-Authoritarianism (RWA) Skala durchgeführt wurden. Ein für die hier geführte Diskussion zentrales Ergebnis dieser Studien ist, dass russische, nicht-studentische Personen deutlich niedrigere Autoritarismuswerte zeigen (M=88.67; SD=20.76) als vergleichbare US-amerikanische Personen (M=118.50;SD=22.34). Die niedrigeren Autoritarismuswerte können in den Regionen Irkutsk, Moskau und Tallin bestätigt werden (vgl. McFarland, Ageyev & Abalakina, 1993). Ebenso besitzen russische Studierende geringere Autoritarismuswerte als ameri-kanische Studierende (Altemeyer, 1990, zitiert nach McFarland, Ageyev & Abalakina, 1993). Darüber hinaus können Hamilton et al. (1995) demonstrieren, dass russische Personen geringeren Gehorsam gegenüber militärischen Schieß-befehlen zeigen als US-amerikanische Personen. Dabei lassen sich die Ergebnisse nicht auf die Invalidität der russischen RWA-Skala zurückführen. Die russische RWA-Skala zeigt ähnlich wie im Westen starke Korrelationen mit Ethno-zentrismus und Vorurteilen gegenüber einer ganzen Reihe von Gruppen. Diese Befunde widersprechen der Annahme einer Existenz eines Linksautoritarismus. Auch in Ost-West-Vergleichen innerhalb von Deutschland nach dem Mauerfall lässt sich die Annahme, dass die DDR autoritärere Persönlichkeiten hervorge-bracht hat als die BRD, kaum halten. Stellmacher, Petzel und Sommer (2002) stellen in einer Übersicht empirischer Studien zum Ost-West-Vergleich fest, dass nur wenige Studien höhere Autoritarismuswerte für ostdeutsche im Vergleich zu westdeutschen Personen aufzeigen. Darüber hinaus liefern sie Hinweise, die höhere Autoritarismuswerte bei Ostdeutschen eher als Folge einer autoritären Reaktion auf die Probleme bei der Eingliederung in das "westliche" Gesellschafts-system und weniger als Effekte der Sozialisation im sozialistischem Gesell-schaftssystem Ostdeutschlands wahrscheinlich machen. Höhere Autoritarismus-neigungen bei ostdeutschen im Vergleich zu westdeutschen Personen sind vornehmlich direkt nach dem "Mauerfall" zu erkennen (vgl. Stellmacher, Petzel & Sommer, 2002). Krauss (2002) findet zehn Jahre nach dem "Mauerfall" posi-tive Zusammenhänge zwischen Autoritarismus und der Unterstützung kommu-nistischer Prinzipien bei rumänischen Studierenden, die zum Zeitpunkt des Zusammenbruchs des Ostblocks 8-12 Jahre alt waren. Interessanterweise sind substanzielle Korrelationen zwischen Autoritarismus und der Unterstützung faschistischer Parteien (r=.42; p<.001) aber nicht der sozialistischen Partei (r=.04; p>.10) zu erkennen. Somit sind auch in den präsentierten Studien in post-kommunistischen Staaten keine Hinweise auf die Existenz eines Links-autoritarismus zu finden. Der Nachweis für die Existenz eines Linksautorita-rismus steht bis heute aus.

REDUKTIONISMUSVORWURF

Als psychologischer Reduktionismus wird die Tendenz beschrieben, gesellschaftliche Phänomene durch das Verhalten von Individuen erklären zu wollen. Die Berkeley-Gruppe hatte dargelegt, dass sich soziologische und historische Einflüsse nur indirekt über die Charakterstruktur eines Menschen auf ideologische Präferenzen und damit auch auf die Entstehung einer massenhaften Unterstützung des Faschismus auswirken. Es entstand der Eindruck, dass komplexe gesellschaftliche Phänomene, wie die Entstehung der massenhaften Unterstützung des Faschismus, mit der Theorie der autoritären Persönlichkeit auf die psychische Entwicklung des isoliert betrachteten Individuums verkürzt werden sollte (Oesterreich, 1996, Wacker, 1979). Obwohl die Mitglieder der Berkeley-Gruppe betonten, dass sie das Entstehen von faschistischen und totalitären Systemen nicht einfach psychologisch erklären wollten, sondern die wichtige Rolle politischer und wirtschaftlicher Kräfte dabei sehen, konnte der Reduktionismusvorwurf nie ganz ausgeräumt werden. Dazu fehlte z.B. die Verknüpfung mit sozioökonomischen Erklärungsansätzen, wie sie bei Fromm und Reich noch vorhanden waren (vgl. Oesterreich, 1996, S.52).

KEINE DEFINITION VON NICHT-AUTORITÄREN

Implizit ging die Berkeley-Gruppe davon aus, dass hoch- und niedrig-autoritäre Personen zwei Pole einer Dimension sind. Die F-Skala ist jedoch nicht eindimensional (vgl. Altemeyer, 1981, Christie & Cook, 1958). Die Annahme, dass Personen mit niedrigen Ethnozentrismus- und Antisemitismus-Werten ebenfalls eine gemeinsame Persönlichkeitsorganisation aufweisen, ist sehr fraglich. Faschistische Ideologien werden von einer Vielzahl von Personen abgelehnt, die deswegen aber nicht die gleiche ideologische oder politische Meinung vertreten, geschweige denn eine einheitliche Persönlichkeitsstruktur (vgl. Roghmann, 1966). Bislang gibt es kaum Versuche, den nicht-autoritären Pol von Autoritarismus zu definieren (vgl. jedoch Duckitt, 1989).

AUTORITARISMUS ALS SOZIALTYPUS

Die Berkeley-Gruppe konzeptualisierte Autoritarismus als eine in der Persönlichkeit tief verwurzelte Charakterstruktur, die aufgrund von gesellschaftlichen Verhältnissen weit verbreitet ist. Die autoritäre Persönlichkeit wird daher auch als Sozialtypus bezeichnet (vgl. Oesterreich, 1974), der aufgrund von spezifischen gesellschaftlichen Verhältnissen entsteht. Problematisch ist an dieser Annahme, dass Individuen hier eher als "Opfer" gesellschaftlicher Verhältnisse beschrieben werden und dass dieser Sozialtypus als relativ resistent gegenüber Veränderungen konzipiert wurde. In der heutigen Autoritarismusdiskussion ist eher eine Abkehr von der Auffassung einer autoritären Persönlichkeit als Sozialtypus zu erkennen. Stattdessen gibt es einen Trend, Autoritarismus als ein weitaus vielschichtigeres und flexibleres Konstrukt zu verstehen (vgl. Duckitt, 1989, Oesterreich, 1996).

DIMENSIONEN DER AUTORITÄREN PERSÖNLICHKEIT

Die Berkeley-Gruppe definierte die autoritäre Persönlichkeit mit neun Dimensionen. Diese Dimensionen sind nicht als unabhängige Dimensionen konzipiert worden, sondern sollen auch konzeptuell mehr oder minder stark kovariieren und somit eine Persönlichkeitsstruktur definieren. Kritisiert wird, dass die neun Dimensionen in Wahrheit mehr als neun Dimensionen sind. So kann z.b. nicht davon ausgegangen werden, dass Aberglaube und Stereotypie ein und dasselbe sind (vgl. Altemeyer, 1981). In späteren Arbeiten wird dagegen anhand von empirischen Befunden konstatiert, dass nur drei der neun Dimensionen notwendig sind, um autoritäre Persönlichkeiten zu definieren: "Autoritäre Aggression", "Autoritäre Unterwürfigkeit" und "Konventionalismus" (vgl. Altemeyer, 1981). Diese Ansicht setzt sich in den neueren Autoritarismuskonzepten weitgehend durch (vgl. Altemeyer, 1996, Duckitt, 1989).

1.3.3. Fazit

Die Kritiken an den Studien und der Theorie der autoritären Persönlichkeit der Berkeley-Gruppe sind, wie dargestellt, mannigfaltig. Obwohl sowohl die Gültigkeit der Theorie der autoritären Persönlichkeit der Berkeley-Gruppe als auch die Angemessenheit der Operationalisierung dieser Theorie mit der F-Skala stark in Zweifel gezogen wird, ist das Konzept des Autoritarismus an sich nicht als invalide erklärt worden. Ein Grund mag darin liegen, dass Autoritarismus substanzielle Zusammenhänge zu einer Reihe von politischen Einstellungen wie z.B. Konservatismus, Nationalismus, Patriotismus sowie Vorurteile nicht nur gegenüber einer Gruppe, sondern gegenüber einer Vielzahl von Gruppen zeigt (vgl. Duckitt, 1992). Entsprechend gab es nach 1950 diverse Versuche, das Autoritarismuskonzept zu revidieren.

2. Ideengeschichte neuerer Autoritarismusansätze

Die Revisionen von "The Authoritarian Personality" zeichnen sich vor allem durch eine Abkehr von einer psychoanalytischen Orientierung aus. In den folgenden Darstellungen sollen die wichtigsten Ansätze kurz erläutert werden. Sie können grob in eher kognitions- und eher lerntheoretische Ansätze unterschieden werden.

2.1. Kognitionspsychologische Ansätze in der Autoritarismusforschung

Die ersten theoretischen Revisionsversuche sind kognitionspsychologische Varianten von Autoritarismus. Sie fokussieren mehr auf die Struktur des Denkens, Fühlens und Handelns und weniger auf den Inhalt. Im Zentrum der Darstellung der kognitionspsychologischen Ansätze steht das Dogmatismuskonzept von Rokeach (1960). Dieses Konzept hat mit Abstand die meiste Beachtung unter den kognitionspsychologisch orientierten Autoritarismusansätzen gefunden. Dennoch sollen zwei weitere kognitionspsychologische Konzepte dargestellt werden: das

Rigiditäts-Flexibilitäts-Konzept von Rubenowitz (1963) sowie das Konzept des "rigiden Konventionalisten" von Oesterreich (1974).

2.1.1. Dogmatismus nach Rokeach und Rigidität nach Rubenowitz

Rokeach (1960) versucht mit seinem Dogmatismuskonzept, rechtsgerichteten und linksgerichteten Autoritarismus zu einem allgemeinen Autoritarismus zu integrieren. Rokeach betont, dass der Inhalt eines ideologischen Systems von dessen Struktur unterschieden werden muss, und arbeitet eine gemeinsame kognitive Struktur von rechts- und linksautoritären Personen heraus, die er als Dogmatismus bezeichnet. Rokeach definiert Dogmatismus als

"(a) relatively closed cognitive organization of beliefs and disbeliefs about reality, (b) organized around a central set of beliefs about absolute authority which, in turn, (c) provides a framework for patterns of intolerance toward others." (Rokeach, 1954, S.195)

Nach Rokeach (1954) sind objektive Realitäten in einer Person durch Überzeugungen (beliefs) kognitiv repräsentiert, die zu einem bestimmten Grad als richtig oder als falsch akzeptiert werden. Dieses "belief-disbelief-system" dient Individuen dazu, relevante und irrelevante Informationen aus der Umwelt in einer bestimmten Situation so zu verarbeiten, dass sich diese Personen adäquat in Einklang mit ihren eigenen Bedürfnissen verhalten können. Nach Rokeach zeichnen sich dogmatische Personen durch ein geschlossenes belief-disbelief-system aus. Dahinter steckt die Annahme, dass sich Individuen hinsichtlich des Grades der Offenheit oder Geschlossenheit ihres kognitiven Systems (belief-disbelief-system) unterscheiden. Das belief-disbelief-system ist offen oder geschlossen, in Abhängigkeit von

"the extent to which the person can receive, evaluate, and act on relevant information received from the outside on its own intrinsic merits, unencumbered by irrelevant factors in the situation arising from within the person or from the outside." (Rokeach, 1960, S. 57)

Bei geschlossenen Systemen ergibt sich das Problem, dass Personen die Schwierigkeit besitzen, zwischen relevanten und irrelevanten Informationen zu unterscheiden. Die Aufnahme von neuen Informationen wird dadurch erschwert und solche Kognitionen, die nicht mit den eigenen Deutungsmuster übereinstimmen, werden nicht zur Kenntnis genommen. Entsprechend sind dogmatische Personen nicht in der Lage, sich entsprechend ihrer eigenen Bedürfnissen zu verhalten und orientieren sich stärker an Autoritäten. Die Funktion geschlossener kognitiver Systeme liegt in der Abwehr von Fremdem, Beängstigendem und somit letztendlich der Reduzierung der subjektiv empfundenen Bedrohung durch die Umwelt.

Rokeach wendet sich mit dem Konzept eines kognitiven Überzeugungssystems von dem psychoanalytisch orientierten Konzept der Berkeley-Gruppe ab. Mit seinem belief-disbelief-system beschränkt er seine Analysen auf eine grundlegende *kognitive* Struktur, in der sich Personen unterscheiden können. Emotionale oder psychodynamische Aspekte einer Persönlichkeit werden nicht thematisiert. Darüber hinaus nimmt Rokeach an, dass Dogmatismus unabhängig von politischen Präferenzen ist und versteht Dogmatismus als ein kognitives System, das in verschiedenen Ideologien zu finden ist (vgl. Rokeach, 1960, S.35).

Ein dem Dogmatismuskonzept verwandter Ansatz ist das Rigiditäts-Flexibilitäts-Konzept von Rubenowitz (1963). Rubenowitz charakterisiert Rigidität als Persönlichkeitskonstrukt, das die gesamte Persönlichkeit, d.h. Wahrnehmung, Denken und Handeln beeinflusst. Ähnlich wie bei Rokeach ist auch bei Rubenowitz die Grundannahme vorhanden, dass Menschen ein Bedürfnis nach einer Strukturierung ihrer Umwelt bei gleichzeitiger Abwehr von bedrohlich empfundenen Elementen besitzen. Die Funktion der Rigidität liege somit in der Wahrnehmung der Welt als sicher und stabil (vgl. Rubenowitz, 1963, S.41).

Rokeach und Rubenowitz treffen unterschiedliche Annahmen über den Zusammenhang von Dogmatismus und Rigidität. Rokeach unterscheidet zwischen Rigidität und Dogmatismus. Demnach drücken beide Dimensionen zwar den Widerstand gegenüber Veränderungen aus. Dogmatismus ist aber eine übergeordnete und komplexere Form des Widerstandes, während Rigidität sich vor allen Dingen auf den Widerstand gegenüber der Veränderung einzelner spezifischer Überzeugungen bezieht (vgl. Rokeach, 1954, S.196). Die Unterscheidung zwischen Dogmatismus und Rigidität spielt im Rigiditäts-Flexibilitäts-Konzept von Rubenowitz (1963) keine Rolle. Die Auffassung von Rubenowitz wird durch diverse empirische Untersuchungen gestützt, in denen Rigidität und Dogmatismus hohe Korrelationen aufweisen (vgl. zum Überblick Vacchiano, Strauss und Hochman, 1969).

Im Gegensatz zum Rigiditäts-Flexibilitäts-Konstrukt erhält das Dogmatismus-Konzept von Rokeach sehr viel Aufmerksamkeit. Insgesamt stellt sich dabei heraus, dass die zentrale Hypothese, dass Dogmatismus im Gegensatz zum rechtsgerichteten Autoritarismus der Berkeley-Gruppe eine ideologiefreie Messung von Autoritarismus darstellt, nicht haltbar ist. Paradox erscheint, dass Vacchiano et al. (1969) in einem Review die Hypothese der Ideologiefreiheit der Dogmatismus-Skala als bestätigt ansehen, obwohl die Studien, die sie als Beleg anführen, z.T. genau gegenteilige Belege beinhalten (vgl. zur Diskussion des Reviews: Oesterreich, 1996, S. 194ff.). DiRenzo (1967) findet beispielsweise höhere Dogmatismuswerte bei rechten italienischen Abgeordneten als bei Kommunisten und Sozialisten, die die niedrigsten Werte aller Abgeordneten zeigen. Barker (1963) untersucht aktive Gruppen von Studierenden der Ohio-State-University. Rechte Studierendengruppen zeigen dabei höhere Dogmatismuswerte als Unorganisierte und linke Studierendengruppen. Ferner findet Plant (1960) in einer Studie mit 2350 Studienanfänger des San Jose State College eine sehr hohe Korrelation zwischen der F-Skala der Berkeley-Gruppe und der Dogmatismusskala von Rokeach (r=.72). Entsprechend kommt Hanson (1968) in einem Review von veröffentlichten und unveröffentlichten Studien zu dem Schluss, dass hohe Dogmatismuswerte eher mit konservativen Ideologien verknüpft sind. Unklar bleibt, inwieweit die geschilderten Ergebnisse eine Falsifizierung der Theorie darstellen oder nur auf die spezifischen Eigenschaften der Dogmatismusskala von Rokeach zurückzuführen sind. Ähnlich wie die F-Skala wird auch die D-Skala in ihren psychometrischen Eigenschaften stark kritisiert. So besteht auch die D-Skala nur aus Positivindikatoren, zeigt niedrige Inter-Item-Korrelationen und ist nicht eindimensional (vgl. Altemeyer, 1996). Auch Befunde mit einer neu entwickelten Dogmatismus-Skala von Altemeyer weisen darauf hin, dass Dogmatismus an sich nicht frei von ideologischen Inhalten ist (vgl. Altemeyer, 1996, S. 228).

2.1.2. Der "rigide Konventionalist" von Oesterreich

In einem Revisionsversuch von "The Authoritarian Personality" konzipiert Oesterreich einen "rigiden Konventionalismus" (vgl. Oesterreich, 1974). Oesterreich geht davon aus, dass sich die Charakteristika einer autoritären Persönlichkeit mit dem Wandel von Gesellschaften verändern. Während die Berkeley-Gruppe die Psyche autoritärer Persönlichkeiten als im Spannungsfeld zwischen lustvoller Unterordnung und aggressiver Machtausübung stehend beschreibt, wird der neue Sozialtypus des rigiden Konventionalisten als weniger emotional instabil, mehr selbstkontrollierend, leistungsorientiert, ordentlich und das Bestehende bejahend beschrieben (Oesterreich, 1974, S.30). Im Unterschied zur klassischen autoritären Persönlichkeit hätte der rigide Konventionalist vor allen Dingen gelernt, seine Ängste zu kontrollieren. In seinem Ansatz reduziert Oesterreich in Anlehnung an Rokeach und Rubenowitz Autoritarismus auf Dogmatismus und Rigidität. In einer Faktorenanalyse seiner Autoritarismusskala, die aus Dogmatismus und Rigiditätsitems besteht, extrahiert er zwei Faktoren mit einem Eigenwert über 2.0. Diese beiden Faktoren führt Oesterreich sodann als Beleg für die Richtigkeit seiner These der Existenz von zwei Typen autoritärer Persönlichkeiten an. Der Eine entspräche der klassischen autoritären Persönlichkeit der Berkeley-Gruppe und der Zweite sei der aufgrund von veränderten Gesellschaftsverhältnissen entstandene rigide Konventionalist. Unter Berücksichtigung allerdings, dass die beiden Faktoren weniger als 18 Prozent der Gesamtvarianz der 41 Items der Autoritarismusskala aufklären, erscheint die Annahme, dass es sich bei den beiden Typen um Sozialtypen im Sinne der Berkeley-Gruppe handelt, nicht sehr plausibel. Darüber hinaus lässt der Eigenwertverlauf genauso gut eine Ein- oder Vier-Faktoren-Lösung plausibel erscheinen (vgl. Oesterreich, 1974, S.64). Diese werden jedoch nicht diskutiert. Insgesamt ist somit die empirische Grundlage für den "rigiden Konventionalismus" nicht sehr überzeugend. Entsprechend wird dieser Sozialtypus in späteren Veröffentlichung nicht mehr weiterverfolgt.

2.2. Lerntheoretische Ansätze in der Autoritarismusforschung

Die dargestellten kognitionspsychologisch orientierten Ansätze wie auch der Anfang der 70er Jahre entstandene Direktivitäts-Ansatz von Ray (1976), der das Konzept des Autoritarismus auf das Bedürfnis, andere zu beherrschen, beschränken will (vgl. zur Übersicht: Oesterreich, 1996), können die geschilderten Probleme in der Autoritarismusforschung nicht beheben. Die Ursache ist zum Einen darin zu sehen, dass die Ansätze die Vielschichtigkeit von Autoritarismus zu stark auf einzelne Aspekte reduzieren. Zum Anderen sind die Theorien meist aus der Empirie entstanden und nicht umgekehrt. Anfang der 80er Jahre versuchte der kanadische Wissenschaftler Bob Altemeyer, auf Basis der sozialen Lerntheorie von Bandura (1979), das Konzept des Autoritarismus zu retten. Eine ebenfalls lerntheoretisch orientierte Revision des Autoritarismuskonzeptes wurde im deutschsprachigen Raum von Detlef Oesterreich in den 90er Jahren präsentiert. Beide Ansätze sollen kurz dargestellt werden.

2.2.1. "Right-Wing-Authoritarianism" nach Altemeyer

In der Entwicklung seiner Autoritarismustheorie geht Altemeyer (1981, 1988, 1996) ebenso wie die Berkeley-Gruppe bewusst induktiv vor. Auf der Grundlage bisheriger Forschungen hat er versucht, den Kern des Autoritarismuskonzeptes herauszufiltern. Den daraus resultierenden Ansatz nennt er "Right-Wing-Authoritarianism" (RWA). Damit begegnet Altemeyer der Kritik, die den bisherigen Autoritarismusansätzen einen ideologischen Bias unterstellten, indem er ausdrücklich betont, dass er mit seinem Ansatz lediglich rechtsgerichteten Autoritarismus untersuchen will. Altemeyer löst damit nicht das Problem des Linksautoritarismus, sondern entzieht sich lediglich der Kritik eines ideologischen Bias, in dem er die Frage der Existenz eines Linksautoritarismus offen lässt und nicht zu seinem primären Forschungsinteresse erklärt. In seiner Theorie bricht Altemeyer mit der ursprünglichen Annahme eines Sozialtypus. Er sieht Autoritarismus lediglich noch als Kovariation dreier Einstellungs- und Verhaltensmuster in einer Person an (vgl. Altemeyer, 1996, S.6):

> *"1. Authoritarian submission – a high degree of submission to the authorities who are perceived to be established and legitimated in the society in which one lives.*
>
> *2. Authoritarian aggression – a general aggressiveness, directed against various persons, that is perceived to be sanctioned by established authorities.*
>
> *3. Conventionalism – a high degree of adherence to the social conventions that are perceived to be endorsed by society and its established authorities."*

Diese drei Einstellungs- und Verhaltensmuster haben sich nach Altemeyer in vielen Forschungen als zentrale Bestandteile des Autoritarismuskonzeptes herausgestellt. Außerdem treten die drei Einstellungs- und Verhaltensmuster meist nur zusammen auf. Mit dieser Definition von Autoritarismus ergibt sich jedoch gleichzeitig ein Problem: Warum sind unterwürfige und konventionelle Personen auch gleichzeitig aggressiv? In den Ansätzen von Fromm (1987) und Adorno et al. (1950) konnte diese Verknüpfung psychodynamisch erklärt werden. Demnach entstehen Aggressionen aus der Nicht-Befriedigung von frühen Triebimpulsen durch die Eltern und die damit einhergehende unbewusste Verdrängung und Übertragung dieser Aggressionen im späteren Leben auf schwächere Ziele. Entsprechend nahm die Berkeley-Gruppe eine prinzipiell stärkere Aggressivität von hoch-autoritären im Vergleich zu niedrig-autoritären Personen an. Aus lerntheoretischer Sicht ist die Verknüpfung von Unterwürfigkeit und Konventionalismus auf der einen Seite und Aggressionen auf der anderen Seite zunächst nicht plausibel. Altemeyer führt eine Erklärung an (vgl. Altemeyer, 1988, S.120ff.). Demnach sind autoritäre Persönlichkeiten nicht grundlegend aggressiver als andere Personen. Hoch-autoritäre Personen sind nur dann aggressiver als niedrigautoritäre Personen, wenn anerkannte Autoritäten die Aggressivität billigen oder befürworten. Die Grundlage der autoritären Aggression sieht Altemeyer somit weniger in unterdrückten Aggressionen, sondern vielmehr in einer Furcht vor einer bedrohlich erlebten Welt und einer stärkeren Selbstgerechtigkeit bei hochautoritären Personen. Die Furcht und die Selbstgerechtigkeit manifestieren sich schließlich in einer stärkeren prinzipiellen Feindseligkeit, die sich aber nur dann in verstärkt aggressivem Verhalten umsetzt, wenn Autoritäten diese billigen oder unterstützen. Diese Annahmen über die Ursprünge der autoritären Aggression kann Altemeyer mit empirischen Studien stützen (vgl. Altemeyer, 1988, S.136ff.).

Altemeyer begreift die Kovariation von autoritärer Unterwürfigkeit, Konventionalismus und autoritärer Aggression als ein "Trait", d.h. als eine relativ stabile Persönlichkeitsdisposition. Er betont dabei, dass diese Persönlichkeitsdisposition nicht mit Verhalten gleichzusetzen ist. Sie stellt lediglich eine Orientierung dar, gegenüber verschiedenen Reizen in der Umwelt in einer ähnlichen Art und Weise zu reagieren. Eine solche Orientierung führt somit nicht zwangsläufig zum Verhalten selbst (vgl. Altemeyer, 1996, S. 6ff.). Damit betont Altemeyer die Wichtigkeit situativer Bedingungen für die Ausführung von autoritären Verhaltensweisen.

Entsprechend seiner theoretischen Orientierung geht Altemeyer davon aus, dass autoritäres Verhalten durch Verstärkung und Bestrafung sowie durch Modelllernen von Verhaltensweisen der Eltern und anderen wichtigen Sozialisationsinstanzen geformt wird. Obwohl zentrale Konzepte wie z.B. Gehorsam gegenüber den Eltern bereits in früher Kindheit gelernt werden, geht Altemeyer davon aus, dass der entscheidende Zeitpunkt der Entwicklung einer autoritären Persönlichkeit in der Jugendzeit liegt. Erst in der Jugendzeit sind Individuen in der Lage, die Komplexität der "Welt der Erwachsenen" zu verstehen. Daher werden erst bei der

Abnabelung vom Elternhaus und den ersten eigenen Erfahrungen getrennt von den Eltern autoritäre Einstellungen zu einem "Trait" verschmelzen. Altemeyer verlegt somit den entscheidenden Zeitpunkt der Genese von Autoritarismus im Gegensatz zur Berkeley-Gruppe in die Jugendzeit (vgl. Altemeyer, 1988, S.51ff.). Altemeyer negiert jedoch nicht, dass die Eltern einen wichtigen Einfluss auf die spätere Autoritarismusneigung ihrer Kinder haben. In empirischen Studien kann die Wichtigkeit elterlicher Sozialisation belegt werden. So korreliert in verschiedenen Studien die Autoritarismusneigung von Studierenden mit den Autoritarismuswerten ihrer Eltern positiv (mittlere Korrelation: r=.40). Andere Sozialisationseinflüsse wie Peergruppen oder Medien haben aber ebenso Auswirkungen auf die Entwicklung von Autoritarismus bei selbständig werdenden Jugendlichen. Altemeyer berichtet beispielsweise signifikante positive Korrelationen mit den Autoritarismuswerten bester Freunde (mittlere Korrelation: r=.31). Besonders hoch sind allerdings die Zusammenhänge von Autoritarismus mit der Beurteilung von eigenen persönlichen Erfahrungen mit autoritären Verhaltensweisen (r=.72). McFarland, Ageyev und Abalakina (1993) zeigen ebenfalls signifikante Korrelationen (r=-.43) zwischen Autoritarismus und konkreten Lebenserfahrungen bei russischen Studierenden. Je stärker Personen zustimmen, bestimmte Lebenserfahrungen gemacht zu haben, wie z.B. Kontakte mit homosexuellen Personen, desto geringer ist die Autoritarismusneigung. Die geschilderten Befunde stützen die Annahmen von Altemeyer, dass die Soziale Lerntheorie von Bandura in der Lage ist, zumindest zum Teil die Entstehung von Autoritarismus zu erklären.

Altemeyer hat die umfangreichen Studien, die er zu seiner Autoritarismustheorie durchgeführt hat, in drei Büchern veröffentlicht (vgl. Altemeyer, 1981, 1988, 1996). Als ein herausragendes Ergebnis dieser Studien muss die erfolgreiche Entwicklung einer reliablen und validen Autoritarismusskala angesehen werden. Die sogenannte Right-Wing-Authoritarianism-Scale (RWA-Skala) von Altemeyer besteht in ihrer letzten Fassung aus 32 Items (vgl. Altemeyer, 1998). Sie besitzt hohe interne Konsistenzen und ist eindimensional. Ferner zeigen diejenigen Personen, die mittels der Skala als hoch-autoritär identifiziert werden, tatsächlich stärkeren Konventionalismus, autoritäre Unterwürfigkeit und autoritäre Aggressionen als niedrig-autoritäre Personen (vgl. zum Überblick Altemeyer, 1996, S. 22ff.).

Die Hauptkritik an den Studien von Altemeyer ist, dass sie größtenteils mit Studierenden und deren Eltern durchgeführt wurden. Damit können die von Altemeyer beschriebenen Ergebnisse nur auf eine kleine, relativ hoch-gebildete Bevölkerungsgruppe übertragen werden (vgl. Six, 1997). Von einigen Autoren wird darüber hinaus kritisiert, dass die RWA-Skala Items zu politisch konservativen Einstellungen enthält. Somit seien hohe Korrelationen zu Vorurteilen und politischem Konservatismus wenig erstaunlich und damit kein Hinweis auf die Validität der Skala (vgl. Oesterreich, 1996, S.80). Eine weitere Kritik bezieht sich auf das Autoritarismuskonzept an sich. Obwohl eine psychometrisch gut entwickelte Skala vorliegt, können keine zuverlässigen Erkenntnisse zur Genese von Autoritarismus entwickelt werden. Dies betrifft vor allen Dingen die Behauptung, dass Autoritarismus sich vornehmlich in der Jugendzeit während der Ablösung von den Eltern entwickelt. Zwar kann Altemeyer einige korrelative Befunde liefern, die diese Annahme stützen, andere Autoren präsentieren jedoch Befunde, die Alternativverklärungen für die Entwicklung autoritärer Persönlichkeiten anbieten. Hopf (2000) sowie Hopf et al. (1995) fokussieren auf die Entwicklungen und Erfahrungen in der Kindheit. Sie liefern Daten, die eine wichtige Ursache für die Entwicklung autoritärer Persönlichkeiten im mangelnden Aufbau einer stabilen inneren moralischen Instanz nahelegen. Oesterreich (2000) präsentiert Ergebnisse, die als Ursache für Autoritarismus eine mangelnde emotionale Unterstützung aufgrund eingeschränkter Entwicklungsmöglichkeiten konstatieren. Aufgrund der momentanen Forschungslage scheint es daher eher schwierig, die Genese von Autoritarismus auf einen bestimmten Sozialisationszeitraum festzulegen. Darüber hinaus ist zu beobachten, dass Autoritarismus offensichtlich nicht so stabil ist, wie ursprünglich angenommen wurde. Die z.T. beträchtlichen querschnittlichen Veränderungen der Autoritarismuswerte von Altemeyers Studierenden zwischen 1973 und 1995 legen einen Einfluss von gesellschaftlichen Faktoren nahe. Altemeyer expliziert jedoch nicht, wie die Verbindung zwischen Gesellschaft und psychischen Strukturen aussehen kann (vgl. Altemeyer, 1996, S.57). Ferner kann er längsschnittlich eine signifikante Reduktion der Autoritarismusneigung im Laufe der Studienzeit nachweisen (vgl. Altemeyer, 1988; auch Kap. 2.2.2.2). Auch eine Retest-Reliablität von r=.59 über 18 Jahre und r=.62 über 12 Jahre weist eher auf die Veränderlichkeit von Autoritarismusneigungen hin (vgl. Altemeyer, 1996, S.87). All diese Befunde sprechen gegen die Festlegung eines bestimmten Sozialisationszeitraumes für die Entwicklung von Autoritarismus und legen die Notwendigkeit nahe, in längeren Lebensspannen wirksame situationsspezifische Einflüsse in die theoretische Konzeption von Autoritarismus zu integrieren (vgl. Oesterreich, 1999).

2.2.2. Autoritarismus als Copingansatz von Oesterreich

Mit dem Konzept des rigiden Konventionalisten hat Oesterreich in den 70er Jahren erstmals versucht, das Autoritarismuskonzept zu "modernisieren". Die Ausführungen waren jedoch sehr kognitionspsychologisch orientiert und erhielten kaum Beachtung innerhalb der Autoritarismusdiskussion, zumal die empirische Basis stark kritisiert werden musste. Erst in den 90er Jahren präsentierte Oesterreich einen umfassenderen Autoritarismusansatz. In diesem Ansatz kritisiert er die inkonsistenten Forschungsergebnisse zur autoritären Persönlichkeit und führt diese nicht länger auf methodologische Probleme der Operationalisierung von Autoritarismus zurück. Vielmehr müsse das Konzept an sich revidiert werden (vgl. Oesterreich, 1993). Oesterreich entwickelt einen neuen Ansatz, in dem das persönlichkeitsorientierte Autoritarismuskonzept mit einer situationsspezifischen autoritären Reaktion ergänzt wird (vgl. Oesterreich, 1993, 1996, 1999).

Die motivationale Grundlage für die Orientierung an Autoritäten sieht er in Angst und Verunsicherung. In verunsichernden Situationen orientieren sich Menschen an Instanzen, die die Macht besitzen, die bestehenden Probleme zu lösen und somit die Angst und die Verunsicherung abzubauen. Die Flucht in die Sicherheit von Autoritäten, von denen eine wirkungsvolle Unterstützung und damit ein Abbau der eigenen Angst erwartet wird, bezeichnet Oesterreich als autoritäre Reaktion. Die autoritäre Reaktion wird als eine Basisreaktion menschlichen Verhaltens angesehen und geschieht als Konsequenz einer situationsspezifischen Überforderung (vgl. Oesterreich, 1996, S. 108). Oesterreich betont jedoch, dass nicht jede Unterstützungssuche mit einer autoritären Reaktion gleichzusetzen ist. Zu unterscheiden sei zwischen dem Angewiesensein auf elterliche Kompetenz (bei Kindern) bzw. Fach- oder Sachkompetenz (bei Erwachsenen) und der spezifischen Suche nach Schutz und Sicherheit. Das Aufsuchen einer Kompetenz kann nicht als autoritäre Reaktion angesehen werden. Der entscheidende Punkt ist die emotionale Verunsicherung, die zu einer Flucht in die Sicherheit von Autoritäten führt (Oesterreich, 1996, S.108f.).

Während bei Kindern die Zuflucht zu elterlichem Schutz bei Gefahren oder allgemein verunsichernden Situationen notwendig ist, um entsprechende Verhaltensweisen und Kompetenzen entwickeln zu können, so führt die Fortführung dieser autoritären Reaktion im Erwachsenenalter nach Oesterreich zu einer autoritären Persönlichkeit. Sozialisation unter der Perspektive des Autoritarismus ist demnach der individuell unterschiedlich gelingende Abbau der autoritären Reaktion:

"Die autoritäre Persönlichkeit ist die habitualisierte Bereitschaft, in Krisensituation mit einer Flucht in den Schutz von Sicherheit bietenden Instanzen zu reagieren" (Oesterreich, 1993, S.43).

Autoritäre Persönlichkeiten entstehen nach Oesterreich also dann, wenn der "Primärmechanismus der autoritären Reaktion" lebensgeschichtlich nicht überwunden werden kann. In Folge der mangelnden Überwindung der autoritären Reaktion im Erwachsenenalter wird sich auch das Verhältnis zu den Schutz bietenden Instanzen verändern. Letztere werden nicht nur mehr als materielle Schutzinstanzen angesehen, sondern auch als emotional wichtige Bindungsinstanzen, die dadurch immer stärkeren Vorbildcharakter erhalten. Entsprechend werden im Zuge dieses Identifikationsprozesses mit den Sicherheit bietenden Instanzen auch deren Werte, Normen und Weltbilder übernommen. In einem Sekundärprozess kann dann Sicherheit dadurch erlangt werden, dass sich die autoritäre Persönlichkeit starr an den Normen der Autoritäten orientiert. So können Autoritäten auch dann Schutz geben, wenn sie gar nicht unmittelbar anwesend sind. Entsprechend ist jeder Angriff auf die Normen und Werte der Autoritäten auch immer ein Angriff auf das Sicherheitsgefühl von autoritären Persönlichkeiten (vgl. Oesterreich, 1999, S.294). Diese Funktion von starren

Werte- und Normorientierungen hat Rokeach bereits in seinem Dogmatismus-Konzept beschrieben (Rokeach, 1960).

Eine Festlegung der Entwicklung der autoritären Persönlichkeit auf die frühe Kindheit lehnt Oesterreich ab. Vielmehr könne sich jederzeit, auch im Erwachsenenalter, eine autoritäre Persönlichkeit entwickeln und zwar dann, wenn häufig Situationen auftreten, die das Individuum nur durch Flucht in die Sicherheit bewältigen kann (Oesterreich, 1996, S.124). Oesterreich widerspricht der psychoanalytischen Auffassung der Berkeley-Gruppe, dass die Ursache der Entwicklung einer autoritären Persönlichkeit in einer lieblosen, restriktiven, stark strafenden und das Kind in seinen Bedürfnissen stark einschränkenden Erziehung zu suchen sei. Eine solche Erziehung führe eher zu neurotischen oder asozialen Tendenzen, aber nicht zu einer autoritären Persönlichkeit. Ursachen sind vielmehr in einer stark über- oder unterfordernden Erziehung zu suchen. In beiden Fällen würden Neigungen zu autoritären Reaktionen gefördert. Diese Auffassung schließt ein, dass verschiedene Erziehungsstile zur Entwicklung einer autoritären Persönlichkeit führen können. Die entscheidende Frage ist somit nicht mehr, wie sich autoritäre Persönlichkeiten im Sozialisationsprozess herausbilden, sondern vielmehr was für das heranwachsende Kind notwendig ist, um autoritäre Bindungen nach und nach aufzugeben und so zu individueller Autonomie zu gelangen. Oesterreich beschreibt damit den unterschiedlich gelingenden Abbau der autoritären Reaktion auf einer Autoritarismus-Autonomie-Dimension und benennt damit erstmals einen Gegenpol zu Autoritarismus.

Oesterreich legt neben seiner Theorie auch eine neue Skala zur Messung von Autoritarismus vor. Er kritisiert die bisherigen Fragebögen, die Autoritarismus über politische Einstellungen erfassen. Solche Operationalisierungen laufen Gefahr, Tautologien herzustellen, da Autoritarismus u.a. politische Einstellungen wie Rechtsextremismus ursächlich erklären will. Mit politischen Einstellungen sollen somit politische Einstellungen vorhergesagt werden. Zur Messung der autoritären Persönlichkeit als eine psychische Disposition schlägt Oesterreich daher vor, die bisherigen Einstellungsfragen durch Fragen zum Verhalten, zu Gefühlen, Motiven und zum Selbstbild des Einzelnen zu ersetzen. Auch diese Fragen seien zwar nicht völlig ideologiefrei aber sehr viel weiter von politischer Ideologie entfernt als Fragen zu politischen Einstellungen. Oesterreich weicht in seiner Definition der zentralen Merkmale einer autoritären Persönlichkeit von den bisherigen Autoritarismustheorien ab. Er definiert sechs Merkmale, die seine neue Autoritarismusskala erfassen soll (vgl. Oesterreich, 1998):

- ängstliche Abwehr von Neuem und Fremdem,

- rigides und unflexibles Verhalten,

- Anpassungs- und Unterordnungsbereitschaft,

- Orientierung an Macht und Stärke,

- Feindseligkeit und unterdrückte Aggression sowie

- Konformität.

Oesterreich betont, dass sein Konzept nicht als ein Einstellungssyndrom mit verschiedenen Unterkonzepten definiert ist, sondern als eine Persönlichkeitsvariable. Entsprechend sollten die Items zu den sechs Unterkonzepten eine starke Homogenität aufweisen (vgl. Oesterreich, 1998, S.62). Eine weitere Besonderheit seiner Fragebogenkonstruktion liegt in der Formulierung von bipolaren Items. Sowohl der autoritäre als auch der nicht-autoritäre Pol wird für jedes Item explizit benannt. In einer letzten Fassung besteht die Autoritarismusskala von Oesterreich aus 26 Items und besitzt eine Reliablität nach Cronbachs Alpha von .85 mit einer mittleren Interitemkorrelation von r=.17. Als Validitätskriterium führt Oesterreich schließlich mittlere Korrelationen von r=.41 bis r=.57. mit einem selbst entwickelten Rechtsextremismusmaß an.

Mit der Grundannahme von Oesterreich, dass die motivationale Grundlage der Orientierung an Autorität in Angst und Verunsicherung zu suchen ist, ähnelt er auf den ersten Blick den früheren Ausführungen von Fromm und Altemeyer. Bei Fromm und Altemeyer bleibt jedoch unklar, inwiefern die Gefühle der Bedrohung, Angst und Verunsicherung als notwendige Voraussetzung, Korrelate oder Folgen der Entwicklung einer autoritären Persönlichkeit angesehen werden. Oesterreich begreift Angst und Verunsicherung als Voraussetzung und beschreibt als Folge eine Flucht in Sicherheit bietende Instanzen. Darüber hinaus integriert er mit dem Konzept der autoritären Reaktion erstmals eine situationsspezifische Komponente in das Autoritarismuskonzept und führt anhand von Bettelheims Berichten Beispiele dafür an, dass autoritäre Persönlichkeiten sich in Extremsituationen auch im Erwachsenenalter noch herausbilden können (vgl. Bettelheim, 1960[8]). Gleichzeitig bietet Oesterreich mit seinem Konzept der autoritären Reaktion eine präventive Handlungsleitlinie für den Umgang mit Autoritarismus an. Danach kommt es weniger darauf an, wie sich autoritäre Persönlichkeiten im Sozialisationsprozess herausbilden, sondern vielmehr was für das heranwachsende Kind notwendig ist, um autoritäre Bindungen nach und nach aufzugeben und zu individueller Autonomie zu gelangen. Es geht also nicht mehr darum, was getan werden muss, um Autoritarismusneigungen zu reduzieren, sondern es geht darum, was getan werden muss, damit Personen individuelle Autonomie entwickeln können.

Auch mit seiner Operationalisierung von Autoritarismus anhand von Items, die Verhalten und Erleben erfassen sollen, führt Oesterreich eine neue Methodik in die Autoritarismusforschung ein. Die empirische Absicherung des neuen Konzep-

---

[8] Bettelheim schildert, dass jüdische KZ-Lagerinsassen sich nicht nur ihren Wärtern unterwarfen, sondern sich sogar die Ideologien der Lagerinsassen aneigneten (vgl. Bettelheim, 1960)

tes ist bislang relativ dünn. Die Autoritarismus-Skala von Oesterreich ist nur in Jugendstudien an Gymnasien und Berufsschulen eingesetzt worden. Obwohl er für die Gesamtstichprobe von einer zufriedenstellenden Reliabilität berichtet, zeigen die Cronbach Alphas in den Teilstichproben doch deutlich geringere Werte mit z.t. unter .80 für 26 Items. Solche Reliabilitäten entsprechen kaum seiner Annahme, dass die Items ein einheitliches Persönlichkeitskonzept erfassen. Ebensowenig werden faktorenanalystische Berechnungen vorgelegt. Die mittleren Interitemkorrelationen von r=.15 bis r=.17 lassen eher eine mehrfaktorielle Struktur erwarten. Darüber hinaus präsentiert Österreich als Validierungsdaten lediglich Korrelationen zu Rechtsextremismus. Welchen Erklärungsgehalt sein Maß auch für andere politische Einstellungsmaße besitzt und wie ein Vergleich mit anderen Autoritarismus-Skalen ausfällt, bleibt offen.

Insgesamt kann Oesterreichs Ansatz als eine Bereicherung für die Autoritarismusdiskussion angesehen werden. Viele seiner Thesen bedürfen jedoch noch einer empirischen Überprüfung. Darüber hinaus ist auffallend, dass in der internationalen Diskussion über Autoritarismus Oesterreichs Ansatz kaum wahrgenommen wird. Ein möglicher Grund mag darin liegen, dass der Ansatz bislang nicht in englischer Sprache publiziert worden ist.

3. Zusammenfassung und kritische Reflexion der bisher dargestellten Autoritarismustheorien

Die Autoritarismusforschung wurde aus der Absicht geboren, die Empfänglichkeit für faschistische und antidemokratische Ideologien aus psychologischer Sicht zu erklären. Ziel war es, die psychologischen Kräfte des Faschismus zu erkennen, um ihn besser bekämpfen zu können. Als Ergebnis dieser Bemühungen entstand die Theorie der autoritären Persönlichkeit. Die autoritäre Persönlichkeit wurde als ein Sozialtypus angesehen: Die autoritäre Herrschaftsordnung der 20er und 30er Jahre sei durch die frühkindliche Sozialisation in einer patriarchalen Familienstruktur in die psychischen Strukturen der Massen implementiert worden. Als Ergebnis entstand ein Menschentypus, der auf Unterordnung und Konformität gegenüber den herrschenden Autoritäten programmiert gewesen sei. Somit konnten die sich verschärfenden ökonomischen Verhältnisse einer autoritär organisierten Gesellschaft dann in Kombination mit den auf Unterordnung und Konformität programmierten Persönlichkeitsstrukturen Anfang der 30er Jahre dazu führen, die Menschen politisch nach rechts zu drängen, anstatt eine sozialistische Revolution zu entfachen.

Als theoretisches Erklärungsmodell dafür, wie sich eine Herrschaftsordnung in die psychischen Strukturen des Einzelnen implementieren konnte, wurde die Psychoanalyse herangezogen. In den 40er Jahren bemühte sich die Berkeley-Gruppe, die Theorie der autoritären Persönlichkeit empirisch zu überprüfen und weiterzuentwickeln. Als Ergebnis entstand ein psychodynamisches Modell der

Entwicklung einer autoritären Persönlichkeit und eine Faschismus-Skala, die die autoritäre Persönlichkeit als Charakterstruktur auf der Einstellungsebene erfassen soll. Die psychoanalytische Theorie selbst als auch die methodische Erfassung der autoritären Persönlichkeit mit der F-Skala wurde jedoch stark kritisiert. Viele Fragen wurden aufgeworfen: Ist die autoritäre Persönlichkeit eine Persönlichkeitsstruktur oder handelt es sich dabei lediglich um eine Ansammlung von bestimmten Persönlichkeitseigenschaften? Wie entwickelt sich eine autoritäre Persönlichkeit? Welche Rolle spielt die familiäre Sozialisation bei der Entwicklung einer autoritären Persönlichkeit? Ist die Genese der autoritären Persönlichkeit auf einen bestimmten Sozialisationszeitraum festzulegen? Wie ist eine autoritäre Persönlichkeit zu definieren? Was sind die Kernmerkmale einer autoritären Persönlichkeit? Gibt es auch einen Linksautoritarismus? Wie stark ist Autoritarismus situativ beeinflussbar?

Aufgrund der umfangreichen Kritik an "The Authoritarian Personality" gab es diverse Revisionsversuche. Diese zeichneten sich nicht nur durch die Neukonzeption von Messinstrumenten zur Erfassung von Autoritarismus aus, sondern auch durch theoretische Neuorientierungen. Die Revisionsversuche kehrten sich von der Psychoanalyse als theoretisches Erklärungsmodell ab. Viele der theoretischen Revisionsversuche beschäftigten sich jedoch nur mit Teilaspekten der Theorie (vgl. Rokeach, 1960, Rubenowitz, 1963, Ray, 1976). Interessanterweise legten Bob Altemeyer und Detlef Oesterreich, die Mitte der achziger Jahre das Autoritarismuskonzept an sich in Frage gestellt hatten (vgl. Altemeyer, 1981; Oesterreich, 1985), eine umfassende Rekonzeptualisierung des Autoritarismusansatzes auf lerntheoretischer Basis vor. Während Oesterreichs Ansatz international noch wenig Beachtung gefunden hat, ist der rechtsgerichtete Autoritarismusansatz von Altemeyer zum Mainstream in der Autoritarismusforschung geworden. Der Vorteil der lerntheoretischen Autoritarismuskonzepte war und ist, dass sie Hypothesen generieren, die empirisch überprüfbar sind. Allerdings sind die Studien zu den neueren Ansätzen hauptsächlich quantitativer Natur. In der aktuellen Autoritarismusforschung gibt es nur wenige Bemühungen, qualitative Verfahren zu verwenden (vgl. aber Hopf et al., 1995). Insgesamt können in der neueren Autoritarismusforschung einige Trends aufgezeigt werden, die auch für die zukünftige Forschung von großer Bedeutung sind (vgl. dazu Tabelle 2):

- Die Flexibilität von Autoritarismus: Es ist eine deutliche Abkehr von der Annahme zu erkennen, dass Autoritarismus eine Charakterstruktur ist, die zu einem bestimmten Zeitpunkt nahezu unveränderlich festgelegt wird. Obwohl Altemeyer den hauptsächlichen Sozialisationszeitpunkt im Jugendalter festlegt, betont er in neueren Veröffentlichungen, dass Autoritarismus auch später noch verändert werden kann. Dies zeigt sich u.a. in seinen Studien über Veränderungen von Autoritarismuswerten während und nach dem Studium (vgl. Altemeyer, 1988, 1996). Oesterreich trägt dieser Anschauung in seiner Theorie Rechnung, indem er erstmals in einer

Autoritarismustheorie das Konzept einer situationsspezifischen autoritären Reaktion einführt. Damit geht Oesterreich davon aus, dass Autoritarismusneigungen jederzeit verstärkt oder vermindert werden können.

- Sozialisationsagenten: Während die Berkeley-Gruppe die Familie als Hauptsozialisationsagent beschrieben hat, gehen neuere Ansätze von multiplen Sozialisationsagenten aus. Dies bedeutet nicht, dass die Familie nicht als wichtige Sozialisationsinstanz angesehen wird. Vielmehr wird lediglich der Einfluss der Familie relativiert und neue wichtige Agenten wie z.b. Peergroups oder Medien hinzugefügt.

- Motivationale Grundlage: Interessant ist bei Betrachtung der motivationalen Grundlage für Autoritarismus, dass über die verschiedenen Ansätze hinweg immer wieder eine ähnliche Argumentation zu erkennen ist. Die motivationale Grundlage von Autoritarismus ist ein Gefühl von Angst und Verunsicherung aufgrund einer bedrohlich erlebten Umwelt. Ungeklärt ist jedoch bislang, ob Bedrohung die Ursache von autoritären Persönlichkeitsdispositionen ist, oder ob Bedrohung ein bestehendes Reaktionspotenzial bei autoritären Personen aktiviert. Für die zukünftige Forschung wird dies eine wichtige zu klärende Frage sein. Konsens scheint es jedoch darüber zu geben, dass die Funktion von autoritären Orientierungen darin liegt, Angst, Verunsicherung oder Bedrohung zu minimieren.

- Dimensionen von Autoritarismus: Altemeyer hat in seinen Arbeiten plausibel dargestellt, dass Autoritarismus im Kern aus drei Dimensionen besteht: autoritäre Unterwürfigkeit, Konventionalismus und autoritäre Aggression. Bei Betrachtung der Forschungsliteratur scheint es einen weitgehenden Konsens zu geben, Autoritarismus über diese drei Dimensionen zu definieren. Lediglich bei Oesterreich finden sich etwas abweichende Dimensionsbenennungen. Zum Teil sind diese zwar von den drei Kerndimensionen des Autoritarismus zu unterscheiden (z.B. ängstliche Abwehr von Neuem und Fremdem). Andere Dimensionen weisen aber eine starke Parallelität zu den Kerndimensionen auf. Die Dimension "Anpassungs- und Unterordnungsbereitschaft" bei Oesterreich entspricht beispielsweise weitgehend der Kerndimension "autoritären Unterwürfigkeit".

- Theoretischer Status von Autoritarismus: Die Berkeley-Gruppe hat die autoritäre Persönlichkeit als tieferliegende Charakterstruktur beschrieben. In den neueren Ansätzen ist die Tendenz zu beobachten, Autoritarismus als ideologisches Überzeugungssystem (vgl. Dukitt, 2001) oder generalisierte Einstellung (vgl. Six, 1996) im Sinne von relativ stabilen Persönlichkeitsmerkmalen zu betrachten. Daher wird im Folgenden nur noch von autoritären Personen, aber nicht von autoritären Persönlichkeiten gesprochen.

Trotz der geschilderten Entwicklungen innerhalb der Autoritarismusforschungen sind gesicherte Erkenntnisse nach wie vor gering. Dass nach über 60jähriger

Forschung die Autoritarismusforschung dennoch überlebt und in den neunziger Jahren noch einmal eine Renaissance erlebt hat, ist der Tatsache zu verdanken, dass vorurteilsbehaftete Personen meist nicht nur Vorurteile gegenüber einer Gruppe, sondern gegenüber einer ganzen Reihe von Gruppen (z.b. verschiedene ethnische Gruppen, Homosexuelle, Frauen) äußern. Duckitt (1992) zeigt, dass die durchschnittliche Korrelation zwischen Vorurteilen gegenüber verschiedenen Gruppen r=.50 beträgt. Dies weißt darauf hin, dass Persönlichkeitsmerkmale einen wichtigen Einfluss auf die Erklärung von Vorurteilen besitzen. Darüber hinaus zeigt Autoritarismus in vielen Befragungen substanzielle Zusammenhänge zu unterschiedlichen Faktoren gruppenbezogener Menschenfeindlichkeit (vgl. Heitmeyer, 2002), wie ethnische Vorurteile, Rechtsextremismus, Antisemitismus, aber auch Nationalismus oder Gewaltbereitschaft. Zusammenhänge zwischen Autoritarismus und Vorurteilen sind in unterschiedlichen Ländern beobachtet worden: in Belgien (Duriez & Van Hiel, 2002), in Deutschland (Zick & Petzel, 1999; Schmidt & Heyder, 2000), in Kanada (Altemeyer, 1998), in Neuseeland und Südafrika (Duckitt, 1993; Duckitt, Wagner, du Plessis & Birum, 2002), in den Niederlanden (Meloen & Middendorp, 1991), in Rumänien (Krauss, 2002), in Russland (McFarland, Ageyev & Abalakina, 1993), in Ungarn (Fabián und Fleck, 1999; Enyedi, Eros und Fabián, 1998) und in den USA (McFarland, 1999a, 1999b). Solche Zusammenhänge sind auch erkennbar, wenn andere wichtige Variablen, wie z.B. Bildung oder sozioökonomischer Status kontrolliert werden (vgl. Fabian & Fleck, 1999; Heyder & Schmidt, 2000). Darüber hinaus zeigen repräsentative Studien, dass Autoritarismus ein besserer Prädiktor für ethnische Vorurteile ist als demographische Variablen (vgl. Billig & Cramer, 1990, für Großbritannien; Dekker & Peter, 1991, für die Niederlande; Fabian & Fleck, 1999, für Ungarn). McFarland demonstriert sogar, dass Autoritarismus der stärkste persönlichkeitsorientierte Prädiktor von Vorurteilen ist (vgl. McFarland, 1999b). Der gut fundierte und in vielen Teilen der Welt zu beobachtende Erklärungsgehalt von Autoritarismus für generalisierte Vorurteile ist ein wichtiger Grund dafür, dass das Autoritarismuskonzept bis heute eine große Relevanz besitzt. Dennoch werden in Zukunft theoretische Weiterentwicklungen unerlässlich sein, wenn das Autoritarismuskonzept weiterhin überleben soll. Es ist u.a. ein großes Problem innerhalb der Autoritarismusforschung, dass keine schlüssigen Erklärungen existieren, warum die empirischen Zusammenhänge mit Variablen gruppenbezogener Menschenfeindlichkeit auftreten. Dieses Problem zeigt besonders eine Studie von Meloen, van der Linden und de Witte (1996) auf. In einem vergleichenden Test mit 901 flämischen Studierenden haben sie die Gütekriterien der F-Skala, RWA-Skala und der NAAS-Skala überprüft. Diese drei Autoritarismusskalen zeigen vergleichbare Korrelationen mit beispielsweise Ethnozentrismus, Apartheid, Antisemitismus oder Antifeminismus, obwohl unterschiedliche theoretische Annahmen hinter diesen Skalen stecken.

Tabelle 2: Gegenüberstellung der wichtigsten psychoanalytischen, kognitionspsychologischen und lerntheoretischen Autoritarismusansätze

	Inhalt	Theoretische Ausrichtung	Ursache	Hauptsächliche Sozialisationsinstanzen	Motivationale und emotionale Grundlage	Funktion
Fromm (1945); Reich (1986); Adorno, Frenkel Brunswik, Levinson & Sanford (1950)	Die Autoritäre Persönlichkeit als eine in der Charakterstruktur implementierte Empfänglichkeit für antidemokratische und faschistische Ideologie	Psychoanalyse	Patriarchale autoritäre gesellschaftliche Verhältnisse	Familie	Angst vor Liebesverlust bei gleichzeitig bedrohlich erlebter Umwelt	Beseitigung der Bedrohung Gefühl der Teilhabe an Macht
Rokeach (1960)	Dogmatismus als ein geschlossenes kognitives System	Kognitions- psychologische Ausrichtung	Bedrohlich erlebte Umwelt	--------	Bedürfnis, bedrohliche Aspekte der Realität abzuwehren	Reduzierung der subjektiv empfundenen Bedrohung durch die Umwelt
Altemeyer (1981, 1988, 1996)	Rechtsgerichteter Autoritarismus als Kovariation von drei Einstellungsclustern: autoritäre Unterwürfigkeit, Konventionalismus und autoritäre Aggression	Soziale Lerntheorie	Verharren in engen sozialen Netzwerken bei gleichzeitig bedrohlich erlebter Umwelt	Familie, Peers, Medien etc.	Furcht vor einer bedrohlich erlebten Welt bei gleichzeitig hoher Selbstgerechtigkeit	Abbau der Furcht
Oesterreich (1993, 1996)	Verknüpfung eines persönlichkeitsorientierten Autoritarismuskonzepts mit einer situationsspezifischen autoritären Reaktion	Copingansatz	Mangelnder Abbau der Flucht in Sicherheit bietende Instanzen im Erwachsenenalter	Multiple Sozialisationsinstanzen ohne genaue Spezifikation	Angst und Verunsicherung	wirkungsvolle Unterstützung durch Sicherheit bietende Instanzen und damit Abbau der eigenen Angst

Für die weitere Entwicklung des Autoritarismuskonzeptes müssen meiner Ansicht nach drei Problemfaktoren besondere Beachtung erlangen: das Reduktionismusproblem, die mangelnde Berücksichtigung des sozialen Kontextes und der 'political bias' in der Messung von Autoritarismus.

3.1. Das Reduktionismusproblem

Doise (1986) betont, dass innerhalb der sozialpsychologischen Forschungen vier Analyseebenen unterschieden werden können und sollten. Die erste Ebene ist der "intra-personal-Level", mit dem erklärt werden soll, warum Individuen verschieden handeln und denken. Auf dieser Ebene bleibt der soziale Kontext unberücksichtigt. Die zweite Ebene bezeichnet Doise als "inter-personal and situational-Level". Hier wird die Dynamik der Beziehung von Individuen in einer bestimmten Situation betrachtet. Die verschiedenen sozialen Positionen außerhalb der betrachteten Situation werden dabei nicht berücksichtigt. Auch auf dieser zweiten Ebene werden lediglich vom sozialen Kontext isolierte Individuen betrachtet. Daher können die ersten beiden Ebenen als invidualistische Analyseebenen bezeichnet werden. Die dritte Ebene ist der "positional-Level". Auf dieser Ebene findet eine intergruppale Analyse statt. Hier werden die Interaktionen als Mitglied einer Gruppe miteinbezogen, denn die Gruppenzugehörigkeit bestimmt Status, Verhalten und Einstellung mit. Die vierte Ebene nennt Doise den "ideological-Level". Hier werden die Ideologien, Werte und Normen der Gesellschaft berücksichtigt, die die etablierte Ordnung aufrechterhalten.

Die bisher dargestellte Autoritarismusforschung bewegt sich hauptsächlich auf den ersten beiden individualistischen Analyseebenen, obwohl Autoritarismus hauptsächlich als ein Prädiktor für eine Vielzahl sozialer Gruppenphänomene wie beispielsweise Vorurteile, intergruppale Feindseligkeit, Rechtsextremismus oder Gewaltbereitschaft verwendet wird. Diese Phänomene können als Indikatoren für eine gruppenbezogene Menschenfeindlichkeit (vgl. Heitmeyer, 2002) bezeichnet werden[9]. Duckitt kritisiert, dass Phänomene gruppenbezogener Menschenfeindlichkeit in erster Linie kollektive soziale Phänomene sind und nicht durch invidualistische Erklärungsansätze erklärt werden können (vgl. Duckitt, 1989). Auch Tajfel bezeichnet die Tendenz, kollektives Verhalten mit individualistischen Konzeptionen zu analysieren, als reduktionistisch (vgl. Tajfel, 1981). Kollektives Verhalten mit individualistischen Konzepten zu analysieren, werde der Komplexität sozialen Verhaltens nicht gerecht. Entsprechend fordert Tajfel, Verhalten auf

---

[9] In der Konzeption von "gruppenbezogener Menschenfeindlichkeit" gehen nach Heitmeyer (2002, S.19ff.) vor allem sechs Elemente ein: Rassismus, Fremdenfeindlichkeit, Antisemitismus, Heterophobie, Etabliertenvorrechte und Sexismus. In dieser Arbeit werden aber auch andere Phänomene wie Rechtsextremismus oder Gewaltbereitschaft gegenüber Mitgliedern fremder Gruppen unter dem Label "gruppenbezogene Menschenfeindlichkeit" subsummiert.

interpersonaler Ebene grundsätzlich von Verhalten auf intergruppaler Ebene zu unterscheiden (vgl. auch Tajfel & Turner, 1986).

In den 70er Jahren hat sich eine neue Forschungstradition herausgebildet, die gruppenbezogene Menschenfeindlichkeit aus einer Gruppenperspektive heraus erklären will (vgl. Tajfel & Turner, 1979, 1986). Diese Forschungstradition wurde unter dem Namen "Social Identity Approach" bekannt (vgl. Hogg & Abrams, 1988, Wagner & Zick, 1990). Die Annahme des Social Identity Approach ist, dass sich Individuen im Kontext von Gruppen grundsätzlich anders verhalten als im interpersonalen Kontext, d.h. als eine einzelne Person zu einer anderen einzelnen Person. Mit dieser Annahme bricht die neue Intergruppenpsychologie mit der traditionellen Kleingruppenforschung, die davon ausging, dass sich Gruppenprozesse aus der Kenntnis der psychischen Prozesse der beteiligten Einzelpersonen ableiten lassen (vgl. Allport, 1924). Die zentralen Theorien des Social Identity Approach werden in Kapitel 4 dargestellt.

Die Autoritarismusforschung und die moderne Intergruppenforschung werden bislang relativ isoliert voneinander behandelt. Eine Ausnahme bildet eine Theorie von John Duckitt (1989, 1992), die die traditionelle Autoritarismustheorie von Altemeyer mit intergruppalen Theorieansätzen verbindet. Als Ergänzung zu Duckitts Theorie kann der Ansatz von Stanley Feldman (2000) angesehen werden. Auch Feldmans Ansatz thematisiert Autoritarismus auf gruppaler Analyseebene. Beide Ansätze sollen in dieser Arbeit diskutiert, weiterentwickelt und empirisch überprüft werden. Sie werden in Kapitel 6 ausführlich dargestellt.

3.2. Der Einfluss des sozialen Kontexts

Pettigrew (1999) betont, dass Autoritarismus eine stärkere Erklärungskraft erhält, wenn der soziale Kontext berücksichtigt wird. Das Ignorieren kontextbezogener Einflüsse birgt nach Pettigrew (1999, S.6) zwei Gefahren in sich: Wird Autoritarismus unabhängig von gegebenen Umweltbedingungen betrachtet, entstehe der Trugschluss, dass Persönlichkeitsdispositionen die Hauptursache für autoritäres Verhalten seien. Eine solche Sichtweise laufe Gefahr, die Suche nach mediierenden und moderierenden Funktionen situativer Einflüsse auf autoritäres Verhalten zu vernachlässigen. Des weiteren lasse sich aus einer sozial isolierten Sichtweise von Autoritarismus schließen, dass nur wenig getan werden kann, das Verhalten von autoritären Personen zu verändern. Unter Einbeziehung des sozialen Kontextes können allerdings Ideen darüber entwickelt werden, wie das Verhalten und die Persönlichkeit von autoritären Personen verändert werden kann.

Tatsächlich existieren mannigfaltige Belege dafür, dass Autoritarismusneigungen vom sozialen Kontext abhängig sind. Kalin und Berry (1980) heben die besondere Bedeutung von Reisen für Autoritarismus hervor. Reisen wirken sich in ihrer Studie reduzierend auf die Autoritarismusneigung aus. Altemeyer (1988) sowie Peterson und Lane (2001) können zeigen, dass sich ein Studium reduzierend auf die Autoritarismusneigung auswirkt. Diese Befunde weisen auf die Wichtigkeit von sozialen Lernprozessen für Autoritarismusneigungen hin. Darüber hinaus gibt es eine Fülle von Hinweisen darauf, dass Autoritarismus in einem negativen Verhältnis zum formalen Bildungsgrad und sozialen Status steht (vgl. Stone, Lederer & Christie, 1993; Schuman, Bobo & Krysan, 1992). Dies kann auch in repräsentativen Befragungen bestätigt werden. In der repräsentativen Eurobarometer 30-Befragung mit ca. 4000 Befragten aus den Niederlanden, Frankreich, Großbritannien und der BRD sind bei niedrig-gebildeten Personen höhere Autoritarismuswerte als bei hoch-gebildeten Personen zu finden (vgl. Pettigrew, 1999). Diese Befunde weisen daraufhin, dass Autoritarismusneigungen durch Bildung reduziert werden können.

Darüber hinaus gehen autoritäre Dispositionen nicht in jeder Situation gleichermaßen mit autoritären Verhaltensweisen wie z.B. die Äußerung von Vorurteilen einher. Feldman und Stenner (1997) sowie Rickert (1998) zeigen in querschnittlichen Analysen, dass gesellschaftliche Bedrohungssituationen in der Lage sind, autoritäre Dispositionen zu aktivieren, und so zu einem Anstieg von autoritärem Verhalten führen. Verkuyten und Hagendoorn (1998) zeigen experimentell, dass Autoritarismus Vorurteile vorhersagen kann, wenn die Ebene der persönlichen Identität salient ist. Ist die nationale Identität salient, kann Autoritarismus Vorurteile nicht mehr vorhersagen (für eine ausführliche Diskussion der Befunde vgl. Kap. 4.1.3). Pettigrew findet in einer Reanalyse der Eurobarometer 30-Befragung Hinweise darauf, dass autoritäre Personen vor allen Dingen stärkere Vorurteile zeigen, weil sie weniger Intergruppenfreundschaften mit ausländischen Personen eingehen.

Die beschriebenen Befunde belegen mannigfaltig, dass die Höhe und die Auswirkungen von Autoritarismus vom sozialen Kontext beeinflusst werden. Bislang ist diesem gut belegten Befund in der Theorieentwicklung kaum Rechnung getragen worden. Von den bisher geschilderten Ansätzen hat lediglich Oesterreich mit seinem Konzept der autoritären Reaktion eine situative Einflussvariable in die Autoritarismustheorie eingeführt.

3.3. Der 'political bias' in der Messung von Autoritarismus

Den Entwicklern von Autoritarismusskalen ist vielfach vorgeworfen worden, dass sie Autoritarismus mit Items zu politisch konservativen Einstellungen messen. Dies trifft sowohl für die F-Skala der Berkeley-Gruppe (Adorno et al., 1950) und die RWA-Skala von Altemeyer (1996) als auch für die NAAS-Skala von Lederer (1983) zu. Das Hauptproblem des 'political bias' in der Messung von Autoritarismus liegt vor allen Dingen darin, dass Tautologien entstehen. Wenn Autoritarismus über politisch konservative Einstellungen gemessen wird und damit politisch rechtsextreme Einstellungen erklärt werden sollen, die ihrerseits eng mit politisch konservativen Einstellungen verknüpft sind, dann können die erhaltenen Korrelationen aus methodischen Konfundierungen dieser beiden Skalen entstehen und nicht aus inhaltlichen Zusammenhängen (vgl. Oesterreich, 1996, 1998; Seipel, Rippl & Kindervater, 2000).

In der Vergangenheit gab es verschiedene Versuche, das Problem des 'political bias' zu lösen. Rokeach (1960) versuchte ein von politischen Ideologien unabhängiges Messinstrument zu entwickeln, das kognitive Strukturen (dogmatisches Denken) erfassen soll. Wie bereits dargestellt, ist auch Rokeachs Dogmatismus nicht unabhängig von ideologischen Präferenzen (vgl. Kap. 2.1.1.). Entsprechend entwickelt Oesterreich (1998) eine Autoritarismusskala, die Items zum Verhalten und Erleben anstatt zu Einstellungen beinhaltet. Zwar zeigt diese Autoritarismus-Skala substanzielle Zusammenhänge zu rechtsextremen Einstellungen ohne selber auf politische Einstellungen zuruckzugreifen, umfangreichere Validierungsstudien zu Oesterreichs Autoritarismusskala fehlen aber bislang. So kann z.B. die Dimension "Angst vor Fremdem und Neuem" in der Autoritarismus-Skala von Oesterreich als Ausdruck von Ambiguitätsintoleranz und weniger von Autoritarismus interpretiert werden. Darüber hinaus ist zu fragen, ob Autoritarismus überhaupt von rechtskonservativen Ideologien zu trennen ist (vgl. Eckhard, 1991). Sind autoritäre Orientierungen nicht häufig auch mit politischem Konservatismus korreliert, zumindest innerhalb der westlichen Staatengemeinschaft? Diese Einwände machen deutlich, dass auch die Operationalisierung von Autoritarismus weiterer Forschung bedarf.

Teil II: Die Rekonzeptualisierung von Autoritarismus als Gruppenphänomen

In der Sozialpsychologie lassen sich zwei theoretische Zugänge unterscheiden, die sich mit der Erklärung von Vorurteilen und Diskriminierungen auseinandergesetzt haben. Die eine Perspektive betont vor allen Dingen die Persönlichkeit des Individuums. Der soziale Kontext wird dabei weitgehend ausgeblendet. Zu diesen Anschauungen gehören die im ersten Teil zusammengefassten Autoritarismustheorien (vgl. Adorno et al. 1950, Altemeyer, 1996, Oesterreich, 1996). Die andere Theorietradition betont hingegen den sozialen und kulturellen Kontext von Vorurteilen. In diesem Zusammenhang ist besonders der Social Identity Approach (SIA) einflussreich geworden (vgl. Tajfel & Turner, 1986). Zusammen mit einigen anderen Theorien (z.B. Relative Deprivation, vgl. Runciman, 1966; Realistischer Gruppenkonflikt, vgl. Sherif, 1966) bildet der Social Identity Approach den Kern der "modernen Intergruppenpsychologie". Pettigrew unterstreicht die Wichtigkeit beider Ansätze in der Erklärung von Vorurteilen und fordert, beide Ansätze stärker zu integrieren (vgl. Pettigrew, 2001). Ein zentrales Anliegen dieser Arbeit ist es, die traditionellen Autoritarismustheorien mit den Befunden aus der Psychologie der Intergruppenbeziehungen zu erweitern. Daher sollen in diesem Teil der Arbeit zunächst die zentralen Kernpunkte der modernen Intergruppenpsychologie beschrieben werden. Anschließend soll die Bedeutung der Intergruppenpsychologie für die Autoritarismusforschung skizziert werden. Darauf aufbauend entwickelt diese Arbeit ein Modell von Gruppenautoritarismus, das die traditionellen Autoritarismustheorien mit der modernen Intergruppenpsychologie verbindet.

4. Die Psychologie der Intergruppenbeziehungen

In der Psychologie gibt es eine lange Auseinandersetzung um die Frage, ob das Verhalten und Empfinden von Personen in Gruppen aus dem Verhalten und Empfinden einzelner Individuen oder Interaktionen einzelner Personen geschlossen werden kann. Floyd Allport (1924) vertrat die Auffassung, dass es keine eigenständige Gruppenpsychologie gibt. Gruppenprozesse lassen sich nach Allport aus der Kenntnis der psychischen Prozesse der beteiligten Einzelpersonen ableiten. Daher müssten die Einzelpersonen, bestenfalls noch Interaktionen zwischen Einzelpersonen, Gegenstand der Forschung sein. Weite Bereiche der klassischen Gruppen- und Kleingruppenforschung wurden von einer solchen individualistischen Perspektive geprägt. Entsprechend wurde die Gruppe definiert als zwei oder mehrere Personen, die sozial oder psychologisch in Abhängigkeit zueinander stehen. Eine Abhängigkeit kann beispielsweise entstehen, weil die Gruppenmitglieder sich sympathisch oder attraktiv finden, eine starke Meinungsübereinstimmung besitzen oder gegenseitige Bedürfnisse befriedigen. Dieser Ansatz wurde auch als Soziales Kohäsionsmodell bezeichnet (vgl. Turner, 1982).

Der Social Identity Approach (SIA; vgl. Tajfel & Turner, 1986; Turner et al., 1987) bricht mit der traditionellen Gruppendefinition des Sozialen Kohäsionsmodells. Der SIA definiert eine Gruppe als eine Ansammlung von zwei oder mehreren Personen, die sich gemeinsam einer Kategorie zugehörig wahrnehmen (vgl. Turner, 1982). Somit sind beispielsweise gegenseitige Attraktion oder Einstellungsähnlichkeiten weniger die Voraussetzung von Gruppenbildung, als vielmehr deren Konsequenz. Damit legt der SIA die Betonung auf wahrnehmungsbezogene und kognitive Faktoren für die Identifikation mit Gruppen und weniger auf affektive Variablen wie das Soziale Kohäsionsmodell: Für ein Zugehörigkeitsgefühl zu Gruppen ist es aus Sicht des Social Identity Approach wichtiger zu wissen, wohin ich gehöre und weniger, ob ich die anderen Gruppenmitglieder mag (vgl. Turner, 1982). Die für die Gruppenpsychologie revolutionierende Sichtweise des Social Identity Approach ist, dass sich Personen im Kontext von Gruppen (intergruppal) grundsätzlich anders verhalten als in einem Kontext, in dem sie als Person mit anderen Personen (interpersonal) interagieren. Somit lassen sich Gruppenprozesse nicht aus der Kenntnis der psychischen Prozesse der beteiligten Einzelpersonen ableiten. Nach dem Social Identity Approach ist es unerlässlich, intergruppale Prozesse getrennt von interpersonalen Prozessen zu betrachten. Der Social Identity Approach besteht im Kern aus drei Theorien (vgl. Wagner & Zick, 1990):

- der Theorie der Sozialen Akzentuierung (Tajfel, 1957, 1959, 1975),

- der Theorie der Sozialen Identität (Tajfel & Turner, 1979, 1986) und

- der Selbstkategorisierungs-Theorie (vgl. Turner, Hogg, Oakes, Reicher & Wetherell, 1987)

Im Folgenden sollen die Theorien kurz in ihren zentralen Aussagen vorgestellt werden.

4.1. Die Theorie der Sozialen Akzentuierung

Die Theorie der Sozialen Akzentuierung thematisiert die Rolle von Kategorisierungsprozessen für soziales Verhalten von Personen. Unter Kategorisierung wird der Prozess verstanden,

"in dem die Umwelt nach Kategorien, also Personen, Objekten und Ereignissen (oder deren ausgewählten Attributen) geordnet wird, die in Bezug auf ihre Relevanz für die Handlungen, Absichten oder Einstellungen eines Individuums ähnlich oder äquivalent sind." (Tajfel, 1975, S.345)

Kategorisierungsprozesse werden als überlebenswichtig angesehen, um die Fülle von Informationen aus der Umwelt sortieren und verarbeiten zu können. Die Funktion der Kategorisierung von Informationen ist, Individuen in einer komplexen Umwelt handlungsfähig zu machen (Tajfel, 1975, S.347).

Tajfel untersucht den Effekt der Kategorisierung in mehreren Experimenten mit nicht-sozialen Stimuli (vgl. Tajfel, 1957, 1959; Tajfel & Wilkes, 1963). In einem besonders bekannt gewordenem Experiment (Tajfel & Wilkes, 1963) werden den Versuchspersonen Linien unterschiedlicher Länge vorgelegt. Die Aufgabe der Versuchspersonen ist es, die Länge der Linien einzuschätzen. In einer von drei experimentellen Bedingungen werden die kürzeren Linien immer mit dem Buchstaben A und die längeren Linien immer mit dem Buchstaben B vorgelegt. Die Ergebnisse zeigen, dass die Etikettierung der Linien dazu führt, dass die Unterschiede in den Längen der Linien innerhalb der Kategorie A oder B unterschätzt werden, während die Unterschiede in den Längen der Linien zwischen den Kategorien A und B überschätzt werden. Die Ergebnisse dieser Experimente zeigen, dass die Klassifikation einer kontinuierlichen Stimulusserie zu systematisch verzerrten Wahrnehmungen dieser Stimuli führt. Unterschiede zwischen zwei Klassen von Stimuli werden überschätzt (Interklasseneffekt), Unterschiede innerhalb einer Klasse von Stimuli werden unterschätzt (Intraklasseneffekt). Diese Annahmen sind als zentrale Thesen der Theorie der Sozialen Akzentuierung bekannt geworden.

Die Akzentuierungseffekte können ebenfalls auf soziale Phänomene übertragen werden. Tajfel (1975) geht davon aus, dass die Kategorisierung von Individuen in verschiedene soziale Kategorien (wie z.b. ethnische Zugehörigkeit, Nation, sozio-ökonomischer Status) zu ähnlichen Inter- und Intraklasseneffekten führt. Inter- oder Intraklasseneffekte im sozialen Kontext können in einigen Untersuchungen bestätigt werden (vgl. Doise, Deschamps & Meyer, 1978, McGarty & Penny, 1988; McGarty & Turner, 1992; Secord, 1959).

Der Erklärungsgehalt der Theorie der Sozialen Akzentuierung ist allerdings beschränkt. Sie kann lediglich erklären, warum Unterschiede gemacht werden. Sie kann aber das häufig zu beobachtende Phänomen nicht erklären, dass fremde Gruppen im Vergleich zur eigenen Gruppe häufig *systematisch* benachteiligt werden. Dieser Effekt kann sowohl im Labor (vgl. Tajfel, Billig, Bundy & Flament, 1971) als auch im realen Alltagskontext festgestellt werden (vgl. Klink & Wagner, 1999). Eine Theorie, die solche systematischen Bevorzugungen der eigenen Gruppe erklären kann, ist die Theorie der Sozialen Identität.

4.2. Die Theorie der Sozialen Identität

Die Theorie der Sozialen Identität ist besonders von Befunden zur Theorie des realistischen Gruppenkonflikts (vgl. Campbell, 1965, Sherif, 1966) und der Minimal-Group-Studien (vgl. Tajfel, Billig, Bundy & Flament, 1971) beeinflusst.

Die Theorie des realistischen Gruppenkonflikts nimmt an, dass ein Wettstreit um begrenzte materielle Ressourcen Feindseligkeiten und Diskriminierungen zwischen Gruppen fördert. Besonders eindrucksvolle Belege für diese Theorie kann Muzafer Sherif in mehreren Ferienlagerstudien liefern (vgl. Sherif, Harvey,

White, Hood & Sherif, 1961, Sherif & Sherif, 1969). Für diese Studien wurden je 20-24 Jungen aus der Mittelschicht zu einem Ferienlager eingeladen und zu Beginn in zwei Gruppen aufgeteilt. Die erste Woche diente dazu, dass die Jungen sich in den jeweiligen Gruppen kennen lernen. In der zweiten Woche wurden dann Wettspiele zwischen den beiden Gruppen initiiert. Die Jungen wurden darüber informiert, dass am Ende dieser Woche die aus den Wettspielen insgesamt siegreiche Gruppe ermittelt wird. Die Sieger erhielten einen Pokal verbunden mit einem für die Jungen attraktiven Preis. Die Verlierer gingen leer aus. Die Ergebnisse dieser Studien zeigen, dass in der zweiten Woche die Aggressionen und Feindseligkeiten zwischen den beiden Gruppen deutlich zunahmen. Die Ergebnisse gelten als Beleg für die zentrale Annahme der Theorie des realistischen Gruppenkonflikts: Ein Wettstreit um begrenzte Ressourcen steigert die Antipathie und diskriminierendes Verhalten zwischen den beteiligten Gruppen. Die zentralen Annahmen der Theorie des realistischen Gruppenkonflikts werden auch durch viele andere Studien bestätigt (vgl. zur Übersicht Jackson, 1993).

Anfang der 70er Jahre hat Tajfel die Frage aufgeworfen, ob begrenzte Ressourcen eine notwendige Voraussetzung für Intergruppenkonflikte sind. Er entwickelt ein Forschungsparadigma, das Minimal-Group-Paradigma, das geeignet ist, diese Fragestellung zu untersuchen (vgl. Tajfel, Billig, Bundy & Flament, 1971). Das Paradigma soll den Effekt der reinen Kategorisierung von Personen in eine von zwei Gruppen auf deren Intergruppenverhalten untersuchen. Die Bedingungen des Paradigmas sind so angelegt, dass weder individuelle Interessen noch vorher bestehende feindselige Einstellungen oder eine gemeinsame Vergangenheit zwischen den Gruppen die Ursache für intergruppale Diskriminierung sein können. Im Laufe der Zeit sind diverse Variationen des Minimal-Group-Paradigmas entworfen worden (vgl. Taylor & Moghaddam, 1994). Das prinzipielle Vorgehen blieb jedoch immer dasselbe. Das Paradigma besteht aus zwei verschiedenen Phasen. In der ersten Phase werden die Personen einer von zwei Gruppen zugeordnet. Im Originalexperiment von Tajfel und seinen Mitarbeitern erfolgte dies durch eine angebliche Präferenz für den Maler Klee oder Kandinsky. Die Versuchsbedingungen sind so angelegt, dass die Versuchspersonen weder wissen, wer in der eigenen Gruppe ist, noch wer in der anderen Gruppe ist. In einem zweiten Schritt sollen dann einem anonymen eigenen und einem anonymen fremden Gruppenmitglied Geldbeträge zugewiesen werden. Die Zuweisung der Geldbeträge erfolgt durch sogenannte Matrizen. Den Versuchspersonen wird mitgeteilt, dass sie selber nicht in den Genuss des Geldes kommen können.

Die Ergebnisse dieser Geldzuweisungen zeigen ein zunächst überraschendes Ergebnis: den Mitgliedern der eigenen Gruppe wird mehr Geld zugewiesen als den Mitgliedern der fremden Gruppe. Dieser Befund wird durch viele Studien bestätigt (vgl. zur Übersicht: Brewer, 1979, Diehl, 1990, Taylor & Moghaddam, 1994). Die Tendenz zur Bevorzugung der eigenen Gruppe ist auch noch dann zu erkennen, wenn die eigene Gruppe dabei absolut gesehen Verluste hinnehmen muss (vgl. Tajfel et al., 1971) und jegliche Hinweise auf Eigennutz explizit ausgeschaltet sind (vgl. Gagnon & Bourhis, 1996; auch Turner, 1978). Darüber hinaus kann gezeigt werden, dass Intergruppendiskriminierungen im Minimal-Group-Paradigma unabhängig davon zu beobachten sind, ob die Gruppeneinteilung anhand von wichtigen (realen Gruppenmitgliedschaften) oder trivialen Kriterien (Einschätzung der Anzahl von Punkten) durchgeführt wird (vgl. Moghaddam und Stringer, 1986). Selbst bei einer für die Versuchspersonen sichtbaren zufälligen Gruppeneinteilung ist ein Ingroup-Bias zu erkennen (vgl. Billig & Tajfel, 1973).

Die geschilderten Befunde werden als Beleg dafür angesehen, dass die reine Kategorisierung in eine von zwei Gruppen ausreicht, eine bevorzugte Behandlung der eigenen im Vergleich zu einer fremden Gruppe auszulösen (vgl. Billig & Tajfel, 1973). Begrenzte materielle Ressourcen, wie in der Theorie des realistischen Gruppenkonflikts, sind daher keine notwendige Bedingung für Intergruppenkonflikte. Ein Wettstreit um begrenzte Ressourcen kann aber in Interaktion mit einer starken Gruppenidentifikation konfliktverschärfend wirken. Eine Studie von Struch und Schwartz (1989) zeigt beispielsweise, dass Interessenkonflikte zwischen religiösen Gruppen in Israel in enger Beziehung zu Aggressionen gegenüber der Fremdgruppe stehen, und dass diese Aggressionen stärker bei hochidentifizierten Personen sind.

Zunächst konnten Tajfel und seine Mitarbeiter die Befunde mit dem Minimal-Group-Paradigma theoretisch nicht erklären. Erst einige Jahre später entstand zur Erklärung dieser Ergebnisse die Theorie der Sozialen Identität (vgl. Tajfel & Turner, 1979, 1986). Nach der Theorie der Sozialen Identität besteht die Identität eines Menschen aus einer Persönlichen und einer Sozialen Identität. Die Persönliche Identität setzt sich aus biographischen Aspekten des Individuums zusammen wie z.B. Fähigkeiten oder Temperament. Die Soziale Identität besteht dagegen aus Aspekten, die aus Gruppenmitgliedschaften abgeleitet werden. Nach Tajfel ist die Soziale Identität der Teil des Selbstkonzeptes eines Individuums,

"der sich aus seinem Wissen um seine Mitgliedschaft in sozialen Gruppen und aus dem Wert und der emotionalen Bedeutung ableitet, mit der diese Mitgliedschaft besetzt ist" (Tajfel, 1982, S. 102).

Nach der Theorie der Sozialen Identität siedelt sich Verhalten auf einem Kontinuum von interpersonalem zu intergruppalem Verhalten an. Ein Beispiel für interpersonales Verhalten ist das Verhalten von Personen in Liebesbeziehungen. Dieses Verhalten wird nahezu vollständig durch Aspekte der Persönlichen Identität der beteiligten Personen gesteuert. Dagegen wird das Verhalten in kriegerischen Auseinandersetzungen fast ausschließlich von Aspekten der Sozialen Identität geleitet. In solchen Situationen herrschen nur noch Freund-Feind Kategorisierungen. Je stärker ein Verhalten von der Sozialen Identität gesteuert ist, desto stärker findet eine Depersonalisierung statt und desto stärker wird das Verhalten auf dem intergruppalen Pol des Verhaltenskontinuums anzusiedeln sein.

Auf dieser Grundlage können drei Kernannahmen der Theorie der Sozialen Identität formuliert werden (vgl. Tajfel & Turner, 1986; auch Wagner & Zick, 1990):

- Menschen wollen eine positive Selbsteinschätzung erhalten oder herstellen.

- Menschen leiten einen Teil ihrer Selbsteinschätzung, ihre Soziale Identität, aus ihren Gruppenzugehörigkeiten und den Bewertungen dieser Gruppen ab.

- Die Bewertung einer Gruppe ergibt sich aus dem Vergleich dieser Gruppe mit relevanten anderen Gruppen.

Im Zentrum dieser Annahmen steht - wie in vielen anderen Theorien auch schon - ein Motiv zu einer positiven Selbstbewertung. Tajfel und Turner betonen jedoch erstmals, dass Personen nicht nur eine positive Selbsteinschätzung in der Persönlichen Identität anstreben, sondern auch in der Sozialen Identität. Darüber hinaus führen sie die Wichtigkeit des Vergleichs auf Gruppenebene ein. Wenn sich die Soziale Identität, wie angenommen, im wesentlichen aus Gruppenzugehörigkeiten ableitet, dann ergibt sich daraus, dass die Selbstwertschätzung in der Sozialen Identität davon abhängt, welchen Status die eigene Gruppe im Vergleich zu wichtigen fremden Gruppen einnimmt. Eine Befriedigung des Motivs zur Herstellung einer positiven Sozialen Identität lässt sich somit herbeiführen, indem die eigene Gruppe positiv von wichtigen fremden Gruppen abgesetzt wird. Die positive Differenzierung der eigenen Gruppe von fremden Gruppen dient damit letztlich dazu, die Selbstbewertung in der Sozialen Identität zu stützen oder zu verbessern. Aus dieser Sichtweise wird die Bevorzugung von Mitgliedern der Eigen- im Vergleich zur Fremdgruppe in den Minimal-Group-Studien damit erklärt, dass ein solches Verhalten identitätsrelevant ist (vgl. auch Wagner & Stellmacher, 2000).

Tajfel und Turner haben einige Annahmen darüber formuliert, was passiert, wenn die Soziale Identität als bedroht wahrgenommen wird. Sie nehmen an, dass bei Gefährdung der Sozialen Identität, Individuen zunächst versuchen, ihre Gruppe zu verlassen und zur statushöheren Gruppe aufzusteigen, um somit eine positive Soziale Identität wiederherzustellen. Ein solches Verhalten wird als individuelle Strategie (individuelle Mobilität) bezeichnet. Demgegenüber stehen die kollektiven Strategien (kollektive Mobilität), bei denen die Soziale Identität der gesamten Gruppe positiv umgestaltet wird, ohne die Gruppe zu verlassen (vgl. Ellemers, 1993). Kollektive Identitäts-Management-Strategien werden nach Tajfel und Turner erst dann genutzt, wenn eine individuelle Mobilität nicht zur Verfügung steht, d.h. die Gruppengrenzen als impermeabel wahrgenommen werden. Zu den Strategien kollektiver Kreativität gehört die Umbewertung von vormals negativen Merkmalen der Gruppe (black is beautiful), die Einführung neuer Vergleichsdimensionen (Ostdeutsche sehen sich zwar in der wirtschaftlichen Kompetenz westdeutschen Personen unterlegen, aber gestehen sich die höhere soziale Kompetenz zu) und die Veränderung in der Wahl der Vergleichsgruppe, zu der eine positive Differenzierung der eigenen Gruppe auf relevanten Dimensionen möglich erscheint. Schließlich sehen Tajfel und Turner noch die Möglichkeit vor, dass die unterlegene Gruppe in einer offenen und direkten Auseinandersetzung mit der überlegenen Gruppe ihren Status zu verändern versucht. Dies nennen sie Sozialen Wettbewerb.

Tajfel war es immer wichtig, die Relevanz von psychologischen Theorien für gesellschaftliche Prozesse zu thematisieren. Daher definierte er sozio-strukturelle Merkmale, die einen Einfluss darauf haben, welche der oben beschriebenen Mobilitätsstrategien wahrscheinlich werden. Dazu gehört die Permeabilität von Gruppengrenzen sowie die wahrgenommene Legitimität und Stabilität von Statusbeziehungen zwischen Gruppen. Die Permeabilität bestimmt, inwieweit die Möglichkeit individueller Mobilität gegeben erscheint. Besitzen Menschen mit niedrigem Status die subjektive Wahrnehmung von permeablen Gruppengrenzen, werden sie nach Tajfel und Turner (1986) bestrebt sein, die individuelle Mobilitätsstrategie zu nutzen. In einem solchen Falle findet eine Entidentifizierung mit der vormals eigenen Gruppe statt (vgl. Ellemers, 1993; Ellemers, van Knippenberg, de Vries & Wilke, 1988). Bei statushohen Gruppen hat die Permeabilität keinen Einfluss auf die Identifikation mit der eigenen Gruppe. Die Legitimität thematisiert, inwieweit die bestehende Statushierarchie zwischen der eigenen und einer relevanten fremden Gruppe als gerechtfertigt (legitim) oder nicht (illegitim) wahrgenommen wird. Die Stabilität hingegen erfasst, ob eine alternative Statusposition für die Gruppe als erreichbar (instabile Statusbeziehung) oder als unerreichbar (stabile Statusbeziehung) angesehen wird. Die Legitimität und die Stabilität bestimmen, ob überhaupt eine aktive Auseinandersetzung mit dem gegebenen Status angestrebt wird. Die Voraussetzung dafür, dass eine aktive Auseinandersetzung mit dem aktuellen Status der Gruppe stattfindet, ist, dass die Gruppenmitglieder Visionen darüber entwickeln können, welche alternativen Statusbeziehungen möglich sind. Dies wird am wahrscheinlichsten dann der Fall sein, wenn die Statushierarchie als illegitim und instabil wahrgenommen wird. Wird hingegen die Statushierarchie als legitim und stabil angesehen, existieren höchstwahrscheinlich keine alternativen Vorstellungen über das Verhältnis der beteiligten Gruppen.

Mummendey, Klink, Mielke, Wenzel und Blanz (1999) können anhand einer Feldstudie mit ostdeutschen Personen zeigen, dass sich soziostrukturelle Merkmale und die Wahl von Identitätsmanagements-Strategien wechselseitig bedingen. Beispielsweise lässt die Höhe der wahrgenommenen Stabilität die Wahrscheinlichkeit der Wahl von kollektivem Wettbewerb im Vergleich zu individuellen Strategien steigen. Auch Permeabilität ist ein guter Prädiktor für die Differenzierung zwischen kollektiven und individuellen Strategien: Je stärker die wahrgenommene Permeabilität von Gruppengrenzen ist, desto stärker ist die Präferenz für individuelle im Vergleich zu kollektiven Strategien.

In neueren Veröffentlichungen werden zusätzliche Annahmen über mögliche Identitäts-Management Strategien ergänzt (vgl. Blanz, Mummendey, Mielke & Klink, 1998). Der Kern des Konzeptes von Blanz et al. (1998) ist die Unterscheidung zweier bipolarer Achsen (individuelle vs. kollektive Strategien und kognitive vs. behaviorale Strategien). In einer Faktorenanalyse kann die Gültigkeit dieses Achsensystems für Identitäts-Management-Strategien belegt werden.

4.3. Die Selbstkategorisierungs-Theorie (SCT)

Die dritte "große" Theorie innerhalb des Social Identity Approach ist die Selbstkategorisierungs-Theorie (vgl. Turner, Hogg, Oakes, Reicher & Wetherell, 1987). Während die Theorie der Sozialen Identität ihren Schwerpunkt auf die Erklärung von diskriminierendem Intergruppenverhalten legt, thematisiert die SCT stärker die Bedeutung von intragruppalen Prozessen für intra- und intergruppale Einstellungen und Verhaltensweisen. Die SCT versucht zu beantworten, warum Individuen überhaupt in der Lage sind als Gruppe zu handeln. Sie wird daher als Erweiterung und Präzisierung der Theorie der Sozialen Identität verstanden (vgl. Turner, 1999). Die Selbstkategorisierungs-Theorie besteht aus insgesamt 12 Annahmen mit zusätzlichen Unterannahmen und 17 Hypothesen. Im Folgenden werden lediglich die für die hier geführte Diskussion in Bezug auf Autoritarismus bedeutsamen Bausteine der Theorie vorgestellt.

In der SCT wird die Dichotomie zwischen Persönlicher und Sozialer Identität durch ein Mehrebenen-Konzept des Selbst abgelöst. Es können mindestens drei Ebenen unterschieden werden: Die persönliche, die kategoriale bzw. soziale und die menschliche Ebene der Identität. Die persönliche Ebene umfasst z.B. individuelle Eigenheiten und Fähigkeiten. Dort vergleichen sich einzelne Individuen mit anderen Individuen. Die kategoriale bzw. soziale Ebene beinhaltet die Mitgliedschaft in sozialen Gruppen. Als Vergleich werden hier andere relevante Gruppen herangezogen. Die menschliche Ebene betont schließlich die Mitgliedschaft zur Gruppe der Menschen. Die drei Ebenen sind hierarchisch angeordnet und unterscheiden sich in ihrem Grad der Inklusivität. Die menschliche Ebene ist die abstrakteste und beinhaltet die kategoriale und die persönliche Ebene der Identität, während die kategoriale Ebene wiederum die persönliche Ebene beinhaltet. Jede Ebene ist somit in ihrer nächsthöheren Ebene repräsentiert. Beispielsweise bin ich als "Marburger" auch immer "Hesse". Allerdings sind auch "Giessener" und "Frankfurter" "Hessen", die aber in der Subkategorie "Marburger" nicht enthalten sind. Somit ist die Kategorie "Hesse" inklusiv für die Subkategorien "Marburger", "Giessener" oder "Frankfurter". Je inklusiver eine Kategorie ist, desto höher ist diese Ebene in der Abstraktionshierarchie angeordnet. Das Beispiel verdeutlicht jedoch, dass innerhalb der kategorialen Ebene weitere Unterkategorien unterschieden werden können.

Die SCT betont die situationsspezifische Beeinflussbarkeit des Selbstkonzeptes eines Individuums. Das Selbst besteht aus vielen spezifischen Aspekten. Wie bereits dargestellt, können dies Aspekte der Persönlichen aber auch Aspekte der Sozialen oder der Menschlichen Identität sein. Welche dieser Aspekte in einer Situation verhaltenswirksam werden, hängt vom situativen Kontext ab. Dies bedeutet, dass bestimmte Teile des Selbstkonzeptes in einer Situation "angeknipst" werden können. Wenn beispielsweise in einer Situation die Persönliche Identität salient d.h. bedeutsam wird, dann werden Personen als Individuen denken und handeln (interpersonales Verhalten). Wenn aber Aspekte der Sozialen Identität salient sind, werden Individuen im Sinne ihrer salienten Gruppenmitgliedschaft denken und handeln (intergruppales Verhalten).

Auf der intergruppalen Ebene werden jedoch nicht alle möglichen Gruppenzugehörigkeiten gleichzeitig verhaltenswirksam. Zum Einen muss eine bestimmte Gruppenzugehörigkeit salient sein, zum Anderen muss die jeweilige Person sich mit der entsprechenden Gruppe identifizieren. Identifiziert sich eine Person nicht mit einer Gruppe, kann die jeweilige Gruppenmitgliedschaft auch nicht salient werden. Welche Selbstkategorisierung auf welcher Ebene salient wird, ist eine Funktion der Charakteristika des Selbst einer Person und der Situation. Somit können zwei Voraussetzungen für intra- bzw. intergruppales Verhalten formuliert werden: (1) Die Salienz einer Gruppenzugehörigkeit und (2) die Identifikation mit der Gruppe müssen in einem Mindestmaß vorhanden sein. Nur wenn beide Bedingungen erfüllt sind, werden Gruppenmitgliedschaften für das Denken und Handeln von Individuen relevant.

Die SCT beschäftigt sich auch mit der Frage, wie sich Gruppenmeinungen und Gruppennormen verändern, wenn sie mit anderen Gruppen in Konflikt stehen (vgl. Turner et al., 1987). Gruppen neigen unter solchen Bedingungen dazu, ihre Meinungen und Ideologien weg von denen fremder Gruppen zu verschieben und eine ideale normative Position einzunehmen. Die ideale normative Position, d.h. die prototypische Position von Gruppen, wird in der Selbstkategorisierungs-Theorie durch den Meta-Kontrast-Quotienten bestimmt. Die Prototypikalität eines Gruppenmitglieds ergibt sich aus dem Quotienten der durchschnittlichen Abweichung der Person von Mitgliedern der fremden Gruppe und der durchschnittlichen Abweichung der Person von Mitgliedern der eigenen Gruppe (vgl. auch Wagner & Stellmacher, 2000). Je größer dieser Quotient wird, desto prototypischer ist eine Position für die eigene Gruppe. Die prototypische Position ist somit abhängig von der zum Vergleich herangezogenen fremden Gruppe (vgl. Wilder & Shapiro, 1984) und damit vom situativen Kontext.

Die Soziale Identität ist auch in der Selbstkategorisierungs-Theorie der entscheidende Teil des Selbstkonzeptes für Intergruppenverhalten. Wird die Soziale Identität mit einer Gruppe salient, so entsteht eine Depersonalisierung der Selbstwahrnehmung, d.h. es findet eine Neudefinition des Selbst - von einzigartigen

Eigenschaften und individuellen Unterschieden zu geteilten sozialen Gruppenmitgliedschaften und damit verbundenen Stereotypen - statt. Unter Bedingungen einer Depersonalisierung neigen Individuen dazu, sich selbst weniger als unterschiedliche autonome Personen, sondern mehr als austauschbare Repräsentanten einer gemeinsam geteilten sozialen Kategorie bzw. Gruppe zu definieren (vgl. Turner et al., 1987; Turner, 1999). Turner sieht in der Depersonalisierung der Selbstwahrnehmung den grundlegenden Prozess für Gruppenphänomene wie Gruppenkohäsion oder Ethnozentrismus. Depersonalisierung stellt jedoch weder einen Verlust individueller Identität, noch einen Verlust des Selbst im Sinne des Deindividuationskonzeptes (vgl. Zimbardo, 1969) dar. Auch sei sie nicht mit einer Regression auf primitivere und unbewusstere Formen der Identität zu vergleichen. Depersonalisierung ist nach Turner lediglich der Wechsel der Selbstkategorisierung von einer persönlichen auf eine kategoriale Ebene der Identität.

4.4. Die Psychologie der Massen

Ein Anwendungsfeld des Social Identity Approach ist die Psychologie der Massen. Die Psychologie der Massen ist traditionell eng mit der Autoritarismusforschung verbunden. Die Psychologie der Massen ist am Ende des neunzehnten Jahrhunderts aus der Angst der besitzenden Klasse vor dem "Mob" entstanden (vgl. Le Bon, 1951). Le Bon ging davon aus, dass unter bestimmten Umständen eine Ansammlung von Menschen zu einer Masse mit einer Gemeinschaftsseele wird. Das Verhalten von Massen sei dann geleitet von degenerierten Emotionen (intellektuelle Unterlegenheit, Wechselhaftigkeit, exzessive Gefühlsausbrüche, etc.), die aus einem rassischen Unterbewusstsein entstehen. Dadurch seien die destruktiven Instinkte unkontrollierbar und äußerten sich in hemmungsloser Gewalt und irrationalem Verhalten (Le Bon, 1951; zum Überblick: Reicher, 1987; Reichern, Spears & Postmes, 1995). Le Bons Ansatz kann in vielen Punkten kritisiert werden (vgl. Reicher, 1987). Zum Einen pathologisiert Le Bon die Masse, in dem er sie als primitiv und kulturell degeneriert betrachtet. Zum Zweiten fehlt bei Le Bon jegliche Berücksichtigung einer Interaktion mit fremden Gruppen oder Akteuren. Es existiert lediglich die Masse, die plötzlich erscheint und einem automatischen destruktiven Prozess folgt. Insgesamt entsteht bei Le Bon der Eindruck, dass seine Theorie lediglich die Unterdrückung von Massen legitimieren sollte (vgl. auch Reicher, 1987).

Erst Ende der sechziger Jahre wird ein neuer Versuch unternommen, Massenphänomene psychologisch zu erklären. Dies ist die Deindividuationstheorie von Zimbardo (1969). Unter Deindividuation wird eine Form der Entpersönlichung in Massensituation verstanden. Zimbardo sieht die Masse als eine Möglichkeit für Individuen an, in die Anonymität abzutauchen und Handlungen auszuführen, die normalerweise einer Hemmung und Kontrolle unterliegen. Befinden sich Personen in einem deindividuierten Zustand, ist die Fähigkeit der Selbstbeobachtung und -bewertung herabgesetzt. Entsprechend sei dann die Verhaltenskontrolle durch Schuld, Scham oder Angst geschwächt. Letztlich bedeute dies die Enthemmung von unter normalen Umständen gehemmten Verhaltensweisen. In diesem Sinne charakterisiert auch Zimbardo wie Le Bon deindividuiertes Verhalten als irrational und atypisch.

Besonders die Annahme, dass das Verhalten in Massen zu einem Identitätsverlust bzw. einem Verlust des Selbst führt, wird von Vertretern des Social Identity Approach kritisiert (vgl. Reicher, Spears & Postmes, 1995). Reicher, Spears und Postmes (1995) wenden ein, dass Deindividuation eher zu stärker normativen Verhalten im Sinne der Masse führt. Sie gehen davon aus, dass das Verhalten von Individuen in Massen von impliziten Werten und Normvorstellungen dieser Gruppe geleitet wird. Auf der Basis dieser Kritik formulieren sie eine psychologische Massentheorie, die auf den Annahmen des bereits geschilderten Social Identity Approach basieren.

Grundsätzlich ist es nach Reicher et al. (1995) wichtig, zwischen Deindividuation und Depersonalisierung zu unterscheiden. Während die Deindividuation von einem reduzierten Einfluss des Selbst spricht, so betont die Depersonalisierung die Aktivierung der Sozialen Identität auf Kosten der Persönlichen Identität. Reicher (1987) nimmt an, dass das Verhalten von Personen in Massen koordiniert abläuft, ohne dass eine explizite Planung oder formale Koordination stattfindet. Das Verhalten von Massen wird durch Normen gesteuert, die an die Identifikation mit dieser Gruppe geknüpft sind. Folglich kann in einer deindividuierten Situation nicht zwangsläufig enthemmtes und gewaltsames Verhalten erwartet werden. Vielmehr existiert eine Norm, die diesem Verhalten Richtung verleiht und Grenzen definiert (vgl. Reicher, 1987).

Wie sich Normen in Massensituationen in Verhalten umsetzen, wird innerhalb der SCT mit dem Prozess des "referent informational influence" erklärt (vgl. Turner, 1982): Wenn ein Individuum sich selbst als Mitglied einer bestimmten sozialen Kategorie definiert, dann lernt und formt das Individuum prototypische Vorstellungen für diese soziale Kategorie. Unter Bedingungen, in denen die Soziale Identität mit der eigenen Gruppe salient wird und die Individuen sich als austauschbare Mitglieder wahrnehmen, werden sie dazu tendieren, diese Normen zu übernehmen. Die prototypischen Normen der eigenen Gruppe bestimmen dann das Verhalten. D.h. wird eine Kategorie salient, so werden die Individuen mit den Eigenschaften und Anforderungen, die eine Gruppe definieren, konform gehen.

Dennoch bleibt das Problem bestehen, dass bei einer Masse oft unklar ist, welche Normen in spezifischen Situationen relevant sind. Zur Erklärung wird der "inductive aspect of categorization" angeführt (vgl. Turner, 1982): In Gruppensituationen können Individuen die Eigenschaften und Anforderungen der eigenen Gruppe aus den Eigenschaften einzelner typischer Mitglieder folgern. Durch das Prinzip des Metakontrastes (vgl. Selbstkategorisierungs-Theorie in Kap. 4.3.)

wird bestimmt, welche Mitglieder der eigenen Gruppe prototypische Mitglieder sind. Solche prototypischen Mitglieder werden als stereotyp und normativ für die eigene Gruppe wahrgenommen. Je stärker daher ein Mitglied als Prototyp der eigenen Gruppe angesehen wird, desto stärker wird es zur Definition von geeignetem Gruppenverhalten herangezogen (vgl. Reicher, 1987, Turner et al., 1987).

Die Annahmen des Social Identity Modells zu Massenverhalten werden durch Beobachtungsstudien und Laborexperimenten bestätigt. Fogelson (1971) zeigt am Beispiel von US-amerikanischen Ausschreitungen zwischen ethnischen Gruppen in den 60er Jahren, dass nur ganz bestimmte Häuser und Geschäfte Ziele der Gewalt waren, während andere Gebäude vollständig verschont blieben. Ähnliche Ergebnisse von kontrolliertem und normativ gesteuertem Massenverhalten berichtet Reicher in seinen Analysen von gewaltsamen Ausschreitungen ('The St. Pauls riot' vom 2. April 1980, Reicher, 1984; und 'The battle of Westminster' vom 24. November 1988, Reicher, 1996). Schließlich können Laborstudien zeigen, dass Anonymität in Gruppensituationen eher zu normativem und nicht zu unkontrolliertem Verhalten führt (vgl. Reicher & Levine, 1994a, 1994b).

Aus Sicht des Sozialen Identitäts-Modells der Deindividuation erscheint somit das Verhalten von Massen gar nicht so irrational, wie in den vorherigen Theorien zur Massenpsychologie von Le Bon oder Zimbardo angenommen wurde. Der besondere Stellenwert der Befunde zum Social Identity Modell der Deindividuation ist die Demonstration, dass Massen in der Lage sind, Normen spontan zu entwickeln, obwohl keine klare Gruppenstruktur erkennbar ist. Entsprechend sind keine personifizierten Autoritäten oder Anführer notwendig, um das Verhalten von Massen zu steuern. Dies wirft einen neuen Blick auf die Definition von Autorität (vgl. Kap. 5.5.). Schließlich ist die Anwesenheit einer fremden Gruppe von besonderer Bedeutung für die Dynamik des Massenverhaltens. Die Charakteristika und das Verhalten der fremden Gruppe bestimmen, ob die Masse sich beispielsweise gewalttätig verhalten wird. In den Beobachtungsstudien von Reicher waren die Anwesenheit und Reaktionen der Polizei für das Verhalten der Masse von entscheidender Bedeutung.

5. Implikationen des Social Identity Approach für die Autoritarismusforschung

Die Autoritarismusforschung war angetreten, hauptsächlich intergruppale Phänomene zu erklären. Der Social Identity Approach bietet eine theoretische Basis, um inter- und intragruppale Phänomene zu erklären. Dennoch gibt es bislang kaum Verknüpfungen zwischen diesen Theorietraditionen (siehe aber Duckitt, 1989). Die Psychologie der Intergruppenprozesse beschreibt psychologische Mechanismen, die für alle Menschen gleichermaßen gültig sein sollten. Anzunehmen ist jedoch, dass vermutlich nicht alle Menschen gleichermaßen empfänglich für die psychologischen Mechanismen sind, die der SIA beschreibt. Eine Verknüpfung zwischen den beiden Theorietraditionen scheint somit sinnvoll. Der Social Identity Approach könnte die Autoritarismusforschung in mindestens fünf Punkten bereichern:

1. Die Bedeutung von Gruppenidentifikation: Der Social Identity Approach hebt die besondere Bedeutung von Gruppenmitgliedschaften, d.h. der Identifikation mit bestimmten Gruppen für intergruppales Verhalten hervor. Die Identifikation als Mitglied einer Gruppe wird als eine Voraussetzung für intergruppales Verhalten definiert. Die Autoritarismusforschung ist angetreten, diskriminierendes intergruppales Verhalten zu erklären. Es kann jedoch angenommen werden, dass autoritäre Prädispositionen sich nicht in allen Gruppenzusammenhängen in Verhalten umsetzen. Dies wird nur dann der Fall sein, wenn sich Personen mit einer bestimmten Gruppe identifizieren. Damit könnte es sinnvoll sein, in Autoritarismustheorien das Identifikationskonzept zu integrieren.

2. Die Bedeutung von Selbstkategorisierungsprozessen: Eine zweite Voraussetzung für intergruppales Verhalten ist nach der Selbstkategorisierungs-Theorie neben der Identifikation mit einer Gruppe die Salienz einer Gruppenmitgliedschaft. Die SCT nimmt an, dass Einstellungen und Verhaltensweisen gegenüber Mitgliedern fremder Gruppen davon abhängen, welcher Teil der Identität einer Person in einer bestimmten Situation salient ist. In der Autoritarismusforschung ist die Bedeutung von Selbstkategorisierungsprozessen bislang kaum thematisiert worden. Lediglich zwei Artikel (Verkuyten & Hagendoorn, 1998, Reynolds; Turner, Haslam & Ryan, 2001) haben die prädiktive Kraft von Autoritarismus für Vorurteile in Abhängigkeit von Selbstkategorisierungen thematisiert. Hinter der Forderung, Identifikations- und Selbstkategorisierungsprozesse in die Autoritarismustheorie zu integrieren, steht die Annahme, dass die Stärke autoritärer Einstellungen und Verhaltensweisen in Abhängigkeit von der Identifikation als Mitglied einer Gruppe und von der Salienz dieser Gruppenmitgliedschaft zwischen verschiedenen Situationen differieren kann

3. Die Bedeutung von Bedrohungserleben: Der Social Identity Approach hat gezeigt, dass nicht jede Identifikation mit Gruppen mit diskriminierendem Verhalten einhergeht. Solange die Identifikation mit einer Gruppe sicher und stabil ist, kann eine Person sich tolerant gegenüber Mitgliedern fremder Gruppen verhalten. Wenn jedoch die Identität einer Gruppe bedroht ist, wird eine starke Identifikation mit dieser Gruppe zu Diskriminierung und Abwertung von Mitgliedern fremder Gruppen führen (vgl. Duckitt, 1989, Tajfel & Turner, 1986). Damit hebt der Social Identity Approach die Besonderheit von Bedrohungserleben für diskriminierendes Intergruppenverhalten hervor. Auch in der Autoritarismusforschung existieren einige Untersuchungen zum Zusammenhang

von Autoritarismus und Bedrohung. In Kapitel 5.3. werden die Befunde zum Thema Bedrohung aus Sicht des SIA und der Autoritarismusforschung zusammenfassend dargestellt und integriert.

4. Konsistenz von Einstellungen und Verhalten: In dieser Arbeit wird davon ausgegangen, dass auch die Konsistenz von autoritären Einstellungen und Verhaltensweisen situationsspezifischen Einflüssen unterliegt. Dies berührt die Frage, in welcher Beziehung autoritäre Einstellungen und autoritäres Verhalten stehen. Ray (1976) hat beispielsweise behauptet, dass autoritäre Einstellungen kaum mit autoritärem Verhalten einhergehen. Im Rahmen des Social Identity Approach wurden soziostrukturelle Merkmale genannt, unter denen diskriminierendes Verhalten wahrscheinlicher wird. In dieser Arbeit wird die Annahme formuliert, dass soziostrukturelle Merkmale eine wichtige Bedeutung für die Konsistenz von autoritären Einstellungen und autoritären Verhaltensweisen haben.

5. Definition von Autorität: In der Autoritarismusforschung existiert bislang kaum eine klare Definition darüber, was unter Autorität gemeint wird. Häufig wird unter Autorität von der Gesellschaft legitimierte Personen oder Instanzen verstanden, die eine besondere moralische Rechtfertigung und Macht besitzen, wie bspw. Politiker, Polizisten, Richter, etc. (vgl. Altemeyer, 1988). Damit sind Autoritäten mehr oder minder stark personifiziert und auf die gesellschaftliche Ebene fixiert. Der Social Identity Approach, und hier besonders die Forschungen zur Psychologie der Massen, lassen vollkommen neue Sichtweisen auf das Problem der Definition von Autorität zu. Dies betrifft vor allen Dingen die Annahmen darüber, warum Menschen sich in Massensituationen sehr kontrolliert verhalten können, obwohl keine expliziten Autoritäten oder Gruppenanführer zu erkennen sind. Hier sind es nicht mehr Personen oder Instanzen, die sagen, wie sich Individuen zu verhalten haben, sondern vielmehr prototypische Positionen in Gruppen, die handlungsleitend werden.

5.1. Die Bedeutung von Gruppenidentifikationen für intergruppale Einstellungen und Verhaltensweisen

Aus der Theorie der Sozialen Identität und der Selbstkategorisierungs-Theorie kann gefolgert werden, dass die Mitgliedschaft in Gruppen und die Identifikation mit diesen Gruppen einen wichtigen Einfluss auf das Denken und Handeln von Individuen in Gruppensituationen haben. Die besondere Bedeutung von Gruppenidentifikation für intra- und intergruppale Einstellungen und Verhaltensweisen wird durch viele Studien belegt:

- Gagnon und Bourhis (1996) können zeigen, dass Intergruppendiskrimi-nierungen in den Minimal-Group-Studien eher bei hoch-identifizierten als bei niedrig-identifizierten Personen zu finden sind.

- Struch und Schwartz (1989) sowie Brown, Maras, Masser, Vivian und Hewstone (2001) zeigen moderierende Effekte von Identifikation bei realen Intergruppenkonflikten. Struch und Schwarz untersuchten israelische Erwachsene mit jüdischer Religionszugehörigkeit. Die Ergebnisse zeigen, dass die Stärke des Konflikts gegenüber bedrohlich wahrgenommenen ultraorthodoxen Juden stark mit Aggressionen zu dieser Gruppe verbunden war. Dieser Zusammenhang war aber für Personen, die sich hoch mit der eigenen religiösen Gruppe identifizierten, höher als für niedrigidentifizierte Personen. Brown, Maras, Masser, Vivian und Hewstone (2001) befragten anlässlich einer Hafenblockade aus Protest gegen die Preissenkung des Mindestpreises für Fisch in Calais und Dunkerque durch französische Fischer betroffene britische Passagiere. Die Ergebnisse zeigen, dass diejenigen Personen, die direkt von dem Konflikt betroffen waren, ablehnendere und aggressivere Einstellungen gegenüber Franzosen äußerten, als die Personen, die nicht direkt von der Blockade betroffen waren. Dieser Zusammenhang war besonders stark bei solchen Personen zu finden, die sich mit der eigenen Nation hoch identifizierten.

- Moderierende Effekte von Identifikation können auch in Studien zur relativen Deprivation nachgewiesen werden. Hochidentifizierte Personen zeigen stärkere kollektive Deprivationsgefühle als niedrigidentifizierte Personen (vgl. Petta and Walker, 1992, Tropp & Wright, 1999).

- Wagner und Ward (1993) zeigen, dass die Identifikation mit einer Gruppe auch *intragruppales* Verhalten beeinflusst. In einem Laborexperiment demonstrieren sie, dass das Ausmaß an gegenseitiger Sympathie, die Gruppenmitglieder füreinander empfinden, und das Ausmaß an Meinungsübereinstimmung innerhalb von Gruppen in Abhängigkeit vom Intergruppenkontext ansteigt. Je stärker die Auseinandersetzung mit einer relevanten fremden Gruppe ist, umso sympathischer finden sich die Gruppenmitglieder und umso mehr Meinungsübereinstimmung nehmen sie an. Auch hier sind diese Effekte besonders dann zu beobachten, wenn sich die Personen hoch mit der eigenen Gruppe identifizieren.

All diese Befunde zeigen, dass die Identifikation ein wichtiger Moderator für intra- und intergruppale Prozesse ist. Innerhalb der Gruppenpsychologie gibt es eine lange Diskussion über den Zusammenhang von Identifikationsprozessen und dem Ausmaß des Ingroup-Bias (vgl. Brewer, 1979, Brown, 2000, Turner, 1999, Mullen, Brown & Smith, 1992). Unter einem Ingroup-Bias wird eine positive Bewertung oder Behandlung der eigenen Gruppe im Vergleich zu einer fremden Gruppe verstanden (vgl. Brown, 1995, S. 188). Hinkle und Brown (1990) führen eine Metaanalyse zum Zusammenhang von Identifikation und der Ausprägung des Ingroup-Bias durch. Sie vermuten eine positive Korrelation zwischen der Stärke der Identifikation mit der Eigengruppe und der Höhe des Ingroup-Bias (vgl. auch Kelly, 1993). Begründet wird dies mit Hilfe der Theorie der Sozialen Identität. Wenn sich Personen mit einer Gruppe identifizieren, entstehe daraus die Motivation, sich positiv von relevanten Gruppen abzugrenzen. Hinkle und Brown (1990) können Ihre Annahme empirisch nicht bestätigen. Sie finden lediglich schwache Zusammenhänge zwischen Identifikation und der Stärke des Ingroup-Bias. Turner (1999) wendet ein, dass die SIT nie einen direkten kausalen Zusammenhang zwischen Ingroup-Bias und Identifikation angenommen hat. Die Herstellung eines Ingroup-Bias sei lediglich eine von verschiedenen Strategien, eine positive Distinktheit zu erlangen. Andere Strategien sind die individuelle Mobilität oder soziale Kreativität (vgl. Tafjel & Turner, 1986, Mummendey et al., 1999). Positive Korrelationen zwischen Identifikation und Ingroup-Bias sind somit nur unter bestimmten Bedingungen zu erwarten.

Die Wechselwirkung von situativen Faktoren und Gruppenidentifikationen auf die Ausprägung des Ingroup-Bias wird durch mehrere Studien belegt. Branscombe und Wann (1994) können in einer experimentellen Laborstudie zeigen, dass die Korrelation zwischen Identifikation und der Feindseligkeit gegenüber einer fremden Gruppe unter Bedingungen hoher Bedrohung höher ist als unter Bedingungen mit mittlerer oder niedriger Bedrohung (vgl. auch Grant & Brown, 1995). Mummendey, Klink und Brown (2001) finden nur in Situationen, in denen intergruppale Vergleiche salient sind, Korrelationen zwischen nationaler Identifikation und der Zurückweisung einer fremden Gruppe. In Bedingungen, in denen ein temporaler Vergleich oder gar kein Vergleich betont wird, ist dieser Zusammenhang weniger stark (vgl. auch die Metaanalyse von Mullen et al., 1992, sowie das Review von Hewstone, Rubin & Willis, 2002). Die geschilderten Befunde belegen den Einwand von Turner, dass eine starke Identifikation nicht zwangsläufig mit Intergruppendiskriminierungen einhergeht, sondern dass zusätzliche Faktoren definiert werden müssen, die einen Zusammenhang zwischen Gruppenidentifikation und einem Ingroup-Bias wahrscheinlich machen. In dieser Arbeit wird besondere Aufmerksamkeit auf die Auswirkungen von *bedrohten* Gruppenidentifikationen gelegt. Dies wird in den folgenden Kapiteln näher ausgeführt.

5.2. Die Bedeutung von Selbstkategorisierungsprozessen

Viele Studien demonstrieren, dass Autoritarismus ein guter Prädiktor für Vorurteile ist (vgl. beispielsweise Altemeyer, 1998; McFarland, 1999a, 1999b). Zwei jüngere Arbeiten haben sich damit beschäftigt zu klären, ob die Beziehung zwischen Autoritarismus und Vorurteilen von der Ebene der Selbstkategorisierung abhängt (Verkuyten und Hagendoorn, 1998, Reynolds, Turner, Haslam & Ryan, 2001).

Verkuyten und Hagendoorn (1998) analysieren in zwei experimentellen Studien, welche Auswirkung die Selbstkategorisierung auf der Ebene der Persönlichen oder auf der Ebene der nationalen Identität auf die Vorhersage von Vorurteilen durch Autoritarismus oder Stereotypen über die eigene Gruppe hat. Die Ergebnisse zeigen, dass nur bei einer Selbstkategorisierung auf der Ebene Persönlicher Identität Autoritarismus ein Prädiktor für Vorurteile ist. Stereotypen über die eigene Gruppe besitzen hingegen bei salienter Persönlicher Identität keine Vorhersagekraft für Vorurteile. Wird jedoch die Soziale Identität betont, ist der Zusammenhang umgekehrt: Jetzt zeigt lediglich die Positivität der Stereotypen über die eigene Gruppe eine signifikante und negative Beziehung zu Vorurteilen, während zwischen Autoritarismus und Vorurteilen keine signifikante Korrelation zu erkennen ist. Die beschriebenen Effekte sind in zwei unabhängigen Studien mit 99 bzw. 206 niederländischen Studierenden zu finden.

Reynolds, Turner, Haslam und Ryan (2001, S.429) berichten von einer eigenen Pilotstudie mit australischen Studierenden. Sie haben den Zusammenhang zwischen Autoritarismus und subtilen Vorurteilen in Abhängigkeit von drei experimentellen Bedingungen untersucht: eine experimentelle Gruppe mit salienter Persönlicher Identität, eine Gruppe mit salienter nationaler Identität sowie einer Kontrollgruppe. Reynolds et al. (2001) finden eine stärkere Korrelation zwischen Autoritarismus und Vorurteilen unter der Bedingung Persönlicher Identität (r=.67) als unter der Bedingung nationaler Identität (r=.39). In der Kontrollbedingung beträgt die Korrelation r=.53. Dieses Korrelationsmuster entspricht dem von Verkuyten und Hagendoorn (1998), die Korrelation ist aber besonders in der Bedingung nationaler Identität höher. In allen Bedingungen ist Autoritarismus ein Prädiktor für Vorurteile. Einschränkend muss allerdings auf die kleine Stichprobengrösse von N=30 hingewiesen werden. Eine weitere Studie von Reynolds et al. (2001) beinhaltet vier experimentellen Bedingungen und eine Kontrollgruppe. 116 Studierende nahmen an der Untersuchung teil. Es wird sowohl die Salienz der Persönlichen Identität als auch die Salienz von drei verschiedenen Sozialen Identitäten (Geschlecht, Alter, Nation) als between-subject-Faktor manipuliert. Der Zusammenhang zwischen Autoritarismus und Vorurteilen in den experimentellen Bedingungen wird mit einer Kontrollgruppe, in der keine Salienz-Manipulation vorgenommen wird, verglichen. Diesmal sind die stärksten Effekte in der Kontrollbedingung (r=.68) sowie in der Bedingung mit salienter Sozialer Identität in Bezug auf die Gruppenzugehörigkeit "Geschlecht" (r=.89) und "Alter" (r=.71) zu erkennen. Sind die Persönliche Identität oder die nationale Identität salient, sind in dieser Studie keine signifikanten Korrelationen zwischen Autoritarismus und Vorurteilen zu finden. Die experimentellen Gruppen unterscheiden sich nicht signifikant in ihrer Autoritarismus- oder Vorurteilsneigung. Somit zeigt auch diese Studie, dass die prädiktive Kraft von Autoritarismus auf Vorurteile von der Ebene der Selbstkategorisierung abhängt. Allerdings zeigen sich in der Studie von Reynolds et al. (2001) konträre Befunde im Vergleich zur Studie von Verkuyten und Hagendoorn (1998): Nicht unter Bedingungen salienter Persönlicher Identität wird die stärkste Korrelation zwischen Autoritarismus und Vorurteilen entdeckt, sondern unter Bedingungen salienter Sozialer Identität mit dem Geschlecht und dem Alter sowie in der Kontrollbedingung. Aufgrund dessen, dass die Zellenbesetzungen bei der Reynolds-Studie in den experimentellen Gruppen für korrelative Analysen relativ gering gewesen sind (N<=20), ist unklar, ob dieselben Befunde auch bei einer Kreuzvalidierung oder einer größeren Stichprobe gefunden werden können. Sowohl bei Verkuyten und Hagendoorn als auch bei Reynolds et al. kann bestätigt werden, dass die Korrelation zwischen Autoritarismus und Vorurteilen bei salienter Sozialer Identität mit der Gruppe der Nation niedriger ist als bei salienter Persönlicher Identität.

Als Fazit der beschriebenen Studien kann festgehalten werden, dass die Ebene der Selbstkategorisierung einen Einfluss auf die Korrelation zwischen Autoritarismus und Vorurteilen hat. Die Korrelation scheint unter Salienz der Persönlichen Identität tendenziell stärker zu sein als unter Salienz der Sozialen Identität. Unklar bleibt jedoch, ob die Manipulation der Salienz der Persönlichen Identität die prädiktive Kraft von Autoritarismus erhöht oder die Manipulation der Salienz der Sozialen Identität die prädiktive Kraft von Autoritarismus verringert. Während die Studie von Verkuyten und Hagendoorn (1998) aufgrund des Fehlens einer Kontrollgruppe keine Antwort auf diese Frage zulässt, deuten die Ergebnisse von Reynolds et al. (2001) darauf hin, dass die prädiktive Kraft von Autoritarismus auf Vorurteile durch Salienzmanipulationen - besonders der nationalen Identität - gesenkt wird.

Wie lassen sich solche Effekte von Salienzmanipulationen erklären? Eine Ursache könnte in den Messinstrumenten selbst liegen. Die in den Studien benutzte RWA-Skala zur Messung von Autoritarismus erfasst vom sozialen Kontext losgelöste Einstellungen darüber, wie Individuen denken und sich verhalten sollten (Bsp.: "Young people sometimes are rebellious, but as they grow up they have to adapt."; vgl. Verkuyten & Hagendoorn, 1998). Solche auf Individuen bezogenen Fragen dürften jedoch für Bedingungen, in denen bestimmte Gruppenzugehörigkeiten salient werden, nur noch eine untergeordnete Rolle für die Vorhersage von Verhalten spielen. Weit wichtiger wird in einer solchen Situation die vergleichende Bewertung der eigenen Gruppenmitgliedschaft zu anderen Gruppen sein. Entsprechend könnten die unterschiedlichen Korrelationen zwischen Autoritarismus und Vorurteilen auf Personaler und Sozialer Identitätsebene durch Messprobleme zustande gekommen sein. Autoritarismus - auf invidualistischer Ebene gemessen - kann eventuell nur dann Verhalten vorhersagen, wenn die Persönliche Identität salient ist. Für die Vorhersage von Verhalten auf der Ebene der Sozialen Identität müsste Autoritarismus auf gruppaler Ebene erfasst werden[10]. Messinstru-

---

[10] Die hohen Korrelationen zwischen Autoritarismus und Vorurteilen bei Reynolds et al. (2001) in den Bedingungen salienter Geschlechts- und Altersidentität können damit erklärt werden, dass die RWA-Skala Fragen beinhaltet, die diesen Vergleich, obwohl auf individueller Ebene formuliert, gleichermaßen salient machen.

mente, die Autoritarismus auf gruppaler Ebene zuverlässig erfassen, fehlen jedoch bislang. In dieser Arbeit wird die Entwicklung einer Autoritarismusskala vorgestellt, die auf der Gruppenebene arbeitet.

5.3. Die Bedeutung von Bedrohungswahrnehmungen für die Erklärung von Vorurteilen und diskriminierendem Verhalten

Eine zentrale Annahme der Theorie der Sozialen Identität ist, dass Personen versuchen, ihre Gruppe positiv von relevanten fremden Gruppen zu differenzieren. Dies kann durch viele Untersuchungen bestätigt werden. Unklar ist, wodurch ein solcher Ingroup-Bias hergestellt wird: Durch die Bevorzugung der eigenen Gruppe oder durch die Abwertung der fremden Gruppe. Brewer (1979, 1999) stellt in einer Übersicht von Untersuchungen zum Ingroup-Bias in Minimal Group Situationen fest, dass dieser häufig aufgrund der Bevorzugung der eigenen Gruppe, nicht aber aufgrund einer Benachteiligung der fremden Gruppe entsteht (vgl. auch Brown, 2000, Hewstone, Rubin & Willis, 2002). Die Bevorzugung der eigenen Gruppe muss also nicht zwangsläufig mit der Abwertung einer fremden Gruppe einhergehen (vgl. Brewer, 1999).

Wie wichtig es ist, zwischen Ingroup-Bevorzugung und Outgroup-Diskriminierung zu unterscheiden, haben beispielsweise Untersuchungen zur Positiv-Negativ-Asymmetrie gezeigt (vgl. Mummendey, Simon, Dietze, Grünert, Haeger, Kessler, Lettgen & Schäferhoff, 1992, Mummendey, Otten, Berger & Kessler, 2000). Demnach verschwindet im Allgemeinen der Ingroup-Bias, wenn Personen aufgefordert werden, negative statt positive Reize oder Bestrafungen statt Belohnungen zwischen Mitgliedern der eigenen und fremden Gruppen zu verteilen. Um vorhersagen zu können, wann die Identifikation mit einer Gruppe zu einer Ingroup-Bevorzugung und wann zu einer Outgroup-Diskriminierung führt, ist es notwendig, Moderatoren zu spezifizieren. Innerhalb der Forschung gibt es dazu eine Fülle von Studien (vgl. Übersichten bei Hewstone, Rubin & Willis, 2002, Brewer, 1999). In der neueren Literatur wird die Rolle von starken Emotionen diskutiert. Demnach werden Outgroup-Diskriminierungen beispielsweise umso wahrscheinlicher, je stärker die am Intergruppenkonflikt beteiligten Emotionen sind (vgl. Hewstone, Rubin & Willis, 2002, Brewer, 2001). Eine besondere Bedeutung für die Entstehung starker Emotionen haben Bedrohungswahrnehmungen.

Der Zusammenhang zwischen Bedrohungswahrnehmungen und Outgroup-Diskriminierungen, beispielsweise in Form von ethnischen Vorurteilen oder Antisemitismus, ist sehr gut und vielfach belegt (zum Überblick: Hewstone, Rubin & Willis, 2002). Aufgrund der besonderen Bedeutung von Bedrohungswahrnehmungen für Intergruppendiskriminierungen sollen im Folgenden die Wirkungen verschiedener Bedrohungsformen und Bedrohungsquellen sowie die interaktive Beziehung zwischen Autoritarismus und Bedrohung auf Intergruppendiskriminierungen skizziert werden.

5.3.1. Ökonomische Bedrohung

Der Einfluss ökonomischer Bedrohung ist besonders im Zusammenhang mit ethnischen Vorurteilen und Antisemitismus analysiert worden. Quillian (1995) zeigt anhand einer Reanalyse der Eurobarometer-Survey30-Daten, dass die auf Länderebene[11] erfasste ökonomische Situation einen der stärksten Effekte auf ethnische Vorurteile besitzt. Je besser die ökonomischen Situation in den jeweiligen Ländern war, desto weniger wurden Vorurteile geäußert. Palmer (1996) hat repräsentative Befragungen in Kanada zwischen 1975 und 1995 reanalysiert. Er demonstriert, dass ökonomische Bedrohungsgefühle in engem Zusammenhang zur Ablehnung von Einwanderung stehen. Hermann (2001) hat eine Sekundäranalyse der repräsentativen Allbus-Daten 1996 in Deutschland durchgeführt. Sie zeigt Zusammenhänge zwischen wahrgenommener Konkurrenz um Arbeitsplätze und Ausländerfeindlichkeit. Brustein und King (2002) haben Antisemitismus in fünf europäischen Ländern zwischen 1879 und 1939 untersucht. Sie finden einen signifikanten Zusammenhang zwischen Bruttosozialprodukt und antisemitischen Akten. Je niedriger das Bruttosozialprodukt ausfiel und damit die ökonomische Bedrohung anstieg, desto mehr antisemitische Akte konnten gezählt werden.

5.3.2. Bedrohung durch Konfliktwahrnehmungen

Bedrohungsgefühle können auch durch konflikthafte Intergruppenbeziehungen entstehen. Solche Bedingungen verstärken die Tendenz, Mitglieder fremder Gruppen abzuwerten und zu diskriminieren. Sherif (1966) kann mit seinen Ferienlagerstudien (vgl. Kap. 4.2.) eindrucksvoll belegen, dass unter kompetetiven Gruppenbedingungen die Wahrscheinlichkeit der Abwertung der fremden Gruppenmitglieder zunimmt. Duckitt und Mphuting (1998) zeigen, dass Outgroup-Diskriminierungen bei konfliktären Situationen stärker sind, wenn sich die Personen mit einer Gruppe stark identifizieren. Sie belegen bei Schwarzafrikanern starke Korrelationen zwischen der Identifikation mit der eigenen Gruppe und Vorurteilen gegenüber weißen Afrikanern aber nicht zwischen der Identifikation mit der eigenen Gruppe und Vorurteilen gegenüber weißen Engländern. Erklärt wird dies damit, dass in Südafrika Schwarzafrikaner konfliktäre Beziehungen zu weißen Afrikanern berichten aber nicht zu weißen Engländern (vgl. Duckitt, 1992).

5.3.3. Intergroup Threat

Stephan und Stephan (2000) unterscheiden vier verschiedene Formen von Bedrohung: realistische Bedrohung, symbolische Bedrohung, Intergruppenangst

---

[11] Im Eurobarometer-Survey30 wurden 1988 repräsentative Stichproben aus 12 EU-Ländern befragt.

und negative Stereotypen. *Realistische Bedrohungen* beziehen sich auf den wahrgenommenen politischen oder ökonomischen Status sowie das physische und materielle Wohlergehen der eigenen Gruppe im Vergleich zu fremden Gruppen. Realistische Bedrohungen können somit die Existenz der eigenen Gruppe gefährden und umfassen mehr als realistische Gruppenkonflikte um begrenzte Ressourcen in der Vorstellung von Sherif (1966). *Symbolische Bedrohungen* sind Bedrohungen der Weltsicht der eigenen Gruppe durch fremde Gruppen. Sie beziehen sich auf Moralvorstellungen, Werte, Normen und Einstellungen. Das Konzept symbolischer Bedrohung steht in engem Zusammenhang zur Theorie des symbolischen Rassismus (vgl. McConnahay & Hough, 1976; Sears, 1988; auch Esses, Haddock und Zanna, 1993 zu symbolic beliefs). *Intergruppenangst* gilt als ein Persönlichkeitsmerkmal, das Personen danach unterscheidet, wie stark sie sich in intergruppalen Situationen bedroht fühlen, weil sie einen negativen Ausgang dieser Interaktionen befürchten (vgl. auch Kap. 7.3.). Schließlich führen Stephan und Stephan die Bedeutung von negativen *Stereotypen* für Vorurteile an. Stereotypen dienen u.a. als Grundlage für Erwartungen über soziale Interaktionen mit Mitgliedern der stereotypisierten Gruppe. Je stärker solche Erwartungen negativ ausfallen, desto stärker werden die empfundenen Bedrohungsgefühle durch die fremde Gruppe sein. Als Konsequenz führen negative Stereotypen zu verstärkten Abwertungen fremder Gruppen.

Die Bedeutung der vier Bedrohungsformen von Stephan und Stephan (2000) für Vorurteile wurde in mehreren empirischen Untersuchungen überprüft. Jede dieser Bedrohungsformen zeigt wie erwartet signifikante Korrelationen zu Vorurteils-indikatoren (vgl. Stephan, Boniecki, Ybarra, Bettencourt, Ervin, Jackson, McNatt & Renfro, 2002; Stephan, Ybarra & Bachman, 1999; Bizman & Yinon, 2001; Islam & Hewstone, 1993).

5.3.4. Bedrohung der Sozialen Identität und soziostrukturelle Variablen

Die Theorie der Sozialen Identität nimmt an, dass Individuen besonders dann diskriminieren, wenn die Soziale Identität als bedroht wahrgenommen wird. Branscombe, Ellemers, Spears und Doosje (1999) haben eine Taxonomie über Formen der Bedrohung der Sozialen Identität aufgestellt. Sie betonen, dass verschiedene Formen der Bedrohung der Sozialen Identität zu unterschiedlichen Reaktionen gegenüber Mitgliedern der eigenen und der fremden Gruppe führen. Sie heben dazu die besondere Bedeutung der Stärke der Identifikation mit der eigenen Gruppe hervor. Demnach sind nur bei hochidentifizierten Personen Effekte von Bedrohung auf die Bewertung von fremden Gruppen zu erwarten. In ihrer Taxonomie unterscheiden Branscombe et al. (1999) vier verschiedene Klassen von Identitätsbedrohungen: Bedrohung durch die unfreiwillige Kategorisierung zu einer bestimmten Gruppe durch andere Personen, Bedrohung durch mangelnde Distinktheit der eigenen Gruppe, Bedrohung des Wertes der eigenen Gruppe und Bedrohung durch mangelnde Akzeptanz in der eigenen Gruppe.

Während die unfreiwillige Kategorisierung mit einer Gruppe durch andere Personen nicht im Zusammenhang mit Reaktionen auf eine fremde Gruppe steht, so ist bei Hochidentifizierten eine Abwertung fremder Gruppen bei den drei anderen Klassen der Bedrohung wahrscheinlich. Eine Bedrohung durch mangelnde Distinktheit entsteht, wenn es zu wenig Möglichkeiten gibt, sich mit anderen Gruppen zu vergleichen (bei großen Gruppen ist dies wahrscheinlicher), oder wenn die Gruppen sich zu sehr ähneln. Eine Mangel an Distinktheit kann durch eine Fremdgruppenabwertung behoben werden (vgl. auch Theorie der opitmalen Distinktheit von Brewer, 1991). Eine vergleichbare Reaktion ist bei der direkten Bedrohung des Wertes der eigenen Gruppe durch Angriffe von Mitgliedern fremder Gruppen zu erwarten (vgl. Ellemers, Wilke und van Knippenberg, 1993). Diese Reaktion wird um so stärker sein, je stärker die emotionale Verbundenheit bzw. Identifikation mit dieser Gruppe ist. Als vierte Bedrohungsform nennen Branscombe et al. (1999) die mangelnde Akzeptanz als Gruppenmitglied. Auch in einem solchen Fall ist die Abwertung der fremden Gruppe eine mögliche Reaktionsform. Nach Branscombe et al. wird dadurch eine Bewunderung gegenüber der eigenen Gruppe öffentlich zum Ausdruck gebracht, in der Hoffnung, den eigenen Status in der eigenen Gruppe zu verbessern.

Tajfel und Turner (1986) haben selbst drei Faktoren genannt, die einen entscheidenden Einfluss darauf haben, wie Personen auf die Bedrohung der Sozialen Identität reagieren. Dies sind die wahrgenommene Legitimität und Stabilität von Statushierarchien sowie die Permeabilität von Gruppengrenzen.

PERMEABILITÄT

Wie bereits dargestellt, bestimmt die Permeabilität, inwieweit die Möglichkeit individueller Mobilität als gegeben erscheint. Tajfel und Turner (1986) gehen davon aus, dass bei einer Bedrohung der Sozialen Identität die Mitglieder dieser Gruppe zunächst versuchen werden, zur statushöheren Gruppe zu wechseln (vgl. Sachdev & Bourhis, 1987). In solchen Fällen wäre keine Abwertung, sondern eher eine relative Aufwertung der fremden Gruppe zu erwarten (vgl. Brown, 1995). Die Bedrohung der Identität wird jedoch nicht immer zu verstärkten Bemühungen führen, die Gruppe zu verlassen. Bei hochidentifizierten Personen ist trotz bestehender Permeabilität denkbar, dass sie die Bedrohung der Sozialen Identität durch kollektive Identitäts-Management-Strategien, wie die Abwertung der Fremdgruppe, zu überwinden versuchen. Andererseits werden kollektive Strategien umso wahrscheinlicher, je undurchlässiger die Gruppengrenzen werden. Impermeable Gruppengrenzen sind beispielsweise bei ethnischen Kategorien oder Geschlechtsgruppen vorhanden.

LEGITIMITÄT UND STABILITÄT

Die wahrgenommene Legitimität und Stabilität der Statusbeziehungen bestimmen, ob eine Veränderung des gegenwärtigen Status möglich erscheint. Erst wenn die Statusbeziehung als illegitim und/oder instabil wahrgenommen wird, können alternative Vorstellungen zur aktuellen Situation entwickelt werden. Dabei wird ein illegitimer Status meist auch als instabil wahrgenommen (vgl. Bettencourt, Charlton, Dorr & Hume, 2001). Turner und Brown (1978) demonstrieren, dass besonders die Wahrnehmung von illegitimen Statusbeziehungen zu einem verstärkten Ingroup-Bias[12] führen. Andere Studien können die Bedeutung wahrgenommener Illegitimität als auch wahrgenommener Instabilität für Diskriminierungen zwischen Gruppen aufzeigen (vgl. Brown & Ross, 1982; Caddick, 1982; Ng & Cram, 1988; Vaughan, 1978). Zu fragen ist allerdings, ob Effekte von illegitimen und instabilen Statusbeziehungen für alle Personen gleichermaßen gültig sind. Denkbar ist, dass illegitime und instabile Statusbeziehungen nur dann zu diskriminierendem Verhalten führen, wenn die Personen eine entsprechende Disposition zur Diskriminierung besitzen, wie dies beispielsweise bei hochautoritären Personen der Fall ist. Dies berührt u.a. auch die Frage der Konsistenz von Einstellungen und Verhalten, denn es kann angenommen werden, dass hochautoritär eingestellte Personen nicht in allen Situationen diskriminierendes Verhalten zeigen. Die Bedeutung soziostruktureller Variablen für die Konsistenz zwischen autoritären Einstellungen und Verhalten wird in einem späteren Kapitel thematisiert (vgl. Kap. 5.4.).

5.3.5. Bedrohung durch Statusungleichheit

In der Forschungsliteratur wird auch die Rolle von Statusunterschieden auf Intergruppendiskriminierungen diskutiert. Allerdings ist die Forschungslage in diesem Bereich inkonsistent. Nach der Theorie der Sozialen Identität (vgl. Tajfel & Turner, 1986) wäre zu erwarten, dass statusniedrige Gruppen einen stärkeren Ingroup-Bias zeigen als statushöhere Gruppen. Im Rahmen der Theorie der Sozialen Identität kann dieser Effekt durch das Motiv erklärt werden, die Soziale Identität positiv gestalten zu wollen. Daher müssten besonders statusniedrige Gruppen die Tendenz zeigen, durch Abwertungen fremder Gruppen den eigenen Status wieder anheben bzw. positiv gestalten zu wollen. In empirischen Studien lassen sich diese Annahmen meist nicht bestätigen. In der Mehrzahl der Studien zeigen Personen in statushohen Gruppen eine stärkere Benachteiligung von fremden Gruppenmitglieder als Personen in statusniedrigen Gruppen (vgl. beispielsweise Brown & Ross, 1982; Sachdev & Bourhis, 1987; Sachdev & Bourhis, 1991; Turner & Brown, 1978). In Metaanalysen zeigen Mullen et al. (1992) sowie Bettencourt et al. (2001), dass statusniedrige Gruppen nur einen geringen Ingroup-Bias zeigen, während dieser Effekt bei statushohen Gruppen deutlich stärker ist (vgl. auch Review von Hewstone, Rubin & Willis, 2002).

---

[12] Der Ingroup-Bias wurde sowohl durch den Pull "MIP+MD on MJP" mit Hilfe von Minimal-Group-Matrizen (vgl. Tajfel et al. 1971) als auch mit Hilfe von Ingroup-Outgroup-Ratings zu Fähigkeiten, Leistung, Vertrauen und Zuverlässigkeit der Angaben erfasst.

Auf den ersten Blick scheinen die geschilderten Ergebnisse gegen die Annahmen der SIT zu sprechen. Bei genauerer Betrachtung können sie jedoch mit den theoretischen Annahmen in Einklang gebracht werden.

- Zum Einen haben bereits Turner und Brown (1978) aus theoretischer Perspektive daraufhin hingewiesen, dass statusniedrige Gruppen nicht zwangsläufig mit Protest oder diskriminierendem Verhalten gegenüber statushohen Gruppen reagieren werden. Statusniedrige Gruppen können beispielsweise aufhören, sich mit der statushohen Gruppe zu vergleichen und den Vergleich mit anderen Gruppen anstreben (vgl. kreative Identitäts-Management-Strategien, Kap. 4.2.). Wagner, Lampen und Syllwasschy (1986) zeigen beispielsweise in einer experimentellen Studie, dass bei Abwertung der eigenen Gruppe im Vergleich zu einer ersten fremden Gruppe Mitglieder einer zweiten fremden Gruppe weniger günstig bewertet werden. Neben dem Wechsel der Vergleichsgruppe können Wagner et al. (1986) auch die Bedeutung des Wechsels von Vergleichsdimensionen zeigen: Je niedriger der Status der eigenen Gruppe ist, desto geringer wird die Bedeutsamkeit der zum Gruppenvergleich herangezogenen Bewertungsdimension beurteilt.

- Zum Zweiten kann die Annahme, dass ein Ingroup-Bias dadurch entsteht, dass die Identität von statusniedrigen Gruppen bedroht ist, auch auf statushohe Gruppen übertragen werden. Auch statushohe Gruppen können sich in ihrer Sozialen Identität bedroht fühlen. Dies ist besonders dann der Fall, wenn die existierende Statushierarchie instabil ist oder die Werte der statushohen Gruppe durch die statusniedrige Gruppe bedroht werden.

- Schließlich kann drittens festgehalten werden, dass die geschilderten Ergebnisse bzgl. der stärkeren Diskriminierungsneigung von statushohen Gruppen nicht konsistent sind. Einige Studien zeigen einen stärkeren Ingroup-Bias von statusniedrigen im Vergleich zu statushohen Gruppen oder gar keinen Bias (vgl. zur Übersicht Brewer, 1979, 1999).

Die Inkonsistenz zwischen Statushöhe und dem Auftreten eines Ingroup-Bias legt nahe, dass Drittvariablen diese Beziehung beeinflussen. Bettencourt et al. (2001) zeigen beispielsweise, dass statusniedrige Gruppen dann einen stärkeren Ingroup-Bias als statushohe Gruppen zeigen, wenn die Bewertungen auf für die statusniedrige Gruppe relevanten Dimensionen stattfinden. Darüber hinaus werden besonders die Wechselwirkungen mit den soziostrukturellen Merkmalen Permeabilität, Legitimität und Stabilität von Statusbeziehungen diskutiert. Nach Bettencourt et al. (2001) ist ein Ingroup-Bias besonders dann zu finden, wenn die Gruppengrenzen permeabel und die Statusbeziehungen illegitim und instabil sind. Unter diesen Bedingungen ist die Soziale Identität der statushohen Gruppe maximal gefährdet.

5.3.6. Terror-Management Theorie

Eine weitere Bedrohungsform wird im Rahmen der Terror-Management-Theorie diskutiert (vgl. Solomon, Greenberg & Pyszczynski, 1991). Die Theorie nimmt an, dass die Bewusstheit der Sterblichkeit einen starken "Terror" in einer Person auslöst. Der Begriff Terror bezieht sich

> *"simply to the emotional manifestation of the self-preservation instinct in an animal intelligent enough to know that it will someday die" (Greenberg, Simon, Pyszczynski, Solomon & Chatel, 1992, S.213).*

Um mit diesem "Terror" umgehen zu können, entwickeln Gesellschaften Weltanschauungen, die den Individuen einen Lebenssinn vermitteln. Darüber hinaus haben solche Weltanschauungen die Funktion, Selbstbewusstsein zu vermitteln und somit Angst abzubauen. Entsprechend werden von der eigenen Weltanschauung abweichende Werteorientierungen als Bedrohung erlebt, besonders, wenn die Bewusstheit über die eigene Sterblichkeit salient ist. In experimentellen Studien kann gezeigt werden, dass die Bewusstmachung der eigenen Sterblichkeit zu negativeren Reaktionen gegenüber solchen Personen oder Gruppen führen, die die eigenen kulturellen Werte bedrohen, und positivere Reaktionen gegenüber solchen Personen oder Gruppen bewirken, die die eigenen kulturellen Werte unterstützen (vgl. Greenberg, Pyszczynski, Solomon, Rosenblatt, Veeder, Kirkland & Lyon, 1990; Greenberg, Simon, Pyszczynski, Solomon & Chatel, 1992; Rosenblatt, Greenberg, Solomon, Pyszczynski & Lyon, 1989).

5.3.7. Bedrohung durch interne oder externe Quellen

Eine weitere wichtige Unterscheidung liegt darin, ob die Bedrohung durch Mitglieder der eigenen Gruppe (interne Bedrohungen) oder durch Mitglieder fremder Gruppen (externe Bedrohungen) hervorgerufen wird. Aus der Perspektive der Theorie der Sozialen Identität wäre bei internen Bedrohungen eine Distanzierung von dem bedrohenden Gruppenmitglied zu erwarten (vgl. Worchel, Morales, Páez & Deschamps, 1998) während bei externen Bedrohungen verstärkte Outgroup-Diskriminierungen wahrscheinlich werden (vgl. Review von Hewstone, Rubin & Willis, 2002). Empirische Studien können die erwarteten Effekte jedoch nur für externe Bedrohungen bestätigen. Bei internen Bedrohungen ist die Forschungslage unklar. Besonders prominent im Rahmen der Forschung zu Abweichlern aus der eigenen Gruppe ist der Black Sheep Effekt (vgl. Marques, Yzerbyt & Leyens, 1988). Der Effekt sagt voraus, dass ungeliebte oder abweichende Mitglieder der eigenen Gruppe schlechter beurteilt werden als geliebte und konforme Mitglieder der eigenen Gruppe oder ungeliebte oder abweichende Mitglieder einer fremden Gruppe. Diese Hypothese kann empirisch belegt werden (vgl. Marques, Abrams & Serodio, 2001, Marques et al., 1988, Marques & Yzerbyt, 1988). Es gibt aber auch gegenläufige Befunde. Wagner (1994) zeigt, dass *prominente* Abweichler der eigenen Gruppe entgegen den Erwartungen des Black Sheep Effekts positiver bewertet werden als andere Mitglieder der eigenen Gruppe. Wagner erklärt diesen Effekt damit, dass prominente Mitglieder der eigenen Gruppe eine wichtige Funktion zur Definition der an diese Gruppe geknüpften Sozialen Identität besitzen. Eine Abwertung prominenter Abweichler würde somit auch die Gefahr bergen, die eigene Soziale Identität mit dieser Gruppe abzuwerten. Hornsey, Oppes und Svensson (2002) haben untersucht, welchen Effekt Kritik von einem Mitglied der eigenen Gruppe im Vergleich zu der Kritik von einem Mitglied einer fremden Gruppe hat. Negative Kritik von einem fremden Gruppenmitglied wird negativer beurteilt als negative Kritik von einem eigenen Gruppenmitglied. Hornsey et al. zeigen, dass dieser Effekt auf die größere Akzeptanz negativer Kritik durch Mitglieder der eigenen Gruppe im Vergleich zu Mitgliedern fremder Gruppen zurückzuführen ist.

Die geschilderten Befunde zeigen, dass nicht in jedem Fall eine Bestrafung von Abweichlern der eigenen Gruppe zu erwarten ist. Vielmehr scheint eine Bestrafung oder Abwertung von Abweichlern der eigenen Gruppe von Drittvariablen moderiert zu werden. Neben der Prototypikalität der Abweichler (vgl. Wagner, 1994) sind die Stärke der Identifikation mit der eigenen Gruppe (vgl. Coull, Castano, Paladino & Leemans, 2001), die Salienz von Normen der eigenen Gruppe (vgl. Marques, Abrams & Serodio, 2001, Marques, Abrams, Paez & Martinez-Taboada, 1998) und das Ausmaß der Bedrohung der Gruppennormen (Marques, Abrams & Serodio, 2001) Moderatoren für die Bewertung von Abweichlern der eigenen Gruppe. Unklar ist bislang, ob auch Personenmerkmale wie beispielsweise Autoritarismus die Bewertung und Behandlung von abweichenden Mitgliedern der eigenen Gruppe moderieren. In einer Teilfragestellung einer Studie dieser Arbeit wird dieses analysiert werden.

5.3.8. Autoritarismus und Bedrohung

Die bisher dargestellten Bedrohungsformen thematisieren keine differential-psychologischen Prozesse. Zu fragen ist, ob sich Personen in der Wahrnehmung von Bedrohungen unterscheiden oder unterschiedlich stark bei Bedrohung mit Outgroup-Diskriminierungen reagieren. Die Autoritarismusforschung hat solche interindividuellen Unterschiede untersucht. In vielen Autoritarismusansätzen wird die Grundlage für Autoritarismus darin gesehen, dass Personen ihre Umwelt in unterschiedlichem Ausmaß als unsicher und bedrohlich wahrnehmen (vgl. Altemeyer, 1996, Duckitt, 1989, Fromm, 1945, Oesterreich, 1996). Die Orientierung an Autorität entspringe daher der Motivation, dieser Bedrohung zu "entfliehen". Tatsächlich existieren einige Hinweise darauf, dass hoch-autoritäre Personen für Bedrohungen empfänglicher sind als niedrig-autoritäre Personen. Altemeyer weist empirisch nach, dass hoch-autoritäre Personen im Vergleich zu niedrig-autoritären Personen die Welt als gefährlicher und bedrohlicher wahrnehmen und sich von einer ganzen Reihe von Umweltfaktoren wie AIDS,

Autounfälle oder Terroranschläge sowie unterschiedlichsten Akteuren wie Homosexuelle, Kidnapper oder Trampern bedroht fühlen (vgl. Altemeyer, 1988, S.145ff., vgl. auch Duckitt, 2002). Hoch-autoritäre haben somit im Vergleich zu niedrig-autoritären Personen eine stärkere allgemeine Bedrohungswahrnehmung. Ferner zeigen Lavine, Burgess, Snyder, Transue, Sullivan, Haney und Wagner (1999), dass hoch-autoritäre im Vergleich zu niedrig-autoritären Personen potenziell bedrohlichen Argumenten eine stärkere Bedeutung zumessen. Lavine, Polichak und Lodge (1999) demonstrieren in einem Reaktionszeitexperiment, dass hoch-autoritäre Personen schneller auf bedrohliche Stimuli reagieren als niedrig-autoritäre Personen. Nur wenige Studien finden gegenläufige Befunde. Petzel, Wagner, van Dick, Stellmacher und Lenke (1997) demonstrieren beispielsweise, dass hoch-autoritäre Lehrerinnen und Lehrer vor allen Dingen Ausländerfeindlichkeit (r=-.21, p<.001) weniger bedrohlich empfinden als niedrig-autoritäre Personen. Dies kann jedoch damit erklärt werden, dass hoch-autoritäre Personen selbst stärker ausländerfeindlich sind (vgl. Schmidt & Heyder, 2000, Zick & Petzel, 1999, Funke, 1999).

Als Fazit der bisher geschilderten Befunde kann festgehalten werden, dass hoch-autoritäre Personen empfänglicher für bedrohliche Reize sind und insgesamt eine stärkere allgemeine Bedrohungswahrnehmung besitzen als niedrig-autoritäre Personen. Ungeklärt ist jedoch, ob die beschriebene bedrohende Weltsicht die Folge oder die Ursache von Autoritarismus ist. Eine zentrale Frage ist daher, ob Autoritarismus und Bedrohungsgefühle in einer direkten kausalen Beziehung stehen. Im Folgenden wird ein kurzer Überblick über die wichtigsten Studien und Thesen zum kausalen Zusammenhang von Autoritarismus und Bedrohungsge-fühlen gegeben.

In einigen empirischen Analysen wird die Rolle gesellschaftlicher Bedrohungsin-dikatoren für die Entstehung autoritärer Verhaltensweisen anhand aggregierter Daten über mehrere Jahre hinweg untersucht. Die Mehrzahl dieser Studien wurde in den USA durchgeführt (vgl. Doty, Peterson & Winter, 1991; Jorgenson, 1975; McCann, 1997, 1999; Sales, 1972, 1973). Lediglich eine Studie präsentiert Daten für Deutschland (Padgett & Jorgenson, 1982). Als Autoritarismusindikatoren wurden verschiedene Verhaltensmaße verwendet. Dies sind beispielsweise die Konversionsrate zu autoritären Kirchen (vgl. Sales, 1972; McCann, 1999), die Wahl von machtorientierten amerikanischen Präsidenten (McCann & Stewin, 1987; McCann, 1991, 1997), Aberglaube (Padgett & Jorgenson, 1982), die Anzahl autoritärer Fernsehprogramme (Jorgenson, 1975) sowie das Interesse an Boxveranstaltungen, Betonung von Macht und Stärke in Comics, die Höhe der staatlichen Ausgaben für Polizei im Vergleich zur Feuerwehr, die Härte des Strafmaßes für Vergewaltiger, Anteil von Porno-Filmen mit Gewaltdarstellungen an der Gesamtzahl von Porno-Filmen sowie die Zahl antisemitischer Akte oder Vorurteilsneigungen aus Umfragedaten (vgl. Sales, 1973, Doty et al. 1991). Die Bedrohlichkeit von Zeitperioden wurde entweder als Summenwert über unterschiedlichste Indikatoren wie beispielsweise Arbeitslosenrate, pro Kopf-Einkommen, Inflationsrate, Anzahl von "major crimes", zivile Unruhen und Streiks, Teilnahme an Kriegen und Bombenanschläge erfasst oder durch ein Rating von Geschichtsprofessoren ermittelt (vgl. McCann & Stewin, 1990). In all diesen Studien sind substanzielle Zusammenhänge zwischen Bedrohungen und Autoritarismus, gemessen mit den o.a. Verhaltensindikatoren, zu finden, d.h. dass in bedrohlichen Zeitperioden häufiger autoritäre Verhaltensweisen zu erkennen sind als in nicht-bedrohlichen Zeitperioden. Als besonders gut belegt gelten die Befunde für Zusammenhänge mit ökonomischen Bedrohungen (vgl. Jorgenson, 1975; Padgett & Jorginson, 1982; Sales, 1972; McCann, 1999). Solche Zusammenhänge sind sowohl im Übergang von nicht-bedrohlichen zu bedrohlichen Zeitperioden (vgl. Sales, 1973) als auch im Übergang von bedrohlichen zu nicht-bedrohlichen Zeitperioden (vgl. Doty et al., 1991) nachweisbar. Die geschilderten Befunde werden als Beleg dafür angesehen, dass Bedrohung autoritäres Verhalten verstärkt.

Trotz der konsistenten Befundlage mit aggregierten Daten ist fraglich, ob die Ergebnisse dieser Studien auch mit nicht-aggregierten Daten nachgewiesen werden können. Darüber hinaus stellt sich die Frage, ob die Annahme, dass in bedrohlichen Zeiten autoritäre Verhaltensweisen verstärkt werden, auf alle Menschen generalisierbar ist: Reagieren Individuen, die persönlich Bedrohung erleben, prinzipiell mit einer autoritären Reaktion? Möglich ist, dass die Ergebnisse der Studien mit aggregierten Daten auf bestimmte Extremgruppen zurückzuführen sind.

Sales und Friend (1973) schildern eine laborexperimentelle Studie, in der Bedrohung durch die Rückmeldung über Erfolg und Misserfolg in Intelligenz- und Fähigkeitstests manipuliert wird. Autoritarismusneigungen werden drei bis vier Wochen vor und direkt nach der Manipulation mit einer balancierten F-Skala erhoben. Damit ist die Möglichkeit gegeben, experimentell zu prüfen, ob Bedrohung autoritäre Einstellungen beeinflusst. Die Ergebnisse belegen, dass Erfolg Autoritarismusneigungen verringert und Misserfolg Autoritarismusneigungen erhöht. Dieser Effekt ist für diejenigen Personen stärker, die den Misserfolg auf sich selbst attribuieren. Die experimentellen Ergebnisse von Sales und Friend (1973) können jedoch in Querschnittsbefragungen nur eingeschränkt bestätigt werden. Feldman und Stenner (1997) zitieren eine unveröffentlichte Studie von McFarland, Ageyev und Hinton (1995), die die Beziehung zwischen wahrgenommener ökonomischer Bedrohung und Autoritarismus mit Hilfe von Fragebogendaten aus den USA und Russland untersucht haben. Die Ergebnisse dieser Studie ergeben signifikante Zusammenhänge zwischen Bedrohung und Autoritarismus. Interessant ist allerdings, dass Bedrohung in den USA einen polarisierenden Effekt zu haben scheint. Bei hohen Bedrohungen entwickeln bestimmte Personen stärkere Autoritarismusneigungen, während andere Personen eher den gegenteiligen Effekt zeigen. Der entscheidende Faktor ist in dieser Studie, in wie weit sich Personen *subjektiv* bedroht fühlen. Die Korrelation zwischen ökonomischer Bedrohung und Autoritarismus ist bei den Personen, die sich subjektiv bedroht fühlen, höher als bei den Personen, die sich nicht subjektiv bedroht fühlen. Dagegen findet Duckitt (1991) in einer Studie mit 782 südafrikanischen Weißen keine Zusammenhänge zwischen verschiedenen individuellen Bedrohungsindikatoren und autoritären Einstellungen. Ebenso können Feldman und Stenner (1997) in einer Reanalyse der US-amerikanischen "National Election Study" von 1992 keine direkte Beziehung zwischen Autoritarismus und verschiedenen Bedrohungsindikatoren finden. Die präsentierten Studien geben somit widersprüchliche Hinweise darauf, dass Bedrohungsgefühle sich auf individuelle autoritäre Einstellungen auswirken.

Feldman und Stenner (1997) bieten eine Erklärung für die Beziehung zwischen Autoritarismus und Bedrohung auf individueller Ebene an. Sie gehen davon aus, dass die Beziehung zwischen Autoritarismus und Bedrohung eine Wechselwirkung darstellt: Gesellschaftliche Bedrohungen aktivieren autoritäre Prädispositionen. Bedrohung verändert somit nicht die Höhe der Autoritarismusneigung an sich, sondern vielmehr die Beziehung zwischen autoritären Einstellungen und autoritärem Verhalten. Eine solche Erklärung wäre auch in Einklang mit den Studien, die Archivdaten analysiert haben (vgl. Doty, Peterson & Winter, 1991; Sales, 1973). Diese haben Autoritarismusneigungen nie direkt, sondern nur über Indikatoren für autoritäres Verhalten erfasst. Daher könnten die Effekte zwischen den unterschiedlichen Zeitperioden und autoritärem Verhalten auch durch eine Aktivierung bereits vorhandener Prädispositionen erklärt werden.

Feldman und Stenner (1997) sowie Rickert (1998) können diese Annahme empirisch belegen. Während keine direkten Effekte zwischen Bedrohung und Autoritarismus zu erkennen sind, können in beiden Studien signifikante Wechselwirkungseffekte zwischen Bedrohung und autoritären Prädispositionen auf autoritäre Verhaltensindikatoren in erwarteter Weise festgestellt werden (zur genaueren Beschreibung der Studien vgl. Kapitel 6.2.2.). Diese Ergebnisse stützen die Annahme, dass eine Bedrohungswahrnehmung autoritäre Dispositionen aktiviert und dadurch auch autoritäre Verhaltensweisen wahrscheinlicher werden. Darüber hinaus unterstützen Studien im Rahmen der Terror-Management-Theorie die interaktive Wirkung von Autoritarismus und Bedrohung. Greenberg et al. (1990) zeigen, dass abwertende Einstellungen gegenüber einer unähnlichen Person nur bei hoch-autoritären Personen auftreten, bei denen die Bewusstheit der eigenen Sterblichkeit salient ist.

Insgesamt weisen die zitierten Studien darauf hin, dass weniger eine direkte, sondern vielmehr eine interaktive Beziehung von Autoritarismus und Bedrohung existiert. Bedrohung aktiviert bestehende autoritäre Prädispositionen. Daher ist in bedrohlich erlebten Situationen eine stärkere Korrespondenz zwischen autoritären Einstellungen und autoritärem Verhalten zu erwarten. Voraussetzung dafür ist aber, dass die Bedrohung auch subjektiv als solche erlebt wird. Ob wiederholte Bedrohungserlebnisse auf lange Sicht auch autoritäre Prädispositionen verstärken können, muss offen bleiben. Eine solche Frage kann nur durch Studien beantwortet werden, die Autoritarismus und Bedrohungserleben im Längsschnitt untersuchen.

5.4. Autoritäre Einstellungen und autoritäres Verhalten

In den vorangegangenen Kapiteln wurde argumentiert, dass Autoritarismus situativen Einflüssen unterliegt. Bislang wurde jedoch nicht zwischen autoritären Einstellungen und autoritärem Verhalten unterschieden. Ein bisher kaum beforschtes Gebiet ist die Frage, in welcher Beziehung autoritäre Einstellungen zu autoritärem Verhalten stehen. In diesem Zusammenhang muss auch angesprochen werden, inwieweit der Zusammenhang zwischen autoritären Einstellungen und autoritärem Verhalten einem situationsspezifischen Einfluss unterliegt.

Bereits La Piere (1934) konnte zeigen, dass Einstellung und Verhalten nicht konsistent sein müssen. In der Einstellungsforschung sind diverse Variablen genannt worden, die den Zusammenhang zwischen Einstellungen und Verhalten verstärken (zum Überblick vgl. Bohner, 2001, S.274ff.). Für die Autoritarismusforschung ergibt sich außerdem ein Problem dadurch, dass nie spezifiziert worden ist, wie sich autoritäres Verhalten äußert. Unter autoritärem Verhalten wird eine ganze Reihe von Verhaltensweisen wie z.b. unterwürfiges, rigides, gehorsames, feindseliges oder antidemokratisches Verhalten subsummiert (vgl. auch Oesterreich, 1996). Ebenso ist nie konkretisiert worden, wie das Verhältnis von autoritären Einstellungen und autoritärem Verhalten sein soll. Nicht jedes unterwürfige, rigide, gehorsame, feindselige oder antidemokratische Verhalten wird auf eine autoritäre Persönlichkeit schließen lassen. Ebenso wird sich nicht jede autoritäre Persönlichkeit gleichzeitig unterwürfig, rigide, gehorsam, feindselig *und* antidemokratisch verhalten. Entsprechend wird in Autoritarismusstudien eine Vielzahl von Variablen als Indikatoren für autoritäres Verhalten herangezogen. In den wenigsten Studien wird allerdings Verhalten direkt erfasst. Eine Ausnahme bilden hier die Studien von Milgram (1974) sowie von Haney, Banks und Zimbardo (1973).

5.4.1. Die Gehorsamsexperimente von Milgram

In Milgrams (1974) Gehorsamsexperimenten werden Versuchspersonen zu einem vermeintlichen Lernexperiment eingeladen. Es solle der Effekt von Strafe auf die Effektivität von Lernen untersucht werden. Anwesend sind immer ein Versuchsleiter, die Versuchsperson, die die Bestrafung durchführen soll, und eine vermeintliche zweite Versuchsperson, die die Position des Lernenden einnimmt. Die Versuchspersonen werden angewiesen, den Lernenden bei jeder falschen Antwort einen Elektroschock zu verabreichen und die Schocks schrittweise zu erhöhen. Die maximale Schockstärke beträgt 450 Volt und wäre in der Realität tödlich. In den Experimenten ist das "Opfer" der Elektroschocks allerdings ein Verbündeter des Versuchsleiters, der niemals einen richtigen Elektrostoß bekommt, sondern nur simuliert, dass er ihn erhält. Die Funktion des Versuchsleiters liegt vor allem darin, die Versuchspersonen zum Weiterführen des Experiments immer wieder verbal aufzufordern. Überraschenderweise gehorchen im ersten realen Experiment 26 von 40 Personen (65%) bis zum Ende des Experiments (450 Volt). In Replikationen des Experiments variiert Milgram die Bedingungen, unter denen die Schocks ausgeführt werden. Selbst unter der Bedingung, dass die Versuchsperson die Hand des "Opfers" auf die Schockplatte pressen muss, um weitere Schocks zu verabreichen, gehorchen immer noch 30% bis zum Ende.

Die Milgram-Studie ist in mehreren Staaten ohne starke Abweichungen in den Ergebnissen repliziert worden (vgl. zur Übersicht: Meeus & Raaijmakers, 1989). Blass (1999) demonstriert, dass die verfügbaren Studien (1963-1985) keine systematischen Veränderungen der Gehorsamsrate über die Zeit zeigen. Dies weist darauf hin, dass die Ergebnisse vermutlich auch heute noch replizierbar wären. Interessant ist auch, dass situative Variablen (Räumlichkeiten, Aussehen des Versuchsleiters, Verhalten von weiteren vermeintlichen Versuchspersonen) stärkeren Einfluss auf die Gehorsamsrate besitzen als sozioökonomische Merkmale (Alter, Geschlecht, Einkommen, Bildung oder ethnische Zugehörigkeit) oder Personenmerkmalen (vgl. Blass, 1991). Die Auswirkung von Autoritarismus auf die Gehorsamsrate wurde von Elms und Milgram (1966) sowie Altemeyer (1981) untersucht. In der Studie von Elms und Milgram sind 40 Personen aus den ersten vier Studien von Milgram nachbefragt worden. Bei Kontrolle des formalen Bildungsniveaus ergibt sich ein auf dem 6%-Niveau signifikanter Effekt für Autoritarismus: Die gehorsamen Personen zeigten höhere Autoritarismuswerte als die nicht-gehorsamen Personen. In einer Abwandlung des Milgram-Experiments, in der die Versuchspersonen selbst die Stärke des Elektroschocks wählen können, findet Altemeyer (1981) signifikante Korrelationen (r=.41 bis r=.45) zwischen seiner RWA-Skala und der Stärke des Schocks. Dies zeigt, dass hoch-autoritäre Personen bereit sind, härtere Bestrafungen auszuführen als niedrig-autoritäre Personen. Darüber hinaus hat Blass (1995) die Verantwortungszuschreibung in Abhängigkeit von der Autoritarismusneigung untersucht. Dazu wird den Versuchspersonen ein Ausschnitt aus dem Dokumentationsfilm der Milgram-Studien gezeigt, in dem der "Lehrer" dem Lernenden einen Elektroschock von 180 Volt erteilt. Hoch-autoritäre Personen schreiben dem Lehrer weniger Verantwortung für die Bestrafung des Lernenden zu als niedrig-autoritäre Personen.

5.4.2. Das Stanford-Prison-Experiment von Zimbardo

Im Sommer 1971 führte Zimbardo das Stanford-Prison-Experiment am Fachbereich Psychologie der Universität Stanford durch. Für dieses Experiment wurden 24 männliche Personen aus über 70 Bewerbern auf eine Zeitungsanzeige ausgesucht. Die Personen gaben an, keine besonderen Auffälligkeiten wie psychische oder körperliche Beschwerden oder kriminelle Vorgeschichten zu besitzen. Alle Versuchspersonen wurden in die Bedingungen des Gefängnisexperiments eingeweiht und nahmen freiwillig an der Studie teil. Zu Beginn des Experiments übernahm die Hälfte der Personen die Rolle der Gefängniswärter während die andere Hälfte der Personen zu Gefangenen wurden. Die Gefangenen sowie die Gefängniswärter wurden durch Uniformen anonymisiert.

Obwohl das Experiment für zwei Wochen angelegt war, musste es nach sechs Tagen abgebrochen werden, weil die Gefangenen starken emotionalen Stress zeigten, der nach Zimbardos Berichten dem von Kriegsgefangenen oder hospitalisierten psychisch Kranken ähnelte. Darüber hinaus war das Verhalten der Gefängniswärter immer mehr eskaliert und auf die Niederschlagung jeglicher rebellischer Regungen der Gefangenen konzentriert. Selbst die Versuchsleiter um Zimbardo, die als Gefängnisleitung fungierten, hatten zu diesem Zeitpunkt die Grenze zwischen Experiment und Realität verloren (vgl. Haney, Banks & Zimbardo, 1973, http://www.prisonexp.org; 02.2003).

Das Experiment verdeutlicht eindrucksvoll die Macht der Situation. Obwohl die Versuchspersonen keine Gefängniserfahrung besaßen, reagierten sie unter den gegebenen Bedingungen, als ob sie Gefängniswärter oder Gefangene in einem echten Gefängnis waren. Auch mit den Persönlichkeitstests, die im Vorfeld des Experiments erhoben wurden, konnten kaum Vorhersagen über das wirkliche Verhalten der Personen während der sechs Tage gemacht werden. Der einzige Zusammenhang war zwischen Autoritarismusneigungen und dem Gefängnisverhalten zu erkennen. Hoch-autoritäre Personen hielten länger im Gefängnisumfeld aus als andere Gefangene (http://www.prisonexp.org; 02.2003).

5.4.3. Weitere Studien zu autoritärem Verhalten

Wie bereits dargestellt, ist es schwierig, autoritäres Verhalten eindeutig zu definieren. Darüber hinaus existieren neben dem Milgram-Experiment und dem Stanford-Prison-Experiment kaum psychologische Studien, die Verhalten direkt erfasst haben. Viele Studien operationalisieren autoritäres Verhalten lediglich als Verhaltensintention.

In einigen Studien wird straforientiertes Verhalten als Indikator für autoritäres Verhalten herangezogen. Altemeyer (1981, 1996) sowie Christie (1993) können zeigen, dass sich hoch-autoritäre Personen bestrafender verhalten (vgl. Altemeyer, 1981) und Bestrafung stärker befürworten (vgl. Altemeyer, 1996, Christie, 1993) als niedrig-autoritäre Personen. Darüber hinaus findet Christie (1993) eine interaktive Beziehung zwischen Autoritarismus und der Schwere einer kriminellen Handlung auf die Höhe der Bestrafung. Hoch-autoritäre Personen würden als Richter im Vergleich zu niedrig-autoritären Personen umso härter bestrafen, je schwerer die kriminelle Handlung ist. In einer Studie mit Lehrerinnen und

Lehrern können Petzel, Wagner, van Dick, Stellmacher und Lenke (1997) zeigen, dass bei problematischen Situationen hoch-autoritäre Personen stärker mit Sanktionen, wie beispielsweise Strafarbeiten oder Verweisen, reagieren würden als niedrig-autoritäre Personen. Walker, Rowe und Quinsey (1993) weisen auf Zusammenhänge zwischen Autoritarismus und selbstberichteter vergangener und eingeschätzter zukünftiger sexueller Aggression hin. Hoch-autoritäre Personen berichten stärkere sexuelle Aggressionen als niedrig-autoritäre Personen.

Autoritäre Einstellungen sind darüber hinaus ein guter Prädiktor für Wahlverhalten. Hoch-autoritäre Personen wählen rechtskonservative und rechtsextreme Parteien häufiger als niedrig-autoritäre Personen (vgl. in Kanada Altemeyer, 1981; in Rumänien: Krauss, 2002; in Belgien: Meloen, de Witte & van der Linden, 1999; in den Niederlanden: Meloen, 1993; in Israel: Rubinstein, 1995). Ferner ergeben Studien zum politischen Protestverhalten negative Korrelationen zu Autoritarismus. Duncan und Stewart (1995) zeigen beispielsweise, dass niedrig-autoritäre Personen mehr Aktivitäten gegen den zweiten Golf-Krieg gezeigt haben als hoch-autoritäre Personen.

Festgehalten werden kann, dass zwar einige Zusammenhänge zwischen autoritären Einstellungen und Indizes für autoritäres Verhalten gezeigt werden können, diese jedoch in aller Regel nicht sehr stark sind. Dies kann mindestens auf zwei Ursachen zurückgeführt werden (vgl. Meloen, 1993). Zum Einen sind die Versuchspersonen in den meisten Studien gering oder moderat autoritär. Hoch-autoritäre Personen sind in diesem Zusammenhang kaum befragt worden, obwohl gerade in dieser Personengruppe typisch autoritäre Verhaltensweisen zu erwarten wären. Zum Anderen existiert in aller Regel ein starker gesellschaftlicher Druck, autoritäres Verhalten *nicht* zu zeigen. Daher werden Personen sich höchstwahrscheinlich nicht autoritär verhalten, auch wenn sie prinzipiell dazu bereit sind. Mit dieser Argumentation wird impliziert, dass Zusammenhänge zwischen autoritären Einstellungen und autoritärem Verhalten nicht linear sein müssen. Denkbar ist, dass erst ab einer gewissen Schwelle autoritäre Verhaltensweisen zum Vorschein kommen (vgl. Funke, 1999). Hierzu gibt es aber keine Daten. Insgesamt hat aber die empirische Forschung für den Zusammenhang von autoritären Einstellungen und autoritärem Verhalten zwei wesentliche Gesichtspunkte erarbeitet (vgl. Oesterreich, 1996, S.93ff.):

- Hoch-autoritäre verhalten sich im Vergleich zu niedrig-autoritären Personen mit größerer Wahrscheinlichkeit rigide, unterwürfig, gehorsam, feindselig oder antidemokratisch (vgl. Elms & Milgram, 1966; Altemeyer, 1996).

- Auch nicht-autoritäre Personen können sich autoritär verhalten, wenn der situative Druck entsprechend groß ist (vgl. Milgram, 1974; Haney, Banks, Zimbardo, 1973).

5.5. Definition von Autorität

Die Definition von Autorität ist für die Autoritarismusforschung zentral, weil darüber vorhergesagt wird, wie sich autoritäre Personen verhalten werden. Was oder wem sollen autoritäre Personen gehorchen und sich unterordnen? Bei der Durchsicht der Autoritarismusliteratur fällt auf, dass keine einheitliche Definition von Autorität existiert. Meist wird nur vage oder gar nicht definiert, was unter Autorität verstanden wird. Bereits Fromm (1987) zeigt die Schwierigkeit auf, Autorität eindeutig zu definieren. Stattdessen versucht er zu definieren, was nicht unter Autorität verstanden werden kann. Nach Fromm werden Personen oder Instanzen nicht zu einer Autorität, indem sie gehorsames und unterwürfiges Verhalten erzwingen (z.B. bei Kriegsgefangenen, die ihre feindselige und ablehnende Haltung nicht aufgeben). Vielmehr werden Personen oder Instanzen nur dann als Autorität anerkannt, wenn dieser Zwang innerlich nicht rein als solcher empfunden wird, sondern wenn er durch gefühlsmäßige Beziehungen ergänzt oder verstärkt wird. Zu einem jeden Autoritätsverhältnis gehört nach Fromm (1987, S.79) also die gefühlsmäßige Bindung einer untergeordneten zu einer übergeordneten Person oder Instanz. Auch Oesterreich betont, dass Autorität nicht zwangsläufig durch Besitz, Macht oder Wissen entsteht. Autorität entsteht durch die emotionale Bindung an Autoritäten (vgl. Oesterreich, 1996). Altemeyer definiert Autoritäten als von der Gesellschaft anerkannte und legitimierte Autoritäten. Er spricht von "established and legitimated authorities" (vgl. Altemeyer, 1981, S. 148ff.). Darunter subsummiert er:

"people in our society who are usually considered to have a general legal or moral authority over the behavior of others" (Altemeyer, 1981, S.152).

Damit meint Altemeyer u.a. Eltern, Personen in offiziellen religiösen Ämtern, Polizisten, Richter, Regierungsmitglieder oder hohe Beamte im Militärdienst.

Insgesamt bleibt aber unklar, was alles unter Autorität verstanden werden kann. Sind Autoritäten konkrete Personen (z.B. Familienvater, Führer) und Instanzen (z.B. Regierung, Polizei) oder in erster Linie Werte und Normensysteme (z.B. Grundgesetz, gesellschaftlich definierte Werte). Ebenso gilt es zu fragen, ob Autorität auf gesellschaftlich anerkannte und legitimierte Autoritäten, wie bei Altemeyer, reduziert werden kann. So z.B. kann vermutet werden, dass rechtsextreme Personen ihre eigenen Autoritäten außerhalb eines bestehenden gesellschaftlichen Konsens schaffen. Und schließlich stellt sich die Frage, wie stabil die Definition von Autorität über verschiedene Situationen hinweg ist.

Eine Möglichkeit zur Beantwortung dieser Fragen bietet die Selbstkategorisierungs-Theorie an, die eine vollkommen neue Perspektive auf die Definition von Autorität ermöglicht (vgl. Turner et al., 1987). Die Selbstkategorisierungs-Theorie zeigt, dass das Verhalten von Personen in Massensituationen auch ohne explizite Gruppenautoritäten oder Gruppenanführer bestimmten Ordnungen unterliegt. Prototypische Gruppennormen werden hier verhaltensbestimmend. Unter Autoritäten können daher prototypische Gruppenmitglieder oder prototypische Gruppennormen verstanden werden. Entsprechend wird in dieser Arbeit die Auffassung vertreten, dass Autoritäten in erster Linie Werte und Normen sind, die in spezifischen Gruppenkontexten salient sind und das Verhalten von Personen leiten. Zwei zentrale Merkmale von Autorität sind nach dieser Anschauung für die Weiterentwicklung des Autoritarismuskonzeptes auf Gruppenebene von zentraler Bedeutung:

1. Unter Autorität werden in dieser Arbeit prototypische Gruppenpositionen verstanden, die für Individuen in Gruppenkontexten handlungsleitend werden. Solche prototypischen Gruppenpositionen spiegeln sich in Werten und Normen wieder, die sich dann in Verhalten umsetzen können. Bei den von Reicher (1984) beschriebenen St.Pauls-Riots wurde beispielsweise die Norm salient, nur Geschäfte von Personen zu beschädigen, die nicht zu ihrem Stadtviertel gehörten. Prototypische Gruppenpositionen werden durch das Metakontrast-Prinzip bestimmt. Solche Positionen können zwar durch prototypische Gruppenmitglieder personifiziert werden, aber die explizite Anwesenheit von Gruppenanführern ist für die Koordination und Gestaltung von Gruppenverhalten nicht notwendig.

2. Autoritäten sind nicht durch einen gesellschaftlichen Kontext allein festgelegt. Vielmehr können Autoritäten, d.h. Gruppennormen und Werte, die für das Verhalten von Individuen bestimmend werden, zwischen verschiedenen Gruppenkontexten variieren. So z.B. werden sich rechtsextreme Jugendliche in ihrer rechtsextremen Clique anders verhalten als in einer Weiterbildungsmaßnahme, in denen sie zusammen mit anderen Jugendlichen verschiedenster politischer Anschauung eine Gruppe bilden, vorausgesetzt, dass sich der Jugendliche mit beiden Gruppen identifiziert. Im ersten Fall kann Verhalten (z.B. Gewalt gegen Ausländer) auftreten, dass sich außerhalb des gesellschaftlichen Konsens befindet und von gesellschaftlichen Autoritäten verurteilt werden, während dieses in der Weiterbildungsmaßnahme weniger wahrscheinlich ist.

Die durch die beiden Merkmale definierte Autorität ist somit das Ergebnis der Identifikation mit Gruppen und der Salienz von Gruppenmitgliedschaften.

6. Autoritarismus als Gruppenphänomen

Die bisher dargestellten Autoritarismuskonzepte sind individualistisch orientiert. Im Folgenden soll nun das in dieser Arbeit verwendete Autoritarismusmodell hergeleitet werden. Dieses Modell hat den Anspruch, die traditionelle Autoritarismusforschung mit der modernen Intergruppenforschung zu verbinden. Das Modell baut auf das Autoritarismuskonzept von John Duckitt auf, dass er 1989 publiziert hat (vgl. Duckitt, 1989, 1991, 1992). Darin hat Duckitt Autoritarismus erstmals auf gruppaler Ebene konzipiert. Darüber hinaus hat Stanley Feldmann in jüngster Zeit ein alternatives Autoritarismuskonzept vorgestellt, das Autoritarismus ebenfalls als Gruppenphänomen beschreibt (Feldmann, 2000). Beide Ansätze haben in der Forschungslandschaft bislang kaum Beachtung gefunden. Entsprechend gibt es zu beiden Ansätzen kaum empirisches Material. Die beiden Ansätze werden im Folgenden dargestellt. Aus der kritischen Reflexion dieser Ansätze wird dann das Gruppenautoritarismus-Prozessmodell hergeleitet.

6.1. Autoritarismus als Gruppenphänomen nach Duckitt

6.1.1. Die Theorie

Wie bereits dargestellt, kritisiert Duckitt (1989) an bisherigen Autoritarismusansätzen, dass sie lediglich als individualistische Konzeptionen konstruiert worden sind, obwohl die Autoritarismusforschung angetreten ist, intergruppale Phänomene wie Ethnozentrismus, Vorurteile, intergruppale Feindseligkeit oder Verführbarkeit durch faschistoide Ideologien zu erklären. Folglich schlägt Duckitt eine Rekonzeptualisierung von Autoritarismus auf intergruppaler Ebene vor. Dazu versucht er, die klassische Autoritarismustheorie von Altemeyer mit der auf intergruppaler Ebene arbeitenden Theorie der Sozialen Identität von Tajfel und Turner (1979, 1986) zu verknüpfen (vgl. Duckitt, 1989).

Duckitt geht von der Frage aus, was die drei Dimensionen des Autoritarismus nach Altemeyer so häufig zusammen auftreten lässt. Er nimmt an, dass jede dieser Dimensionen Ausdruck einer intensiven und unsicheren Identifikation mit einer oder mehreren sozialen Gruppen ist und eine konsequente Betonung von und Forderung nach Gruppenzusammenhalt zum Ausdruck bringt (vgl. Duckitt, 1989, S.70). Damit lehnt er sich an Befunde aus dem Umfeld der Theorie der Sozialen Identität an, die zeigen, dass unsichere und bedrohte Gruppenidentifikationen zu einer stärkeren Feindseligkeit gegenüber fremden Gruppen führen (vgl. Ellemers, 1993; Brown, 2000, Hewstone, Rubin & Willis, 2002). Duckitt geht darüber hinaus davon aus, dass solche unsicheren und bedrohten Gruppenidentifikationen auch autoritäre Forderungen nach Gruppenkohäsion auf Kosten individueller Autonomie fördern. Gleichzeitig betont er, dass nicht jede Identifikation mit einer Gruppe zu einer solchen Gruppenkohäsion führen wird. Bezugnehmend auf Berry (1984) geht Duckitt davon aus, dass Personen mit einer positiven und sicheren Sozialen Identität durchaus tolerante Überzeugungsmuster besitzen können. Autoritarismus tritt lediglich dann auf, wenn Gruppenidentifikationen unsicher und bedroht sind (vgl. Abbildung 1). Autoritarismus verkörpert daher einen besonderen Typ der Identifikation mit Gruppen (Duckitt, 1992, S.212).

Abbildung 1: Grafische Darstellung der Rekonzeptualisierung von Autoritarismus nach Duckitt (aus Duckitt, 1992, S.210)

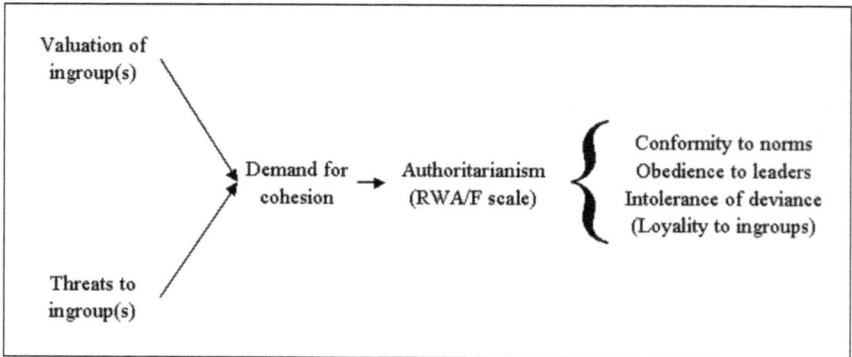

Allgemein kann Autoritarismus nach Duckitt als die Vorstellung eines Individuums oder einer Gruppe darüber aufgefasst werden, was die geeignete bzw. normative Beziehung zwischen der Gruppe und ihren Mitgliedern sein sollte. Autoritarismus ist nach Duckitt ein bipolares Konstrukt (Duckitt, 1989, S.70). Der autoritaristische Pol beinhaltet die Einstellung, dass alle persönlichen Bedürfnisse, Werte und Neigungen von Gruppenmitgliedern dem Zusammenhalt und den Anforderungen der Gruppe so weit wie möglich unterzuordnen sind. Der nicht-autoritaristische Pol, den er "libertarianism" nennt, beinhaltet, dass die Forderung nach Gruppenzusammenhalt und die Anforderungen der Gruppe der Autonomie und dem Bedürfnis nach Selbstbestimmung einzelner Mitglieder untergeordnet werden. Entsprechend wird Autoritarismus als normatives Überzeugungssystem aufgefasst (vgl. Six, 1996). Die beschriebenen Überzeugungsmuster entstehen nach Duckitt in der Sozialisation in wichtigen sozialen Gruppen, wie Familie, Schule, Peergroups oder Arbeitsgruppen. Je wichtiger und länger diese Gruppenmitgliedschaften für das Individuum sind, desto stärker werden die Einflüsse der vorherrschenden Überzeugungsmuster der jeweiligen Gruppe auf das Individuum sein.

Auch Duckitt setzt sich wie Altemeyer mit rechtsgerichtetem Autoritarismus auseinander. Er definiert Altemeyers drei Dimensionen des Autoritarismus neu (vgl. Duckitt, 1992, S.210):

1. Konventionalismus: Forderung nach Verhaltens- und Einstellungskonformität mit Normen und Regeln der eigenen Gruppe.

2. Autoritäre Unterwerfung: Betonung von Respekt und bedingungslosem Gehorsam gegenüber dem Anführer und den Autoritäten der eigenen Gruppe.

3. Autoritäre Aggression: Intoleranz und Härte gegenüber Personen, die nicht mit Regeln und Normen der eigenen Gruppe konform gehen.

In späteren Publikationen schlägt Duckitt (1991, 1992) "Bedingungslose Loyalität gegenüber der eigenen Gruppe" als mögliche vierte Dimension vor, die sich aus den anderen drei Dimensionen ergebe. Diese Erweiterung von Autoritarismus wird bisher nicht genauer definiert und weiterverfolgt.

Duckitt definiert sechs Kriterien, die die drei Dimensionen von Autoritarismus spezifizieren sollen (vgl. Abbildung 2). Der Vorteil der Definition solcher Kriterien liegt darin, dass sie nicht nur für die Entwicklung von standardisierten Fragebögen zur Erfassung von Autoritarismus herangezogen werden können, sondern auch zur Verhaltensbeobachtung, zur Auswertung von qualitativen Interviews oder zur Bewertung von archivarischen oder literarischen Daten.

Abbildung 2: Kriterien zur Erfassung von Autoritarismus nach Duckitt (1989, S.71f.)

CONFORMITY TO GROUP NORMS AND RULES

„Conventionalism"

1. How many behaviors and beliefs of individuals are or should be regulated by group norms and rules as opposed to self-regulation by the individuals' personal needs, beliefs, and inclinations?

2. How strictly do or should individuals have to conform to these ingroup rules and norms?

TOLERANCE VS. INTOLERANCE OF NONCONFORMITY

„Authoritarian aggression"

3. How severe should be or are punishments and condemnation for nonconformity to group norms and rules?

4. How strictly are or should be such punishments and condemnation for nonconformity enforced?

UNCONDITIONAL VS CONDITIONAL RESPECT AND OBEDIENCE

„Authoritarian Submission"

5. To what extent should be or are ingroup leaders and authorities accorded respect and deference unconditionally because of their role and status, as opposed to respect and difference conditional upon their actions and role performance?

6. To what extent should be or are ingroup leaders and authorities accorded unconditionally obedience as opposed to obedience conditional on the dictates of individuals' personal conscience or interests?

6.1.2. Empirische Forschungsbefunde zum Ansatz von Duckitt

Bislang existieren kaum Forschungsbefunde zum Autoritarismusansatz von Duckitt. Ausnahmen sind zwei Studien, die bei Duckitt und Altemeyer diskutiert werden (vgl. Duckitt, 1992, S.212; Altemeyer, 1996, S. 83f.). Altemeyer hat mit einer von Duckitt entwickelten "need for group cohesion"-Skala, die nach Duckitts Konzept Autoritarismus erfassen sollte, eine Studie mit 422 kanadischen Studierenden durchgeführt. Die Skala wurde mit Bezug auf die kanadische Gesellschaft formuliert (z.b.: "It is absoluteley vital that all true Canadians forget their differences to form a truly united and cohesive nation."). Im Folgenden wird die "need for group cohesion"-Skala kurz als Gruppenkohäsionsskala bezeichnet. Die Skala besitzt eine zufriedenstellende Reliabilität von α=.82 und korreliert mit der RWA-Skala von Altemeyer mit r=.49. Darüber hinaus zeigt sie stärkere Korrelationen mit Vorurteilen und Einstellungen gegenüber Minderheiten (Inder, Pakistaner und 'Quebecois') als die RWA-Skala. Während Duckitt diese Befunde als Bestätigung seines Konzeptes ansieht (vgl. Duckitt, 1992, S.212) bezweifelt Altemeyer, ob die Gruppenkohäsionsskala in dieser Form tatsächlich Ausdruck eines Persönlichkeitsmerkmals ist, da sie sehr stark an nationalistischen Orientierungen angelehnt ist. Daher entwickelt er eine revidierte Gruppenkohäsions-skala, in der auch Bezug zu anderen Gruppen genommen wird (z.B.: "Anyone who works for a company owes it loyality and 'team spirit' against outsiders" oder "People who belong to the same religion should NOT stick together as much as possible", vgl. Altemeyer, 1996, S.84). In einer Studie mit 252 Studierenden zeigt die revidierte 26-Item-Skala eine Reliabilität von α=.80. Zwar ist eine im Vergleich zur ersten Befragung höhere Korrelation zwischen der Gruppenkohä-sionsskala und der RWA-Skala zu erkennen (r=.52), jedoch ist diesmal nur noch eine geringe Korrelation von Gruppenkohäsion zu Ethnozentrismus (r=.23) vorhanden. Letzere ist deutlich niedriger als die Korrelation zwischen RWA und Ethnozentrismus (r=.43).

Die geschilderten Ergebnisse und theoretischen Ausführungen lassen diverse Fragen offen: Duckitt hat Autoritarismus als die Folge einer unsicheren aber gleichzeitig bedrohten Identifikation beschrieben. Eine solche Konzeption wirft die Frage auf, ob es sich bei dieser Konzeption von Autoritarismus um einen allgemeinen für alle Personen gleichermaßen gültigen Prozess handelt. Dies bleibt in den Ausführungen Duckitts unklar. Zum Einen versteht er Autoritarismus als Persönlichkeitsvariable:

> *"Individuals would be expected to come to group situations with already formed and reasonably explicit assumptions about the sort of relationship which they believed should in general exist between group and individual. Thus, given the same situational factors, systematic individual differences would be apparent." (Duckitt, 1989, S.79)*

Dies impliziert, dass nicht alle Personen gleichermaßen stark auf den von Duckitt beschriebenen Mechanismus reagieren. Die autoritäre Prädisposition liege entsprechend Duckitts Definition von Autoritarismus dann in einem Streben nach sozialer Konformität (vgl. Duckitt, 2001, 2002). Zum Anderen spielen in seinem Modell, das er 1992 präsentiert hat (vgl. Abbildung 1), autoritäre Prädispositionen keine Rolle. Die Frage bleibt also, ob es sich bei dem von Duckitt präzisierten Autoritarismusansatz auf Gruppenebene um einen allgemeinen, für alle Personen gleichermaßen gültigen Prozess handelt, oder ob dieser Prozess unterschiedlich stark in Abhängigkeit von autoritären Prädispositionen ausfällt. Die bisher vorliegenden empirischen Studien können diese Frage nicht beantworten. Darüber hinaus können sie auch nicht zeigen, ob Autoritarismus tatsächlich aus bedrohten Identifikationen mit Gruppen entstehen.

Zum Zweiten ist unklar, ob Gruppenkohäsion die adäquate Messung von Autoritarismus modo Duckitt ist. Die präsentierten Daten lassen offen, ob Gruppenkohäsion äquivalent zu Vorurteilen oder Nationalismus lediglich ein Ausdruck von "Right-Wing-Authoritarianism" nach Altemeyer ist oder ob Gruppenkohäsion zu rechtsgerichtetem Autoritarismus führt. Auf jeden Fall ist die weiterentwickelte Gruppenkohäsionsskala von Altemeyer (1996) mit unterschiedlichsten Gruppenzugehörigkeiten, wie beispielsweise Arbeitsgruppen oder Religionszugehörigkeiten, als Messung von Autoritarismus problematisch. Autoritäre Forderungen nach Gruppenkohäsion sind nach Duckitt an spezifische Gruppenzugehörigkeiten gebunden. Demnach kann Autoritarismus im Zusammenhang mit der nationalen Gruppenzugehörigkeit geäußert werden, dies heißt aber nicht, dass sich Autoritarismus auch im Zusammenhang mit Arbeitsteams zeigen muss. Leider berichtet Altemeyer keine Faktorenanalysen, aus denen ersichtlich werden könnte, ob die Skala eine mehrdimensionale Struktur besitzt. Aus den Ausführungen wird deutlich, dass die von Duckitt und Altemeyer angeführten empirischen Untersuchungen nur wenig über die Validität des Autoritarismuskonzeptes von Duckitt und der Gruppenkohäsionsskala aussagen können. Um Aussagen über die Validität von Duckitts Ansatz machen zu können, müssten experimentelle Studien durchgeführt werden.

6.2. Autoritarismus als Wertekonflikt nach Feldman

Auch Feldman diskutiert Autoritarismus als Gruppenphänomen. Im Gegensatz zu Duckitt geht Feldmans Ansatz davon aus, dass autoritäres Verhalten aus der Wechselwirkung von autoritären Prädispositionen und aktuellen Bedrohungswahrnehmungen entsteht. Die Grundlage für Feldmans Autoritarismusansatz (Feldman, 2000) ist die Analyse des Verhältnisses von Individuum und Gesellschaft. Nach Feldman liegt die fundamentale Spannung zwischen Individuum und Gesellschaft in dem Widerspruch, individuelle Autonomie erreichen zu wollen und gleichzeitig aber mit den von der Gesellschaft auferlegten Verhaltensbeschränkungen konfrontiert zu sein. Bezugnehmend auf die Wertetheorie von

Kohn (1977) und Schwartz (1992) betrachtet Feldman Konformitäts- und Selbst-bestimmungswerte als ein gegensätzliches Wertepaar, das in fast allen Kulturen und Ländern zu finden sei. Die grundlegende Frage für die Entwicklung eines Menschen ist, wie stark die Präferenz für eine der beiden Werte ausgebildet wird:

> *"...das implizite Tauziehen zwischen diesen beiden Zielen führt bei jeder Person zu einer spezifischen Haltung zur Welt, in der sich die Präferenz für einen der beiden Werte widerspiegelt. Wir können damit eine Dimension definieren, an deren einem Ende der Wunsch nach unbegrenzter persönlicher Autonomie und an deren anderem Ende die strikte Konformität gegenüber gesellschaftlichen Verhaltensregeln steht." (Feldman, 2000, S. 253)*

Feldman setzt in seinem Autoritarismusansatz die Präferenz für soziale Konformität mit Autoritarismus gleich. Personen, die soziale Konformität höher bewerten als Autonomie, besitzen nach Feldman ein eher pessimistisches Weltbild. Menschen benötigen nach Ansicht konformer Personen mehr Anleitung durch sozial akzeptierte Normen und Regeln, damit sie wissen, wie sie sich im sozialen Umfeld verhalten sollen. Entsprechend steht für Personen mit einer Präferenz für soziale Konformität die Verteidigung der normativen Ordnung an erster Stelle. Sie haben den Wunsch, die Gesellschaft vor Abweichlern zu schützen. Dies könne am wirksamsten dadurch geschehen, dass Nonkonformisten oder Gruppen, die von sozialen Konventionen abweichen, bestraft werden und öffentliche Auftritte, in denen die Abweichler ihre Meinungen äußern und mögliche Anhänger gewinnen können, beschränkt werden.

Konformisten empfinden nach Feldman Überzeugungen, Werte und Verhaltens-weisen, die mit der vorhandenen normativen Ordnung nicht übereinstimmen, als Bedrohung. Je stärker eine solche Bedrohung wahrgenommen wird, desto stärker entsteht bei Konformisten der Drang, diese Bedrohung mit allen Mitteln zu beseitigen. Intoleranz und Vorurteile sind demnach eine Funktion individueller Sozialisation hin zu einer konformistischen Orientierung und aktueller wahrge-nommener Bedrohung der normativen Ordnung.

Der Gegenpol zu Konformisten sind nach Feldman Personen, die persönliche Autonomie über soziale Konformität stellen. Solche Personen werden eine sehr starke Aversion haben, Regeln und gesellschaftlichen Diktaten zu gehorchen. Entwicklungen, die eine Gefahr für die individuelle Freiheit darstellen, bereiten Personen, die Autonomie hoch bewerten, am meisten Sorgen.

Feldman begreift soziale Konformität und persönliche Autonomie als Endpunkte einer Dimension, die er als Autoritarismus definiert. Die Lokalisation einer Person auf diese Dimension entspricht einer Prädisposition für ihr Verhalten. Personen, die soziale Konformität hoch bewerten, zeigen eine (latente) Bereit-schaft, intolerant zu sein. Dies kann sich sowohl auf spezifische Gruppen, die als bedrohlich wahrgenommen werden, als auch auf die Wahrnehmung einer allgemeinen Bedrohung der normativen Ordnung beziehen. Eine autoritäre Prädisposition wird sich um so stärker in Verhalten umsetzen, je stärker eine Bedrohung wahrgenommen wird. Vorurteile und Intoleranz stellen in dieser Konzeption somit das Ergebnis einer Interaktion zwischen Autoritarismus (hier als sozialisierte Präferenz für soziale Konformität vs. Autonomie) und aktueller wahrgenommener Bedrohung dar. Dabei reduziert Feldman Autoritarismus auf soziale Konformität. Autoritäre Aggressionen sind nicht länger Bestandteil seiner Autoritarismusdefinition, sondern die Folge von Bedrohungswahrnehmungen bei sozialen Konformisten.

6.2.2. Empirische Forschungsbefunde zum Ansatz von Feldman

Diese interaktive Auswirkung von Autoritarismus und Bedrohung auf Verhalten können Feldman und Stenner (1997) in einer Studie belegen. Wie bereits dargestellt haben Feldman und Stenner die Daten von 1564 Personen der US-amerikanischen "National Election Study" von 1992 reanalysiert. Autoritarismus wird als Werteorientierung in der Kindererziehung erfasst. Die Befragten sollen dabei angeben, welcher von zwei Werten in der Kindererziehung wünschenswerter ist. Vorgegeben werden vier Wertepaare, bei denen ein Wert eine autoritäre Orientierung und der andere Wert eine nicht-autoritäre Orientierung wiederspiegelt. Als Indikatoren für autoritäres Verhalten werden Einstellungen gegenüber ethnischen Minderheiten, soziale und politische Einstellungen sowie Einstellungen gegenüber dem Gebrauch von Macht erfasst. Als Hauptfragestellung wird analysiert, inwieweit der Zusammenhang zwischen Autoritarismus und den genannten abhängigen Variablen durch Bedrohungswahrnehmungen, wie politischer Bedrohung, ökonomischer Bedrohung und der Angst vor Krieg, moderiert wird. Während keine direkten Effekte zwischen Bedrohung und autoritären Werten in der Kindererziehung zu erkennen sind, können signifikante Wechselwirkungseffekte von Bedrohung und autoritären Prädispositionen auf autoritäres Verhalten in erwarteter Weise festgestellt werden: Es zeigen sich besonders hohe Zusammenhänge zwischen autoritären Prädispositionen und autoritärem Verhalten, wenn eine hohe Bedrohung wahrgenommen wird. Dies gilt jedoch nur für Bedrohungen der politischen und sozialen Ordnung, nicht aber für ökonomischen Bedrohungen im Sinne persönlichen Wohlergehens. Autoritarismus wird somit nach dieser Studie nur aktiviert, wenn die politische und soziale Ordnung einer Gesellschaft als gefährdet wahrgenommen wird.

Damit können Feldman und Stenner (1997) empirisch belegen, dass autoritäres Verhalten eine Funktion autoritärer Prädispositionen (soziale Konformität) und aktuellen Bedrohungswahrnehmungen ist. Allerdings muss in Zweifel gezogen werden, ob die Messung autoritärer Prädispositionen durch Erfassung der Werteorientierung zur Kindererziehung adäquat ist. Eine direkte Messung sozialer Konformität als autoritäre Prädisposition wäre hier adäquater. Die Ergebnisse von

Feldman und Stenner können jedoch in einer Studie von Rickert (1998) bestätigt werden. Rickert hat 131 US-amerikanische Studierende mit einem Fragebogen befragt. Auch er beschäftigt sich mit der Frage, welche Rolle Bedrohungswahrnehmungen für den Zusammenhang zwischen autoritären Prädispositionen und autoritärem Verhalten besitzen. Autoritäre Prädispositionen werden bei Rickert mit einer 22-Item-Version der F-Skala von Cherry und Byrne (1977) erfasst, die auf einem 7er-Rating von 1"strongly agree" bis 7 "strongly disagree" beantwortet werden sollte. Bedrohung wird als subjektive Bedrohung, d.h. als Verschlechterung des eigenen ökonomischen Lebensstandards definiert. Die Ergebnisse zeigen ebenfalls eine Wechselwirkung von autoritären Prädispositionen und Bedrohungswahrnehmungen auf autoritäres Verhalten. Hoch-autoritäre Personen, die sich ökonomisch hoch-bedroht fühlen, stimmen restriktiven und strengen politischen Maßnahmen stärker zu als niedrig-autoritäre Personen oder hoch-autoritäre aber wenig bedrohte Personen.

Insgesamt weisen damit die ersten empirischen Ergebnisse auf die Gültigkeit von Feldmans Ansatz hin. Allerdings ist bislang ungeklärt, ob Bedrohungswahrnehmungen ursächlich zu einer autoritären Reaktion, d.h. zu einer Aktivierung autoritärer Prädispositionen führen. Solche Aussagen können nur mit experimentellen Studien getroffen werden. Entsprechende Studien fehlen jedoch bislang. Darüber hinaus bleibt festzuhalten, dass Feldman Autoritarismus zwar als Gruppenphänomen auffasst, aber offen lässt, welche Rolle Identifikationsprozesse mit Gruppen spielen.

6.3. Fazit aus den Ansätzen von Duckitt und Feldman

Duckitts und Feldmans Ansätze können als Bereicherung für die Autoritarismusforschung angesehen werden. Beide Ansätze thematisieren Autoritarismus als Gruppenphänomen und können sich fruchtbar ergänzen. Demnach werden autoritäre Verhaltensweisen besonders dann wahrscheinlich, wenn die Einheit und Identität der eigenen Gruppe gefährdet ist. Gleichzeitig betonen Duckitt und Feldman die situative Abhängigkeit von Autoritarismus. Autoritarismus ist kein Persönlichkeitsmerkmal, das zu jeder Zeit und in jeder Situation wirksam ist.

"As a result it is possible for the same individual to be highly authoritarian in the context of one group and not at all authoritarian in another group context. (Duckitt, 1989, S.79)"

Nach Duckitt ist Autoritarismus besonders davon abhängig, wie stark sich Individuen mit Gruppen identifizieren und wie bedroht diese Identifikationen sind. Bei Feldman spielen Identifikationsprozesse keine Rolle. Dagegen kann er zeigen, dass Bedrohungswahrnehmungen nicht bei allen Personen zu einer autoritären Reaktion führen werden, sondern lediglich bei solchen Personen, die eine hohe autoritäre Prädisposition besitzen. In dieser Arbeit werden die beiden Ansätze von Duckitt und Feldman in ein Konzept integriert (vgl. Kap. 6.4.).

Trotz dieser fruchtbaren Neuerungen, die die Konzepte von Duckitt und Feldman für die Weiterentwicklung der Autoritarismustheorie liefern, sind einige Defizite offensichtlich:

- Es fehlen adäquate Messinstrumente zur Erfassung von Autoritarismus auf Gruppenebene. Duckitt hat sechs Kriterien formuliert, die für die Operationalisierung von Autoritarismus auf Gruppenebene herangezogen werden können. Operationalisiert wurde Autoritarismus bislang jedoch lediglich mit einer Gruppenkohäsionsskala. Es muss bezweifelt werden, ob Gruppenkohäsion eine adäquate Messung von Autoritarismus auf Gruppenebene darstellt. Die von Duckitt und Altemeyer entwickelten Gruppenkohäsionsskalen scheinen eher eine Verkürzung von Duckitts Autoritarismuskonzept zu sein, da sie sich nicht an den von ihm formulierten sechs Kriterien orientieren und die Mehrdimensionalität von Autoritarismus auf Gruppenkohäsion beschränken.

- Es fehlen bislang weitgehend empirische Prüfungen der Theorien. Zur Überprüfung des Ansatzes von Duckitt sind bislang lediglich die Studien von Altemeyer (1996) dokumentiert, die, wie bereits beschrieben, keine Aussage über die Gültigkeit von Duckitts Ansatz zulassen. Die empirische Überprüfung von Feldmans Ansatz besteht bislang lediglich aus Querschnittsbefragungen, die keine kausalen Aussagen ermöglichen, wie sie im Modell angelegt sind. Insgesamt müssen experimentelle Studien zeigen, ob unsichere und bedrohte Gruppenidentifikationen autoritäre Prädispositionen aktivieren können.

- Darüber hinaus müssen zentrale Fragen zur Ursache, Wirkung und Struktur von Autoritarismus beantwortet werden. Wie entstehen autoritäre Prädispositionen? Was ist die motivationale Grundlage von Autoritarismus? Sind autoritäre Aggressionen die Folge oder Bestandteil von Autoritarismus?

6.4. Das Modell des Gruppenautoritarismus

Das Konzept Gruppenautoritarismus, das im Folgenden konkretisiert werden soll, wird eng an die Ansätze von Duckitt (1989) und Feldman (2000) angelehnt. Das Gruppenautoritarismus-Prozessmodell ist ein Versuch, die beiden Ansätze in ein Modell zu integrieren. Der Begriff "Gruppenautoritarismus" wird eingeführt, um den im Folgenden beschriebenen Autoritarismusansatz auf gruppaler Ebene von den individualistischen Autoritarismusansätzen abzuheben.

6.4.1. Definition und Konzeption von Gruppenautoritarismus

Gruppenautoritarismus wird in Anlehnung an Duckitt (1989, S.71) als die Vorstellung von Individuen definiert, welche Beziehung zwischen der Gruppe und ihren Mitgliedern existieren sollte. Gruppenautoritarismus wird als bipolares Konzept verstanden. Wie bei Duckitt wird der autoritaristische Pol als die Einstellung definiert, dass alle persönlichen Bedürfnisse, Werte und Neigungen von Gruppenmitgliedern dem Zusammenhalt und den Anforderungen der Gruppe so weit wie möglich unterzuordnen sind. Der nicht-autoritaristische Pol beinhaltet, dass die Forderung nach Gruppenzusammenhalt und die Anforderungen der Gruppe der Autonomie und dem Bedürfnis nach Selbstbestimmung einzelner Mitglieder untergeordnet werden.

In Abbildung 3 wird ein Prozessmodell von Gruppenautoritarismus dargestellt. Der Kern des Gruppenautoritarismus-Modells ist eine autoritäre Einstellungs-reaktion (vgl. Abbildung 3). Unter einer autoritären Einstellungsreaktion wird die situationsspezifische Aktivierung einer autoritären Prädisposition auf der Einstellungsebene verstanden. Damit wird in Anlehnung an Feldman (2000) betont, dass nur dann eine autoritäre Einstellungsreaktion erwartet werden kann, wenn eine autoritäre Prädisposition vorliegt. Gleichzeitig wird angenommen, dass auch bei Vorhandensein einer autoritären Prädisposition nicht zwangsläufig eine autoritäre Einstellungsreaktion eintreten wird. Das Ausmaß der autoritären Einstellungs-reaktion ist nicht nur von der Stärke der autoritären Prädisposition abhängig, sondern auch von situationsspezifischen Auslösern, die entscheiden, ob und wie stark eine autoritäre Einstellungsreaktion ausfällt. In Anlehnung an Duckitt (1989) kann mindestens ein situationsspezifischer Auslöser für eine autoritäre Reaktion beschrieben werden: eine starke, aber gleichzeitig bedrohte Identifika-tion mit einer oder mehreren sozialen Gruppen. Es wird hier noch einmal hervor-gehoben, dass eine starke Identifikation mit einer Gruppe allein nicht ausreicht, um eine autoritäre Einstellungsreaktion bei Personen mit einer autoritären Prädisposition auszulösen. Wenn die an die Gruppe gebundene Soziale Identität positiv und sicher ist, können auch tolerante Reaktionen erwartet werden. Daher wird in dieser Arbeit angenommen, dass nur die Interaktion von einer starken Identifikation bei gleichzeitiger Bedrohung der an diese Gruppe geknüpften Sozialen Identität bei Personen mit einer autoritären Prädisposition zu einer autoritären Einstellungsreaktion führt. Entsprechend kann die erste Leithypothese dieser Arbeit formuliert werden:

Leithypothese 1: Eine starke Identifikation mit einer Gruppe bei gleichzeitiger Bedrohung der an diese Gruppe geknüpften Sozialen Identität führt bei Personen mit einer autoritären Prädisposition zu einer autoritären Einstellungsreaktion. Die autoritäre Einstellungs-reaktion wird umso stärker sein, je stärker die autoritäre Prädispo-sition, die Identifikation mit der Gruppe und die Bedrohung der an diese Gruppe geknüpften Sozialen Identität ist.

Abbildung 3: Ein Prozessmodell von Gruppenautoritarismus

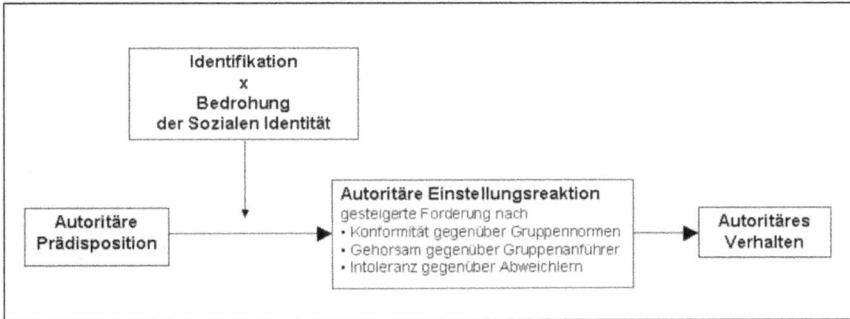

Mit dem vorliegenden Prozessmodell wird Autoritarismus auf der gruppalen Analyseebene untersucht. Entsprechend wird das Ausmaß der autoritären Einstellungsreaktion als Gruppenautoritarismus erfasst. In Anlehnung an Duckitt (1989) besteht Gruppenautoritarismus aus drei Dimensionen:

1. Konventionalismus: Forderung nach Verhaltens- und Einstellungskonformität mit Normen und Regeln der eigenen Gruppe.

2. Autoritäre Unterwerfung: Forderung nach Respekt und bedingungslosem Gehorsam gegenüber dem Anführer und Autoritäten der eigenen Gruppe.

3. Autoritäre Aggression: Intoleranz und Härte gegenüber Personen, die nicht mit Regeln und Normen der eigenen Gruppe konform gehen.

Diese drei Dimensionen werden in Anlehnung an Altemeyer (1981) als ein kohärentes Einstellungssyndrom betrachtet, da die bisherige Autoritarismusforschung keine Hinweise finden konnte, dass diese drei Dimensionen empirisch voneinander trennbar sind.

Hinter der geschilderten Konzeption von Gruppenautoritarismus steckt die Idee,

- dass Gruppenautoritarismus nach wie vor ein Persönlichkeitsmerkmal im Sinne einer generalisierten Einstellung (vgl. Six, 1996) ist. Personen begeben sich in Gruppenkontexte mit expliziten Annahmen über die korrekte Beziehung, die im Allgemeinen zwischen einer Gruppe und ihren Mitgliedern existieren sollte.

- dass ohne eine autoritäre Prädisposition keine autoritäre Reaktion erwartet werden kann.

- dass die Stärke der Gruppenautoritarismusneigung auch vom situativen Kontext abhängig ist. Das bedeutet, dass autoritäre Personen in einem Gruppenkontext hoch-autoritär reagieren können, während sie in einem anderen Kontext weniger autoritär reagieren.

- dass autoritäre Reaktionen prinzipiell in allen Gruppen auffindbar sein
können, unabhängig von ihrer politischen Ausrichtung bzw. der ihrer Mitglieder. Die Voraussetzung ist allerdings, dass diese Gruppen durch Mitglieder mit autoritären Prädispositionen gekennzeichnet sind.

6.4.2. Gruppenautoritarismus und autoritäres Verhalten

Es wurde bereits auf die Schwierigkeit hingewiesen, autoritäres Verhalten durch
autoritäre Einstellungen vorherzusagen (vgl. Kap. 5.4.). Hier wird angenommen,
dass die situationsspezifische Aktivierung autoritärer Prädispositionen durch
bedrohte Identifikationen nicht nur zu verstärktem Gruppenautoritarismus führt,
sondern auch zu verstärkt autoritärem Verhalten (vgl. Feldman & Stenner, 1997;
Rickert, 1998). Zu fragen ist aber, wie das Verhältnis von Gruppenautoritarismus
zu autoritärem Verhalten ist. In der bisherigen Definition hatte Gruppenautoritarismus in erster Linie den Status einer abhängigen Variable: Gruppenautoritarismus gibt das Ausmaß der situationsspezifischen *Aktivierung* autoritärer Prädispositionen an. In der vorgestellten Konzeption wird Gruppenautoritarismus als
Einstellungssyndrom definiert. Angenommen wird aber auch, dass Gruppenautoritarismus prinzipiell mit autoritärem Verhalten korreliert. Da Gruppenautoritarismus autoritäre Einstellungsreaktionen in spezifischen Gruppenkontexten erfasst,
kann angenommen werden, dass Gruppenautoritarismus besonders dann ein guter
Prädiktor für autoritäres Verhalten sein wird, wenn die Messung von autoritärem
Verhalten auf dieselbe Gruppensituation bezogen ist, auf der auch Gruppenautoritarismus erfasst wird. In einem solchen Fall ist davon auszugehen, dass Gruppenautoritarismus ein besserer Prädiktor für autoritäres Verhalten darstellt als global
gemessene autoritäre Prädispositionen. Wird jedoch autoritäres Verhalten global
d.h. nicht situationsspezifisch erfasst, dann ist zu erwarten, dass allgemeine
autoritäre Prädispositionen bessere Prädiktorfähigkeiten besitzen als ein auf eine
spezifische Gruppe bezogener Gruppenautoritarismus. Als zweite Leithypothese
kann festgehalten werden:

Leithypothese 2: Je höher die Gruppenautoritarismusneigung ist,
desto stärker wird das gruppenspezifische autoritäre Verhalten sein.

In dieser Arbeit soll auch auf die Bedeutung von soziostrukturellen Variablen für
autoritäres Verhalten eingegangen werden. Im Rahmen der Theorie der Sozialen
Identität sind verschiedene soziostrukturelle Variablen definiert worden (vgl. Kap.
4.2.), die bestimmen, wie mit einer gegebenen Intergruppensituation umgegangen
wird. Tajfel und Turner (1986) nehmen an, dass besonders bei illegitimen und
instabilen Statusbeziehungen Aufbegehren gegen unterlegene oder gefährdete
Statuspositionen der eigenen Gruppe wahrscheinlich wird. Bei einem niedrigen
Status ist die Soziale Identität per definitionem negativ. Illegitime und instabile
Statusbeziehungen eröffnen jedoch Vorstellungen über alternative Statusbeziehungen (vgl. Wagner & Stellmacher, 2000; Bettencourt et al., 2001). Offener
Wettstreit im Sinne von Diskriminierung fremder Gruppen wird dadurch wahr-

scheinlicher (vgl. Tajfel & Turner, 1986, Ellemers, 1993, Blanz et al., 1998). Ein ähnlicher Effekt kann auch bei statushohen Gruppen angenommen werden (vgl. Bettencourt et al., 2001). Bei statushohen Gruppen werden insbesondere instabile Statusbeziehungen als Bedrohung des momentanen hohen Status angesehen. Durch Diskriminierung der fremden Gruppe kann die unsichere Soziale Identität dann wieder gefestigt werden.

Bislang ist nicht untersucht worden, inwieweit die Tendenz, bei illegitimen und instabilen Statusbeziehungen mit Protest oder diskriminierendem Verhalten zu reagieren, mit Persönlichkeitsvariablen wie Autoritarismus interagiert. Denkbar ist, dass hoch-autoritäre Personen bei illegitimen und instabilen Statusbeziehungen stärker mit Protest oder Diskriminierung reagieren als niedrig-autoritäre Personen. Begründet werden kann dies damit, dass autoritäre Personen eine geringere Toleranz für unsichere und bedrohlich erlebte Situationen besitzen (vgl. Kap. 5.3.). Daher wird in dieser Arbeit erwartet, dass unter illegitim und instabil wahrgenommenen Statusbeziehungen die Konsistenz zwischen autoritären Einstellungen und autoritärem Verhalten besonders groß ist. Diese Annahme impliziert, dass bedrohte Identifikationen eine Aktivierung autoritärer Prädispositionen auf der Einstellungsebene (erfasst als Gruppenautoritarismus) bewirken und dass diese sich besonders dann stark in autoritärem Verhalten umsetzen, wenn der Status der eigenen Gruppe als illegitim und instabil angesehen wird. Entsprechend kann die dritte Hypothese dieser Arbeit formuliert werden:

Leithypothese 3: Ein besonders starker Zusammenhang zwischen Gruppenautoritarismus und autoritärem Verhalten ist dann zu erwarten, wenn die Statusbeziehungen als illegitim und instabil wahrgenommen werden.

Entsprechend der Leithypothese 3 ergibt sich folgendes erweitertes Prozessmodell von Gruppenautoritarismus (vgl. Abbildung 4):

Abbildung 4: Ein erweitertes Prozessmodell von Gruppenautoritarismus

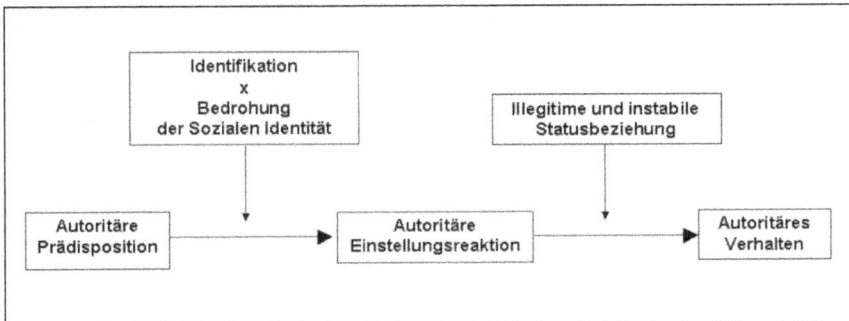

6.4.3. Motivationale Grundlage von Gruppenautoritarismus

Sowohl Duckitt als auch Feldman haben keine motivationale Grundlage für Autoritarismus benannt. In der Übersicht der Motive der individualistisch orientierten Autoritarismusansätze wurde die Reduzierung von Bedrohung, Furcht und Unsicherheit als zentrales Motiv für die Entwicklung von Autoritarismusneigungen formuliert (vgl. Tabelle 2). Dieser Ansatz wird auch hier verfolgt. Die motivationale Grundlage von Autoritarismus wird in dieser Arbeit in einer Unsicherheitsreduktion gesehen.

Hogg (2000) hat das Motiv nach Unsicherheitsreduktion als zentrales menschliches Motiv dargestellt (vgl. auch Hogg & Abrams, 1993). Unsicherheit über Einstellungen, Gefühle, Überzeugungen oder Wahrnehmungen sind nach Hogg aversive Reize, weil sie als Verlust von Kontrolle erlebt werden. Entsprechend wird Unsicherheit Verhalten hervorrufen, das diese subjektiv empfundene Unsicherheit reduziert (vgl. Hogg, 2000, S. 227). Experimente können belegen, dass das Bestreben nach Unsicherheitsreduktion die Grundlage für Intergruppendiskriminierungen in Minimal-Group-Experimenten ist (vgl. Grieve & Hogg, 1999). Darüber hinaus kann Hogg zeigen, dass die Unsicherheit reduziert wird, indem eine Anpassung an die prototypischen Normen der relevanten Gruppen erfolgt. Unsicherheitsreduktion erfolgt also u.a. durch soziale Anpassung.

Hofstede (2000) hat Unsicherheits-Vermeidung (Uncertainty-avoidance) als eine von fünf unabhängigen Dimensionen ermittelt, in denen sich Nationen und Kulturen unterscheiden. Unter Unsicherheit versteht Hofstede eine prinzipielle Unsicherheit gegenüber der Zukunft. Die Unsicherheit über die Zukunft ist eine Grundlage menschlichen Lebens. Nationen und Kulturen unterscheiden sich darin, wie die Menschen mit dieser Unsicherheit umgehen. Der Umgang mit Unsicherheiten wird über zentrale Institutionen einer Gesellschaft wie Familie, Schule oder staatliche Institutionen vermittelt. Der Umgang mit Unsicherheiten reflektiert sich schließlich in kollektiven Werten einer Gesellschaft.

Auch wenn Hogg und Hofstede Unsicherheitsempfindungen als Grundlage menschlichen Lebens beschreiben, so kann angenommen werden, dass es im Erleben und Umgang mit Unsicherheiten individuelle Unterschiede gibt. Bereits Adorno et al. (1950) haben das Empfinden von Unsicherheit als ein zentrales Kennzeichen beschrieben, dass die autoritäre von der nicht-autoritären Persönlichkeit unterscheidet. Neben einer prinzipiellen bedrohlichen Weltsicht (vgl. Altemeyer, 1988; Duckitt, 2001, 2002) äußern hoch-autoritäre Personen mehr Furcht und Ängstlichkeit (vgl. Eigenberger, 1998, Koller, 1995), stärkere Ambiguitätsintoleranz (vgl. Funke, 1996, Dalbert, 1992) und Anomie (vgl. Six, Wolfradt & Zick, 2001) als niedrig-autoritäre Personen. Darüber hinaus hat Altemeyer demonstriert, dass Bedrohungswahrnehmungen gelernt werden. Eltern hoch-autoritärer Personen weisen ihre Kinder in stärkerem Maße auf Bedrohungen in der Umwelt hin als Eltern niedrig-autoritärer Personen (vgl Altemeyer, 1988, S. 145ff.).

Soziale Konformität kann als ein Weg zur Reduzierung von Unsicherheitswahrnehmungen angesehen werden. Durch Unterordnung individueller Bedürfnisse unter die Anforderungen einer Gesellschaft oder einer Gruppe wird dem Individuum Struktur und Orientierung verliehen und somit Unsicherheitswahrnehmungen reduziert. Diese Annahme findet sich bereits in den Autoritarismusansätzen von Fromm (1945) und Oesterreich (1996). Fromm beschreibt in "Flucht vor der Freiheit" die Überforderung der Konfrontation mit individuellen Freiheiten und der damit erlebten Unsicherheit als Grundlage für Autoritarismus. Oesterreich sieht die motivationale Grundlage für die Orientierung an Autoritäten in Gefühlen der Angst und Verunsicherung. Als dominierende Reaktionsform von autoritären Personen nimmt Oesterreich eine Flucht in und Anpassung an Sicherheit bietenden Instanzen an (vgl. Oesterreich, 1993, S.43).

Als Fazit kann daher festgehalten werden: Als motivationale Grundlage zur Entwicklung einer autoritären Prädisposition wird ein Motiv nach Unsicherheitsreduktion angenommen. Ein Weg Unsicherheiten zu reduzieren, ist die Flucht in soziale Konformität und soziale Anpassung. Je stärker ein Individuum im Laufe der Sozialisation Unsicherheiten erlebt und diese lediglich durch die Flucht in soziale Anpassung und Konformität lösen kann, umso mehr wird das Streben nach sozialer Konformität eine zentrale autoritäre Persönlichkeitsdisposition werden.

7. Unterscheidung zwischen Gruppenautoritarismus und verwandten Konzepten

Im Folgenden soll der dargestellte Gruppenautoritarismusansatz von einigen verwandten Ansätzen abgegrenzt werden. Zum Einen ist dies die Social Dominance Theorie (SDT). Ebenso wie die Autoritarismustheorie ist die SDT ein persönlichkeitsorientierter Ansatz zur Erklärung von Phänomenen gruppenbezogener Menschenfeindlichkeit. Die zentrale psychologische Variable wird als soziale Dominanzorientierung bezeichnet (vgl. Sidanius & Pratto, 1999, Pratto, Sidanius, Stallworth & Malle, 1994). Das Dual Process-Modell von Duckitt ist der Versuch, rechtsgerichteten Autoritarismus und soziale Dominanzorientierung in einem Modell zu verknüpfen. Das Modell wird dargestellt und diskutiert. Zum Anderen wird der Zusammenhang zwischen Individualismus-Kollektivismus und Autoritarismus thematisiert. Individualismus-Kollektivismus steht in enger Beziehung zu Autoritarismus auf der Werteebene. Demnach können Personen auf einer Dimension von Autonomie (Individualismus) bis Autoritarismus bzw. soziale Konformität (Kollektivismus) eingeordnet werden (vgl. Triandis, 1995). Es soll diskutiert werden, inwieweit (Gruppen-)Autoritarismus mit Kollektivismus gleichgesetzt werden kann. Zum Schluss wird eine Variable beschrieben, die Personen im

Ausmaß der erlebten Bedrohung unterscheidet, die in Intergruppenkontexten erlebt wird. Stephan und Stephan (1985, 2000) haben diese Variable Intergroup-Anxiety (Intergruppenangst) genannt. Als zentrales Kennzeichen von autoritären Persönlichkeiten und auch Gruppenautorismus wird eine bedrohende Weltsicht konstatiert. Der Zusammenhang von Intergruppenangst und Gruppenautoritarismus soll daher diskutiert werden.

7.1. Social Dominance Theorie (SDT)

7.1.1. Beschreibung der Theorie

Die Social Dominance Theorie von Sidanius und Pratto (1999) ist als Versuch entstanden, verschiedene Theorien aus der (Sozial-)Psychologie, Soziologie, Politologie und der Evolutionspsychologie zur Unterdrückung von Gruppen zu einer Theorie zu verknüpfen. Sidanius und Pratto gehen von der Beobachtung aus, dass alle menschlichen Gesellschaften als gruppenbasierte soziale Hierarchien konstruiert sind. Eine zentrale Annahme der Social Dominance Theorie ist, dass Gesellschaften versuchen, Gruppenkonflikte zu minimieren, indem sie einen Konsens über Ideologien herstellen, die die Überlegenheit einer Gruppe über andere Gruppen legitimieren. Ideologien, die die Ungleichheit zwischen Gruppen befürworten, werden "hierachy-legitimizing-myths" genannt. Solche Ideologien führen dazu, Unterdrückungen und Diskriminierung zu stabilisieren. Beispiele für hierarchie-legitimierende Mythen sind die protestantische Arbeitsethik und rassistische Ideologien. In der protestantischen Arbeitsethik wird Arbeit mit einer religiösen Bedeutung untermauert. Jeder wird von Gott für das, was er geleistet hat, belohnt oder für das, was er unterlassen hat, verdammt. Rassistische Ideologien betonen u.a. die Überlegenheit einer Rasse über andere Rassen. Mit solchen Mythen werden Ungleichheiten und Unterdrückung legitimiert. Dagegen bestehen in Gesellschaften meist auch Ideologien, die die Gleichheit aller sozialen Gruppen betonen. Diese werden als "hierachy-attenuating-myths" bezeichnet. Ein Beispiel für hierarchie-schwächende Mythen sind Menschenrechte.

Gesellschaften bestehen nach Sidanius und Pratto (1999) meist aus einer kleinen, dominanten und machtvoll herrschenden Gruppe und mehreren größeren untergeordneten Gruppen. Sidanius und Pratto unterscheiden zwischen drei Hierarchiesystemen:

- Age-System: Erwachsene mittleren Alters besitzen mehr Macht als junge Erwachsene oder Kinder
- Gender-System: Männer besitzen mehr Macht als Frauen.
- Arbitrary-Set-System: Darunter sind sozial konstruierte Gruppenunterscheidungen wie Ethnien, Clans, soziale Klassen oder andere zu verstehen, deren Subkategorien mit unterschiedlichem Einfluss und Macht ausgestattet sind.

Bezugnehmend auf diese Schichtsysteme macht die SDT drei grundlegende Annahmen:

1. Während alters- und geschlechtsbasierende Hierarchien in nahezu allen sozialen Systemen zu beobachten sind, ist das Arbitrary-Set-System vor allen Dingen in Überschuss produzierenden Gesellschaften zu erkennen.

2. Die meisten Formen von Gruppenkonflikten und Unterdrückungen (wie z.b. Rassismus, Ethnozentrismus, Sexismus) sind unterschiedliche Manifestationen derselben zugrundeliegenden menschlichen Prädisposition gegenüber gruppenbasierten sozialen Hierarchien.

3. Soziale Systeme werden durch hierarchie-verstärkende Kräfte, welche Ungleichheiten produzieren und hierarchie-schwächende Kräfte, die gruppenbasierte soziale Gleichheiten produzieren, repräsentiert. Diese beiden Kräfte können ein Gegengewicht zueinander bilden.

Die zentrale Frage ist, welche Faktoren dazu führen, dass hierarchie-verstärkende oder hierarchie-schwächende Ideologien akzeptiert werden. Hier führt die Social Dominance Theorie eine psychologische Variable ein: die soziale Dominanzorientierung (SDO). Soziale Dominanzorientierung wurde zunächst als das Ausmaß definiert, in dem gewünscht wird, dass die eigene Gruppe eine fremde Gruppe dominiert bzw. ihr überlegen ist (vgl. Pratto et al., 1994). In späteren Veröffentlichungen ist SDO allgemeiner als das Ausmaß definiert, in dem eine Person Hierarchien in Gruppenbeziehungen befürwortet (vgl. Sidanius & Pratto, 1999; Heaven & Connors, 2001). Entsprechend wird soziale Dominanzorientierung als Einstellung gegenüber Beziehungen zwischen zwei oder mehreren sozialen Gruppen verstanden. Personen, die größere soziale Dominanz befürworten, werden hierarchie-verstärkende Ideologien und Politiken bevorzugen, während Personen, die soziale Dominanz ablehnen, hierarchie-schwächende Ideologien bevorzugen werden.

Zur Genese von sozialen Dominanzorientierungen ist bislang nicht sehr viel bekannt. Sidanius und Pratto (1999) geben als mögliche Ursachen für SDO Sozialisationserfahrungen, Situationseinflüsse und individuelle Veranlagungen an. Für individuelle Veranlagungen liegen bislang keine empirischen Hinweise vor. Allerdings existieren einige Belege für Sozialisations- und Situationseinflüsse. Sozialisationseinflüsse sind vor allen Dingen in Geschlechtsunterschieden und bei Mitgliedern von Gruppen mit unterschiedlichem Status sichtbar. Männer und Personen aus statushohen Gruppen zeigen stärkere soziale Dominanzorientierungen als Frauen und Personen aus statusniedrigen Gruppen (Sidanius & Pratto, 1999, S.77ff.). Zum Zusammenhang zwischen SDO und Erziehung argumentiert Duckitt (2001), dass die Grundlage von SDO eine kalte und emotionsarme Erziehung ist. Zakrisson und Löfstrand (2002) finden wie Duckitt (2001) nur indirekte Zusammenhänge zwischen der berichteten Atmosphäre im Elternhaus und der aktuellen sozialen Dominanzorientierung. Vielmehr zeigen sich Zusammenhänge zwischen einer Erziehung, die Konkurrenz und Wettstreit betont, und der aktuellen sozialen Dominanzorientierung. Eine berichtete kalte Atmosphäre im Elternhaus hängt lediglich indirekt über eine Konkurrenz und Wettstreit betonende Erziehung mit SDO zusammen (vgl. Zakrisson und Löfstrand, 2002). Situationseinflüsse kann Levin (1996; zitiert nach Sidanius & Pratto, 1999) in experimentellen Studien nachweisen. Levin zeigt, dass die Höhe der sozialen Dominanzorientierung stark von situativen Bedingungen wie der Salienz von Gruppenmitgliedschaften und dem Status der eigenen Gruppe im Vergleich zu relevanten anderen Gruppen abhängig ist.

Das Konzept der sozialen Dominanzorientierung gilt als empirisch gut validiert (vgl. Sidanius & Pratto, 1999, S. 61ff.). Dies kann auch in unterschiedlichen kulturellen Kontexten bestätigt werden (vgl. Pratto, Liu, Levin, Sidanius, Shih & Bachrach, 2000). Soziale Dominanzorientierung ist ein guter Prädiktor für beispielsweise Konservatismus, Nationalismus, Sexismus oder Vorurteile (vgl. Pratto, Sidanius, Stallworth & Malle, 1994). Personen mit hoher sozialer Dominanzorientierung äußern wie hoch-autoritäre Personen nicht nur Vorurteile gegenüber einer einzelnen Gruppe, sondern gegenüber verschiedenen Gruppen gleichzeitig. Entsprechend können soziale Dominanzorientierungen ähnlich wie rechtsgerichteter Autoritarismus als eine grundlegende ideologische Orientierung bzw. generalisierte Einstellung angesehen werden (vgl. Duckitt, 2001; Six, 1996).

7.1.2. Soziale Dominanzorientierungen und rechtsgerichteter Autoritarismus

Soziale Dominanzorientierungen (SDO) und rechtsgerichteter Autoritarismus (RWA) werden beide als persönlichkeitsorientierte Erklärungsansätze für Phäno-mene gruppenbezogener Menschenfeindlichkeit herangezogen (vgl. Duckitt, 2001). Die Forschung hat gezeigt, dass sowohl SDO als auch RWA gute Prädik-toren für Ethnozentrismus (Altemeyer, 1998, Zick & Petzel, 1999), Rassismus und ethnische Vorurteile (vgl. Altemeyer, 1998, Duckitt, 2002, Duriez & Van Hiel, 2002, McFarland, 1999a, Van Hiel & Mervielde, 2002, Whitley, 1999, Zick & Petzel, 1999), Vorurteile gegenüber Homosexuellen (vgl. Altemeyer, 1998, Lippa & Arad, 1999, Whitley, 1999, Whitley & Ægisdóttir, 2000, Whitley & Lee, 2000) Vorurteile gegenüber Frauen (vgl. Altemeyer, 1998, Lippa & Arad, 1999, Wang, 1999, Whitley & Ægisdóttir, 2000) sowie auch Konservatismus sind (vgl. Altemeyer, 1998, Duriez & Van Hiel, 2002, Van Hiel & Meervielde, 2002, Whitley & Lee, 2000). Bemerkenswert ist, dass in den genannten Studien SDO und RWA zusammen oft über 50% der Varianz der Kriterien aufklären (vgl. Altemeyer, 1998). Darüber hinaus ist zu erkennen, dass SDO und RWA in den meisten Studien nicht oder nur moderat miteinander korrelieren. Dies gilt vor Allem für den nordamerikanischen Raum. Rechnet man über die vorliegenden Studien eine Metaanalyse, liegt die gewichtete mittlere Korrelation zwischen SDO und RWA bei den in Nordamerika durchgeführten Studien bei r=.20 (vgl. Tabelle 3). Bei den Studien, die außerhalb Nordamerikas durchgeführt worden sind, finden sich etwas höhere Korrelationen (gewichtete mittlere Korrelation: r=.39). Dies zeigt, dass autoritärer Gehorsam (gemessen mit der RWA-Skala) und autoritäre Dominanz (gemessen mit der SDO-Skala) in Nordamerika kaum miteinander einhergehen, aber wohl in Europa. Bislang ist unklar, wie die unterschiedlichen Korrelationen in den Weltregionen zustande kommen. Insgesamt kann jedoch angenommen werden, dass beide Konstrukte (RWA und SDO) nicht dasselbe messen, sondern eher zwei sich ergänzende Konzepte sind.

Tabelle 3: Korrelationen zwischen RWA und SDO

Nordamerika (USA und Kanada)			
Artikel	Stichprobe	Ort der Studie	Korrelation
Pratto, Sidanius, Stallworth & Malle (1994)	97 Studierende	USA	r=.14
McFarland & Adelson (1996)	438 Studierende	USA	r=.07
McFarland & Adelson (1996)	283 Nicht-Studierende	USA	r=.21**
Altemeyer (1998)	354 Studierende	Kanada	r=.22**
Altemeyer (1998)	116 Studierende	Kanada	r=.08
Altemeyer (1998)	501 Nicht-Studierende	Kanada	r=.28**
Altemeyer (1998)	239 Nicht-Studierende	Kanada	r=.17**
Altemeyer (1998)	482 Nicht-Studierende	Kanada	r=.18**
Altemeyer (1998)	177 Studierende	Kanada	r=.11*
Altemeyer (1998)	331 Nicht-Studierende	Kanada	r=.24**
McFarland (1999)	175 Studierende	USA	r=.13
McFarland (1999)	186 Nicht-Studierende	USA	r=.01
Lippa & Arad (1999)	380 Studierende	USA	r=.23**
Wang (1999)	157 Studierende	USA	r=.46**
Whitley (1999)	181 Studierende	USA	r=.14
Whitley (1999)	181 Studierende	USA	r=.20**
Withley & Ægisdóttir (2000)	253 Studierende	USA	r=.32**
Whitley & Lee (2000)	316 Studierende	USA	r=.28**
Walter, Thorpe & Kingery (2001)	109 Studierende	USA	r=.07
Walter, Thorpe & Kingery (2001)	109 Studierende	USA	r=.19*
Duckitt (2002)	146 Studierende	USA	r=.21*
Außerhalb des nordamerikanischen Kontinents			
Artikel	Stichprobe	Ort der Studie	Korrelation
Duckitt (2001)	497 Studierende	Neuseeland	r=.36**
Duckitt (2001)	381 Studierende	Neuseeland	r=.40**
Heaven & Bucci (2001)	220 Studierende	Australien	r=.38**
Heaven & Connors (2001)	153 Studierende	Australien	r=.29**
Duckitt (2002)	233 Studierende	Südafrika	r=.21**
Duriez & van Hiel (2002)	303 Nicht-Studierende	Belgien	r=.37**
van Hiel & Mervielde (2002)	381 Nicht-Studierende	Belgien	r=.48**
Zakrisson & Löfstrand (2002)	226 Studierende	Schweden	r=.26**
Zick & Six (1997); Zick & Petzel (1999)	190 Studierende	Deutschland	r=.66**

Zur Klärung der Frage, wie sich Autoritarismus und soziale Dominanzorientie-rung empirisch unterscheiden, sollen einige Korrelationen von RWA und SDO mit verwandten Konstrukten dargestellt werden. Die im Folgenden aufgelisteten Ergebnisse stammen aus Studien, die sowohl die RWA-Skala von Altemeyer (1996) als auch die SDO-Skala von Sidanius und Pratto (1999) vorgelegt haben. Die Befunde beziehen sich daher auf den direkten Vergleich in einer Stichprobe. In einer Metaanalyse werden die Korrelationen gemittelt. Es wird der gewichtete mittlere Korrelationskoeffizient nach der Schmidt-Hunter-Methode über Fisher z-Transformation angegeben (vgl. Hunter, Schmidt & Jackson, 1982; Hedges & Olkin, 1985).

Wie bereits dargestellt, zeigen sowohl RWA als auch SDO substanzielle Zusam-menhänge zu Ethnozentrismus, ethnischen Vorurteilen, Vorurteile gegenüber Homosexuellen, Vorurteile gegenüber Frauen, Konservatismus sowie Nationalis-mus und Patriotismus (vgl. Tabelle 4). Bezüglich dieser Variablen ergeben sich nur geringe Unterschiede zwischen RWA und SDO. Darüber hinaus sind in Tabelle 4 einige sehr interessante Unterschiede zu erkennen. Autoritarismus korreliert positiv mit dem Alter und negativ mit Bildung und Einkommen, während SDO nicht mit diesen demographischen Variablen korreliert. Ferner zeichnen sich hoch-autoritäre Personen durch Konformität, Traditionalismus, Religiösität, Bedürfnis nach Struktur und Sicherheit sowie einer bedrohlichen Weltsicht aus, während für stark-dominanzorientierten Personen eher Faktoren wie Macht, Toughmindedness und eine wettstreit-dominierte Weltsicht eine wichtige Rolle spielen. Erstaunlich ist, dass die berichteten Zusammenhänge entweder nur für Autoritarismus oder für SDO bestehen, obwohl die beiden Konzepte sich in ihren Prädiktorfähigkeiten bzgl. Vorurteilen, Konservatismus und Nationalismus nicht substanziell unterscheiden. Dies weist auf die Unter-scheidlichkeit der Konzepte hin. Allerdings ist in der Forschung zum Zusammen-hang zwischen Autoritarismus und sozialen Dominanzorientierungen bislang ein wichtiger Gesichtspunkt unberücksichtigt geblieben. In den berichteten Studien wird Autoritarismus als individualistisches Konzept operationalisiert, während soziale Dominanzorientierungen als Einstellungen gegenüber intergruppalen Beziehungen erfasst werden. Damit können die mangelnden Zusammenhänge zwischen RWA und SDO durch die unterschiedlichen Analyseebenen, die sie ansprechen, erklärt werden. Bislang fehlt eine Autoritarismusskala, die Autorita-rismus auf intergruppaler Ebene erfasst. Das in dieser Arbeit vorgestellte Konzept des Gruppenautoritarismus bietet die Grundlage zur Bildung einer Autoritaris-musskala auf Gruppenebene. Es wird aber auch in dieser Arbeit davon ausgegan-gen, dass Gruppenautoritarismus und SDO distinkte Konzepte sind. Daher stellt sich die Frage, worin dann die Distinktheit der beiden Konzepte begründet liegt.

Tabelle 4: Mittlere Korrelationen von RWA bzw. SDO zu anderen Variablen

Korrelationen mit	Relevante Artikel	Anzahl Stich- proben	Total N	Anzahl Indizes	RWA	SDO
Demographische Variablen						
Alter	Duriez & van Hiel (2002); Walter, Thorpe & Kingery (2001)	2	411	2	.26	-.07
Bildung	Altemeyer (1998); Duriez & van Hiel (2002)	3	1286	3	neg.[1]	n.s.[2]
Einkommen	Altemeyer (1998)	2	983	2	-.21	n.s.[2]
Geschlecht (1: Frauen; 2: Männer)	Altemeyer (1998); Lippa & Arad (1999); Walter, Thorpe & Kingery (2001)	6	1841	6	.00	.26
Psychologische Variablen						
Ethnozentrismus	Altemeyer (1998); Zick & Petzel (1999)	6	1731	6	.42	.57
ethnische Vorurteile	Altemeyer (1998); Duckitt (2002); Duriez & van Hiel (2002); McFarland (1999); van Hiel & Mervielde (2002); Whitley (1999); Zick & Petzel (1999)	9	2149	16	.43	.53
Vorurteile gegen Homosexuelle	Altemeyer (1998); Whitley (1999); Withley & Lee (2000); Withley & Ægisdóttir (2000); Zick & Petzel (1999)	8	1870	12	.55	.40
Vorurteile gegen Frauen	Altemeyer (1998); Lippa & Arad (1999); Wang (1999); Withley & Ægisdóttir (2000)	6	1676	6	.43	.48
Konservatismus	Altemeyer (1998); Duriez & van Hiel (2002); van Hiel & Mervielde (2002); Wang (1999); Withley & Lee (2000)	5	1639	9	.43	.45
Nationalismus/ Patriotismus	Altemeyer (1998); Duckitt (2002); Heaven & Connors (2001)	3	653	3	.25	.25
Konformität	Altemeyer (1998); Duriez & van Hiel (2002); Duckitt (2001); Duckitt (2002); McFarland (1999)	10	2263	10	.49	.07
Religiöser Fundamentalismus	Altemeyer (1998); Wang (1999)	4	824	4	.72	-.01
Kirchenbesuche	Altemeyer (1998)	3	1160	3	.39	-.10
Traditionalismus	Altemeyer (1998); Duriez & van Hiel (2002); McFarland (1999)	3	843	3	.38	-.03
Need for structure	Altemeyer (1998); McFarland (1999)	2	540	2	.35	.07

[1] Eine Studie zeigte einen nicht-signifikanten Effekt. Die genaue Korrelation wurde nicht angegeben. Die Korrelationen der beiden anderen Studien betrug -.24 bzw. -.25.

[2] Die genauen Korrelationen für die nicht-signifikanten Effekte wurden nicht angegeben.

Altemeyer argumentiert, dass Autoritarismus und soziale Dominanzorientierung zwei unterschiedliche Facetten der autoritären Persönlichkeit erfassen: Rechtsgerichteter Autoritarismus stellt die unterwürfige Variante einer autoritären Persönlichkeit dar. Autoritäre Dominanz wird durch die soziale Dominanzorientierung repräsentiert.

Eine zweite Erklärungsmöglichkeit für die Distinktheit der Konzepte liegt darin, dass Gruppenautoritarismus primär ein Konzept zur Erklärung von intragruppalem Verhalten ist, während SDO eher intergruppales Verhalten erklärt.

Schließlich hat Duckitt (2001) die konzeptuelle Distinktheit von Autoritarismus und sozialer Dominanzorientierung in einem "Dual-Process-Model" (DPM) beschrieben. Das DPM beabsichtigt, die psychologische Basis von Ideologie und Vorurteilen zu beschreiben. Es integriert zwei Persönlichkeitsdimensionen (soziale Konformität und Toughmindedness), Weltsichten, ideologische Überzeugungen (Autoritarismus und SDO) und intergruppale Einstellungen in einem kausalen Modell (vgl. Abbildung 5). Das DPM basiert auf der Beobachtung, dass soziopolitische Einstellungen und soziokulturelle Werte sich meist auf einem zweidimensionalen Achsensystem abbilden lassen (vgl. beispielsweise Saucier, 2000; Schwartz, 1992). Die erste Dimension kann durch die Pole sozialer Konservatismus, Traditionalismus oder Kollektivismus auf der einen Seite und persönliche Freiheiten, Offenheit oder Individualismus auf der anderen Seite charakterisiert werden. Die zweite Dimension ist durch ökonomischen Konservatismus, Glaube an die Ungleichheit von Menschen, Macht oder Macht-Distanz als Gegensatz von sozialer Wohlfahrt und Fürsorge, Gleichheit, Universalismus sowie Humanität gekennzeichnet (zum Überblick: Duckitt, 2001, S. 46ff.). Die erste Dimension kann als Äquivalent zu Autoritarismus angesehen werden, während die zweite Dimension in enger Beziehung zum Konzept der sozialen Dominanzorientierung steht. Im DPM ist Autoritarismus das Ergebnis einer Persönlichkeitsdisposition nach sozialer Konformität und einer primär als bedrohlich wahrgenommenen Welt. SDO ist das Ergebnis einer Toughmindedness und einer Sichtweise über die Welt als primär wettstreit-dominiert (vgl. Abbildung 5). In dem dargestellten Dual-Process-Model werden somit eine bedrohlich wahrgenommene Welt bzw. wettstreit-orientierte Weltsicht als Mediatoren zwischen Persönlichkeitsdispositionen und ideologischen Überzeugungen angesehen.

Abbildung 5: Das Dual-Process-Model von Duckitt (2001, S. 58)

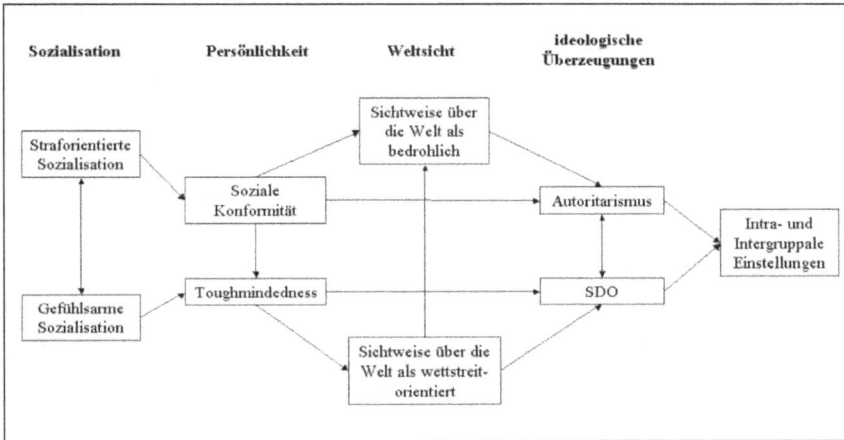

Das DPM konnte erfolgreich in vier Stichproben mit Strukturgleichungsmodellen empirisch validiert werden (vgl. Duckitt, 2001, 2002). Trotz dieser empirischen Fundierung bleiben einige Fragen offen:

- Zum Ersten betrifft dies die Sozialisationsannahmen. Bereits die Berkeley-Gruppe (Adorno et al., 1950) hat eine straforientierte Erziehung als Grundlage für Autoritarismus angesehen. Die Forschung hat dies aber nie eindeutig nachweisen können (vgl. Duckitt, 1992, S. 2002; Kap. 1.3.). Duckitt nimmt deshalb an, dass eine straforientierte Sozialisation die Grundlage für soziale Konformität und nicht für Autoritarismus ist. Problematisch ist aber, dass in zwei Studien, in denen Duckitt Zusammenhänge zwischen straforientierter Sozialisation und Konformität untersucht hat, *keine* signifikanten Korrelationen zwischen diesen beiden Variablen zu erkennen sind (vgl. Duckitt, 2001, Tabelle XII und XIII).

- Zweitens nimmt das DPM eine ursächliche Beziehung zwischen sozialer Konformität und einer bedrohenden Weltsicht an. Zwar kann der Befund als gesichert angesehen werden, dass soziale Konformität, Autoritarismus und eine bedrohlich wahrgenommene Welt positiv miteinander korrelieren, es ist jedoch keineswegs geklärt, ob eine bedrohende Weltsicht die Ursache oder die Folge von sozialer Konformität als Persönlichkeitsdisposition ist. Es erscheint mindestens genauso plausibel anzunehmen, dass eine Sichtweise der Welt als bedrohlich die Ursache der Entwicklung sozialer Konformität als dominierende Persönlichkeitsdisposition ist. Schließlich ist aus einer Passage von Duckitt selbst, in der er motivationale Grundlagen und Ziele diskutiert, herauszulesen, dass auch eine ursächliche Beziehung von Bedrohung auf soziale Konformität angenommen werden kann:

"A view of the world as dangerous, unpredictable, and threatening, arising from a threat schema made highly accessible through socialisation, would activate the motivational goal of social control and security. This motivational goal would be expressed in the collectivist sociocultural values of conformity (sic!! - Anmerkung des Autors), traditionalism and in the authoritarian social attitudes of the RWA scale." (Duckitt, 2001, S.50f.)

Dies entspricht der Argumentation im Gruppenautoritarismus-Modell. Aufgrund von Bedrohlichkeits- und Unsicherheitswahrnehmungen entsteht ein Bedürfnis nach Unsicherheitsreduktion als motivationale Grundlage für soziale Konformität im Sinne einer autoritären Prädisposition. Als ebenso problematisch kann auch die Annahme des Zusammenhangs zwischen Toughmindedness und der Wahrnehmung einer wettstreit-orientierten Welt angesehen werden. Ist eine wettstreit-orientierte Weltsicht die Ursache oder die Folge von Toughmindedness?

- Drittens und letztens sind im DPM keine situationsspezifischen Einflüsse berücksichtigt. Situationsspezifische Einflüsse sind jedoch für SDO und Autoritarismus nachweisbar.

Als Fazit kann festgehalten werden, dass soziale Dominanzorientierung und Autoritarismus als distinkte Konzepte mit unterschiedlichen motivationalen Grundlagen anzusehen sind. Bislang ist Autoritarismus jedoch lediglich auf individueller Ebene erfasst worden. In dieser Arbeit wird eine Gruppenautoritarismus-Skala vorgestellt, die Autoritarismus auf Gruppenebene erfasst. Daher soll zunächst der Frage nachgegangen werden, ob sich die Annahme der Distinktheit von SDO und Gruppenautoritarismus empirisch bestätigen lässt. Es wird davon ausgegangen, dass beide Konzepte gute Prädiktoren für Vorurteile sind. Entsprechend kann die folgende Leithypothese 4 formuliert werden.

Leithypothese 4: Soziale Dominanzorientierung und Gruppenautoritarismus sind distinkte Konzepte. Sie lassen sich a) faktorenanalytisch unterscheiden und besitzen b) unabhänigig voneinander einen substanziellen Erklärungsgehalt für Vorurteile und diskriminierendes Verhalten.

7.2. Individualismus - Kollektivismus

7.2.1. Beschreibung der Theorie

Im vorangegangenen Kapitel wurde dargelegt, dass Individualismus und Kollektivismus in engem Zusammenhang mit Autoritarismus diskutiert werden. Im Folgenden soll diese Diskussion im Zusammenhang mit Gruppenautoritarismus vertieft werden.

Das Kollektivismus-Individualismus-Konzept unterscheidet zwischen Gesellschaften, die eher kollektivistisch und Gesellschaften, die eher individualistisch ausgerichtet sind. Die Schwierigkeit der Definition der Begriffe liegt darin, dass Personen aus verschiedenen Teilen unserer Welt ihnen unterschiedliche Bedeutungen geben. Triandis (1995) definiert Kollektivismus als ein soziales Muster, welches aus mehr oder minder stark miteinander verbundenen Individuen besteht, die sich selbst als Teile eines oder mehrerer Kollektive (z.B. Familie, Stamm, religiöse Gruppe, politische Partei, geographischer Bezirk) definieren. Individualismus dagegen ist ein soziales Muster, welches aus mehr oder minder lose miteinander verbundenen Individuen besteht, die sich selbst als unabhängig von Kollektiven verstehen (vgl. Triandis, 1995, S. 2). Eine bestimmte Kultur kann eher kollektivistisch oder individualistisch ausgerichtet sein. Aber auch innerhalb einer Kultur können sich Personen untereinander in ihrer individualistischen oder kollektivistischen Orientierung unterscheiden. In jedem Land gibt es Menschen, die eher kollektivistisch orientiert (allozentrisch[13]) sind, d.h. sie denken, fühlen und handeln wie andere kollektivistisch orientierte Personen in der Welt. Ebenso gibt es Menschen in jedem Land, die eher individualistisch orientiert (idiozentrisch) sind. Gelfand, Triandis und Chan (1996) benennen zwei wichtige Eigenschaften von Kollektivismus. Zum Einen begreifen sich Kollektivisten als ein Teil eines Kollektivs und definieren daher ihr Selbst über das Kollektiv, während Individualisten dies unabhängig von irgendwelchen Kollektiven machen. Zum Anderen unterscheiden sich allozentrische und idiozentrische Personen in der Definition von Zielen. In einem kollektivistischen System machen Individuen das, was das Kollektiv von ihnen erwartet oder fordert. Bei einem Konflikt zwischen dem Ziel des Individuums und des Kollektivs werden allozentrische Personen dem Ziel des Kollektivs Priorität einräumen, währen idiozentrische Personen dem persönlichen Ziel Vorrang geben werden.

Hofstede (2000) kann empirisch zeigen, dass westliche Industrienationen eher individualistisch ausgerichtet sind, während der Rest der Welt als eher kollektivistisch orientiert gilt. Triandis kritisiert eine rein individualistische oder kollektivistische Kultur (vgl. Triandis, 1995). Als Ideal beschreibt er eine Mischform zwischen beiden, die als "Communitarismus" bezeichnet wird. In dieser Form wird das Individuum als Produkt der Gemeinschaft gesehen, welches jedoch seinerseits die Gemeinschaft beeinflusst. Der Communitarismus versucht eine soziale Ordnung zu finden, die die wünschenswerten Attribute des Individualismus und des Kollektivismus vereinigt.

---

[13] Triandis (1995) hat die Begriffe kollektivistisch und individualistisch zur Beschreibung von Gesellschaften benutzt, während er allozentrisch und idiozentrisch als Beschreibung für Individuen eingeführt hat. Dahinter steckt die Forderung, individualistische und gesellschaftliche Ebenen nicht zu vermischen.

7.2.2. Individualismus, Kollektivismus und Autoritarismus

Umstritten ist, ob es sich bei Individualismus und Kollektivismus um zwei Pole einer Dimension handelt oder ob sie eher zwei voneinander unabhängige Dimensionen darstellen. Hofstede fasst Individualismus und Kollektivismus als zwei Pole einer Dimension auf (vgl. Hofstede, 2000, S.216). Triandis zweifelt die Eindimensionalität von Individualismus und Kollektivismus auf Gesellschafts- und Individualebene an (vgl. zusammenfassend Gelfand, Triandis & Chan, 1996). In explorativen Faktorenanalysen identifiziert er mehrere Faktoren, die entweder dem Konzept Individualismus oder dem Konzept Kollektivismus zugeordnet werden können (vgl. Triandis, Bontempo, Villareal, Asai & Lucca, 1988).

Unklar ist auch, in welcher Beziehung Individualismus, Kollektivismus und Autoritarismus stehen. Autoritarismus wird von einigen Autoren als ein Korrelat kollektivistischer Systeme diskutiert (vgl. Duckitt, 2001, Triandis & Gelfand, 1998). Triandis und Gelfand (1998) betonen jedoch, dass kollektivistische Systeme sich deutlich unterscheiden können, genauso wie individualistische Systeme. Daher schlagen sie vor, nicht nur zwischen Individualismus und Kollektivismus zu unterscheiden, sondern auch zwischen horizontalen und vertikalen sozialen Beziehungsmustern, die in den kollektivistischen oder individualistischen Systemen dominieren. Ein horizontales Muster geht von der Gleichheit aller Menschen aus, während ein vertikales Muster Hierarchien betont. Triandis und Gelfand (1998) sehen Autoritarismus als Kennzeichen des vertikalen Kollektivismus an. Dass Autoritarismus jedoch vornehmlich in kollektivistischen Systemen zu finden ist und nicht in individualistischen Systemen ist nicht sehr plausibel. So zeigen beispielsweise die Elektroschock-Experimente von Milgram (1974), dass ein autoritärer Gehorsam in einer als individualistisch bezeichneten Kultur wie die USA weit verbreitet zu sein scheint.

Empirische Forschungen zum Zusammenhang von Individualismus, Kollektivismus und Autoritarismus sind bislang selten. Gelfand, Triandis und Chan (1996) sehen Autoritarismus und Individualismus als Gegensätze an. Sie können empirisch zeigen, dass Individualismus und rechtsgerichteter Autoritarismus zwei Pole einer Dimension sind und Kollektivismus orthogonal zu diesen beiden Dimensionen steht. In einer neueren Veröffentlichung zeigen Kemmelmeier et al. (im Druck), dass Autoritarismus mit verschiedenen Messungen von Kollektivismus korreliert ist, aber nicht mit Individualismus. In einer zweiten Studie unterscheiden sie zusätzlich zwischen vertikalen und horizontalen individualistischen oder kollektivistischen Orientierungen. Dort können Kemmelmeier et al. an einer größeren Stichprobe mit 1018 Befragten aus Bulgarien, Japan, Neuseeland, Deutschland, Polen, Kanada und den USA zeigen, dass Autoritarismus vor allen Dingen mit vertikalem Kollektivismus, aber nicht mit horizontalem Kollektivismus korreliert ist. Darüber hinaus ergeben sich niedrige aber signifikante Korrelationen zu vertikalem Individualismus. Diese Korrelationen sind aber deutlich schwächer als für vertikalen Kollektivismus. Diese Ergebnisse weisen darauf hin, dass Autoritarismus kein besonderes Kennzeichen von Kollektivismus oder Individualismus allein ist. Vielmehr scheint entscheidend zu sein, ob Gleichheiten oder Hierarchien zwischen den sozialen Beziehungen der Menschen betont werden.

7.3. Intergroup-Anxiety

Ein empirisch gut fundiertes Merkmal autoritärer Personen ist die Wahrnehmung der Welt als bedrohlich und gefährlich (vgl. Duckitt, 2002, Altemeyer, 1996). Wie bereits dargestellt, wird in der Wahrnehmung der Welt als bedrohlich und gefährlich die Ursache für Autoritarismus gesehen. Eine mögliche Begründung dafür kann in der Lerngeschichte gesehen werden. Hoch-autoritäre Personen lernen die Welt als bedrohlicher und unsicherer wahrzunehmen (vgl. Altemeyer, 1988). Zu vermuten ist, dass, je häufiger hoch-autoritäre Personen die Welt tatsächlich als bedrohlich und unsicher wahrnehmen, desto stärker werden sie in dieser Weltsicht gestärkt. Dies kann sich beispielsweise darin äußern, dass sich hoch-autoritäre Personen lediglich in eng umgrenzten sozialen Netzwerken bewegen, wie Altemeyer dies beschrieben hat (vgl. Altemeyer, 1988). Daher ist auch anzunehmen, dass hoch-autoritäre Personen Kontakte mit fremden Gruppen stärker meiden. Empirisch ist diese Annahme bislang nicht untersucht worden. Diese Fragestellung kann jedoch anhand des für Deutschland repräsentativen Allbus 96-Datensatz reanalysiert werden. In Anlehnung an Heyder und Schmidt (2000) werden zwei Items als Indikatoren für autoritäre Unterwürfigkeit und in Anlehnung an Wagner, van Dick, Pettigrew und Christ (2003) werden vier Items zur Erfassung von Kontakt mit Ausländern gebildet. In einer Strukturgleichungs-analyse ergibt sich unter Kontrolle von Bildung und Alter ein signifikanter Regressionskoeffizient von -.18 zwischen Autoritarismus und Kontakt: Je höher die Autoritarismusneigung ist, desto weniger wird ein Kontakt zu Ausländern angegeben. Eine mögliche Interpretation dieses Befundes ist, dass hoch-autoritäre Personen insgesamt einen Intergruppenkontakt mit fremden Personen als bedroh-licher empfinden als niedrig-autoritäre Personen.

Stephan und Stephan (1985, 2000) haben Intergruppenangst als ein Persönlich-keitsmerkmal beschrieben, das Individuen nach dem Ausmaß der im Intergrup-penkontakt erlebten Bedrohung unterscheidet. Sie nehmen an, dass die Grundlage von Intergruppenangst die Erwartung negativer Konsequenzen im Kontakt mit Personen aus fremden Gruppen ist. Eine Folge ist die verstärkte Äußerung von Vorurteilen. Der Zusammenhang zwischen Vorurteilen und Intergruppenangst kann in mehreren Studien belegt werden (vgl. Stephan et al., 2002; Stephan, Ybarra & Bachman, 1999; Bizman & Yinon, 2001; Islam & Hewstone, 1993). Als Bedingungen für die Entstehung von Intergruppenangst werden mangelnde Kontakte zur betreffenden fremden Gruppe, die Existenz von großen Statusunter-schieden zwischen den beteiligten Gruppen sowie die mangelnde Größe der eigenen im Vergleich zur fremden Gruppe diskutiert. Von besonderer Bedeutung für die Entstehung von Intergruppenangst ist allerdings die Negativität früherer Kontakterfahrungen mit Mitgliedern der betreffenden fremden Gruppe (vgl. Stephan et al., 2002, Islam & Hewstone, 1993). Stephan et al. finden substanzielle Korrelationen zwischen Intergruppenangst und Berichten über negative Kontakterfahrungen in der Vergangenheit (r=.41 für "Black sample"; r=.47 für "White sample"). Islam und Hewstone (1993) zeigen darüber hinaus, dass Intergruppenkontakte die Intergruppenangst reduzieren können. Sowohl Quantität und Qualität des Kontaktes als auch der Grad, in dem der Kontakt als intergruppaler Kontakt erlebt wird, sind in ihrer Studie wichtige Prädiktoren für das Ausmaß an Intergruppenangst: Je mehr und qualitativ höherwertig der Kontakt erlebt wird und je mehr der Kontakt als intergruppaler Kontakt wahrgenommen wird, desto niedriger ist die Intergruppenangst. Ungeklärt ist jedoch bislang, ob Intergruppenangst auch mit Autoritarismus zusammenhängt. Altemeyer (1988) weist darauf hin, dass hoch-autoritäre Personen stärker in engen sozialen Netzwerken verharren als niedrig-autoritäre Personen und dass dies eine Ursache für ihre Autoritarismusneigung ist. Ein Hintergrund des Verharrens in engen sozialen Netzwerken kann im Erleben einer stärkeren Intergruppenangst gesehen werden. In diesem Sinne kann Intergruppenangst neben der sozialen Konformität als ein weiteres mögliches Charakteristikum einer autoritären Prädisposition angesehen werden. Bislang fehlen jedoch jegliche empirische Hinweise, in welchem Zusammenhang Intergruppenangst mit Autoritarismus tatsächlich steht. Eine Teilfragestellung dieser Arbeit wird sich damit befassen.

8. Reduzierung von Autoritarismus

Die Frage, wie Autoritarismus reduziert werden kann, ist schwierig zu beantworten, weil sie auch die Frage nach der Entstehung und Entwicklung von Autoritarismus berührt. Zur Genese von Autoritarismus gibt es bislang nur wenig gesicherte Befunde. In der Literatur werden besonders drei Maßnahmen zur Reduzierung von autoritären Einstellungen und autoritärem Verhalten diskutiert:

- Werte-Konfrontations-Technik

- Bildungseffekte

- Herauslösen aus einem engen sozialen Netzwerk

8.1. Werte-Konfrontations-Technik

Die Werte-Konfrontations-Technik (vgl. Rokeach, 1973) basiert auf der Belief System Theory (vgl. Ball-Rokeach, Rokeach & Grube, 1984; Rokeach, 1973). Die Belief System Theory versucht die Beziehung zwischen Überzeugungen (beliefs) und Verhalten zu erklären. Die grundlegende Annahme dabei ist, dass Überzeugungen auf einer Dimension der Zentralität oder Wichtigkeit angeordnet sind. Zentralität oder Wichtigkeit sind dabei folgendermaßen definiert:

"...the more a belief is functionally connected or in communication with other beliefs, the more implications and consequences it has for other beliefs, and, therefore, the more central the belief" (Rokeach, 1968)

Nach dieser Definition wird die Veränderung einer bestimmten Überzeugung auch zur Veränderung weniger zentraler Überzeugungen führen, die mit der veränderten Überzeugung in Beziehung stehen. Darüber hinaus nimmt die Belief System Theory an, dass Personen bemüht sind, sich in Einklang mit ihren Überzeugungen zu verhalten. Kommt ein Individuum in einem Selbstbewertungsprozess zu dem Ergebnis, dass ihre Überzeugungen nicht mit den Einstellungen oder dem Verhalten übereinstimmen, entsteht ein negativer affektiver Zustand (self-dissatisfaction), der die jeweilige Person dazu veranlasst, ihre Überzeugungen mit ihrem Verhalten oder ihren Einstellungen in Einklang zu bringen. Auf diese Annahme baut die Werte-Konfrontations-Technik auf. Bei der Werte-Konfrontations-Technik nach Rokeach (1973) sollen die Versuchspersonen verschiedene Werte, darunter auch Freiheit und Gleichheit, nach ihrer Wichtigkeit in eine Rangreihe einordnen. Die meisten US-amerikanischen Personen schätzen dabei Freiheit wesentlich höher als Gleichheit ein, d.h. sie scheinen mehr an ihrer eigenen Freiheit interessiert zu sein als an der Freiheit anderer. Mit dieser Diskrepanz werden die Versuchspersonen nach dem Ausfüllen des Fragebogens konfrontiert. Rokeach geht davon aus, dass eine solche Konfrontation Selbstunzufriedenheit hervorruft und damit einhergehend eine Auseinandersetzung mit dieser Diskrepanz auslöst.[14]

Die Ergebnisse zeigen, dass die Konfrontations-Technik sowohl ein nachfolgendes Ranking der Werte "Freiheit" und "Gleichheit" beeinflusst als auch das nachfolgende Ranking von anderen ähnlichen Werten (vgl. Rokeach & Cochrane, 1972; Rokeach, 1973, S.252ff.). Einige Studien zeigen langzeitliche Veränderungen durch die Werte-Konfrontation auch bei Einstellungs- und Verhaltensindikatoren:

- Gray und Ashmore (1975) demonstrieren, dass die Werte-Konfrontations-Technik sich auf Einstellungen gegenüber fremden ethnischen Gruppen auswirkt.

- Greenstein (1976) zeigt in einer Variation der Werte-Konfrontations-Technik, dass Lehrer in der Experimentalgruppe 13 Wochen nach dem Experiment von unabhängigen Beobachtern besser in ihren Lehrfähigkeiten eingeschätzt werden als Lehrer in der Kontrollgruppe.

---

[14] Ausführliche Beschreibungen der Methode der Werte-Konfrontations-Technik sind zu finden bei Rokeach und Cochrane (1972), Rokeach (1973, S. 235ff.) sowie in einer Abwandlung der ursprünglichen Methode bei Grube, Mayton und Ball-Rokeach (1994).

- Schwartz und Inbar-Saban (1988) haben schließlich die Werte-Konfrontations-Technik zur Hilfe beim Abnehmen von Gewicht benutzt. Sie zeigen, dass Personen nach der Werte-Konfrontation langzeitlich gesehen mehr Gewicht abgenommen haben als Personen in der Kontrollgruppe.

Die Frage ist allerdings, ob Effekte der Werte-Konfrontations-Technik mit Persönlichkeitsmerkmalen wie Autoritarismus oder Dogmatismus interagieren. Rokeach (1973, S.311) berichtet in einer Studie keine Moderatoreffekte von Autoritarismus oder Dogmatismus. Altemeyer (1994) hat Anfang der 90er Jahre mit zwei Experimenten Moderatoreffekte von Autoritarismus auf Verhaltenseffekte von Werte-Konfrontationen untersucht. Als Verhaltensindikator wurde die Unterstützung von Gleichstellungsmaßnahmen für Aborigines, wie z.b. besondere Stipendien, erfasst. Insgesamt unterstützen hoch-autoritäre Personen die Gleichstellungsmaßnahmen weniger als niedrig-autoritäre Personen. In der Mai 1990-Studie sind signifikante Interaktionen zwischen Autoritarismus und Verhaltenseffekten der Werte-Konfrontations-Techniken sieben Wochen und sieben Monate später zu erkennen. Die Werte-Konfrontation scheint in dieser Studie bei hoch-autoritären Personen eine stärkere Veränderung in der Befürwortung von Gleichstellungsmaßnahmen zu bewirken als bei niedrig-autoritären Personen. Dieser Effekt bestätigt sich jedoch in einer Kreuzvalidierung (Mai 1991-Studie) nicht. In dieser Kreuzvalidierungsstudie zeigt die persönliche Werte-Konfrontation weder Effekte für hoch-autoritäre noch für niedrig-autoritäre Personen. Insgesamt hat Altemeyer in vier experimentellen Designs moderierende Effekte von Autoritarismus untersucht. Zwei experimentelle Designs, die nicht-persönliche Konfrontationen, d.h. eine Werte-Konfrontation ohne Rückmeldung der individuellen Ergebnisse, beinhalteten, zeigen keine signifikanten Effekte. Bei den beiden experimentellen Designs mit persönlicher Werte-Konfrontation, in denen die individuellen Ergebnisse zurückgemeldet wurden, ist lediglich bei hoch-autoritären Personen in der ersten Studie ein signifikanter Effekt auf die Unterstützung von Gleichstellungsmaßnahmen sieben Wochen und sieben Monate später zu erkennen. Dieser Befund kann als Hinweis dafür gelten, dass die persönliche Werte-Konfrontations-Technik in der Lage sein könnte, zumindest bei hoch-autoritären Personen Diskriminierungsneigungen zu mindern. Ohne eine erfolgreiche Kreuzvalidierung kann dieser Befund aber nicht als gesichert gelten. Somit kann lediglich festgehalten werden, dass eine persönliche Werte-Konfrontations-Technik möglicherweise in der Lage ist, autoritäres Verhalten bei hoch-autoritären Personen zu verringern.

8.2. Bildungseffekte

Ein gut abgesicherter Befund im Rahmen der Autoritarismusforschung ist, dass die Autoritarismusneigung negativ mit dem formalen Bildungsniveau korreliert. Hoch-autoritäre Personen besitzen im Vergleich zu niedrig-autoritären Personen einen niedrigeren Bildungsabschluss (vgl. Heyder & Schmidt, 2000; Meloen & Middendorp, 1991). Darüber hinaus zeigen andere Studien, dass hoch-autoritäre

Personen eine geringere kognitive Komplexität (vgl. Sidanius, 1985; Wagner, 1982; Mednick, 1962) und polarisierteres und rigideres Denken (vgl. Altemeyer, 1996, Christie, 1993) aufweisen. Durch solche Querschnittsbefragungen können jedoch keine Aussagen darüber gemacht werden, ob Bildung einen ursächlichen Effekt auf Autoritarismusneigungen hat. Kausale Aussagen können nur mit experimentellen Designs oder Längsschnittsanalysen überprüft werden. Altemeyer (1988) sowie Peterson und Lane (2001) haben den Zusammenhang zwischen Bildung und Autoritarismusneigungen im Längsschnitt untersucht.

Altemeyer (1988) hat die Wirkung von vier Jahren Studium (1982-1986) auf die Autoritarismusneigung bei 76 Studierenden untersucht. Die Retest-Reliabilität der RWA-Skala liegt bei r=.75. Nach vier Jahren Studium kann Altemeyer (1988, S. 92) eine signifikante Abnahme der Autoritarismusneigung um 11 Prozent feststellen. Diese Abnahme ist für hoch-autoritäre Personen stärker als für niedrigautoritäre Personen. Außerdem sind die Effekte für Studierende der Geisteswissenschaften stärker als für Studierende aus den Bereichen Verwaltung und Krankenpflege. Peterson und Lane (2001) haben ebenfalls die Wirkung von vier Jahren Studium (1994-1998) auf die Autoritarismusneigung bei 69 College-Studierenden untersucht. Die verwendete RWA-Skala zeigt eine Retest-Reliabilität von r=.71. Auch Peterson und Lane demonstrieren eine signifikante Senkung der Autoritarismusneigung nach vier Jahren Studium. Die zentrale Frage jedoch ist, worauf die Veränderungen in der Autoritarismusneigung zurückzuführen sind. Peterson und Lane (2001) argumentieren in Anlehnung an Perry (1970), dass die College-Erfahrungen das Denken von dualistischen rigiden Strukturen (richtig-falsch; gut-böse) zu einem relativeren und sophistischeren Denken verändert und somit die Autoritarismusneigungen gesenkt hätten. Als Unterstützung für diese Argumentation liefern sie das Ergebnis, dass die Reduzierung von Autoritarismus mit den während des Studiums erhaltenen "graduate points" als Indikator für die kognitive Leistungsfähigkeit korreliert. Je mehr graduate points die Studierenden bekommen haben, desto stärker ist die Autoritarismusneigung in den vier Jahren gesunken. Altemeyer hingegen argumentiert, dass die entscheidende Einflussgröße für die Reduzierung der Autoritarismusneigung, die während des Studiums gemachten neuen Erfahrungen sind. Während des Studiums sind die Studierenden nicht nur mit neuen Ideen und einem differenzierten Denken konfrontiert, sondern vor allem mit neuen Menschen mit unterschiedlichsten Charakteristika und Herkünften (vgl. Altemeyer, 1988, S.95). Die Erfahrung von Unterschiedlichkeit und Verschiedenheit verändere und relativiere vorherige Denk- und Verhaltensmuster, die durch das Leben in eng umgrenzten sozialen Netzwerken zustande gekommen seien.

Die präsentierten Ergebnisse weisen darauf hin, dass Bildungserfahrungen in Form von College-Ausbildung Autoritarismusneigungen reduzieren können. Einschränkend muss jedoch bemerkt werden, dass in den beiden Längsschnittsbefragungen Kontrollgruppen fehlten. So sind prinzipiell auch Alternativerklärungen

möglich. Altemeyer (1981) und Meloen (1999) zeigen, dass Autoritarismusneigungen zwischen verschiedenen gesellschaftlichen Zeitperioden schwanken
können. So könnten die Veränderungen in den Studien von Altemeyer sowie
Peterson und Lane auch durch gesellschaftliche Veränderungen oder individuelle
Reifung zustande gekommen sein. Außerdem fehlen bislang eindeutige empirische Hinweise dafür, was genau die Reduzierung von Autoritarismus herbeige-
führt hat. Interessant wäre beispielsweise, Indikatoren für kognitive Komplexität
oder Rigidität im Denken vor und nach dem Studium zu erfassen, um die
Argumentation von Peterson und Lane für Reduzierungseffekte von Bildung auf
Autoritarismus zu überprüfen.

8.3. Herauslösen aus engen sozialen Netzwerken

Altemeyer nimmt an, dass eine Erweiterung des Erfahrungshorizonts die
Autoritarismusneigung mindern kann (Altemeyer, 1988, S.54ff.). So wird sich
z.b. eine ablehnende Einstellung gegenüber Homosexuellen (Item 10 in der
Autoritarismusskala von Altemeyer) durch direkten Kontakt mit Homosexuellen
positiv verändern können. Ähnliche Befunde sind auch aus der Vorurteilsfor-
schung bekannt. Direkter Kontakt zu Ausländerinnen und Ausländern reduziert
unter bestimmten Bedingungen die ethnische Vorurteilsneigung (vgl. Allport,
1954; Amir, 1969; Pettigrew & Tropp, 2000). Auch die geschilderten Effekte von
Bildungserfahrungen auf Autoritarismus können durch eine Erweiterung des
Erfahrungshorizonts erklärt werden (vgl. Altemeyer, 1988, S.95).

Altemeyer hat im Jahr 1986 ehemalige Studierende befragt, die bereits 1974 an
einer Autoritarismusstudie teilgenommen hatten. Die niedrige Retest-Reliabilität
über diese 12 Jahre von r=.62 zeigt, dass in dieser Stichprobe erhebliche Veränderungen stattgefunden haben. Über alle 89 Personen gerechnet, kann auch hier
eine signifikante Reduzierung der Autoritarismusneigung festgestellt werden.
Diese ist jedoch geringer als in der bereits geschilderten Vier-Jahres-Längs-
schnittstudie. Interessant ist allerdings, dass bei den Personen, die mittlerweile
eigene Kinder hatten, keine Reduzierung der Autoritarismusneigung zu erkennen
ist. Der Effekt, dass eine Reduzierung von Autoritarismus nach zwölf Jahren
feststellbar ist, kann also lediglich auf die 41 Personen ohne eigene Kinder
zurückgeführt werden. Altemeyer interpretiert den Befund dahingehend, dass die
Rolle als Eltern nach dem Studium zu eingeschränkten sozialen Netzwerken führt
und dadurch die während des Studiums stattgefundene Reduzierung von Autoritarismus wieder rückgängig macht. Da aber keine Daten vorliegen, wie hoch die
Autoritarismusneigung dieser Studierenden direkt nach ihrem Studium war, kann
diese Vermutung empirisch nicht belegt werden.

Studien zur Identitätsentwicklung demonstrieren darüber hinaus, dass Auslandsaufenthalte bzw. Ortswechsel sich positiv, d.h. identitätsstärkend auswirken
(Hormuth, 1990; Stangor, Jonas, Stroebe & Hewstone, 1996). Kalin und Berry
(1980) heben die besondere Bedeutung von Reisen für Autoritarismus hervor.

Reisen wirken sich in ihrer Studie reduzierend auf die Autoritarismusneigung aus. McFarland, Ageyev und Abalakina (1993) haben u.a. die Auswirkung von Auslandsaufenthalten auf die Autoritarismusneigung korrelativ untersucht. Sie finden aber nur bei Frauen eine negative Korrelation (r=-.23) zwischen Autoritarismus und der Anzahl von Auslandsreisen. Die Wirkung von Ortswechseln auf die Autoritarismusneigung ist bislang nicht untersucht worden. Dabei kann vermutet werden, dass die Reduzierung von Autoritarismus in den Längsschnittstudien von Altemeyer (1988) sowie Peterson und Lane (2001) nicht primär durch das Studium selber ausgelöst wird, sondern vielmehr durch die Tatsache, dass viele Studierende für das Studium ihren Heimatort verlassen haben. Das Verlassen des Heimatortes bedeutet nicht nur für viele Studierende die Abnabelung aus ihrem Elternhaus und die damit einhergehende größere Autonomie, sondern auch die Herausforderung, ein neues soziales Netzwerk aufzubauen. Der Aufbau eines neuen sozialen Netzwerks dürfte den Erfahrungshorizont deutlich erweitern. Der Unterschied zu Studierenden, die ihren Heimatort für das Studium nicht wechseln, ist, dass diese keine neuen sozialen Netzwerke aufbauen müssen.

Die Wirkung von Auslandsaufenthalten, Ortswechseln und Studium wird in dieser Arbeit in einem Ein-Jahres-Längsschnitt analysiert. Ausgehend von der Annahme Altemeyers, dass die Erweiterung des Erfahrungshorizonts zu einer Reduzierung der Autoritarismusneigung führt, wird angenommen, dass sich Studium, Ortswechsel und Auslandserfahrungen reduzierend auf die Autoritarismusneigung auswirken. Entsprechend können folgende Leithypothesen formuliert werden.

Leithypothese 5a: Ein Universitätsstudium wirkt sich reduzierend auf die Autoritarismusneigung aus.

Leithypothese 5b: Personen, die für ihr Studium einen Ortswechsel oder während des Studiums einen Auslandsaufenthalt durchführen, zeigen eine stärkere Reduzierung ihrer Autoritarismusneigung im Laufe des Studiums als solche Personen, die beides nicht tun.

Teil III: Empirischer Teil

9. Fragestellungen der Arbeit

In den vorangegangenen Kapiteln wurde ein Autoritarismuskonzept auf Gruppenebene formuliert. Dieses Konzept wurde Gruppenautoritarismus genannt. In Teil III der Arbeit soll nun das vorgestellte Konzept anhand von empirischen Daten überprüft werden. Im Folgenden werden noch einmal die Hauptfragestellungen der Arbeit genannt sowie ein Überblick über den Empirieteil gegeben.

Der empirische Teil gliedert sich in fünf Kapitel. Im ersten Kapitel (Kapitel 10) werden zunächst einige Bemerkungen zum statistischen Vorgehen gemacht. Diese sollen die Herangehensweise bei einigen statistischen Analysen wie beispielsweise Faktoren- oder Regressionsanalysen verdeutlichen und gelten für alle in dieser Arbeit beschriebenen Studien. Im zweiten Kapitel (Kapitel 11) folgt dann die Darstellung der Entwicklung der Gruppenautoritarismus-Skala. Die Entwicklung dieser Skala orientiert sich an den sechs Kriterien, die Duckitt (1989) zur Erfassung von Autoritarismus auf der Gruppenebene formuliert hat. Es wird zwischen einer Basisversion und spezifischen Versionen der Gruppenautoritarismus-Skala unterschieden. Anhand der Ergebnisse aus fünf verschiedenen Studien werden die Gütekriterien der verschiedenen Skalenversionen diskutiert. Im dritten und vierten Kapitel (Kapitel 12 und 13) geht es schwerpunktmäßig um die Überprüfung des Gruppenautoritarismus-Prozessmodells. In Kapitel 12 wird die Auswirkung bedrohter Identifikationen in Abhängigkeit von autoritären Prädispositionen auf Gruppenautoritarismus analysiert. Dazu werden zwei experimentelle Studien (Studie 1 und 3) und eine Querschnittsstudie (Studie 2) vorgestellt, die per Fragebogen durchgeführt wurden und Bezug auf reale Ereignisse genommen haben. Im Zentrum dieser Studien steht die Überprüfung der ersten Leithypothese:

Leithypothese 1: Eine starke Identifikation mit einer Gruppe bei gleichzeitiger Bedrohung der an diese Gruppe geknüpften Sozialen Identität führt bei Personen mit einer autoritären Prädisposition zu einer autoritären Einstellungsreaktion. Die autoritäre Einstellungsreaktion wird umso stärker sein, je stärker die autoritäre Prädisposition, die Identifikation mit der Gruppe und die Bedrohung der an diese Gruppe geknüpften Sozialen Identität ist.

Mit den Studien 1 bis 3 soll aber nicht nur das Gruppenautoritarismus-Prozessmodell getestet, sondern auch überprüft werden, inwieweit Gruppenautoritarismus als Prädiktor für einen Ingroup-Bias und Outgroup-Diskriminierungen gelten kann. Darüber hinaus wird in einer Nebenfragestellung die Beziehung zwischen Gruppenautoritarismus und sozialer Dominanzorientierung thematisiert. In diesem Zusammenhang wurde die folgende Leithypothese formuliert:

Leithypothese 4: Soziale Dominanzorientierung und Gruppenauto-
ritarismus sind distinkte Konzepte. Sie lassen sich a) faktorenanaly-
tisch unterscheiden und besitzen b) unabhänigig voneinander einen
substanziellen Erklärungsgehalt für Vorurteile und diskriminieren-
des Verhalten.

In Kapitel 13 geht es dann um das Verhältnis zwischen Gruppenautoritarismus
und autoritärem Verhalten. Dazu wird eine experimentelle Laborstudie (Studie 4)
vorgestellt, in der Indikatoren für die Erfassung von autoritärem Verhalten enthalten sind. Autoritäres Verhalten wird sowohl als *intergruppales* als auch *intragruppales* Verhalten erfasst. Im Zentrum von Studie 4 steht die Überprüfung der
folgenden Leithypothesen:

Leithypothese 2: Je höher die Gruppenautoritarismusneigung ist,
desto stärker wird das gruppenspezifische autoritäre Verhalten sein.

Leithypothese 3: Ein besonders starker Zusammenhang zwischen
Gruppenautoritarismus und autoritärem Verhalten ist dann zu
erwarten, wenn die Statusbeziehungen als illegitim und instabil
wahrgenommen werden.

Das fünfte Kapitel (Kapitel 14) beschäftigt sich schließlich mit der Fragestellung,
wie Autoritarismusneigungen effektiv reduziert werden können. Dazu wird eine
Längsschnittstudie über 14 Monate mit west- und ostdeutschen Studierenden
präsentiert. Es wird getestet, welchen Einfluss Auslandsaufenthalte, Ortswechsel
und das Studium an sich auf Autoritarismusneigungen besitzen. Auch für Studie 5
wurden Leithypothesen formuliert:

Leithypothese 5a: Ein Universitätsstudium wirkt sich reduzierend
auf die Autoritarismusneigung aus.

Leithypothese 5b: Personen, die für ihr Studium einen Ortswechsel
oder während des Studiums einen Auslandsaufenthalt durchführen,
zeigen eine stärkere Reduzierung ihrer Autoritarismusneigung im
Laufe des Studiums als solche Personen, die beides nicht tun.

In Kapitel 15 wird schließlich ein Fazit aus dieser Arbeit gezogen, dass ein
Ausblick für weitere Forschung im Bereich Autoritarismus enthält.

10. Vorbemerkung zum empirischen Teil

10.1. Datenscreening

Bevor die Daten jeder Studie analysiert werden, wird ein gründliches Screening
der Daten nach folgendem Schema durchgeführt:

1. Überprüfung von Falscheingaben: In einem ersten Schritt wird bei allen Daten überprüft, ob außergewöhnliche und damit falsche Werte auftauchen.

2. Überprüfung von Missings: Im zweiten Schritt wird die Anzahl der Missings jeder Versuchsperson überprüft. Versuchspersonen, die insgesamt auffällig viele Antworten[15] nicht abgegeben oder bei zentralen Skalen mehr als zwei Angaben in einer Skala verweigert haben, werden von der Auswertung ausgenommen.

3. Überprüfung von univariaten Ausreißern: Univariate Ausreißer sind extreme Werte einer Versuchsperson in einer Variable. Univariate Ausreisser werden nur in der Gruppenautoritarismus-Skala analysiert, da diese für die hier präsentierten Studien zentral ist. Als univariate Ausreißer werden Werte definiert, die mehr als drei Standardabweichungen vom Mittelwert abweichen. Bei gruppierten Daten, wie z.B. bei experimentellen Designs, wird die Überprüfung von univariaten Ausreißern innerhalb der experimentellen Gruppen vorgenommen (vgl. Tabachnick & Fidell, 2001).

4. Überprüfung von multivariaten Ausreißern: Multivariate Ausreißer sind ungewöhnliche Kombinationen von zwei oder mehreren Variablenwerten (vgl. Tabachnick & Fidell, 2001, S.66). Multivariate Ausreißer können Zusammenhänge zwischen Variablen stark verzerren und sollten daher aus der Auswertung ausgeschlossen werden. Deshalb wird als letzter Schritt des Datenscreenings der verbleibende Datensatz auf multivariate Ausreißer analysiert. Multivariate Ausreißer können durch das Mahalanobis-Distanz-Maß ermittelt werden. Das Mahalanobis-Distanz-Maß wird im Rahmen einer Regressionsanalyse in SPSS berechnet. Das Mahalanobis-Distanz-Maß wird mit dem kritischen Wert in einer χ^2-Tabelle bei einem Alpha-Fehler von $\alpha < .001$ verglichen. Dies ist ein konservatives Vorgehen und schützt vor vorschnellem Extrahieren von Versuchspersonen aus dem Datensatz (vgl. Tabachnick & Fidell, 2001).

10.2. Explorative Faktorenanalysen

In jeder Studie werden die verwendeten Skalen einer explorativen Faktorenanalyse unterzogen, um zu untersuchen, ob die erwartete Struktur auch in den jeweiligen Stichproben repliziert werden kann. Um die Voraussetzungen für Faktorenanalysen zu überprüfen wird der Kaiser-Meyer-Olkin Parameter (KMO) herangezogen. Dieser KMO-Parameter vergleicht die Höhe der beobachteten

---

[15] In der Literatur gibt es keine eindeutigen Richtlinien, wann zu viele Missings vorliegen, um die Daten der Versuchsperson noch verwenden zu können (Byrne, 2001). In dieser Arbeit wird als Richtlinie die von Kline (1998) genannte Grenze von nicht mehr als 10% Missings verwendet.

Korrelationen mit der Höhe der Partialkorrelationen und sagt damit aus, ob es sinnvoll ist, eine Faktorenanalyse zu rechnen (Norusis, 1993, S.52). Dieser Wert sollte mindestens 0.5 betragen. Werte über 0.8 werden als hervorragend bezeichnet (Kaiser, 1974). Als Extraktionsmethode wird eine Hauptkomponentenanalyse mit orthogonalen oder schiefwinkligen Rotationen durchgeführt. Wenn die theoretisch erwarteten Subdimensionen einer Skala als unkorreliert gelten, wird eine orthogonale Varimax-Rotation durchgeführt. Wenn allerdings die Subdimensionen korreliert sein sollten, wie dies bei den Autoritarismusskalen der Fall ist, wird eine schiefwinklige Promax-Rotation durchgeführt. Die Promax-Rotation rechnet mit korrelierten Faktoren. Bei einer schiefwinkligen Rotation wird dann die Muster-Matrix interpretiert. Die Muster-Matrix beinhaltet Werte, die die reinen Effekte der Faktoren für die Varianzaufklärung der Variablen wiedergeben. Zur Interpretation der rotierten Faktorenlösungen werden bei einer mehrfaktoriellen Lösung die Markieritems bestimmt. Um als Markieritem anerkannt zu werden, müssen drei Kriterien erfüllt sein (vgl. Rost & Schermer, 1986):

- $a \geq .35$: Die Ladung muss mindestens .35 betragen.

- $a^2/h^2 \geq 0.5$: Die höchste Faktorladung erklärt mindestens 50% der Kommunalität.

- $(a2^2 - a1^2)/h^2 \geq 0.2$: Der Anteil der höchsten Faktorenladung an der Kommunalität eines Items liegt um 20% höher als die zweithöchste Faktorenladung desgleichen Items.

Zur inhaltlichen Interpretation der Faktoren sollten lediglich Markieritems herangezogen werden.

10.3. Modellgütekriterien in Strukturgleichungsanalysen

In einigen Studien werden Strukturgleichungsanalysen mit dem Programm EQS 5.7b durchgeführt. Im Zentrum stehen dabei konfirmatorische Faktorenanalysen. Konfirmatorische Faktorenanalysen werden durchgeführt, um eine theoretische Struktur einer Skala auf ihre empirische Replizierbarkeit hin zu überprüfen. Der Vorteil von konfirmatorischen Faktorenanalysen liegt darin, dass zur Bewertung der Güte eines Modells verschiedene Indizes berechnet werden können. In dieser Studie werden ?², ?²/df, CFI und RMSEA als Gütekriterien angegeben. Der ?²-Anpassungstest überprüft, ob das theoretische Modell mit den empirischen Daten übereinstimmt. Dazu wird ein Wahrscheinlichkeitswert p ausgegeben. Ist dieser Wert größer als .05, weichen die Daten vom theoretischen Modell ab. Der ?²-Anpassungstest ist sehr stark von der Stichprobengröße abhängig und wird in der Literatur kaum als Gütekriterium herangezogen. Daher werden andere Kriterien vorgeschlagen. Eine Möglichkeit besteht darin, den ?²-Wert in Relation zu den Freiheitsgraden (df) zu setzen. Bei dieser Methode existieren jedoch keine klaren Richtlinien über akzeptable Werte. Einige Autoren haben Werte von 5 als akzeptabel bezeichnet. Strengere Kriterien liegen bei 3 oder 2 (vgl. Medsker,

Williams & Holahan, 1994, van Dick, 1999). Der Comparative Fit Index (CFI) ist ein häufig benutztes Gütekriterium. Der CFI kann zwischen 0 und 1 schwanken. Werte über .90 werden im Allgemeinen als gute Fit-Indizes bezeichnet. Erst in neuerer Zeit wird diese Grenze als unzureichend angesehen und auf .95 hochgesetzt (Hu & Bentler, 1999). Schließlich wird als alternativer Fit-Index der Root Mean Square Error of Approximation (RMSEA) herangezogen. Der RMSEA berechnet die Abweichung des analysierten Modells von der geschätzten Kovarianzmatrix der Population, wenn letztere verfügbar wäre (vgl. Browne & Cudeck, 1993, S. 137-138). Werte kleiner .06 werden als gut bezeichnet. Liegt der Wert über .10 wird der Fit als schwach bezeichnet (vgl. Browne & Cudeck, 1993; Hu & Bentler, 1999)

10.4. Effektstärken

Signifikanztests bei uni- und multivariaten Varianzanalysen können beschreiben, ob ein Faktor oder die Wechselwirkung zwischen verschiedenen Faktoren einen substanziellen Anteil der Gesamtvarianz erklären können. Sie sagen aber nichts darüber aus, wie stark der jeweilige Effekt ist. Dazu müssen zusätzlich zum Signifikanztest Effektstärken berechnet werden. Als Effektstärke wird in dieser Arbeit das Eta-Quadrat ($?^2$) bei Varianzanalysen berechnet. In multiplen Regressionen dient die multiple Korrelation (R^2) als Messung der Effektstärke. In der Literatur findet sich die folgende Klassifikation der genannten Effektstärken (vgl. Bortz, 1999; Bortz & Döring, 1995, Cohen, 1988):

- schwacher Effekt: $?^2 = .01$, r=.10 oder $R^2 = .02$

- mittlerer Effekt: $?^2 = .06$, r=.30 oder $R^2 = .13$

- starker Effekt: $?^2 = .14$, r=.50 oder $R^2 = .26$

Darüber hinaus werden verschiedene Korrelationsanalysen in dieser Arbeit diskutiert. Korrelationen können auch als Angabe der Effektstärke angesehen werden.

10.5. Voraussetzungen für Varianzanalysen

Als Voraussetzung für Varianzanalysen nennt Bortz (1999):

1. Die Fehlerkomponenten müssen in den Grundgesamtheiten, denen die untersuchten Stichproben entnommen wurden, normalverteilt sein.

2. Die Varianzen der Fehlerkomponenten müssen in den Grundgesamtheiten, denen die Stichproben entnommen wurden, gleich sein.

3. Die Fehlerkomponenten müssen (innerhalb einer und zwischen mehreren Stichproben) voneinander unabhänig sein, d.h. die Treatmenteffekte und die Fehlereffekte müssen additiv sein.

Die dritte Voraussetzung wird als erfüllt angesehen, wenn die Untersuchungseinheiten den Treatmentstufen zufällig zugeordnet wurden. Darüber hinaus verlieren alle Voraussetzungen mit wachsendem Stichprobenumfang an Bedeutung. Dieses ist besonders dann der Fall, wenn im Vorfeld Ausreißer in dem Datensatz kontrolliert worden sind (vgl. Tabachnik & Fidell, 2001).

In dieser Arbeit werden verschiedene, meist mehrfaktorielle Varianzanalysen durchgeführt. In jeder Varianzanalyse wird die Annahme der Varianzenhomogenität mit einem Levine-Test getestet. Jedoch wird auch bei Verletzung dieser Voraussetzung eine Varianzanalyse gerechnet. Da die Stichprobengrößen in aller Regel ausreichend sind, kann auch bei Verletzung der Varianzhomogenität von robusten Ergebnissen ausgegangen werden.

10.6. Unterschiede zwischen Korrelationen

An verschiedenen Stellen dieser Arbeit werden Unterschiede zwischen Korrelationen mit Hilfe des Programms COR von Diehl und Staufenbiel (2001) berechnet. Je nach Art des Vergleichs werden unterschiedliche Berechnungsformen der Korrelationsunterschiede zugrundegelegt. Es werden Korrelationsunterschiede sowohl bei abhängigen Gruppen als auch bei unabhängigen Gruppen berechnet. Zur genaueren Vorgehensweise der Berechnungen der Unterschiede sei auf Diehl und Arbinger (1992, S. 364ff.) verwiesen.

11. Die Entwicklung der Gruppenautoritarismus-Skala

11.1. Entwicklung der Itemformulierungen

Um Gruppenautoritarismus erfassen zu können, war es notwendig, eine Skala zu entwickeln, die zum Einen Autoritarismus auf gruppaler Ebene erfassen kann und zum Anderen sensibel genug ist, um situative Einflüsse, wie sie im Modell angelegt sind, abbilden zu können. Darüber hinaus soll berücksichtigt werden, dass viele der bisher benutzten Autoritarismus-Skalen das Problem haben, dass die Formulierungen der Items meist so komplex sind, dass sie häufig nicht eindeutig einer Autoritarismusdimension zuzuordnen sind. Dies gilt in besonderem Maße für die Items von Altemeyers RWA-Skala. Daher kann nicht eindeutig ausgeschlossen werden, dass die Eindimensionalität der RWA-Skala durch dimensionsüberlappende Itemformulierungen zustande gekommen ist.

Auf der Grundlage der sechs Kriterien von Duckitt (1989) (vgl. Kap. 6.1.) hat Thomas Petzel eine erste Version (Basisversion) einer Gruppenautoritarismus-Skala entwickelt (vgl. Petzel, Wagner, van Dick & Stellmacher, 1999). Diese beinhaltet jeweils ein Protrait und ein Contrait-Item zu jedem der sechs Kriterien. Die Ausgewogenheit zwischen Protrait- und Contrait-Items soll eine Ja-Sage-Tendenz, d.h. die Tendenz, eine Frage unabhängig vom Frageinhalt immer mit Ja oder Nein zu beantworten, verhindern. Somit enthält die Basisversion zwölf Items, von denen jeweils vier Items autoritäre Unterwürfigkeit, autoritäre Aggression und Konventionalismus erfassen. In der Instruktion werden die Versuchspersonen gebeten, ihre Zustimmung zu Feststellungen anzugeben, wie gesellschaftliche Gruppen (z.b. eine politische Initiative oder Partei, eine Gewerkschaft oder auch eine Sportgruppe) funktionieren sollten. Die Items mit ihrer jeweiligen Zuordnung zu den Autoritarismusdimensionen sind der Tabelle 5 zu entnehmen.

Tabelle 5: Items der Gruppenautoritarismus-Skala in der Basisversion

Itemformulierung	Dimension
Ein Gruppenmitglied sollte nichts tun, das den Normen oder Regeln der Gruppe widerspricht.	Konv./Protrait
Ein Mitglied einer Gruppe darf sich auch anders verhalten, als die Gruppenregeln es verlangen.	Konv./Contrait
Ein Gruppenmitglied sollte sich immer an die Regeln der jeweiligen Gruppe halten.	Konv./Protrait
Ein Gruppenmitglied darf manchmal gegen die Regeln einer Gruppe verstoßen.	Konv./Contrait
Ein Gruppenmitglied, das gegen die Regeln der Gruppe verstoßen hat, sollte streng bestraft werden.	Aggr./Protrait
Ein Gruppenmitglied muß nicht gleich sehr hart bestraft werden, wenn es einmal gegen die Regeln der Gruppe verstoßen hat.	Aggr/Contrait
Ein Mitglied, das die Regeln seiner Gruppe verletzt, sollte immer zur Rechenschaft gezogen werden.	Agg/Protrait
Ein Gruppenmitglied muß nicht unbedingt bestraft werden, wenn es die Regeln der Gruppe verletzt.	Agg./Contrait
Wenn eine Gruppe einen Anführer hat, schulden ihm die Gruppenmitglieder auf jeden Fall Respekt und Gehorsam.	Unterw./Protrait
Wenn ein Gruppenmitglied die Entscheidungen des Gruppenleiters nicht richtig findet, sollte es seinen Anordnungen nicht folgen.	Unterw./Contrait
Anweisungen eines Gruppenleiters sollten immer befolgt werden.	Unterw./Protrait
Ein Gruppenmitglied sollte Anweisungen eines Gruppenleiters nur dann befolgen, wenn sie auch seinen eigenen Interessen entsprechen.	Unterw./Contrait

Konv.: Konventionalismus; Aggr.: Autoritäre Aggression; Unterw.: Autoritäre Unterwürfigkeit

Als Hauptproblem der Basisversion der Gruppenautoritarismus-Skala stellte sich heraus, dass die Versuchspersonen trotz der Instruktionen häufig fragten, was mit dem Begriff "Gruppe" gemeint sei. Sie gaben an, dass ihre Antworten je nach Spezifizierung einer Gruppe anders ausfallen würden. Dies ist ein Problem, dass bei allen Skalen auftritt, die die unspezifische Formulierung "Gruppe" benutzen. Zumindest scheint das Problem für den deutschsprachigen Raum zu gelten (vgl. als Beispiel deutsche Studien mit der Collective-Self-Esteem-Skala von Luhtanen und Crocker, 1992). Aufgrund der geschilderten Probleme ist die Idee entstanden, auf Grundlage der Basisversion gruppenspezifische Gruppenautoritarismus-Skalen zu formulieren (vgl. Tabelle 6).

Tabelle 6: Beispiele für Itemformulierungen in spezifischen Gruppenautoritarismus-Skalen

Basisversion	Version "Nation"	Version "Studierende"
Konventionalismus	**Konventionalismus**	**Konventionalismus**
Ein Gruppenmitglied sollte nichts tun, das den Normen oder Regeln der Gruppe widerspricht.	Ein Mitglied meiner Nation sollte nichts tun, das den gesellschaftlichen Normen und Regeln widerspricht.	Ein Student sollte nichts tun, das den Normen oder Regeln des eigenen Fachbereichs widerspricht.
Autoritäre Aggression	**Autoritäre Aggression**	**Autoritäre Aggression**
Ein Gruppenmitglied, das gegen die Regeln der Gruppe verstoßen hat, sollte streng bestraft werden.	Ein Mitglied meiner Nation, das gegen gesellschaftliche Regeln verstoßen hat, sollte streng bestraft werden.	Ein Student, der gegen die Regeln des eigenen Fachbereichs verstoßen hat, sollte streng bestraft werden.
Autoritäre Unterwürfigkeit	**Autoritäre Unterwürfigkeit**	**Autoritäre Unterwürfigkeit**
Anweisungen eines Gruppenleiters sollten immer befolgt werden.	Anweisungen der eigenen Regierung sollten immer befolgt werden.	Anweisungen von offiziellen Vertretern des eigenen Fachbereichs sollten immer befolgt werden.

Wie aus Tabelle 6 zu entnehmen ist, werden in den spezifischen Gruppenautoritarismus-Skalen die Gruppe, die Gruppenmitglieder sowie die Gruppenanführer spezifiziert. In dieser Arbeit werden vier spezifische Versionen für die folgenden Gruppen verwendet: Studierende, Nation, Psychologinnen und Psychologen, Wählerinnen und Wähler von Bündnis90/Die Grünen oder der SPD. Die Items der Gruppenautoritarismus-Skala sollten in allen Stichproben auf einem 6er-Rating von 1 "stimmt überhaupt nicht" bis 6 "stimmt voll und ganz" beantwortet werden. Im Folgenden werden die Gütekriterien der Gruppenautoritarismus-Skala dargestellt.

11.2. Gütekriterien der Gruppenautoritarismus-Skala

Die Gütekriterien der Gruppenautoritarismus-Skala werden anhand von fünf Studien und darin enthaltenen sieben Stichproben diskutiert. Bei den Studien handelt es sich um querschnittliche und nicht-experimentelle Fragebogenstudien, in denen Gruppenautoritarismus, rechtsgerichteter Autoritarismus und die politische Orientierung erfasst wurden. Im weiteren Verlauf der Arbeit werden weitere Studien mit der Gruppenautoritarismus-Skala vorgestellt, die entweder eine experimentelle Manipulation beinhalten oder eine der drei zentralen Variablen zur Validierung der Gruppenautoritarismus-Skala (Gruppenautoritarismus, rechtsgerichteter Autoritarismus und politische Orientierung) nicht enthalten. Die Mehrzahl der zur Validierung der Gruppenautoritarismus-Skala herangezogenen Stichproben besteht aus Studierenden. Ausgehend von der Kritik, dass Autoritarismusstudien meist nur mit Studierenden durchgeführt werden (vgl. Six, 1997), sind in einer größeren Studie sowohl Studierende als auch Nicht-Studierende befragt worden (vgl Stichprobe 4a und 4b). Somit können erste Hinweise auf die Generalisierbarkeit der Gütekriterien der Gruppenautoritarismus-Skala gesammelt werden. Tabelle 7 zeigt einige demographische Kennwerte der verwendeten Stichproben. Die Studien 4 und 5 werden in jeweils zwei Substichproben aufgeteilt. In Studie 4 können dadurch die Befragten in Studierende und Nicht-Studierende unterteilt werden. In Studie 5 wird eine Fragebogenversion für Bündnis90/Die Grünen-Wählerinnen und Wähler sowie eine Version für SPD-Wählerinnen und Wähler unterschieden (vgl. auch Kap. 12.2).

Tabelle 7: Demographische Merkmale der Versuchspersonen der fünf Studien zur Validierung der Gruppenautoritarismus-Skala

Stich-probe	Datum der Studie	Versuchspersonen	Alter (Range)	Alter (Mittelwert)	Frauen (N/%)	Männer (N/%)
1	6/98	85 Studierende	19-30	21.9 (SD=2.4)	69 / 81.2%	16 / 18.8%
2	10-11/98	421 Studierende	18-65	22.2 (SD=5.2)	338 / 80.3%	83 / 19.7%
3	1-2/99	125 Studierende	18-62	22.9 (SD=4.7)	74 / 59.2%	51 / 40.8%
4a	1-6/99	94 Studierende	18-42	23.2 (SD=4.2)	55 / 58.5%	38 / 40.4%
4b	1-6/99	130 Nicht-Stud.	16-52	27.3 (SD=9.7)	76 / 58.5%	51 / 39.2%
5a	6-7/99	119 Studierende	19-41	23.4 (SD=4.5)	78 / 65.5%	41 / 34.5%
5b	6-7/99	89 Studierende	19-46	24.4 (SD=5.5)	51 / 57.3%	38 / 42.7%

Die Daten wurden zwischen Juni 1998 und Juli 1999 erhoben. In allen Stichproben waren Frauen überrepräsentiert. Dies gilt insbesondere für die Studierenden-Stichproben. Hier stammten die meisten Befragten aus den Fachgebieten Psychologie und Pädagogik. Dies sind Studienfächer, in denen Frauen überrepräsentiert sind. In fünf der sieben Stichproben wurde die 12-Item-Version der Gruppenautoritarismus-Skala verwendet. In den Stichproben 5a und 5b hingegen wurde lediglich eine 6 Item-Version benutzt. Die 6-Item-Version entspricht der Kurzversion A der Gruppenautoritarismus-Skala, die in Kapitel 11.2.6. ausführlicher dargestellt wird. Insgesamt werden fünf verschiedene Versionen der Gruppenautoritarismus-Skala analysiert. In Stichprobe 1 wurde die Basisversion, in Stichprobe 2 die Version "Studierende", in den Stichproben 3, 4a und 4b die Version "Nation" und schließlich in jeweils einer Stichprobe die Version für Bündnis90/Die Grünen (Stichprobe 5a) bzw. SPD-Wählerinnen und Wähler (Stichprobe 5b) verwendet.

11.2.1. Itemmittelwerte und Standardabweichungen

Tabelle 8 zeigt die Mittelwerte und Standardabweichungen der Items der Gruppenautoritarismus-Skala. Als Itemformulierungen sind die Formulierungen der Basisversion angegeben. Die Itemformulierungen der spezifischen Versionen der Gruppenautoritarismus-Skalen sind dem Anhang 17.1. zu entnehmen.

Tabelle 8: Mittelwerte und Standardabweichungen (in Klammern) der Items der Gruppenautoritarismus-Skala

Stichprobe	1	2	3	4a	4b	5a	5b
Version	Basis	Stud.	Nation	Nation	Nation	Grüne	SPD
1. Ein Gruppenmitglied sollte nichts tun, das den Normen oder Regeln der Gruppe widerspricht.	1.69 (0.87)	2.90 (1.35)	3.26 (1.70)	2.48 (1.33)	2.99 (1.61)	1.86 (1.15)	2.01 (1.27)
2. Ein Mitglied einer Gruppe darf sich auch anders verhalten, als die Gruppenregeln es verlangen.	1.76 (1.05)	2.61 (1.30)	3.59 (1.47)	2.70 (1.39)	2.95 (1.55)	---	---
3. Ein Gruppenmitglied sollte sich immer an die Regeln der jeweiligen Gruppe halten.	2.19 (1.10)	3.21 (1.38)	2.69 (1.44)	3.14 (1.34)	3.32 (1.43)	---	---
4. Ein Gruppenmitglied darf manchmal gegen die Regeln einer Gruppe verstoßen.	2.80 (1.44)	2.62 (1.33)	2.72 (1.26)	2.82 (1.35)	3.37 (1.53)	2.03 (1.09)	2.01 (1.08)
5. Ein Gruppenmitglied, das gegen die Regeln der Gruppe verstoßen hat, sollte streng bestraft werden.	2.75 (1.45)	1.93 (1.05)	2.15 (1.07)	2.28 (1.03)	2.52 (1.41)	1.36 (0.59)	1.52 (0.84)
6. Ein Gruppenmitglied muß nicht gleich sehr hart bestraft werden, wenn es einmal gegen die Regeln der Gruppe verstoßen hat.	2.64 (1.33)	2.23 (1.25)	2.24 (1.19)	2.55 (1.33)	2.95 (1.60)	---	---
7. Ein Mitglied, das die Regeln seiner Gruppe verletzt, sollte immer zur Rechenschaft gezogen werden.	1.84 (0.95)	3.22 (1.46)	4.51 (1.45)	3.32 (1.48)	3.36 (1.46)	---	---
8. Ein Gruppenmitglied sollte auf keinen Fall bestraft werden, wenn es die Regeln der Gruppe verletzt.[16]	2.01 (1.12)	3.75 (1.57)	4.55 (1.32)	4.12 (1.56)	4.08 (1.55)	2.35 (1.33)	2.15 (1.35)
9. Wenn eine Gruppe einen Anführer hat, schulden ihm die Gruppenmitglieder auf jeden Fall Respekt und Gehorsam.	2.02 (0.95)	2.73 (1.49)	3.34 (1.40)	2.18 (1.30)	2.48 (1.40)	2.31 (1.27)	2.65 (1.45)
10. Wenn ein Gruppenmitglied die Entscheidungen des Gruppenleiters nicht richtig findet, sollte es seinen Anordnungen nicht folgen.	1.66 (1.04)	2.74 (1.43)	3.15 (1.50)	3.28 (1.35)	3.61 (1.36)	---	---
11. Anweisungen eines Gruppenleiters sollten immer befolgt werden.	1.94 (1.05)	3.27 (1.47)	2.48 (1.39)	2.30 (1.19)	2.86 (1.45)	---	---
12. Ein Gruppenmitglied sollte Anweisungen eines Gruppenleiters nur dann befolgen, wenn sie auch seinen eigenen Interessen entsprechen.	2.26 (1.20)	3.55 (1.51)	2.39 (1.14)	3.94 (1.41)	3.88 (1.49)	2.45 (1.42)	2.36 (1.38)
Skalenwerte	2.13 (0.71)	2.90 (0.84)	3.09 (0.76)	2.93 (0.76)	3.20 (0.84)	2.06 (0.72)	2.12 (0.72)

Item 2, 4, 6, 8, 10 und 12 sind recodiert worden, so dass bei jedem Item ein hoher Wert eine hohe Autoritarismusneigung und ein niedriger Wert eine niedrige Autoritarismusneigung wiederspiegelt. Die Zuordnung zu den Dimensionen ist: Item 1 bis 4 - Autoritäre Unterwürfigkeit; Item 5 bis 8 – Autoritäre Aggression; Item 9 bis 12 – Konventionalismus. Die dargestellten Itemformulierungen entsprechen der Basisversion.

---

[16] Dieses Item lautete zunächst in der Basisversion "Ein Gruppenmitglied *muß nicht unbedingt bestraft werden*, wenn es die Regeln der Gruppe verletzt." Aufgrund der unklaren Formulierung "nicht unbedingt" ist das Item in den spezifischen Skalenformulierungen verändert worden.

In Tabelle 8 ist zu erkennen, dass die Item- und Skalenmittelwerte zwischen den verschiedenen Versionen z.t. erheblich schwanken. Als Beispiel soll das Item 7 "Ein Mitglied, das die Regeln seiner Gruppe verletzt, sollte immer zur Rechenschaft gezogen werden." dienen. In der Basisversion mit einer Studierendenstichprobe besitzt dieses Item einen relativ niedrigen Mittelwert von M=1.84. In der Studierenden-Version mit einer vergleichbaren Stichprobe (Stichprobe 2) liegt dieser Mittelwert deutlich höher (M=3.22). Noch höher sind die Mittelwerte dieses Items (M=4.51 bzw. M=3.32) schließlich in der Version "Nation" (Stichprobe 3 und 4a). Darüber hinaus ist zu erkennen, dass die Mittelwerte davon abhängig sind, auf welche Gruppe die Gruppenautoritarismus-Skala formuliert wird, obwohl vergleichbare Stichproben befragt wurden. Der Skalenmittelwert in der Basisversion liegt mit M=2.13 relativ niedrig. Deutlich höher sind die Mittelwerte in der Version "Studierende" (M=2.90) und für die Version "Nation" (M=3.09 bzw. M=2.93). Hingegen sind die Mittelwerte für die spezifischen Versionen bzgl. der Gruppe von Bündnis90/Die Grünen und der SPD wieder relativ niedrig (M=2.06 bzw. M=2.12). Dies belegt, dass die Mittelwerte in Abhängigkeit der benannten Gruppe in der Gruppenautoritarismus-Skala schwanken.

Beabsichtigt war, eine situationsabhängig reaktive Gruppenautoritarismus-Skala zu entwickeln. Inwieweit die Antworten der Gruppenautoritarismus-Skala situationsabhängig reaktiv sind, kann mit den bisher präsentierten Daten nicht eindeutig beantwortet werden, da sie keine experimentellen Manipulationen beinhalten. Erste Hinweise auf die Reaktivität der Gruppenautoritarismus-Skala liefern aber die z.T. recht großen Mittelwertsunterschiede zwischen einzelnen Items aus Stichprobe 3 und 4a, obwohl beide Stichproben in ihrer Zusammensetzung vergleichbar sind (vgl. Tabelle 7) und die Gruppenautoritarismus-Skala auf die gleiche Gruppe ("Nation") bezogen ist. Beispielsweise beträgt der Mittelwert von Item 7 in Stichprobe 3 M=4.51, aber in Stichprobe 4a nur M=3.32 (vgl. auch Mittelwerte von Item 9 und 12 in Tabelle 8). In Kapitel 12 wird die Reaktivität der Gruppenautoritarismus-Skala mit experimentellen Designs ausführlich analysiert und diskutiert.

11.2.2. Faktorenstruktur und Reliabilitäten

Mit jeder der sieben Stichproben wird eine explorative Faktorenanalyse gerechnet. Da die drei Subdimensionen der Gruppenautoritarismus-Skala als korreliert gelten, wird eine schiefwinklige Promax-Rotation verwendet. Vereinzelt haben Versuchspersonen ein oder zwei Items der Gruppenautoritarismus-Skala nicht ausgefüllt. Diese fehlenden Werte werden bei den Faktorenanalysen durch den Mittelwert der Stichprobe ersetzt. Die Ergebnisse der Faktorenanalysen sind im Überblick in Tabelle 9 dargestellt.

Insgesamt zeigen sich bei den 12-Item Versionen drei bis vier Faktoren mit einem Eigenwert über 1. Bei den 6-Item Versionen zeigen sich lediglich zwei Faktoren mit einem Eigenwert über 1. Allerdings ist in allen Stichproben ein erster sehr varianzstarker Faktor und ein zweiter Faktor, der in seiner Varianzaufklärung sehr deutlich abfällt, zu erkennen. Darüber hinaus zeigen alle Items mit nur vereinzelten Ausnahmen Itemladungen von mindestens .30 auf dem ersten unrotierten Faktor (vgl. Tabelle 9). Dies weist auf eine Ein-Faktoren-Struktur der Gruppenautoritarismus-Skala hin.

Tabelle 9: Skalengütekriterien und Faktorenanalysen der Gruppenautoritarismus-Skalen

Stichprobe	1	2	3	4a	4b	5a	5b
Version	Basis	Stud.	Nation	Nation	Nation	Grüne	SPD
Anzahl der Items	12	12	12	12	12	6	6
Kaiser Meyer Olkin	.78	.87	.79	.75	.79	.72	.62
Faktoren mit Eigenwert über 1	3	3	4	4	3	2	2
Varianzaufklärung des ersten unrotierten Faktors	41.8	38.0	32.4	33.9	33.6	42.8	36.3
Varianzaufklärung des zweiten unrotierten Faktors	11.1	10.4	11.3	12.2	14.1	17.4	17.6
Varianzaufklärung bei einer dreifaktoriellen Lösung	62.4	57.9	53.2	57.6	57.5	73.3	70.1
Ladungen der Items auf dem ersten unrotierten Faktor	.36-.79	.31-.76	.31-.72	.34-.76	.16-.75	.25-.79	.41-.77
Kommunalitäten bei einer einfaktoriellen Lösung	.13-.62	.10-.58	.10-.52	.11-.57	.03-.57	.06-.62	.17-.60
Kommunalitäten bei einer dreifaktoriellen Lösung	.32-.78	.44-.76	.38-.71	.45-.73	.37-.72	.56-.98	.54-.81

Trotz des dominierenden ersten Faktors wird anhand von zwei großen Stichproben untersucht, inwieweit die theoretisch angenommene Drei-Faktoren-Struktur mit den Daten repliziert werden kann. Dazu wird zum Einen Stichprobe 2 mit 421 Studierenden ausgewählt. Zum Anderen werden Stichprobe 4a und 4b zu einer Stichprobe von 227 Personen[17] zusammengefasst. Die Stichproben 4a und 4b hatten identische Fragebögen bekommen. Die Voraussetzung zur Durchführung der Faktorenanalysen sind erfüllt ($KMO_{(Stichprobe\ 2)}$=0.87 ; $KMO_{(Stichprobe\ 4)}$=0.82). Der Eigenwertverlauf zeigt in Stichprobe 2 drei Faktoren mit einem Eigenwert über 1 (4.56-1.25-1.15-0.83-...) und in Stichprobe 4 vier Faktoren mit einem

---

[17] In der Gesamtstichprobe werden drei weitere Personen berücksichtigt, die ihren Status als Studierende oder Nicht-Studierende nicht angegeben hatten.

Eigenwert über 1 (4.06-1.57-1.23-1.01-0.75-...). Tabelle 10 zeigt die Ladungen der Drei-Faktoren-Lösungen nach einer Promax-Rotation.

Tabelle 10: Faktorenladungen der dreifaktoriellen Faktorenanalyse einer Hauptkomponentenanalyse mit Varimax-Rotation der Gruppenautoritarismus-Skala. Die höchste Ladung eines Items ist fett markiert.

Kurzbenennung der Items	Stichprobe 2 (N=421)			Stichprobe 4 (N=227)		
	F1	F2	F3	F1	F2	F3
1. Nichts tun im Widerspruch mit Normen und Regeln	**.83**	.13	-.28	.07	**.61**	.26
2. Abweichendes Verhalten von Gruppenregeln erlaubt	**.35**	.33	.24	.39	.21	**.40**
3. Immer an Regeln halten	**.78**	-.02	.07	**.60**	.35	-.13
4. Gegen Regeln darf verstoßen werden	.19	**.47**	.15	**.55**	.15	.20
5. Bestrafung bei Verstoß gegen Regeln	**.45**	.41	-.18	**.67**	.26	-.17
6. Keine harte Bestrafung bei Verstoß gegen Regeln	-.32	**.96**	-.17	**.60**	-.19	.17
7. Rechenschaft bei Regelverletzung	.29	**.38**	.18	**.78**	.10	-.30
8. Auf keinen Fall bestrafen bei Regelverletzung	-.02	**.51**	.38	**.75**	-.49	.18
9. Respekt und Gehorsam gegenüber Gruppenanführer	**.77**	-.25	.07	.07	**.84**	-.08
10. Anweisungen müssen nicht befolgt werden	.19	.02	**.66**	.04	.15	**.71**
11. Anweisungen immer befolgen	**.86**	-.14	.01	-.06	**.81**	.13
12. Anweisungen nur befolgen, wenn sie mit eigenen Interessen übereinstimmen	-.20	-.09	**.96**	-.12	.00	**.79**

Tabelle 10 zeigt, dass eine Faktorenanalyse mit drei Faktoren keine konsistenten und eindeutig zu interpretierenden Lösungen ergibt. Die Faktorenkongruenzwerte[18] liegen zwischen .76 und .90 und sind kaum zufriedenstellend. Darüber hinaus lässt sich die theoretisch angenommene dreifaktorielle Struktur nicht replizieren. Lediglich der Faktor mit den Items zur autoritären Aggression (Item 5 bis 8) zeigt eine zufriedenstellende Kongruenz in beiden Stichproben. Probleme bei der Interpretation der Faktorenstruktur entstehen jedoch auch dadurch, dass einige Items substanzielle Nebenladungen auf anderen Faktoren besitzen. Item 2

---

[18] Faktorenkongruenzwerte geben die Übereinstimmung von Faktorenanalysen mit zwei unabhängigen Stichproben an. Der Faktorenkongruenzwert kann zwischen 0 und 1 schwanken. Um als kongruent zu gelten, sollten Werte von mindestens .90 erreicht werden.

kann in keiner Stichprobe als Markieritem identifiziert werden. Die Items 5 und 7 sind nur in einer Stichprobe Markieritem für einen Faktor. Somit kann eine drei-faktorielle Faktorenstruktur nicht als sinnvolle Alternative zu einer einfaktoriellen Faktorenstruktur angesehen werden. Daher wird auch hier wie bei der RWA-Skala von Altemeyer von einer einfaktoriellen Struktur der Gruppenautoritaris-mus-Skala ausgegangen. In einem weiteren Schritt werden daher die Trenn-schärfen und Reliabilitäten über die gesamten Items der Gruppenautoritarismus-Skala berechnet (vgl. Tabelle 11).

Tabelle 11: Trennschärfen und Reliabilitäten der Gruppenautoritarismus-Skalen

Stichprobe	1	2	3	4a	4b	5a	5b
Version	Basis	Stud.	Nation	Nation	Nation	Grüne	SPD
1. Nichts tun im Widerspruch mit Normen und Regeln	.41	.56	.49	.56	.50	.41	.23
2. Abweichendes Verhalten von Gruppenregeln erlaubt	.59	.64	.41	.56	.60	----	----
3. Immer an Regeln halten	.69	.66	.35	.65	.61	----	----
4. Gegen Regeln darf verstoßen werden	.30	.51	.56	.53	.59	.56	.52
5. Bestrafung bei Verstoß gegen Regeln	.48	.51	.39	.57	.62	.54	.48
6. Keine harte Bestrafung bei Verstoß gegen Regeln	.59	.23	.39	.32	.41	----	----
7. Rechenschaft bei Regelverletzung	.67	.58	.37	.51	.56	----	----
8. Auf keinen Fall bestrafen bei Regelverletzung	.60	.53	.26	.36	.29	.49	.27
9. Respekt und Gehorsam gegenüber Gruppenanführer	.61	.47	.58	.41	.34	.15	.28
10. Anweisungen müssen nicht befolgt werden	.70	.54	.48	.45	.38	----	----
11. Anweisungen immer befolgen	.44	.58	.50	.48	.45	----	----
12. Anweisungen nur befolgen, wenn sie mit eigenen Interessen übereinstimmen	.47	.30	.61	.27	.13	.44	.36
Reliabilität	.86	.84	.80	.82	.81	.67*	.61*

*Diese Skalen besaßen nur sechs Items. Darin liegt die im Vergleich zu den 12-Item-Skalen niedrigere Reliabilität begründet.

Die präsentierten zwölf Items zur Erfassung von Gruppenautoritaritarismus zeigen zufriedenstellende Trennschärfen, die mit wenigen Ausnahmen über r_{it}=.30 liegen. Es sind keine Hinweise darauf zu finden, dass ein Item ausge-schlossen werden sollte. Entsprechend liegen die Reliabilitäten der 12-Item Versionen der Gruppenautoritarismus-Skalen mit mindestens α=.80 in einem guten Bereich. Auch die Reliabilitäten der 6-Item Versionen mit $\alpha=.61$ und $\alpha=.67$ können als zufriedenstellend betrachtet werden. Darüber hinaus wurde in einer Längsschnittstudie über 14 Monate eine Retest-Reliabilität von r=.60 festgestellt[19]. Die Längsschnittstudie wird in Kapitel 14 näher beschrieben.

11.2.3. Verteilungsform der Skala

Die Normalverteilung der Skala wird mit dem Kolmogorov-Smirnov-Test überprüft. Bei einer asymptotischen Signifikanz größer .05 wird davon ausgegangen, dass eine Normalverteilung gegeben ist.

Tabelle 12: Schiefe, Kurtosis und Normalverteilung der Gruppenautoritarismus-Skalen

Stichprobe	1	2	3	4a	4b	5a	5b
Version	Basis	Stud.	Nation	Nation	Nation	Grüne	SPD
Schiefe	.26	.08	-.11	.10	-.26	.52*	.43
Kurtosis	-.73	-.32	.08	-.36	-.18	-.22	-.74
Kolmogorov Smirnov Z	.85	1.04	.81	.89	.90	1.11	1.07
Asymptotische Signifikanz	>.10	>.10	>.10	>.10	>.10	>.10	>.10

*: auf dem 5% Niveau signifikante Schiefe

Tabelle 12 zeigt, dass die Gruppenautoritarismus-Skala in den verschiedenen Stichproben normalverteilt ist. Die Schiefe und die Kurtosis weichen bis auf eine Ausnahme nicht signifikant von Null ab.

11.2.4. Gruppenautoritarismus und rechtsgerichteter Autoritarismus

Es wurde immer wieder kritisiert, dass die existierenden rechtsgerichteten Autoritarismus-Skalen stark mit politischem Konservatismus konfundiert sind (vgl. Eckhardt, 1991). Die Absicht war es daher, eine Autoritarismus-Skala zu entwickeln, die Autoritarismus auf Gruppenebene erfasst und relativ unabhängig von politischen Einstellungen ist. Damit wird angenommen, dass Gruppenautoritarismus geringer mit politischer Orientierung korreliert als rechtsgerichteter Autoritarismus. Dies bedeutet jedoch nicht, dass erwartet wird, dass Gruppenautoritarismus vollkommen unabhängig von politisch-konservativen Orientierungen ist. Vielmehr wird erwartet, dass die Zusammenhänge zwischen Gruppenautoritarismus und politischer Orientierung vom Gruppenkontext abhängen, in dem Gruppenautoritarismus erfasst wird. Beispielsweise kann angenommen werden, dass die Korrelation zwischen Gruppenautoritarismus und politischer Orientie-

---

[19] In der Längsschnittstudie wurde die Version "Studierende" der Gruppenautoritarismus-Skala verwendet.

rung in der Version "Studierende" geringer ist als in der Version "Nation", weil
Einstellungen über angemessene Verhaltensweisen in nationalen Gruppen stärker
mit politisch-konservativen Orientierungen zusammenhängen, als Einstellungen
über angemessene Verhaltensweisen in studentischen Gruppen, die eher politisch
links orientiert[20] sind.

Tabelle 13: Korrelationen zwischen Gruppenautoritarismus, rechtsgerichteter Autoritarismus und politischer Orientierung

Stichprobe	1	2	3	4a	4b	5a	5b
Version	Basis	Stud.	Nation	Nation	Nation	Grüne	SPD
Korr. zw. Gruppenautoritarismus und politischer Orientierung ①	.29**	.23**	.38**	.41**	.34**	.32**	.12
Korr. zw. RWA und politischer Orientierung ②	.42**	.49**	.48**	.51**	.51**	.45**	.34**
t-Wert Korr.unterschiede (① ⇔ ②)	1.34	5.74**	1.22	1.19	2.17*	1.48	1.93[+]
df	81	414	119	89	109	114	85

[+]: p<.10; *: p<.05; **: p<.01 (zweiseitige Testung); RWA: rechtsgerichteter Autoritarismus

Die Korrelationsmatrix zeigt, dass Gruppenautoritarismus in allen Stichproben
geringere Korrelationen zu politischer Orientierung, gemessen mit einem Feeling-
Thermometer (vgl. Kap. 11), besitzt als rechtsgerichteter Autoritarismus nach
dem Ansatz von Altemeyer (1981). Allerdings ist dieser Unterschied lediglich in
drei Stichproben auf dem 5%-Niveau bei einseitiger Testung signifikant. Besonders gering sind die Korrelations-Unterschiede in der Version "Nation". Dies ist
jedoch nicht sehr verwunderlich. Die Version "Nation" erfasst, welches Verhältnis Mitglieder einer Gesellschaft zu ihrer Nation bzw. Regierung haben sollten.
Rechtsgerichteter Autoritarismus erfasst ebenfalls das Verhältnis zu solchen
gesellschaftlichen Autoritäten. Daher sind ähnliche Korrelationen der RWA-Skala
und der Gruppenautoritarismus-Skala mit politischer Orientierung nicht erstaunlich. Diese Ergebnisse sind mit der Annahme vereinbar, dass die Gruppenautoritarismus-Skala weniger von politischer Ideologie beeinflusst ist als
bisherige Skalen.

Ein Validitätskriterium für die Gruppenautoritarismus-Skala ist, dass sie mit
rechtsgerichtetem Autoritarismus korreliert. Um auszuschließen, dass die Korrela-

---

[20] Die befragten studentischen Personen stammten hauptsächlich aus den Fachbereichen
Psychologie, Pädagogik, Politik und Soziologie. Diese Studierenden sind im stärkeren Maße
politisch links orientiert als der Durchschnitt der deutschen Bevölkerung. Beispielsweise lag der
Anteil der Personen, die Bündnis90/Die Grünen oder PDS wählen würden, in Stichprobe 3 bei
53.6% und bei Stichprobe 4a bei 44.7%.

tionen zwischen Gruppenautoritarismus und rechtsgerichtetem Autoritarismus lediglich durch einen gemeinsamen Konservatismus-Bias in den Messungen der beiden Skalen zustande kommen, wird überprüft, ob Gruppenautoritarismus und rechtsgerichteter Autoritarismus auch nach Herauspartialisierung der politischen Orientierung noch miteinander korrelieren.

Tabelle 14: Korrelationen zwischen Gruppenautoritarismus und rechtsgerichtetem Autoritarismus

Stichprobe	1	2	3	4a	4b	5a	5b
Version	Basis	Stud.	Nation	Nation	Nation	Grüne	SPD
Korr. zw. Gruppenautoritarismus und RWA	.54**	.45**	.47**	.57**	.55**	.45**	.38**
Korr. zw. Gruppenautoritarismus und RWA bei Kontrolle von politischer Orientierung	.48**	.39**	.35**	.46**	.47**	.37**	.37**

$^+$: p<.10; *: p<.05; **: p<.01; RWA: rechtsgerichteter Autoritarismus

Tabelle 14 zeigt, dass die Partialkorrelationen zwischen Gruppenautoritarismus und rechtsgerichtetem Autoritarismus unabhängig von der verwendeten Version relativ stabil und substanziell sind. Beide Skalen scheinen somit durch einen gemeinsamen Kern miteinander verbunden zu sein. Die geschilderten korrelativen Ergebnisse sind ein erster Hinweis darauf, dass die Gruppenautoritarismus-Skala in der Lage ist, Autoritarismus in vielen Gruppenkontexten zu erfassen. Besonders die Stabilität der Korrelationen sind ein guter Beleg für die Validität der verschiedenen Versionen der Gruppenautoritarismus-Skala. Dies deutet darauf hin, dass es gelungen ist, eine Autoritarismus-Skala zu entwickeln, die in der Lage ist, Autoritarismus in unterschiedlichsten Gruppenzusammenhängen unabhängig vom politischen Kontext zu untersuchen.

11.2.5. Verhältnis von Pro- und Contrait-Items

Ein großes Problem bei der Messung von Autoritarismus war der Einfluss einer Ja-Sage-Tendenz. Frühere Autoritarismus-Skalen, hier besonders die F-Skala, bestanden lediglich aus Items, die autoritäres Verhalten thematisierten. Damit war unklar, inwieweit die Antworten auf die Items der Skala selber und die Korrelationen mit Ethnozentrismus oder Antisemitismus durch eine Ja-Sage-Tendenz beeinflusst wurden (vgl. auch Kap. 1.3.1). Entsprechend wurde vorgeschlagen, die Skalen durch Items zu ergänzen, die den nicht-autoritären Pol thematisieren. Idealerweise sollten diese Negativ-Indikatoren bzw. Contrait-Items hohe Korrelationen sowohl mit den Positiv-Indikatoren bzw. Protrait-Items als auch mit relevanten Außenkriterien zeigen. Dieses soll für die Gruppenautoritarismus-Skala geprüft werden. Dazu wird ein Summenmittelwert über alle

Contrait-Items und ein Summenmittelwert über alle Protrait-Items berechnet und mit rechtsgerichtetem Autoritarismus und politischer Orientierung korreliert. Die Ergebnisse sind in Tabelle 15 dargestellt.

Tabelle 15: Korrelative Statistiken der Pro- und Contrait-Items

Stichprobe	1		2		3		4a		4b	
Version	Basis		Stud.		Nation		Nation		Nation	
	Con	Pro	Con	Pro	Con	Pro	Con	Pro	Con	Pro
Korrelation mit RWA	.54**	.46**	.32**	.47**	.35**	.48**	.40**	.61**	.42**	.58**
t-Wert (Korrelation mit RWA > 0)	1.15		3.84**		1.91^{+}		2.57*		2.12*	
Korrelation mit politischer Orientierung	.25**	.28**	.19**	.20**	.30**	.37**	.38**	.34**	.33**	.30**
Korrelation zwischen Con- und Protrait-Items	.72**		.61**		.65**		.55**		.55**	

RWA: rechtsgerichteter Autoritarismus; Con: Contrait-Items; Pro: Protrait-Items
$^{+}$: p<.10; *: p<.05; **: p<.01

Sowohl die Protrait-Items als auch die Contrait-Items zeigen hochsignifikante Korrelationen mit rechtsgerichtetem Autoritarismus. In vier von fünf Stichproben korrelieren die Protrait-Items höher mit rechtsgerichtetem Autoritarismus als die Contrait-Items. Dennoch sind auch die Korrelationen zwischen den Contrait-Items und RWA substanziell. Die Korrelationen zwischen Contrait- und Protrait-Items sind mit Korrelationen zwischen r=.55 und r=.72 relativ hoch. Insgesamt weisen die Ergebnisse darauf hin, dass es gelungen ist, eine balancierte Skala zu entwickeln, die in unterschiedlichen Versionen valide ist.

11.2.6. Parallelversionen der Gruppenautoritarismus-Skala

Für jede der drei Dimensionen von Gruppenautoritarismus sind anhand der sechs Kriterien zur Entwicklung einer Gruppenautoritarismus-Skala nach Duckitt (1989) jeweils zwei Protrait- und zwei Contrait-Items formuliert worden. Damit ist es prinzipiell möglich, zwei Kurzversionen der Skala zu entwickeln, in denen jede Dimension durch ein Protrait- und ein Contrait-Item repräsentiert wird. Im Folgenden soll überprüft werden, ob diese zwei unabhängigen Kurzversionen der Gruppenautoritarismus-Skala als parallel angesehen werden können. Dazu werden sowohl Mittelwertsunterschiede als auch korrelative Unterschiede zu rechtsgerichtetem Autoritarismus und politischer Orientierung berechnet. Darüber hinaus werden die Kurzskalen auf Normalverteilung und Reliabilität getestet.

Tabelle 16: Gütekriterien der Version A und B der Gruppenautoritarismus-Kurzskala

Stichprobe	1		2		3		4°		4b	
Version	Basis		Stud.		Nation		Nation		Nation	
	A	B	A	B	A	B	A	B	A	B
Mittelwerte	2.26	2.00	2.92	2.89	3.07	3.12	2.95	2.88	3.20	3.17
t-Wert (Mittelwerte)	5.20; $p<.01$		1.21; $p>.10$		-.72; $p>.10$		1.44; $p>.10$		.71; $p>.10$	
Korrelation zwischen Version A und B	.89		.76		.62		.78		.81	
Korrelation mit RWA	.48	.55	.41	.43	.42	.40	.49	.60	.55	.54
Korrelation mit Pol. Or.	.28	.27	.20	.21	.34	.33	.37	.41	.30	.37
Kolmogorov-Smirnov Z	.79	1.08	.99	1.26^+	.93	.98	.78	.76	.79	1.16
Reliabilität	.64	.81	.67	.76	.71	.63	.60	.70	.56	.69

$^+$: $p<.10$; *: $p<.05$; **: $p<.01$; RWA: rechtsgerichteter Autoritarismus;
Pol. Or.: politische Orientierung; Con: Contrait-Items; Pro: Protrait-Items

Tabelle 16 zeigt, dass in vier von fünf Studien die Mittelwerte der Versionen A und B der Gruppenautoritarismus-Kurzskala nicht signifikant voneinander abweichen. Die Korrelationen zwischen den beiden Versionen weisen auf eine gute bis sehr gute Split-Half-Reliabilität der Gruppenautoritarismus-Skala hin. Die Korrelationen mit RWA und politischer Orientierung weichen in allen Stichproben nicht signifikant voneinander ab. Ebenso weichen die Kurzskalen in allen Stichproben nicht von einer Normalverteilung ab. Lediglich bei den Reliabilitäten zeigen sich Schwächen der Version A. Während Version B in allen Stichproben gute Reliabilitäten zeigt, sind diese bei Version A besonders in den Stichproben 4a und 4b relativ niedrig. Allerdings können die Reliabilitäten von Version A in den Stichproben 1, 2 und 3 ebenfalls als zufriedenstellend bezeichnet werden.

Somit kann festgehalten werden, dass die 12-Item Version der Gruppenautoritarismus-Skala in zwei parallele Kurzskalen aufgeteilt werden kann, die sich im Mittelwert nicht unterscheiden und ähnliche Korrelationen mit relevanten Außenkriterien zeigen.

11.3. Fazit zur Entwicklung der Gruppenautoritarismus-Skala

Die präsentierte Skala erfasst mit zwölf Items Autoritarismus auf einer gruppalen Analyseebene. Auf der Grundlage der ersten Basisversion der Gruppenautoritarismus-Skala von Petzel (vgl. Petzel, Wagner, van Dick und Stellmacher, 1999) sind mehrere spezifische Versionen entwickelt worden. In fünf Studien mit sieben Stichproben sind diese spezifischen Versionen auf ihre Güte überprüft worden. Insgesamt zeigen alle Skalen zufriedenstellende bis gute Reliabilitäten und substanzielle Korrelationen mit rechtsgerichtetem Autoritarismus auch nach Kontrolle der politischen Orientierung. Studie 4 weist darauf hin, dass die Gütekriterien der Gruppenautoritarismus-Skala sowohl für studentische als auch für nicht-studentische Personen vergleichbar sind. Die Korrelationen zwischen den Gruppenautoritarismus-Skalen und der RWA-Skala sind zwischen den verschiedenen auf spezifischen Gruppen formulierten Versionen der Gruppenautoritarismus-Skala relativ konstant. Darüber hinaus zeigt sich, dass die Contrait- und Protrait-Items stark korreliert sind und jeweils substanzielle Korrelationen zu rechtsgerichtetem Autoritarismus aufweisen. Damit ist es gelungen, psychologische Gegenstücke zu den Protrait-Items zu entwickeln. In Faktorenanalysen erweist sich die Gruppenautoritarismus-Skala, wie bereits andere Autoritarismus-Skalen, als eindimensional. Die theoretisch angenommene dreifaktorielle Struktur lässt sich somit auch nicht mit der Gruppenautoritarismus-Skala replizieren. Gruppenautoritarismus stellt somit ein eindimensionales aber bipolares Konzept dar, das in der Lage ist, nicht nur den autoritären, sondern auch den antiautoritären Pol zu erfassen. Schließlich kann die Gruppenautoritarismus-Skala in zwei Kurzversionen aufgeteilt werden, die als parallel gelten können. Beide Kurzskalen zeigen vergleichbare Korrelationen zu rechtsgerichtetem Autoritarismus und politischer Orientierung. Darüber hinaus korrelieren die beiden Kurzskalen hoch miteinander und unterscheiden sich in vier von fünf Stichproben nicht in ihren Mittelwerten. Insgesamt sind die geschilderten Ergebnisse gute Hinweise auf die Validität der Gruppenautoritarismus-Skala.

Für die weitere Diskussion bezüglich des Gruppenautoritarismus-Prozessmodells ist interessant, dass die Mittelwerte der Gruppenautoritarismus-Skala bei vergleichbaren Stichproben in den verschiedenen Versionen unterschiedlich ausfallen. Die Höhe der geäußerten Gruppenautoritarismusneigung ist somit davon abhängig, auf welche Gruppe die Gruppenautoritarismus-Skala spezifiziert wird. Darüber hinaus zeigen sich bei vergleichbaren Stichproben und derselben Version der Gruppenautoritarismus-Skala bei einzelnen Items relativ starke Mittelwertsunterschieden. Dies sind erste Hinweise auf die situationsspezifische Reaktivität der Gruppenautoritarismus-Skala. Die Reaktivität der Gruppenautoritarismus-Skala für situative Kontexte wird in nachfolgenden experimentellen Studien dieser Arbeit weiter thematisiert. Interessant ist außerdem, dass Gruppenautoritarismus in allen Stichproben zumindest tendenziell niedrigere Korrelationen mit politischer Orientierung zeigt als rechtsgerichteter Autoritarismus. Besonders deutlich ist auch die unterschiedliche Streuungsbreite der Korrelationen der Autoritarismus-Skalen mit politischer Orientierung. Während die Korrelationen von RWA und politischer Orientierung in den sieben Stichproben relativ konstant bleiben (r=.34 bis r=.51), zeigt die Gruppenautoritarismus-Skala sehr viel deutlichere Schwankungen. In der Version für SPD-Wählerinnen und Wähler besitzt Gruppenautoritarismus eine nicht-signifikante Korrelation von r=.12 mit politischer Orientierung, während sie in der Version "Nation" eine Korrelation von r=.41 in der studentischen Stichprobe 4a zeigt. Die höheren Korrelationen der politischen Orientierung mit der Version "Nation" sind erwartungsgemäß, da ein Bekenntnis zur Nation im Allgemeinen mit konservativen Orientierungen einhergeht. Es gibt jedoch keinen Anlass zu vermuten, dass Einstellungen über angemessene Verhaltensweisen in studentischen Gruppen automatisch mit politischen Orientierungen korreliert sind. Dass dennoch eine positive und signifikante Korrelation zwischen der Gruppenautoritarismus-Version für die Gruppe der Studierenden und politischer Orientierung zu erkennen ist, kann dem Umstand zugeschrieben werden, dass autoritäre Einstellungen nicht vollständig von konservativeren Orientierungen getrennt werden können. Zumindest für den westeuropäischen Kulturkreis kann angenommen werden, dass autoritäre Orientierungen auch mit konservativen Orientierungen einhergehen. Insgesamt kann aber festgehalten werden, dass die Gruppenautoritarismus-Skala im Prinzip auf viele Gruppenkontexte angewendet werden kann und nicht so stark mit politisch-konservativen Orientierungen konfundiert ist wie andere rechtsgerichtete Autoritarismus-Skalen (vgl. Altemeyer, 1996). Somit ist ein Messinstrument entstanden, das in der Lage ist, autoritäre Orientierungen auch in politisch linken Gruppen zu untersuchen.

12. Die Auswirkung bedrohter Identifikationen in Abhängigkeit autoritärer Prädispositionen auf Gruppenautoritarismus

In diesem Kapitel werden drei Studien vorgestellt (Studie 1 bis 3), die als Hauptziel die Überprüfung des Gruppenautoritarismus-Prozessmodells (vgl. Abbildung 6) beinhalten. Die Grundannahmen des Gruppenautoritarismus-Prozessmodells wurde in Leithypothese 1 im Theorieteil formuliert:

Leithypothese 1: Eine starke Identifikation mit einer Gruppe bei gleichzeitiger Bedrohung der an dieser Gruppe geknüpften Sozialen Identität führt bei Personen mit einer autoritären Prädisposition zu einer autoritären Einstellungsreaktion. Die autoritäre Einstellungsreaktion wird umso stärker sein, je stärker die autoritäre Prädisposition, die Identifikation mit der Gruppe und die Bedrohung der an dieser Gruppe geknüpften Sozialen Identität ist.

Diese Leithypothese wird in Studie 1 und 3 mit einem experimentellen Design und in Studie 2 mit einer Querschnittsstudie per Fragebogen überprüft.

Darüber hinaus werden erste Erkenntnisse über die Prädiktorfähigkeiten von Gruppenautoritarismus gesammelt. In Studie 1 und 2 wird analysiert, ob Gruppenautoritarismus eine bevorzugte Bewertung der eigenen im Vergleich zu einer relevanten fremden Gruppe (Ingroup-Bias) vorhersagen kann. Darüber hinaus wird der Zusammenhang von Gruppenautoritarismus zur Befürwortung militärischer Einsätze (Studie 2 zum Kosovo-Krieg) und Vorurteile (Studie 3 zum Thema Einwanderung) untersucht. Im Folgenden werden die Studien 1 bis 3 im Detail vorgestellt.

Abbildung 6: Graphische Darstellung des Gruppenautoritarismus-Prozessmodells

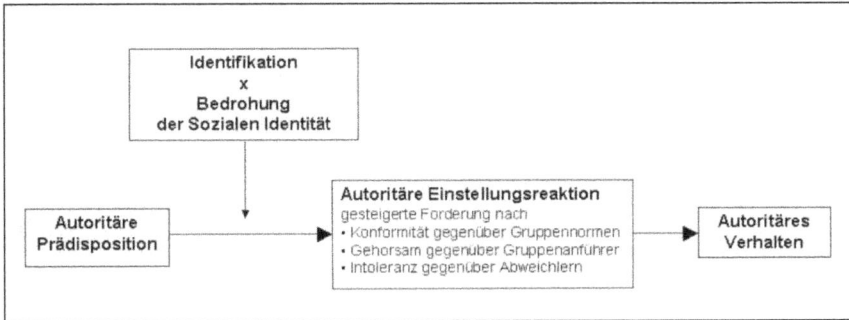

12.1. Studie 1: Studie zum Psychotherapeutengesetz

12.1.1. Hintergrund und Fragestellung

Zur Überprüfung des Gruppenautoritarismus-Prozessmodells wurde in Studie 1 die Bedrohungswahrnehmung experimentell manipuliert. Es war beabsichtigt, das Gruppenautoritarismus-Prozessmodell an einer realen Thematik und unter Heranziehung einer politisch relativ neutralen Gruppenzugehörigkeit zu überprüfen, damit der Hintergrund der Studie möglichst undurchschaubar für die Versuchspersonen bleibt.

Die Einrichtung des neuen Psychotherapeutengesetzes am 1.1.1999 schien für die Ziele dieser Studie optimal zu sein. Das Gesetz definiert zwei neue Heilberufe, "Psychologische/r Psychotherapeut/in" und "Kinder- und Jugendlichenpsychotherapeut/in", die der Approbation bedürfen, und es definiert und schützt die Bezeichnung "Psychologische Psychotherapie". Als Versuchspersonen wurden Studierende im Hauptfach Psychologie befragt, da sie relativ einfach und in einer genügend großen Anzahl zu erreichen sind. Besonders zwei Gründe machten das Thema "Einstellungen zu dem neuen Psychotherapeutengesetz" bei Studierenden der Psychologie zum optimalen Gegenstand für diese Autoritarismusstudie:

- Das Thema hatte hohe praktische Relevanz für Studierende. Die befragten Studierenden im Hauptstudium der Psychologie waren diejenigen, die als erste von den neuen Regelungen betroffen sein würden.

- Es existierten keine klaren Prognosen darüber, wie sich das neue Gesetz auf die Zukunft der psychologischen Psychotherapie auswirken wird. Einige Experten begrüßten das Gesetz als Gleichstellung der Psychologen mit den Medizinern; andere wiederum hielten das Gesetz für eine Katastrophe für die zukünftige psychologische Psychotherapie und befürchteten eine Verengung des Arbeitsmarktes für psychologische Psychotherapeutinnen und -therapeuten. Somit schien es möglich, durch suggestive Texte das Ausmaß der empfundenen Bedrohung der Sozialen Identität als zukünftige Psychologen bei Studierenden zu manipulieren.

Auf der Basis dieses Themas wurde schließlich ein experimentelles Design entwickelt, in dem eine Gruppe in ihrer Sozialen Identität als zukünftige Psychologinnen bzw. Psychologen bedroht und die andere Gruppe in ihrer Sozialen Identität nicht bedroht wurde. Zusätzlich wurden verschiedene weitere Variablen erhoben, um das Gruppenautoritarismus-Prozessmodell auf Gültigkeit testen zu können (vgl. Abbildung 6).

In dieser Studie soll die Auswirkung autoritärer Prädispositionen in Abhängigkeit verschiedener situationsspezifischer Faktoren auf Gruppenautoritarismus überprüft werden. Entsprechend dem Gruppenautoritarismus-Prozessmodell wird als situationsspezifischer Faktor und somit Moderator, der autoritäre Prädispositionen mehr oder minder stark aktivieren kann, eine hohe und gleichzeitig bedrohte Identifikation mit einer sozialen Gruppe angenommen. Baron und Kenny (1986) definieren einen Moderator als

"a qualitative (e.g., sex, race, class) or quantitative (e.g., level of reward) variable that affects the direction and/or strength of the relation between an independent or predictor variable and a dependent or criterion variable." (Baron & Kenny, 1986, S.1174)

Als Maß für die autoritäre Einstellungsreaktion und somit als abhängige Variable wird Gruppenautoritarismus bezüglich der Gruppe der Psychologinnen und Psychologen erfasst.

Darüber hinaus sollen in dieser Studie erste Hinweise gesammelt werden, ob und wenn ja, welche Prädiktoreigenschaften Gruppenautoritarismus besitzt. Als Kriterien für die Prädiktoreigenschaft von Gruppenautoritarismus werden die Bewertung der eigenen Gruppe (Psychologen) und einer relevanten und salienten fremden Gruppe (Mediziner) erfasst. Mediziner stehen im Bereich Psychotherapie in starker Konkurrenz zu Psychologen. Diese Konkurrenz war ein Hintergrund für die Einrichtung eines geschützten Titels "Psychologischer Psychotherapeut". Entsprechend sollte von Psychologiestudierenden die Gruppe der Mediziner als relevante Outgroup angesehen werden.

12.1.2. Durchführung der Studie

Die Studie wurde mit Psychologie-Studierenden nach dem Vordiplom in Marburg, Gießen, Heidelberg und Berlin im Mai und Juni 1999 durchgeführt. Als Zielpopulation wurden Studierende im Bereich der klinischen Psychologie gebeten, an der Studie teilzunehmen. Damit sollte gewährleistet werden, dass mit relativ hoher Wahrscheinlichkeit die Thematik der Befragung Relevanz für die Studierenden besitzt. Die Durchführung fand immer im Anschluss an Seminare oder Vorlesungen der Klinischen Psychologie statt. Den Studierenden wurde erzählt, dass die Studie Einstellungen über das neue Psychotherapeutengesetz in Deutschland erfassen wolle. Das Ausfüllen des Fragebogen dauerte 15 bis 20 Minuten. Die verschiedenen Fragebogenversionen wurden zufällig unter den teilnehmenden Studierenden verteilt. Nachdem die Versuchspersonen den Fragebogen ausgefüllt hatten, erhielten sie einen Text zur Erklärung des Hintergrunds der Befragung sowie Internetadressen zur ausführlicheren Information über das Psychotherapeutengesetz.

12.1.3. Stichprobe

Insgesamt wurden 146 Studierende im Hauptfach Psychologie befragt. Aufgrund zu vieler fehlender Werte werden 5 Personen nicht für die Auswertung berücksichtigt. Darüber hinaus hat die Analyse von multivariaten Ausreißern[21] in der bedrohten Gruppe eine Person mit einem extrem hohen Mahalanobis-Distanz-Wert von 20.84 identifiziert. Da dieser Wert über dem kritischen Wert (bei p<.001, df=3) von 16.27 liegt, wird auch diese Person aus der Auswertung ausgeschlossen. Von den verbleibenden 140 Personen wurden 53 Studierende in Marburg, 52 Studierende in Gießen sowie 19 Studierende in Heidelberg und 16 Studierende in Berlin befragt[22]. Das Alter der Versuchspersonen lag zum Zeitpunkt der Befragung zwischen 21 und 39 Jahren (M=25.4 Jahre; SD=3.9). 113 Personen (80.7%) waren weiblich und 27 Personen männlich (19.3%). Damit waren Frauen in der Studie überrepräsentiert. Alle Versuchspersonen besaßen zum Zeitpunkt des Studium das Vordiplom und befanden sich im Hauptstudium der Psychologie. Darüber hinaus wurden die Versuchspersonen nach ihren Schwerpunkten gefragt. Mehrfachnennungen waren möglich. Der Schwerpunkt Arbeits- und Organisationspsychologie wurde 34 mal, der Schwerpunkt Klinische Psychologie 108 mal, der Schwerpunkt Pädagogische Psychologie wurde 17 sowie andere Schwerpunkte 10 mal angegeben.

12.1.4. Fragebogen

Die Versuchspersonen erhielten einen Fragebogen mit dem Titel "Befragung zum neuen PsychotherapeutInnengesetz". Jeder Fragebogen bestand aus drei Teilen. Der erste Teil enthielt Variablen, die vor der Manipulation gemessen werden sollten. Dies waren:

---

[21] Die multivariaten Ausreißer wurden anhand der zentralen Variablen autoritäre Prädisposition, Gruppenautoritarismus und Identifikation getrennt für die beiden experimentellen Gruppen gerechnet. Alle Wert größer als 16.27 (p<.001, df=3) wurden als Ausreißer definiert.

[22] Für die Unterstützung bei der Befragung möchte ich mich bei Prof. Dr. A. Auckentaler, Prof. Dr. T. Fydrich, Prof. Dr. S. Gauggel, Dr. M. Helle, Prof. Dr. B. Roehrle sowie Prof. Dr. D. Vaitl herzlich bedanken.

- demographische Angaben zum Studium (Haupt- oder Nebenfach; Grund- oder Hauptstudium; Schwerpunktfächer)
- Identifikationsskala bzgl. der Gruppe der Psychologen (8 Items)
- Collective Self-Esteem-Skala bzgl. der Gruppe der Psychologen (12 Items)

Im zweiten Teil erfolgte die Manipulation durch einen suggestiven Text. Im Anschluss daran wurden der Manipulations-Check, verschiedene abhängige Variablen, rechtsgerichteter Autoritarismus sowie einige demographischen Variablen erfasst. Insgesamt enthielt dieser dritte Teil die folgenden Skalen:

- Manipulations-Check (8 Items)
- Gruppenautoritarismus (12 Items)
- Tendenz zur Sozialen Veränderung vs. Sozialer Mobilität (11 Items)
- Bewertung von Psychologen und Mediziner (14 Items)
- Rechtsgerichteter Autoritarismus (9 Items)
- Demographische Angaben (politische Orientierung, Parteipräferenz, Alter, Geschlecht, Semesterzahl)

Die Skala "Tendenz zur Sozialen Veränderung vs. Sozialer Mobilität" hat für die Auswertung keine Relevanz und wird im Folgenden nicht weiter vorgestellt. Soweit es nicht anders angegeben wird, sollten die Items auf einem 6er-Rating von 1 "stimmt überhaupt nicht" bis 6 "stimmt voll und ganz" beantwortet werden.

Die Manipulation

Für die Studie wurden zwei verschiedene Fragebogenversionen entwickelt, die sich lediglich in einem suggestiven Text unterschieden. Dieser Text sollte die wahrgenommene Bedrohung der Identität als zukünftige Psychologin bzw. Psychologe manipulieren. Eine Gruppe bekam einen Text, in der die Zukunft für psychologische Psychotherapie als sehr bedrohlich dargestellt wurde. Die andere Gruppe sollte einen Text lesen, in der die Zukunft für psychologische Psychotherapie sehr positiv dargestellt wurde.

Nach der Manipulation wurde deren Wirksamkeit mit fünf Items überprüft (Items 2, 3, 6, 7 und 8) sowie mit jeweils einem Item erfragt, wie gut der Text verstanden wurde (Item 1) und wie sehr sich die Befragten bereits mit dem Psychotherapeutengesetz auseinandergesetzt hatten (Item 4). Darüber hinaus wurde mit einem Item die Absicht erfasst, nach dem Studium als Psychotherapeutin bzw. Psychotherapeut zu arbeiten (Item 5). Um eine Ja-Sage-Tendenz zu vermeiden, wurde eine Aussage des Manipulations-Check in einer nicht-bedrohlichen Form formuliert (Item 7). Die Items sind eigens für diese Arbeit entwickelt worden (vgl. Tabelle 17). Die fünf Items des Manipulations-Checks (Item 2, 3, 6, 7 und 8) werden zur Auswertung zu einem Summenmittelwert zusammengefasst.

Tabelle 17: Items zur Überprüfung der Wirksamkeit der Manipulation

Itemformulierung mit Itemposition innerhalb der Skala
1. Ich habe den Text "Informationen zum Psychotherapeutengesetz" gut verstanden.
2. Ich empfinde das neue Psychotherapeutengesetz als eine Katastrophe.
3. Ich fühle mich von dem neuen Psychotherapeutengesetz in der Existenz als zukünftiger Psychologe bedroht.
4. Ich habe mich mit dem Psychotherapeutengesetz bereits intensiv auseinandergesetzt.
5. Ich möchte nach dem Studium gern als Psychotherapeut arbeiten.
6. Das neue Psychotherapeutengesetz macht mir bzgl. meiner zukünftigen Tätigkeit als Psychologe große Sorgen.
7. Ich begrüße das neue Psychotherapeutengesetz.
8. Ich fühle mich als Psychologiestudent von dem neuen Psychotherapeutengesetz sehr stark verunsichert.

Neben den Items zur Überprüfung der Wirkung der Manipulation beinhaltete der Fragebogen verschiedene Moderatorvariablen sowie unabhängige und abhängige Variablen. Die für die vorliegende Fragestellung relevanten Variablen des Fragebogens werden im Folgenden näher erläutert.

Unabhängige Variable

AUTORITÄRE PRÄDISPOSITION

Die autoritäre Prädisposition wurde in dieser Studie mit Hilfe der rechtsgerichteten Autoritarismus-Skala nach Altemeyer erfasst. Rechtsgerichteter Autoritarismus (RWA) schien aus folgenden Gründen als Messung für eine autoritäre Prädisposition geeignet. Zum Einen kann RWA als generalisierte Einstellung im Sinne eines ideologischen Syndroms autoritär aggressiver, unterwürfiger und konventionalistischer Einstellungen aufgefasst werden (vgl. Zick & Six, 1997). Zum Anderen ist rechtsgerichteter Autoritarismus relativ resistent gegenüber Veränderungen. Rechtsgerichteter Autoritarismus kann somit als Prädisposition für autoritäre Aggression, autoritäre Unterwürfigkeit und Konventionalismus im Gruppenkontext angesehen werden. Zur Messung von RWA existiert eine gut validierte deutsche Kurz-Skala (vgl. Tabelle 18). Diese Skala umfasst neun Items und hat sich in vielen Studien als reliabel und valide erwiesen (vgl. Petzel, Wagner, Nicolai & van Dick, 1997). Fünf Aussagen der RWA-Skala sind als Contrait-Items und vier als Protrait-Items formuliert.

Obwohl die RWA-Skala als unabhängige Variable in dieser Studie eingesetzt wurde, wurde sie am Schluss des Fragebogens, d.h. nach der Manipulation, vorgelegt. Bei einer Erfassung von RWA am Anfang des Fragebogens wäre zu befürchten gewesen, dass die Befragten Hinweise über den wahren Hintergrund der Studie erhalten hätten oder durch die recht extrem formulierten Autoritarismusitems in ihrem Antwortverhalten beeinflusst worden wären. Es wird davon ausgegangen, dass die Manipulation keine Auswirkung auf die Beantwortung der RWA-Skala hat, da sie relativ resistent gegenüber Veränderungen ist. Für die Auswertung wird ein Summenmittelwert über die neun Autoritarismusitems gebildet. Ein Mediansplit dient schließlich dazu, die Befragten nach Personen mit niedrigen und hohen autoritären Prädispositionen zu unterscheiden.

Tabelle 18: Items zur Erfassung von rechtsgerichtetem Autoritarismus als autoritäre Prädispostion

Itemformulierung mit Itemposition innerhalb der Skala
1. Frauen sollten ihren Ehemännern gehorchen.
2. Das Wichtigste, was Kinder lernen sollten, ist Gehorsam und Respekt gegenüber Eltern und Vorgesetzten.
3. Homosexuelle sind genauso normale Menschen wie alle anderen auch.
4. Gegen Faulenzer und Nichtstuer sollte man mit Härte vorgehen.
5. Gesetze sollten ohne Mitleid durchgesetzt werden, besonders gegen politische Unruhestifter.
6. Menschen, die sich gegen religiöse Werte auflehnen, sind genauso anständig, wie solche, die regelmäßig zur Kirche gehen.
7. Die Zeiten, in denen sich Frauen unterordnen mußten, sollten ein für alle Mal vorbei sein.
8. Die Todesstrafe sollte weltweit abgeschafft werden.
9. Um Recht und Ordnung zu bewahren, muß gegen Außenseiter und Unruhestifter härter vorgegangen werden.

Moderatorvariablen

Als Moderatorvariablen werden in dieser Studie Bedrohung - durch die bereits vorgestellte experimentelle Manipulation - und Gruppenidentifikation erfasst.

ERFASSUNG DER GRUPPENIDENTIFIKATION

Nach dem Gruppenautoritarismus-Prozessmodell wird eine autoritäre Einstellungsreaktion besonders bei solchen Personen erwartet, die sich mit ihrer Gruppe hoch identifizieren. In dieser Studie wird die Identifikation mit der Gruppe der Psychologinnen und Psychologen durch eine Skala in Anlehnung an Klink et al. (1997) erfasst. In der Studie von Klink et al. waren die Items auf nationale Gruppenzugehörigkeiten formuliert und auf den Kontext dieser Studie nicht so einfach übertragbar. Daher wurde für diese Studie eine modifizierte Version der Identifikationsskala von Klink et al. entwickelt und in einem Vortest mit 63 Studierenden überprüft. In diesem Vortest wurden in Anlehnung an Klink et al.

(1997) acht Items zur Erfassung der kognitiven Identifikation und dreizehn Items zur Erfassung der emotional-bewertenden[23] Identifikation bezüglich der Gruppe der Studierenden vorgelegt. Die teilnehmenden Studierenden sollten die Identifikationsitems auf einem 6er-Rating von 1 "stimme überhaupt nicht zu" bis 6 "stimme voll und ganz zu" beantworten. Aus diesen Items wurden nach inhaltlichen und statistischen Kriterien (Faktorenanalysen, Trennschärfen und Reliabilitätsanalysen) jeweils vier Items zur Erfassung der kognitiven und emotionalen Identifikation ausgewählt. Zwei Items jeder Dimension sollten als Protrait- und zwei Items als Contrait-Items formuliert sein. Eine abschließende Faktorenanalyse über die ausgewählten acht Items ergab im Pretest zwei Faktoren mit einer rotierten Varianzaufklärung von 33.7% für den ersten Faktor und 28.4% für den zweiten Faktor. Die Items des ersten Faktors erfassten die kognitive Identifikation und die Items des zweiten Faktors die emotionale Identifikation. Die Reliabilität für den Faktor "kognitive Identifikation" lag bei α=.77 und für den Faktor "emotionale Identifikation" bei α=.75. Die beiden Faktoren korrelierten zu r=.51 (p<.001). Aufgrund der hohen Korrelation schien es daher auch legitim aus allen acht Identifikationsitems einen Gesamtwert für "Identifikation mit der Gruppe der Studierenden" zu ermitteln. Die Gesamtskala zur Erfassung der Identifikation zeigt eine zufriedenstellende Reliabilität von α=.81.

Tabelle 19: Items zur Erfassung der Identifikation mit der Gruppe der Psychologen

Itemformulierung mit Itemposition innerhalb der Skala	Dimension	Quelle des Items
1. Soweit es mich betrifft, lege ich keinen Wert darauf, daß jemand weiß, daß ich Psychologe bin.	kognitiv	Übernommen von Klink et al. (1997)
2. Ich fühle mich als Mitglied der Gruppe der Psychologen wohl.	emotional	In Anlehnung an Klink et al. (1997)
3. Ich identifiziere mich stark mit der Gruppe der Psychologen.	kognitiv	In Anlehnung an Klink et al. (1997)
4. Ich ärgere mich manchmal darüber, daß ich ein Psychologe bin.	emotional	In Anlehnung an Klink et al. (1997)
5. Ein Psychologe zu sein, macht einen wichtigen Teil meiner Persönlichkeit aus.	kognitiv	Übernommen von Klink et al. (1997)
6. Ich mag es, ein Psychologe zu sein.	emotional	Übernommen von Klink et al. (1997)
7. Im Allgemeinen hat die Tatsache, daß ich Psychologe bin, nur wenig damit zu tun, wie ich mich selbst sehe.	kognitiv	Übernommen von Klink et al. (1997)
8. Ich ärgere mich darüber, wenn ich als Psychologe gesehen werde.	emotional	In Anlehnung an Klink et al. (1997)

---

[23] Die "emotional-bewertende Identifikation" drückt nach Klink et al. (1997) die in der Identifikation enthalten Emotionen gegenüber der eigenen Gruppe aus. Zur sprachlichen Vereinfachung wird im folgenden nur noch von emtionaler Identifikation gesprochen.

Für Studie 1 wurden die Items auf die Gruppe der Psychologen umformuliert (vgl. Tabelle 19). Zusätzlich wurde in Studie 1 den Studierenden ein Einführungstext zur Beantwortung der Identifikationsskala vorgelegt, in dem sie aufgefordert wurden, kurz über ihre Zugehörigkeit zu der Gruppe der Psychologen nachzudenken und anzugeben, wie sie über diese Gruppe und ihre Zugehörigkeit zu dieser Gruppe denken. Darüber hinaus wurde betont, dass mit dem Term "Psychologen" sowohl Psychologen mit Diplom als auch Studierende der Psychologie verstanden werden. Daraufhin wurden die Befragten gebeten anzugeben, wie stark sie den jeweiligen Aussagen zustimmen.

Tabelle 20: Items der Collective Self-esteem Skala bezüglich der Gruppe der Psychologen

Itemformulierung mit Itemposition innerhalb der Skala	Dimension
1. Häufig bedauere ich, daß ich der Gruppe der Psychologen angehöre.	Private
2. Im großen und ganzen wird meine Gruppe der Psychologen von anderen positiv bewertet.	Public
3. Im großen und ganzen hat meine Mitgliedschaft zur Gruppe der Psychologen wenig mit dem zu tun, wie ich mich selbst sehe.	Identity
4. Im Allgemeinen bin ich froh, daß ich der Gruppe der Psychologen angehöre.	Private
5. Die meisten Leute halten meine Gruppe der Psychologen für weniger effektiv als andere soziale Gruppen.	Public
6. Die Gruppe der Psychologen, zu der ich gehöre, spiegelt sehr gut wider, wer ich bin.	Identity
7. Im großen und ganzen glaube ich, daß die Gruppe der Psychologen, deren Mitglied ich bin, wenig wert ist.	Private
8. Im Allgemeinen achten andere die Gruppe der Psychologen, zu der ich gehöre.	Public
9. Die Gruppe der Psychologen, zu der ich gehöre, ist nicht wichtig für die Vorstellung, die ich von mir selbst habe.	Identity
10. Ich selbst habe eine gute Meinung von der Gruppe der Psychologen, zu der ich gehöre.	Private
11. Im Allgemeinen denken andere, daß die Gruppe der Psychologen, zu der ich gehöre, nichts wert ist.	Public
12. Im Allgemeinen ist mein Selbstbild wesentlich durch die Zugehörigkeit zu der Gruppe der Psychologen bestimmt.	Identity

Zur Validierung der Identifikationsskala wurde in dieser Studie zusätzlich die deutsche Version der Collective Self-esteem (CSE-) Skala vorgelegt (vgl. Wagner & Zick, 1993). Die CSE-Skala ist in erster Linie für zugeschriebene Gruppenzugehörigkeiten formuliert worden und weniger für eher erworbene Gruppenzugehörigkeiten, wie die Gruppe der Psychologen. Daher wird sie hier lediglich zur

Validierung und nicht zur Überprüfung des Gruppenautoritarismus-Prozess-modells herangezogen. Besonders hohe Korrelationen werden jedoch zwischen den CSE-Dimensionen "Private" und "Identity" und der Identifikationsskala erwartet, da sie die Bewertung der eigenen Mitgliedschaft in einer Gruppe im Allgemeinen und für das Selbstkonzept eines Individuums thematisieren. Die CSE-Dimension "Public" hingegen erfasst die Bewertung der eigenen Gruppe durch Andere und sollte daher kaum oder gar nicht mit der emotionalen und kognitiven Identifikation korrelieren. Jede CSE-Dimension wird durch vier Items repräsentiert. Jeweils zwei Items jeder Dimension sind als Contrait- oder Protrait-Items formuliert.

Abhängige Variablen

Als abhängige Variablen wurden sowohl Gruppenautoritarismus als auch die Bewertung der eigenen und die Bewertung einer relevanten fremden Gruppe (Mediziner) erfasst.

GRUPPENAUTORITARISMUS

Gruppenautoritarismus wird in dieser Studie auf die spezifische Gruppe der Psychologen bezogen. Die Itemformulierungen basieren auf der Basisversion, die in Kapitel 11 vorgestellt wurde. Die Skala ist vollständig nach Contrait- und Protrait-Items balanciert und umfasst 12 Items. Vor der Beantwortung der Gruppenautoritarismus-Skala, wurde folgender Einleitungstext vorgelegt:

Der größte Dachverband der Psychologen ist der Berufsverband Deutscher Psychologinnen und Psychologen (BDP). Der BDP stellte bei der Diskussion um das Psychotherapeutengesetz eine wichtige Vertretung der Psychologen dar. Jedoch wurden einige Stellungnahmen, die die offiziellen Vertreter des BDP's bei den Verhandlungen zum neuen Psychotherapeutengesetz abgaben, von einigen Psychologen stark kritisiert. Momentan werden die Ausführungsbestimmungen zur konkreten Umsetzung des Psychotherapeutengesetz verhandelt.

Im folgenden finden Sie einige Aussagen darüber, wie sich die Studierenden der Psychologie bzw. Diplom-Psychologen im Hinblick auf die weiteren Verhandlungen zur konkreten Umsetzung des neuen Psychotherapeutengesetz verhalten sollten.

Bei manchen Items wird auf Normen und Regeln Bezug genommen. Damit sind Normen und Regeln gemeint, wie sich Psychologen z.B. bei Diskussionen zur konkreten Umsetzung des Psychotherapeutengesetzes dem BDP gegenüber Verhalten sollten.

Mit diesem Einleitungstext sollte der Bezugsrahmen zur Beantwortung der Gruppenautoritarismus-Skala möglichst realistisch und spezifisch gestaltet werden. Die Items sind in Tabelle 21 dargestellt.

Tabelle 21: Items zur Erfassung von Gruppenautoritarismus

Itemformulierung mit Itemposition innerhalb der Skala	Dimension
1. Ein Psychologe sollte nichts tun, das den Normen oder Regeln der Gruppe der Psychologen widerspricht.	Aut. Unterw.
2. Ein Psychologe muß nicht gleich sehr hart bestraft werden, wenn er einmal gegen die Regeln von offiziellen Vertretern des BDP's verstoßen hat.	Aut. Agg.
3. Anweisungen von offiziellen Vertretern der Psychologen sollten immer befolgt werden.	Konv.
4. Ein Psychologe sollte Anweisungen von offiziellen Vertretern des BDP's nur dann befolgen, wenn sie auch seinen eigenen Interessen entsprechen.	Konv.
5. Ein Psychologe darf sich auch anders verhalten, als die Regeln des BDP's es verlangen.	Aut. Unterw.
6. Ein Psychologe sollte auf keinen Fall bestraft werden, wenn er die Regeln der Gruppe der Psychologen verletzt.	Aut. Agg.
7. Wenn die Grupppe der Psychologen einen offiziellen Vertreter hat, schulden ihm die Psychologen auf jeden Fall Respekt und Gehorsam.	Konv.
8. Ein Psychologe, der die Regeln von offiziellen Vertretern der Gruppe der Psychologen verletzt, sollte immer zur Rechenschaft gezogen werden.	Aut. Agg.
9. Ein Psychologe sollte sich immer an die Regeln der Gruppe der Psychologen halten.	Aut. Unterw.
10. Ein Psychologiestudent darf manchmal gegen die Regeln von offiziellen Vertretern des BDP's verstoßen.	Aut. Unterw.
11. Ein Psychologe, der gegen die Regeln des BDP's verstoßen hat, sollte streng bestraft werden.	Aut. Agg.
12. Wenn ein Psychologe die Entscheidungen von offiziellen Vertretern der Gruppe der Psychologen nicht richtig findet, sollte er seinen Anordnungen nicht folgen.	Konv.

BEWERTUNG DER EIGENEN UND EINER RELEVANTEN FREMDEN GRUPPE

Zur Bewertung der eigenen Gruppe (Psychologen) bzw. einer relevanten fremden Gruppe (Mediziner) wurden sieben Aussagen formuliert, die für beide Gruppen beantwortet werden sollten. Die Ingroup-Outgroup-Bewertung wurde durch die Beurteilung der Qualität der Psychotherapie von Psychologen und Medizinern erfasst. Die ersten beiden Items bezogen sich auf die Bewertung der Qualität der Ausbildung zum Psychotherapeuten. Die anderen fünf Items bezogen sich auf die Bewertung der psychotherapeutischen Fähigkeiten von Psychologen und Medizinern nach der Ausbildung zum Psychotherapeuten. Die Bewertung sollte diesmal nach dem Schulnotensystem von 1 "sehr gut" bis 6 "ungenügend" abgegeben werden. Die Items wurden für diese Studie neu formuliert. Tabelle 22 zeigt sowohl die Itemformulierung der Ingroup-Outgroup-Bewertung als auch die Form der Skala, weil sie von den anderen Skalen abweicht.

Tabelle 22: Items zur Erfassung von Ingroup-Outgroup-Bewertungen

Bitte geben Sie in der unten stehenden Tabelle - getrennt für Mediziner und Psychologen - Noten von 1 bis 6 für verschiedene Bereiche der Psychotherapie und der Psychotherapieausbildung an.		
1 = sehr gut; 2 = gut; 3 = befriedigend; 4 = ausreichend; 5 = mangelhaft; 6 = ungenügend;		
Für wie gut halten Sie:	**Bewertung für Mediziner**	**Bewertung für Psychologen**
die Qualität der Ausbildung zum Psychotherapeuten:		
• während des Studiums	Note:	Note:
• nach dem Studium	Note:	Note:
nach der Ausbildung zum Psychotherapeuten:		
• die Fähigkeit zur Diagnostik	Note:	Note:
• die Fähigkeit zur Gesprächsführung	Note:	Note:
• die Fähigkeit zur störungsspezifischen Psychotherapie	Note:	Note:
• die Effektivität der Psychotherapie	Note:	Note:
• die Qualität der Psychotherapie	Note:	Note:

Weitere Variablen

Neben den genannten Variablen wurde zusätzlich die politische Orientierung auf einer Skala von 1 "politisch links" bis 6 "politisch rechts" als Kontrollvariable erfasst. Damit sollte die Möglichkeit geschaffen werden, einen Konservatismus-Bias in den Autoritarismusitems zu kontrollieren. Darüber hinaus wurde die Parteipräferenz sowie eine Skala zur Messung der Neigung zu sozialer Veränderung bzw. sozialer Mobilität vorgelegt. Letztere ist in dieser Studie als Vortest für eine spätere Studie vorgelegt worden. Da beide Variablen keine Bedeutung für die vorliegende Fragestellung haben, werden sie nicht weiter dargestellt. Schließlich wurden die demographischen Variablen Alter, Geschlecht und Semesterzahl am Ende des Fragebogens erhoben.

12.1.5. Hypothesen

Im Zentrum der zu testenden Hypothesen steht in dieser Studie die Leithypothese 1, die in Kapitel 6.4. hergeleitet wurde. Diese wird hier als Hypothese 1a nochmals formuliert:

Hypothese 1a: Eine starke Identifikation mit einer Gruppe bei gleichzeitiger Bedrohung der an diese Gruppe geknüpften Sozialen Identität führt bei Personen mit einer autoritären Prädisposition zu einer autoritä-

ren Einstellungsreaktion. Die autoritäre Einstellungsreaktion wird umso
stärker sein, je stärker die autoritäre Prädisposition, die Identifikation
mit der Gruppe und die Bedrohung der an diese Gruppe geknüpften
Sozialen Identität ist.

Das Ausmaß der autoritären Einstellungsreaktion wird mit der Gruppenautoritarismus-Skala erfasst. Die Hypothese 1a impliziert die Überprüfung des Gruppenautoritarismus-Prozessmodells (vgl. Abbildung 6).

Gruppenautoritarismus wurde als die Vorstellung von Individuen darüber definiert, welche Beziehung zwischen der Gruppe und ihren Mitgliedern existieren
sollte (vgl. Kap. 6.4.1.). Es wird davon ausgegangen, dass sich Personen prinzipiell darin unterscheiden, mit welchen Erwartungen sie sich in Gruppenkontexte
begeben (vgl. Duckitt, 1989) und dass diese Erwartungen durch autoritäre Prädispositionen mitbestimmt werden. Entsprechend kann Hypothese 1b formuliert
werden:

Hypothese 1b: Personen mit hohen autoritären Prädispositionen besitzen eine stärkere Gruppenautoritarismusneigung als Personen mit niedrigen autoritären Prädispositionen.

Neben der Überprüfung des Gruppenautoritarismus-Prozessmodells sollen in
dieser Studie erste Hinweise auf Prädiktorfähigkeiten von Gruppenautoritarismus
analysiert werden. In den Hypothesen 1c und 1d werden Annahmen über den
Zusammenhang von Gruppenautoritarismus und einem Ingroup-Bias formuliert.
In vielen Studien konnte nachgewiesen werden, dass Autoritarismus ein guter
Prädiktor für die Abwertung und Diskriminierung fremder Gruppen ist. In dieser
Studie wird der Ingroup-Bias aus der Differenz der Bewertung der eigenen
(Ingroup-Bewertung) und einer relevanten fremden Gruppe (Outgroup-Bewer-
tung) gebildet. Da Gruppenautoritarismus und die Ingroup- und Outgroup-
Bewertungen auf dem selben Spezifikationsniveau gemessen werden, wird
erwartet, dass ein positiver Zusammenhang zwischen Gruppenautoritarismus und
der Herstellung eines Ingroup-Bias besteht (vgl. Kap. 6.4.2.).

Hypothese 1c: Je höher die Gruppenautoritarismusneigung ist, desto
stärker wird ein Ingroup-Bias hergestellt.

Da Gruppenautoritarismus und der Ingroup-Bias in dieser Studie auf dieselbe
Gruppenmitgliedschaft bezogen wurden, kann darüber hinaus angenommen
werden, dass Gruppenautoritarismus auch dann noch Varianz bei der Erklärung
eines Ingroup-Bias aufklären kann, wenn die Einflüsse von autoritären Prädispositionen bereits berücksichtigt sind. Entsprechend kann Hypothese 1d formuliert werden.

Hypothese 1d: Gruppenautoritarismus zeigt auch nach Kontrolle der autoritären Prädisposition signifikante Korrelationen zur Herstellung eines Ingroup-Bias.

In Kapitel 5.3. wurde dargestellt, dass Bedrohungswahrnehmungen eine stärkere Abwertung von Mitgliedern fremder Gruppen bewirken. Ebenso gibt es Hinweise, dass die autoritäre Prädisposition ein Moderator für die Beziehung zwischen Bedrohung und autoritärem Verhalten ist (vgl. Feldman & Stenner, 1997, Rickert, 1998). Unklar ist bislang, ob die relative Abwertung fremder Gruppenmitglieder auch mit Gruppenautoritarismus kovariiert. Neigen Personen mit einer hohen Gruppenautoritarismusneigung dazu, unter bedrohten Bedingungen Mitglieder fremder Gruppen im Vergleich zu Mitgliedern der eigenen Gruppe stärker abzuwerten als Personen mit einer niedrigen Gruppenautoritarismusneigung? Dieser Fragestellung soll in dieser Studie ebenfalls nachgegangen werden.

12.1.6. Ergebnisse

Im ersten Teil der Ergebnisdarstellung werden die deskriptiven Statistiken und Gütekriterien der verwendeten Skalen dargestellt. Im zweiten Teil wird dann auf die Hypothesen eingegangen.

12.1.6.1. Deskriptive Statistiken und Gütekriterien der Skalen

Die Item- und Skalengütekriterien werden zunächst im Überblick in Tabelle 23 und 24 dargestellt. Danach werden die einzelnen Skalen separat diskutiert.

Tabelle 23: Übersicht über die Itemstatistiken der verwendeten Maße in Studie 1 (Contrait-Items sind recodiert)

Skala	Anzahl der Items	Mittelwerte der Items	Std.abw. der Items	Trennschärfen der Items
Manipulations-Check	5	3.01-3.65	1.37-1.64	.66-.84
RWA	9	1.15-2.41	0.48-1.43	.21-.65
Identifikation	8	3.24-4.83	0.89-1.51	.25-.68
CSE-Dimension Private	4	4.39-5.40	0.93-1.09	.34-.48
CSE-Dimension Identity	4	2.45-3.56	1.26-1.55	.54-.65
CSE-Dimension Public	4	3.54-4.54	1.05-1.25	.47-.57
Gruppenautoritarismus	12	2.03-3.78	0.95-1.56	.34-.70
Bewertung von Psychologen	7	1.80-3.16	0.52-1.11	.32-.68
Bewertung von Medizinern	7	2.77-4.65	0.89-1.21	.24-.78

Die Itemmittelwerte können Werte zwischen 1 und 6 annehmen. Zur Berechnung der Itemmittelwerte sind alle Contrait-Items recodiert worden, so dass in Tabelle 23 und 24 niedrige Mittelwerte eine niedrige bzw. negative Ausprägung des entsprechenden Merkmals bedeuten, und hohe Mittelwerte eine hohe bzw. positive Ausprägung des Merkmals. Die Ausprägungen der Mittelwerte werden im Rahmen der Darstellung der Ergebnisse der einzelnen Skalen diskutiert. Die Standardabweichungen der Skalen sind für eine sechsstufige Antwortskala in aller Regel unauffällig. Lediglich vereinzelt sind relativ niedrige Standardabweichungen aufgrund von Bodeneffekten zu erkennen (vgl. RWA bzw. Bewertung von Psychologen). Die Trennschärfen sind in allen Skalen zufriedenstellend bis gut.

Tabelle 24: Übersicht über die Skalengütekriterien der verwendeten Maße in Studie 1

Skala	Mittel-wert der Skala	Std.abw. der Skala	Reliabilität	Schiefe	Kurtosis	Normal-verteilung
Manipulations-Check	3.29	1.29	.90	.20	-.97	$1.20^{\#}$
RWA	1.72	0.61	.73	.71	-.15	1.50*
Identifikation	4.02	0.80	.79	.14	-.38	$0.62^{\#}$
CSE-Dimension Private	4.81	0.72	.63	-.60	.02	$1.03^{\#}$
CSE-Dimension Identity	3.12	1.04	.74	.05	-.42	$0.79^{\#}$
CSE-Dimension Public	4.04	0.89	.77	-.36	-.15	$1.03^{\#}$
Gruppenautoritarismus	2.72	0.83	.87	.04	-.64	$0.72^{\#}$
Bewertung von Psychologen	2.14	0.48	.83	.57	2.28	1.39**
Bewertung von Medizinern	3.22	0.71	.79	.61	.90	$0.91^{\#}$

#: p>.05 (normalverteilt); *: p<.05; **: p<.01

Alle hier verwendeten Skalen zeigen zufriedenstellende bis gute Reliabilitäten. In sieben von neun Fällen sind die Skalen normalverteilt. Lediglich bei der rechtsgerichteten Autoritarismus-Skala und der Skala zur Bewertung der Psychologen zeigen sich Abweichungen von der Normalverteilung. Im Folgenden sollen die einzelnen Skalen im Detail diskutiert werden.

MANIPULATIONS-CHECK

Die Skala zur Überprüfung der Effektivität der Manipulation zeigt eine einfaktorielle Struktur (KMO=0.81) mit einer Varianzaufklärung des ersten Faktors von 71.6% (Eigenwertverlauf: 3.58-0.70-...). Alle Items laden über .70 auf diesen ersten Faktor. Die Reliabilität der Skala ist mit α=.90 hoch. Die Mittelwerte der Items schwanken von 3.01 bis 3.65 in einem relativ engen Bereich mit einem Skalenmittelwert von 3.29 (SD=1.29). Die Schwierigkeiten der Items sind somit vergleichbar. Die Mittelwerte liegen im mittleren Bereich. Die Skala, bestehend aus den fünf Items, ist normalverteilt.

RECHTSGERICHTETER AUTORITARISMUS (RWA)

Die RWA-Skala zeigt wie gewohnt eine einfaktorielle Struktur (KMO=0.72) mit einer Varianzaufklärung des ersten Faktors von 33.1% (Eigenwertverlauf: 2.98-1.35-1.17-0.94-...). Alle Items laden mit über .30 auf diesem ersten Faktor. Die Reliabilität der Skala ist mit α=.73 zufriedenstellend. Alle Trennschärfen sind größer oder gleich .20. Die Mittelwerte der Items liegen zwischen 1.15 und 2.41 mit einem Skalenmittelwert von 1.72 (SD=0.61). Damit liegen die Autoritarismuswerte in einem relativ niedrigen Bereich. Zwei Items zeigen aufgrund von Bodeneffekten eine geringe Standardabweichung (SD<0.55). Die Skala ist nicht normalverteilt, da sie linksschief ist.

GRUPPENIDENTIFIKATION

Die Identifikationsskala zeigt eine zweifaktorielle Struktur (KMO=0.73), die die Items nach kognitiver und emotionaler Identifikation aufteilt (Eigenwertverlauf: 3.41-1.47-0.98-...). Die kognitiven Identifikationsitems laden auf dem ersten Faktor am höchsten, während die emotionalen Identifikationsitems auf dem zweiten Faktor die höchste Ladung besitzen. Alle Items werden eindeutig als Markieritems identifiziert (vgl. Tabelle 25). Entsprechend können prinzipiell zwei Faktoren (kognitive und emotionale Identifikation) mit jeweils vier Items gebildet werden. Der erste rotierte Faktor klärt 36.5% und der zweite rotierte Faktor 24.5% der Varianz auf.

Tabelle 25: Faktorladungen der Identifikationsskala

Items	Dimension	F1	F2
1. Soweit es mich betrifft, lege ich keinen Wert darauf, daß jemand weiß, daß ich Psychologe bin.	kognitiv	.65	
2. Ich fühle mich als Mitglied der Gruppe der Psychologen wohl.	emotional	.35	.68
3. Ich identifiziere mich stark mit der Gruppe der Psychologen.	kognitiv	.83	
4. Ich ärgere mich manchmal darüber, daß ich ein Psychologe bin.	emotional		.82
5. Ein Psychologe zu sein, macht einen wichtigen Teil meiner Persönlichkeit aus.	kognitiv	.87	
6. Ich mag es, ein Psychologe zu sein.	emotional	.40	.65
7. Im Allgemeinen hat die Tatsache, daß ich Psychologe bin, nur wenig damit zu tun, wie ich mich selbst sehe.	kognitiv	.88	
8. Ich ärgere mich darüber, wenn ich als Psychologe gesehen werde.	emotional		.58

Die Reliabilität der Subskala "kognitive Identifikation" liegt mit $\alpha=.84$ in einem sehr guten Bereich. Die Reliablität für die Subskala "emotionale Identifikation" fällt mit $\alpha=.65$ etwas niedrig aus, kann aber aufgrund der geringen Itemzahl noch als zufriedenstellend bezeichnet werden. Alle Trennschärfen der Subskalen liegen mindestens bei $r_{it}=.29$. Darüber hinaus ist zu erkennen, dass die Skalenmittelwerte für die emotionale Identifikation höher liegen als für die kognitive Identifikation. Die beiden Dimensionen der Identifikation sind mit $r=.35$ interkorreliert. Für die vorliegende Fragestellung wird lediglich mit der Gesamtskala gerechnet. Die Gesamtskala zeigt mit $\alpha=.79$ eine zufriedenstellende Reliabilität.

ZUR VALIDITÄT DER IDENTIFIKATIONSSKALA:

Als Validitätskriterium wurde angenommen, dass die Identifikationsskala hoch mit den CSE-Dimensionen "Identity" und "Private", aber nur moderat oder nicht-signifikant mit der CSE-Dimension "Public" korreliert. Die Collective Self-esteem Skala zeigt in dieser Studie wie erwartet eine dreifaktorielle Struktur (KMO=0.78), die die Dimensionen "Identity", "Private" und "Public" perfekt wiedergeben (Eigenwertverlauf: 3.70-2.16-1.07-0.95-...). Die rotierte Varianzauf-klärungen der drei Faktoren sind nahezu identisch (Faktor 1 = 20.2%; Faktor 2 = 20.0% und Faktor 3 = 17.4%). Die drei CSE-Dimensionen sind normalverteilt und zeigen zufriedenstellende Reliabilitäten von $\alpha=.63$ bis $\alpha=.77$ (vgl. Tabelle 24). Tabelle 26 gibt die Korrelationen zwischen den CSE-Dimensionen und der Identifikation wieder.

Tabelle 26: Interkorrelationen der Identifikations-Subskalen

	(2)	(3)	(4)
(1) CSE Identity	.43**	.12	.58**
(2) CSE Private	---	.45**	.52**
(3) CSE Public		---	.24**
(4) ID Gesamt			---

CSE: Collective Self-Esteem; ID: Identifikation

Tatsächlich zeigt die Identifikationsskala starke Korrelationen von $r>.50$ mit den CSE-Dimensionen "Identity" und "Private" und nur eine moderate Korrelation mit der CSE-Dimension "Public" ($r=.24$). Dies entspricht den Erwartungen. Damit wird die Validität der Identifikationsskala bestätigt. Für die Überprüfung der Hypothesen werden die Personen anhand ihres Skalenmittelwerts in der Identifikation durch einen Mediansplit in niedrig- und hoch-identifizierte Personen aufgeteilt.

GRUPPENAUTORITARISMUS

Die Gruppenautoritarismus-Skala ist eindimensional (KMO=0.89) mit einer Varianzaufklärung des ersten unrotierten Faktors von 44.0% (Eigenwertverlauf: 5.29-1.13-1.03-0.77-...). Alle Items laden mit mindestens .40 auf diesem Faktor. Die Reliabilität der Skala ist mit α=.87 gut. Die Mittelwerte der Items schwanken zwischen 2.03 und 3.78. Alle Items besitzen eine zufriedenstellende Trennschärfe von r_{it}>.30. Die Skala ist normalverteilt.

INGROUP-OUTGROUP-BEWERTUNGEN

Bei der Ingroup-Outgroup-Bewertung sind relativ viele Missings zu erkennen. Daher liegen für diese Variable lediglich 126 komplette Datensätze vor. Die Bewertungsskala für die Gruppe der Psychologen sowie für die Gruppe der Mediziner sind eindimensional (KMO=0.79 bzw. 0.84). Der erste Faktor klärt 50.1% bzw. 53.1% der Varianz auf (Eigenwertverlauf$_{(Psychologen)}$: 3.71-1.04-0.67-...; Eigenwertverlauf$_{(Mediziner)}$: 3.51-1.04-0.79-...). Alle Items laden mit mindestens .30 auf diesem ersten Faktor. Die Reliabilität der Bewertungsskala für die Gruppe der Psychologen beträgt α=.83 und für die Gruppe der Mediziner α=.79. Die Bewertungsskala für Mediziner ist normalverteilt, während sie für Psychologen auf dem 1%-Niveau von der Normalverteilung abweicht. Diese Abweichung geht auf eine deutlich spitzwinkligere Verteilung der Bewertungsskala für Psychologen zurück (Kurtosis=2.28). Die Bewertungen sollten auf einer Schulnotenskala von 1 bis 6 abgegeben werden. Zur Vereinheitlichung und zur besseren Interpretation von korrelativen Analysen werden diese Werte jedoch recodiert, so dass niedrige Werte einer negativen Bewertung und hohe Werte einer positiven Bewertung entsprechen. Anhand der Mittelwerte (vgl. Tabelle 24) ist zu erkennen, dass die eigene Gruppe (Psychologen; M=2.14) positiver bewertet wird als die fremde Gruppe (Mediziner; M=3.22) ($t_{(125)}$=15.81; p<.001).

12.1.6.2. Hypothesenüberprüfung

Effektivität der Manipulation

137 von 140 Befragten geben an, den Text zum Psychotherapeutengesetz verstanden zu haben (Antwort 4-6 auf der Ratingskala). Lediglich 3 Personen stimmen der Aussage eher nicht zu, den Text zum Psychotherapeutengesetz verstanden zu haben. 2/3 (66.4%) der Befragen geben an, sich noch nicht sehr intensiv mit dem Psychotherapeutengesetz auseinandergesetzt zu haben (Antwort 1-3 auf der Ratingskala). Allerdings geben ebenfalls 2/3 (66.4%) der Befragten an, später als Therapeut arbeiten zu wollen (Antwort 4-6 auf der Ratingskala). Die experimentellen Gruppen unterscheiden sich weder im Verständnis des Manipulationstextes ($t_{(138)}$=-.13; p>.10), der Auseinandersetzung mit dem Psychotherapeutengesetz ($t_{(138)}$=1.51; p>.10) noch dem Wunsch, später als

Therapeut zu arbeiten ($t=_{(138)}0.49$; $p>.10$). Dies weist auf eine gelungene Zufallszuweisung zu den experimentellen Gruppen hin.

Der Manipulations-Check zeigt, dass die Befragten in der bedrohlichen Bedingung ($M=3.65$) eine signifikant stärkere Wahrnehmung von Bedrohungen äußerten ($t_{(138)}=3.38$; $p=.001$) als die Befragten in der nicht-bedrohlichen Bedingung ($M=2.94$). Die Manipulation war somit erfolgreich. Darüber hinaus ist zu erkennen, dass die Manipulation keine Auswirkung auf die am Ende erfasste autoritäre Prädisposition besitzt ($t_{(138)}=0.31$; $p>.10$). Damit bestätigt sich, dass die autoritäre Prädisposition als unabhängige Variable in dieser Studie operationalisiert werden kann.

Überprüfung des Gruppenautoritarismus-Prozessmodells

HYPOTHESE 1A UND 1B

Die Hypothesen 1a und 1b werden mit einer dreifaktoriellen univariaten Varianzanalyse mit den Faktoren (niedrige vs. hohe autoritäre Prädisposition; niedrige vs. hohe Gruppenidentifikation; keine vs. hohe Bedrohung) und der abhängigen Variablen Gruppenautoritarismus überprüft. Die drei Personen, die angegeben haben, den Manipulationstext nicht so gut verstanden zu haben, werden in der Analyse nicht berücksichtigt. Um die Auswirkungen eines von politischen Konservatismus auf Gruppenautoritarismus zu kontrollieren, wird die Variable "politische Orientierung" simultan als Kovariate in die Varianzanalyse hinzugefügt. Haben Befragte ihre politische Orientierung nicht angegeben, wird der fehlende Wert durch den Mittelwert der Stichprobe (3.04) ersetzt. Der Levene-Test für die Gleichheit der Fehlervarianzen ergibt keinen signifikanten Effekt ($F_{(7/129)}=.78$; $p>.20$). Dies bedeutet, dass die Voraussetzung der Varianzenhomogenität erfüllt ist.

Der Hypothese 1a entsprechend ergibt die Varianzanalyse eine signifikante dreifache Wechselwirkung zwischen den Faktoren "autoritäre Prädisposition", "Identifikation" und "Bedrohung" ($F_{(1/128)}=4.08$; $p<.05$; $?^2=0.031$). Besonders hohe Gruppenautoritarismuswerte sind bei hochidentifizierten und gleichzeitig bedrohten Personen mit einer hohen autoritären Prädisposition zu finden (vgl. Tabelle 27). Ein Vergleich zeigt, dass die Gruppenautoritarismusneigung für die Gruppe hochidentifizierter und bedrohter Personen mit einer hohen autoritären Prädisposition ($M=3.29$; $N=22$) signifikant von der Gruppenautoritarismusneigung aller anderen Personen mit einer hohen autoritären Prädisposition ($M=2.79$; $N=50$) abweicht ($t_{(72)}=2.39$; $p<.05$). Ebenso zeigt sich, dass die Gruppenautoritarismusneigung für die Gruppe hochidentifizierter und bedrohter Personen mit einer hohen autoritären Prädisposition ($M=3.29$; $N=22$) signifikant von der Gruppenautoritarismusneigung aller anderen Personen mit einer niedrigen autoritären Prädisposition ($M=2.48$; $N=65$) abweicht ($t_{(86)}=4.23$; $p<.05$). Dies zeigt, dass situative Einflüsse bei der Ausbildung von Gruppenautoritarismusneigungen eine bedeutsame Rolle spielen.

Tabelle 27: Mittelwerte für Gruppenautoritarismus in Abhängigkeit von der autoritären Prädisposition, Identifikation und Bedrohung

N=140	niedrige autoritäre Prädisposition		hohe autoritäre Prädisposition	
	nicht-bedrohte Gruppe	Bedrohte Gruppe	nicht-bedrohte Gruppe	Bedrohte Gruppe
Identifikation hoch	2.54 (N=14)	2.70 (N=13)	2.80 (N=17)	3.29 (N=22)
Identifikation niedrig	2.15 (N=18)	2.62 (N=20)	2.89 (N=19)	2.58 (N=14)

Die Werte für Gruppenautoritarismus können zwischen 1 "niedrige Autoritarismusneigung" bis 6 "hohe Autoritarismusneigung" schwanken.

Neben der geschilderten dreifachen Wechselwirkung ist ein hoch-signifikanter Haupteffekt der autoritären Prädisposition auf Gruppenautoritarismus ($F_{(1/128)}$= 8.47; p<.01; $?^2$=0.062) und ein tendenziell signifikanter Haupteffekt für Identifikation ($F_{(1/128)}$=3.70; p<.06; $?^2$=0.028) zu erkennen. Hypothese 1b, die eine positive Korrelation zwischen autoritärer Prädisposition und Gruppenautoritarismus annimmt, kann somit auch bestätigt werden. Die zweifachen Wechselwirkungen zwischen den drei Variablen Identifikation, Bedrohung und autoritäre Prädisposition werden nicht annähernd signifikant. Bei allen zweifachen Wechselwirkung ist der $F_{(1/128)}$-Wert kleiner als 1.

Tabelle 28: Mittelwerte für Gruppenautoritarismus in Abhängigkeit von der autoritären Prädisposition, Identifikation und Bedrohung

	autoritäre Prädispos.		Identifikation		Bedrohung	
	niedrig (N=65)	hoch (N=72)	niedrig (N=71)	hoch (N=66)	nicht-bedroht (N=68)	bedroht (N=69)
Gruppenautoritarismus	2.48	2.93	2.57	2.89	2.60	2.84

Die Werte für Gruppenautoritarismus können zwischen 1 "niedrige Autoritarismusneigung" bis 6 "hohe Autoritarismusneigung" schwanken.

Tabelle 28 zeigt, dass Personen mit starken autoritären Prädispositionen bzw. hochidentifizierte Personen stärkere Gruppenautoritarismusneigungen zeigen als Personen mit geringen autoritären Prädispositionen bzw. niedrigidentifizierte Personen. Bezüglich der Bedrohung sind zwar auch höhere Gruppenautoritarismuswerte in der bedrohlichen im Vergleich zur nicht-bedrohlichen Bedingung zu

erkennen, dieser Effekt wird jedoch nicht mehr auf dem 10%-Niveau signifikant
($F_{(1/128)}$=2.12; p=.15; ?²=0.016).

Prädiktorfähigkeiten von Gruppenautoritarismus

GRUPPENAUTORITARISMUS UND INGROUP-OUTGROUP-BEWERTUNGEN
HYPOTHESE 1C UND 1D

Die Hypothesen 1c und 1d beziehen sich auf die Beziehung zwischen Gruppenautoritarismus und Ingroup-Outgroup-Bewertungen. In dieser Analyse geht es
also schwerpunktmäßig um die Prädiktionsfähigkeiten von Gruppenautoritarismus. Wie bereits dargestellt, wird im Durchschnitt die eigene Gruppe (Psychologen) besser beurteilt als die fremde Gruppe (Mediziner). Der Ingroup-Bias, der als
die Differenz zwischen der Outgroup- und der Ingroup-Bewertung operationalisiert worden ist, schwankt in dieser Stichprobe zwischen 0 und 5. D.h., dass keine
Person in dieser Studie die fremde Gruppe besser beurteilt hat als die eigene
Gruppe. Nur sieben Personen bewerten die eigene Gruppe gleichermaßen positiv
wie die fremde Gruppe. Zur Analyse der Beziehung zwischen Gruppenautoritarismus und den Ingroup-Outgroup-Bewertungen werden zunächst Korrelationen
berechnet (vgl. Tabelle 29).

Tabelle 29: Korrelationen zwischen autoritärer Prädisposition, Identifikation, Gruppenautoritarismus und den Ingroup-Outgroup-Bewertungen

N=126	Ingroup-Bewertung	Outgroup-Bewertung	Ingroup-Bias
Autoritäre Prädisposition	.03	-.06	.07
Identifikation	.18*	-.23*	.30**
Gruppenautoritarismus	.06	.19*	-.14

Tabelle 29 zeigt, dass die autoritäre Prädisposition keine signifikanten Zusammenhänge mit den Bewertungsindikatoren aufweist. Dafür ergeben sich signifikante Zusammenhänge der Identifikation mit den drei Bewertungsindizes: Je
höher die Identifikation mit der Gruppe der Psychologen ist, desto negativer ist
die Bewertung der fremden Gruppe (r=-.23), desto positiver ist die Bewertung der
eigenen Gruppe (r=.18) und desto größer ist der Ingroup-Bias (r=.30). Gruppenautoritarismus korreliert nur bezüglich der Bewertung der fremden Gruppe
signifikant mit den Bewertungsindizes (r=.19). Diese Korrelation ist aber
überraschenderweise positiv: Je höher die Gruppenautoritarismusneigung ist,
desto positiver wird die fremde Gruppe bewertet.

In einem weiteren Schritt soll analysiert werden, ob die Bedrohungs-Manipulation
einen Einfluss auf die Ingroup-Outgroup-Bewertungen und den Zusammenhang
zwischen Gruppenautoritarismus und den Ingroup-Outgroup-Bewertungen besitzt. T-Tests zeigen, dass die experimentelle Manipulation der Bedrohung keinen

signifikanten Einfluss auf die Ingroup-Bewertung ($t_{(124)}$=0.80; p>.10), auf die Outgroup-Bewertung ($t_{(124)}$=1.44; p>.10) oder auf den Ingroup-Bias ($t_{(124)}$=1.33; p>.10) besitzt.

Tabelle 30: Mittelwerte für Ingroup-Bewertung, Outgroup-Bewertung und Ingroup-Bias in Abhängigkeit von der Bedrohung

	Ingroup-Bewertung	Outgroup-Bewertung	Ingroup-Bias
nicht bedroht (N=61)	4.89 (SD=.47)	3.88 (SD=.68)	1.02 (SD=.70)
bedroht (N=65)	4.90 (SD=.40)	3.69 (SD=.73)	1.20 (SD=.86)

Die Mittelwerte für die Ingroup- und Outgroup-Bewertung können zwischen 1 "negative Bewertung" und 6 "positive Bewertung" schwanken. Der Ingroup-Bias ist die Differenz zwischen der Ingroup-Bewertung und der Outgroup-Bewertung. Je höher dieser Wert ist, desto positiver wird die eigene Gruppe im Vergleich zur fremden Gruppe beurteilt.

Darüber hinaus sind Korrelationen zwischen Gruppenautoritarismus und den Ingroup-Outgroup-Bewertungen in Abhängigkeit von der Bedrohung berechnet worden. Tabelle 31 zeigt, dass Gruppenautoritarismus unter bedrohten Bedingungen mit der Outgroup-Bewertung und dem Ingroup-Bias stärker korreliert als unter nicht-bedrohten Bedingungen. Während Gruppenautoritarismus unter nicht-bedrohten Bedingungen keine signifikanten Korrelationen zu den Bewertungsindikatoren zeigt, ist unter bedrohten Bedingungen eine signifikante positive Korrelation mit der Bewertung der fremden Gruppe und eine negative Korrelation mit dem Ingroup-Bias zu erkennen. Dies bedeutet, dass mit steigender Höhe der Gruppenautoritarismusneigung die Bewertung der fremden Gruppe positiver und der Ingroup-Bias kleiner wird. Diese Zusammenhänge sind konträr zu den Hypothesen und erscheinen auf dem ersten Blick paradox.

Tabelle 31: Korrelationen zwischen autoritärer Prädisposition, Identifikation, Gruppenautoritarismus und den Ingroup-Outgroup-Bewertungen in Abhängigkeit der Bedrohungsmanipulation

	Ingroup-Bewertung		Outgroup-Bewertung		Ingroup-Bias	
	nicht bedroht (N=61)	hoch bedroht (N=65)	nicht bedroht (N=61)	hoch bedroht (N=65)	niedrig bedroht (N=61)	hoch bedroht (N=65)
Autoritäre Prädisposition	-.17	-.13	.17	.04	.29*	-.10
Identifikation	-.01	.38**	-.32**	-.13	.31*	.28*
Gruppenautoritarismus	.10	.02	.06	.35**	.01	-.29*

**:p<.01; *:p<.05; +:p<.10

Zur weiteren Aufklärung der Zusammenhänge werden trotz der unerwarteten Korrelationen von Gruppenautoritarismus verschiedene schrittweise Regressionsrechnungen durchgeführt, um zu analysieren, welche Variablen überhaupt bedeutsame und eigenständige Einflüsse auf Ingroup-Outgroup-Bewertungen besitzen. Als Kriterium werden in unabhängigen Regressionsrechnungen die Ingroup-Bewertung, die Outgroup-Bewertung und der Ingroup-Bias definiert. Als Prädiktoren werden sowohl Gruppenautoritarismus als auch die autoritäre Prädisposition und die Identifikation schrittweise eingegeben. Die Regressionen werden zunächst für die gesamte Stichprobe berechnet und erst in einem zweiten Schritt getrennt für die beiden experimentellen Bedingungen durchgeführt. Tabelle 32 gibt die Effekte der Prädiktoren, die einen signifikanten Einfluss auf die Ingroup-Outgroup-Bewertungen besitzen, wieder.

Tabelle 32: Betagewichte einer Regressionsanalyse mit den Kriterien Ingroup-Bewertung, Outgroup-Bewertung und Ingroup-Bias[24]. Je höher die Mittelwerte bei der Ingroup- und Outgroup-Bewertung sind, desto positiver ist die Bewertung.

Prädiktor	Ingroup-Bewertung			Outgroup-Bewertung			Ingroup-Bias		
	Gesamt	niedrig bedroht	hoch bedroht	Gesamt	niedrig bedroht	hoch bedroht	Gesamt	niedrig bedroht	hoch bedroht
autoritäre Prädisposition	---	---	---	---	---	---	---	.29	---
Identifikation	.18	---	.38	-.25	-.33	---	.33	.32	.36
Gruppen-autoritarismus	---	---	---	.22	---	.36	-.18	---	-.36
R²	.03	.00	.14	.10	.11	.13	.12	.18	.21

Die Ergebnisse der schrittweisen Regression zeigen ein ähnliches Bild wie die Korrelationsanalysen. Den stärksten Einfluss auf die Ingroup-Outgroup-Bewertungen besitzt die Identifikation mit der eigenen Gruppe. Die Identifikation zeigt negative Beta-Gewichte mit der Outgroup-Bewertung und positive Zusammenhänge zum Ingroup-Bias. Dies entspricht bisherigen Befunden (vgl. Bettencourt et al. 2001; Mullen et al., 1992). Gruppenautoritarismus zeigt die bereits erwähnten unerwarteten positiven Zusammenhänge zur Outgroup-Bewertung und negative Zusammenhänge zum Ingroup-Bias. Diese Effekte sind nur in der bedrohten Gruppe zu erkennen. In der nicht-bedrohten Gruppe zeigt Gruppenautoritarismus keinen bedeutsamen Einfluss auf Ingroup-Outgroup-Bewertungen. Erklärungsmöglichkeiten für die unerwarteten Effekte werden in der Diskussion gegeben. Insgesamt können aber die Hypothesen 1c und 1d nicht bestätigt werden. Schließlich besitzt die autoritäre Prädisposition lediglich in der nicht-bedrohten Gruppe

---

[24] Variablen die keinen signifkanten Einfluss auf die Ingroup-Outgroup-Bewertungen besitzen sind mit "---" gekennzeichnet.

einen positiven und signifikanten Zusammenhang mit dem Ingroup-Bias. In allen anderen Regressionen hat die autoritäre Prädisposition keinen bedeutsamen Einfluss.

12.1.7. Diskussion

12.1.7.1. Zur Validität des Gruppenautoritarismus-Prozessmodells

Zur Überprüfung der Annahmen des Gruppenautoritarismus-Prozessmodells wurde eine experimentelle Studie durchgeführt, in der das Ausmaß der Bedrohung der Sozialen Identität manipuliert wurde. Die Manipulation erwies sich als erfolgreich. Eine ANOVA konnte die erwartete dreifache Wechselwirkung von autoritärer Prädisposition, Identifikation und Bedrohung auf Gruppenautoritarismus bestätigen. Demnach führt eine bedrohte Identifikation bei Personen mit einer autoritären Prädisposition zu einer autoritären Einstellungsreaktion. Dagegen war die zweifache Wechselwirkung von Identifikation und Bedrohung auf Gruppenautoritarismus nicht annähernd signifikant. Dies bedeutet, dass eine bedrohte Identifikation nicht automatisch zu einer autoritären Reaktion führt, wie in dem ursprünglichen Modell von Duckitt angenommen wurde (vgl. Abbildung 1, S. 90). Vielmehr ist das Vorhandensein einer autoritären Prädisposition notwendig, damit bei einer bedrohten Identifikation eine autoritäre Einstellungsreaktion und damit ein verstärkter Gruppenautoritarismus entsteht. Damit ist eine autoritäre Reaktion kein für alle Menschen gleichermaßen gültiger psychischer Prozess. Dies ist ein erster Hinweis auf die Gültigkeit des Gruppenautoritarismus-Prozessmodells. Einschränkend muss allerdings gesagt werden, dass die Effektstärke der dreifachen Wechselwirkung relativ gering ist. Weitere Studien müssen diesen Befund daher bestätigen.

12.1.7.2. Prädiktorfähigkeiten von Gruppenautoritarismus

In einem zweiten Teil der Studie wurde die Prädiktorfähigkeit von Gruppenautoritarismus analysiert. Um diese Fragestellung untersuchen zu können, wurde von den Versuchspersonen zusätzlich sowohl die eigene Gruppe (Psychologen) als auch eine relevante fremde Gruppe (Mediziner) bewertet. Damit wurden Gruppenautoritarismus und die Bewertungsindikatoren auf derselben Spezifikationsebene erfasst. Die Identifikation zeigt erwartungskonforme Korrelationsmuster: Je höher die Identifikation ist, desto positiver ist die Bewertung der eigenen Gruppe, desto negativer ist die Bewertung der fremden Gruppe und desto größer ist der Ingroup-Bias. Gruppenautoritarismus hingegen hat keine Auswirkung auf die Bewertung der eigenen Gruppe. Es zeigen sich lediglich signifikante Zusammenhänge zwischen Gruppenautoritarismus und der Bewertung von Medizinern bzw. dem Ingroup-Bias. Diese Effekte sind jedoch erwartungsdiskonform: Je höher die Gruppenautoritarismusneigung ist, desto positiver ist die Bewertung der Outgroup und desto kleiner ist der Ingroup-Bias. Eine Analyse, getrennt nach den experimentellen Bedingungen, zeigt darüber hinaus, dass diese Effekte nur unter bedrohlichen Bedingungen zu finden sind.

Warum bewerten Personen mit einer hohen Gruppenautoritarismusneigung Outgroup-Mitglieder unter bedrohlichen Umständen positiver als Personen mit einer niedrigen Gruppenautoritarismusneigung? Eine mögliche Erklärung liegt in der Statushöhe der fremden Gruppe. Mediziner besitzen im Vergleich zu Psychologen gesellschaftlich ein höheres Ansehen und eine stärkere Lobby. Dies hat letztendlich auch die Entscheidung zum Psychotherapeutengesetz gezeigt. Die Psychologen haben keinen eigenen Berufsverband bekommen, sondern sind dem kassenärztlichen Berufsverband untergeordnet worden. Die größere Statushöhe von Medizinern kann bei hoch-autoritären Personen somit in der bedrohten Bedingung zu einer Unterwürfigkeitsreaktion geführt haben. Es kann angenommen werden, dass hoch-autoritäre Personen unter bedrohlichen Bedingungen den Statusunterschied als legitimer erachten als niedrig-autoritäre Personen, wenn die eigene Gruppe mit einer statushöheren Gruppe konfrontiert ist. Entsprechend wurden Mediziner unter diesen Bedingungen positiver bewertet. Empirisch kann diese Annahme mit den Daten dieser Studie nicht überprüft werden, da die wahrgenommene Statusdifferenz und die Legitimität der Statusbeziehungen nicht erfasst wurden.

12.2. Studie 2: Studie zum Kosovo-Krieg

12.2.1. Hintergrund und Fragestellung

Relativ zeitgleich zu Studie 1 wurde Studie 2 durchgeführt. Auch hier stand die Überprüfung des Gruppenautoritarismus-Prozessmodells anhand eines realen Ereignisses im Vordergrund. Allerdings wurde für Studie 2 bewusst ein politischer Hintergrund gewählt, der für die Autoritarismusforschung typisch ist. In dieser Studie war dies der sogenannte Kosovo-Krieg. Vom 24. März bis zum 10. Juni 1999 führten die 19 NATO-Staaten unter der Regie der USA einen Angriffskrieg gegen die Bundesrepublik Jugoslawien. Die offiziellen Ziele des Kosovo-Krieges waren eine "humanitäre Katastrophe" abzuwenden, Stabilität in einem wichtigen Teil Europas zu bewahren und die Glaubwürdigkeit der NATO zu erhalten (Fact Sheet des US-Außenministeriums vom 26. März 1999). Für Deutschland war die Beteiligung an dem Krieg gegen Jugoslawien unter Führung der Rot-Grünen-Regierung Schröders ein neuer qualitativer Schritt in der Sicherheitspolitik. Es war das erste Mal seit dem zweiten Weltkrieg, dass sich Deutschland mit militärischen Mitteln aktiv an einem Krieg beteiligt hat. Die Teilnahme an dem Krieg wurde von Teilen der Öffentlichkeit stark kritisiert. Viele Personen, die vormals Bündnis90/Die Grünen oder die SPD gewählt hatten, kamen in einen Gewissenskonflikt, zumal besonders die Partei Bündnis90/Die Grünen als pazifistisch galt. Innerhalb der Anhängerschaft der beiden Parteien war ein polarisierender Prozess zu erkennen, der entweder durch starke autoritäre Loyalitätsforderungen an die Mitglieder der eigenen Partei oder durch eine

Abwendung von den Parteien gekennzeichnet war. Dies spiegelte sich u.a. in den Wahlergebnissen wider. Bei den Europawahlen am 13. Juni 1999 büßte beispielsweise Bündnis90/Die Grünen die Hälfte ihrer Stimmen im Vergleich zu 1994[25] ein. Auch die SPD verlor gegenüber 1994 über 3 Millionen Wählerinnen und Wähler. Es kann angenommen werden, dass der Stimmenverlust u.a. auf die Kriegspolitik zurückzuführen ist.

Die geschilderten Reaktionen auf den Kosovo-Krieg sind mit den Annahmen des Gruppenautoritarismus-Prozessmodells gut vereinbar. Die Zusage der Regierung zur Teilnahme am Kosovo-Krieg stellte eine Bedrohung auf den Teil der Sozialen Identität dar, die mit der Mitgliedschaft als Bündnis90/Die Grünen- oder SPD-Wählerinnen und Wähler verknüpft ist. Die Bedrohung führte jedoch nicht zwangsläufig zu einer autoritären Reaktion. Einige Personen wählten den Weg, ihr Wahlverhalten zu ändern. Sie entidentifizierten sich von der Partei. Jedoch diejenigen, die bereit waren, die Partei weiterhin zu wählen, verteidigten die Politik ihrer Partei offensiv nach außen und stellten verstärkte Loyalitätsforderungen an die Mitglieder der eigenen Partei. Diese in Printmedien und Fernsehen zu beobachtenden Phänomene entsprechen den Annahmen des Gruppenautoritarismus-Prozessmodells: Bei einer hohen aber bedrohten Identifikation reagieren hoch-autoritäre Personen mit einem Anstieg von Gruppenautoritarismus. Diese Studie soll überprüfen, ob diese Beobachtungen auch empirisch nachgewiesen werden können.

12.2.2. Durchführung der Studie

Unter Mithilfe von Kolleginnen und Kollegen an anderen Universitäten wurden Fragebögen in Seminaren und Vorlesungen in verschiedenen Universitätsstädten verteilt und ausgefüllt[26]. Die Studie wurde als "Befragung zur Situation der Bundesregierung nach dem Kosovo-Krieg" angekündigt. Das Ausfüllen des Fragebogens dauerte ca. 15 Minuten.

12.2.3. Stichprobe

Es wurden insgesamt 311 Studierende aus sechs Städten (Marburg, Gießen, Köln, Jena, München und Wuppertal) befragt. Davon besaßen 13 Personen nicht die deutsche Staatsangehörigkeit. Aus Gründen der Vergleichbarkeit werden diese Befragten nicht in der Auswertung berücksichtigt. Die Studierenden stammten hauptsächlich aus den Fachgebieten der Psychologie (48,2%), Pädagogik

---

[25] Während 1994 noch 3.56 Millionen Wählerinnen und Wähler (10.1%) Bündnis90/Die Grünen gewählt hatten, waren es 1999 nur noch 1.74 Millionen (6.4%).

[26] Für die Unterstützung bei der Befragung möchte ich mich bei Prof. Dr. Wolfgang Frindte, Prof. Dr. Gerhard Glück, Prof. Dr. Rainer Lersch, Prof. Dr. Reinhard Kühnl, Prof. Dr. Siegfried Sporer, Dr. Thomas von Winter und Dr. Andreas Zick herzlich bedanken.

(20,9%), Politologie (14,5%) und Soziologie (4,5%). Von diesen Befragten hatten bei der Bundestagswahl 1998 125 Personen Bündnis90/Die Grünen, 25 Personen CDU/CSU, 11 Personen FDP, 20 Personen PDS sowie 89 Personen SPD gewählt. 28 Personen hatten eine andere Partei gewählt oder keine Angabe gemacht. Die Analysen in dieser Studie werden lediglich für die Wählerinnen und Wähler von Bündnis90/Die Grünen sowie der SPD durchgeführt.

Von den 125 Wählerinnen und Wähler von Bündnis90/Die Grünen hatten zwei Personen mehr als 25% der Items nicht beantwortet. Vier weitere Befragte machten Angaben, die als multivariate Ausreißer[27] zu identifizieren waren. Diese sechs Personen wurden daher von der Auswertung ausgenommen. Von den verbleibenden 119 Bündnis90/Die Grünen Wählerinnen und Wähler waren 78 Personen (65.5%) weiblich und 41 Personen (34.5%) männlich. Das Durchschnittsalter betrug zum Zeitpunkt der Befragung 23.4 Jahre (SD=4.5) und schwankte zwischen 19 und 41 Jahren.

Unter den SPD-Wählerinnen und Wählern waren keine Personen mit univariaten oder multivariaten Ausreißern oder übermäßigen Missings zu finden. Alle 89 Befragten wurden in die Analyse übernommen. 51 Personen (57.3%) waren weiblich und 38 Personen (42.7%) männlich. Das Durchschnittsalter betrug zum Zeitpunkt der Befragung 24.4 Jahre (SD=5.5) und schwankte zwischen 19 und 46 Jahren.

12.2.4. Fragebogen

Der Fragebogen gliederte sich in drei Teile. Im ersten Teil wurden Skalen mit folgenden Inhalten erfasst:

- Bewertung des Kosovo-Krieges (14 Items)
- Parteipräferenz bei der Bundestagswahl von 1998 (1 Item)

Daraufhin wurde ein Filter eingebaut. Der zweite Teil sollte nur von Bündnis90/ Die Grünen- bzw. SPD-Wählerinnen und Wähler ausgefüllt werden. Als Bündnis90/Die Grünen- oder SPD-Wählerinnen und Wähler wurden diejenigen Personen klassifiziert, die im ersten Teil des Fragebogens angegeben hatten, sich bei der letzten Bundestagswahl von 1998 am stärksten mit Bündnis90/Die Grünen bzw. der SPD identifiziert zu haben. Die Personen, die sich mit keiner der beiden Parteien am stärksten identifiziert hatten, sollten den zweiten Teil überspringen. Der zweite Teil enthielt Skalen zu folgenden Gebieten:

- Identifikationsskala (8 Items)

---

[27] Die multivariaten Ausreißer wurden anhand der zentralen Variablen rechtsgerichteter Autoritarismus, Gruppenautoritarismus, Identifikation und Bedrohung berechnet. Alle Mahalanobis-Distanz-Werte größer als 18.47 (p<.001, df=4) wurden als Ausreißer definiert.

- Einstufung der aktuellen Wählbarkeit der Partei (1 Item)
- Subjektives Bedrohungsempfinden durch die Kriegspolitik (4 Items)
- Gruppenautoritarismus (6 Items)
- Bedrohung der Sozialen Identität (10 Items)
- Gruppenkohäsion (12 Items)

Der dritte Teil sollte dann wiederum von allen Versuchspersonen ausgefüllt werden und enthielt Skalen zu folgenden Gebieten:

- Bewertung der Partei der Grünen (6 Items)
- Bewertung der Partei der SPD (6 Items)
- Bewertung der Partei der CDU/CSU (6 Items)
- Rechtsgerichteter Autoritarismus als autoritäre Prädisposition (9 Items).
- Feelingthermometer zur subjektiven Einschätzung der politischen Orientierung (1 Item)
- demographische Angaben (Alter, Geschlecht, Semesterzahl, Studienfach, Nationalität)

Die Skalen des ersten Fragebogenteils

Die Skalen des ersten Fragebogenteils sollten von allen Versuchspersonen beantwortet werden.

BEWERTUNG DES KOSOVO-KRIEGES

Die Versuchspersonen wurden zum Einen gefragt, wie sie den Krieg der NATO gegen Jugoslawien bewerten und zum Anderen, wie sie die Teilnahme Deutschlands an diesem Krieg bewerten. Die beiden Fragen sollten jeweils durch eine bipolare Adjektivliste auf einem 6er-Rating beantwortet werden. Die Adjektivskala bestand aus sieben Adjektivpaaren, die die jeweiligen Pole definierten: (1) richtig-falsch, (2) gerecht-ungerecht, (3) wertlos-wertvoll, (4) überflüssig-notwendig, (5) friedensschaffend-friedensfeindlich, (6) abstoßend-faszinierend, (7) moralisch-unmoralisch. Die Items 1, 2, 5 und 7 werden zur Auswertung recodiert. Damit entspricht ein niedriger Wert einer negativen und ein hoher Wert einer positiven Bewertung.

PARTEIPRÄFERENZ BEI DER BUNDESTAGSWAHL VON 1998

Zur Erfassung der Parteipräferenz bei der Bundestagswahl von 1998 wurde gefragt: Mit welcher Partei haben Sie sich *bei der letzten Bundestagswahl* am meisten identifiziert? Daraufhin wurde den Befragten eine Liste aller gängigen Parteien angeboten. Die Frage wurde bewusst hinsichtlich der Identifikation mit einer Partei formuliert, weil bei der üblicherweise gestellten Frage, welche Partei gewählt werden würde, häufig Doppelnennungen wegen Stimmensplittings auftreten. Diese Frage zwang die Versuchspersonen dazu, eine Partei als Präferenz anzugeben.

Skalen des zweiten Fragebogenteils

Die Skalen des zweiten Fragebogenteils sollten lediglich die Personen beantworten, die im ersten Teil als Parteipräferenz SPD oder Bündnis90/Die Grünen angekreuzt hatten. In diesem Fragebogenteil war eine Version für Bündnis90/Die Grünen-Wählerinnen und Wähler und eine Version für SPD-Wählerinnen und Wähler enthalten. Es sollte nur die Version, die der eigenen Parteipräferenz entspricht, beantwortet werden.

IDENTIFIKATIONSSKALA

Die Identifikationsskala entspricht der Version, die bereits in Studie 1 zum Psychotherapeutengesetz vorgestellt wurde. Daher werden die genauen Itemformulierungen hier nicht noch einmal dargestellt. In dieser Studie wurde als Gruppe die "Anhänger der Partei der Grünen" oder die "Anhänger der Partei der SPD" angegeben. Die Items sollten auf einem 6er-Rating von 1"stimmt überhaupt nicht" bis 6 "stimmt voll und ganz" beantwortet werden. Item 1, 4, 7 und 8 werden zur Bildung von Skalensummenwerten recodiert (vgl. Tabelle 19).

EINSTUFUNG DER AKTUELLEN WÄHLBARKEIT DER PARTEI

Die Einstufung der aktuellen Wählbarkeit der Partei wurde durch die Aussage "Durch die Politik der SPD im Jugoslawien-Krieg ist die Partei für mich nicht mehr wählbar." erfasst. Dieses Item sollte auf einem 6er-Rating von 1"stimmt überhaupt nicht" bis 6 "stimmt voll und ganz" beantwortet werden. Mit diesem Item sollte der Prozentsatz der Personen festgestellt werden, der sich aktuell nicht mehr mit der Partei identifiziert.

SUBJEKTIVES BEDROHUNGSEMPFINDEN DURCH DIE KRIEGSPOLITIK

Das subjektive Bedrohungsempfinden durch die Kriegspolitik von Bündnis90/Die Grünen bzw. der SPD wurde mit vier Items erfasst (vgl. Tabelle 33).

Tabelle 33: Items zur Erfassung des subjektiven Bedrohungsempfinden durch die Kriegspolitik der bundesdeutschen Regierungsparteien am Beispiel der Version für SPD-Wählerinnen und Wähler

Itemformulierung mit Itemposition innerhalb der Skala
1. Ich empfinde die Außenpolitik der SPD zum Jugoslawien-Krieg bedrohlich.
2. Ich bin enttäuscht, daß die SPD dem Krieg zugestimmt hat.
3. Ich finde die Zustimmung der SPD zum Jugoslawien-Krieg richtig.
4. Mich verunsichert die Politik der SPD bzgl. des Jugoslawien-Krieges sehr.

Die Items sollten auf einem 6er-Rating von 1"stimmt überhaupt nicht" bis 6 "stimmt voll und ganz" beantwortet werden. Zur Bildung eines Skalenmittelwertes wurde Item 3 recodiert.

GRUPPENAUTORITARISMUS

Gruppenautoritarismus wurde aus ökonomischen Gründen mit der Kurzversion A aus sechs Items erfasst. Als Gruppe wurden Anhänger von Bündnis90/Die Grünen oder Anhänger der SPD eingesetzt. Da die Gütekriterien dieser Version bereits vorgestellt wurden (vgl. Kap. 11.2.6), wird hier nicht näher auf diese Skala eingegangen. Tabelle 34 zeigt die Itemformulierung für die Version der SPD.

Tabelle 34: Items zur Erfassung der Gruppenautoritarismusneigung am Beispiel der Version für SPD-Wählerinnen und Wähler.

Itemformulierung mit Itemposition innerhalb der Skala
1. Ein Anhänger der SPD sollte nichts tun, das den Normen oder Regeln der Partei widerspricht.
2. Ein Anhänger der SPD sollte Anweisungen von offiziellen Vertretern der Partei nur dann befolgen, wenn sie auch seinen eigenen Interessen entsprechen.
3. Ein Anhänger der SPD sollte auf keinen Fall bestraft werden, wenn er die Regeln der Partei verletzt.
4. Wenn die Partei der SPD einen offiziellen Vertreter hat, schulden ihm die Mitglieder auf jeden Fall Respekt und Gehorsam.
5. Ein Anhänger der SPD darf manchmal gegen die Regeln von offiziellen Vertretern der Partei verstoßen.
6. Ein Anhänger der SPD, der gegen die Regeln der Partei verstoßen hat, sollte streng bestraft werden.

BEDROHUNG DER SOZIALEN IDENTITÄT

Ein Problem dieser Studie war, wie die Bedrohung der Sozialen Identität operationalisiert werden konnte. Die Items in Tabelle 35 schienen geeignet, die Bedrohung der Sozialen Identität bei standhaft gebliebenen Wählerinnen und Wählern zu erfassen. Diese Items drücken zum Einen aus, wie stark die Neigung ist, die eigenen Gruppe zu verlassen (vgl. Item 1, 6, 8 und 10). Zum Anderen verkörpern sie Aussagen, die die eigene Partei positiv hervorheben (vgl. Item 2, 3, 4, 5, 7 und 9). Die Aufgabe der Befragten war es, die Items auf einem 6er-Rating von 1 "stimmt überhaupt nicht" bis 6 "stimmt voll und ganz" zu beantworten. In einer Vorläuferstudie haben diese Items eine eindimensionale Skala gebildet, in der die positive Hervorhebung der eigenen Gruppe mit der Neigung, die eigene Gruppe zu verlassen, negativ korreliert. Ursprünglich war diese Skala nicht zur Erfassung des Ausmaßes der Bedrohung der Sozialen Identität vorgesehen. Es wird jedoch angenommen, dass für die standhaften Wählerinnen und Wähler (und nur für diese) die Items als Indikator für das Ausmaß der Bedrohung ihrer Sozialen Identität herangezogen werden können. Dies wird folgendermaßen begründet: Standhafte Wählerinnen und Wähler sind diejenigen Personen, die zum Zeitpunkt der Studie weiterhin bereit waren, ihre vormals gewählte Partei wiederzuwählen. Zur Feststellung, wie stark sich die standhaften Wählerinnen und Wähler zum Zeitpunkt der Befragung in ihrer Sozialen Identität bedroht fühlten, können u.a. zwei Fragen gestellt werden:

1. Wie stark war, trotz der Standhaftigkeit dieser Personengruppe, zum Zeitpunkt der Befragung die Neigung, ihre eigene Partei nicht mehr zu wählen?

2. Wie positiv stellten die standhaften Wählerinnen und Wähler ihre eigene Partei zum Zeitpunkt der Befragung dar?

Tabelle 35: Items zur Erfassung der Bedrohung der Sozialen Identität am Beispiel der Version für SPD-Wählerinnen und Wähler

Itemformulierung mit Itemposition innerhalb der Skala
1. Ich ziehe in Erwägung, eine andere Partei als die SPD zu wählen.
2. Die SPD macht eine bessere Politik als die anderen Nichtregierungsparteien.
3. Wir als Anhänger der SPD sollten dafür sorgen, daß auch zukünftig die jetzige Politik der SPD weiterverfolgt wird.
4. Wenn ich von anderen als Anhänger der SPD kritisiert werde, dann werde ich den anderen beweisen, daß die SPD für die Gesellschaft nützlich und unersetzlich ist.
5. Als Anhänger der SPD besitzen wir eine kritischere Denkweise als Mitglieder anderer Parteien.
6. Es ist für mich unvorstellbar, eine andere Partei als die SPD zu wählen.
7. Ich denke, dass wir als Anhänger der SPD wichtige Werte haben, die in keiner anderen Partei vermittelt werden.
8. Ich kann mir ohne weiteres vorstellen, eine andere Partei als die SPD zu wählen.
9. Wenn ich merke, daß die SPD nicht mehr mehrheitsfähig ist, werde ich keine Probleme haben, eine andere Partei zu wählen.

In dieser Studie wird davon ausgegangen, dass die Soziale Identität standhafter Wählerinnen und Wähler zum Zeitpunkt der Befragung umso bedrohter war, je weniger diese Personen ihre Partei positiv darstellten und je mehr sie gleichzeitig die Neigung äußerten, die eigene Partei nicht mehr wählen zu wollen. Die Bedrohung der Sozialen Identität wird in dieser Studie also als Kombination dieser beiden Merkmale operationalisiert. Dazu muss nochmals betont werden, dass eine solche Form der Erfassung der Bedrohung der Sozialen Identität (mit den Items in Tabelle 35) nur für standhafte Wählerinnen und Wähler möglich ist. Dem Autor ist bewusst, dass die Validität der Skala auf interpretativen und bislang ungeprüften Annahmen beruht. Zur Auswertung werden die Items 2, 3, 4, 5, 6, 7 und 9 recodiert.

GRUPPENKOHÄSION

Zur Erfassung von Gruppenkohäsion wurden die Items von Altemeyers Gruppenkohäsionsskala ins Deutsche übersetzt (vgl. Altemeyer, 1996). Die Itemüber-
setzungen stammen von Petzel (1998). Die Gruppenkohäsions-Skala wurde
aufgenommen, um zu analysieren, wie sich Gruppenautoritarismus und Gruppenkohäsion unterscheiden. Gruppenkohäsion wird mit zehn Items erfasst, die auf
einem 6er-Rating von 1"stimmt überhaupt nicht" bis 6 "stimmt voll und ganz"
beantwortet werden sollen. Die Items 3, 5, 6, 9, 11 und 12 werden für die
Auswertung recodiert (vgl. Tabelle 36).

Tabelle 36: Items zur Erfassung von Gruppenkohäsion am Beispiel der Version für SPD-
Wählerinnen und Wähler

Itemformulierung mit Itemposition innerhalb der Skala
1. In schwierigen Zeiten müssen die Anhänger der SPD zusammenhalten.
2. Es ist absolut notwendig, daß die Anhänger der SPD ihre Unterschiede vergessen, um eine wirklich einige Partei zu bilden.
3. Unterschiedliche und sich widersprechende Meinungen und Ideologien sind absolut notwendig für eine wahrhaft demokratische SPD.
4. Eines der derzeit größten Probleme der SPD ist, daß es bisher nicht gelungen ist, echte Einigkeit in ihren Zielen zu entwickeln.
5. Das Streben nach Einigkeit und Zusammenhalt kann bei der SPD leicht zur Unterdrückung von Minderheiten und abweichenden Meinungen führen.
6. Auf lange Sicht machen kulturelle und ideologische Differenzen die SPD gesünder, kreativer und stärker.
7. Wenn eine wahrhaft vereinte SPD geschaffen werden kann, wird es keine Schwierigkeiten oder Gefahren geben, die sie nicht überwinden kann.
8. Wenn die Anhänger der SPD keine völlige Übereinstimmung über ihre politischen Ziele erreichen können, werden sie nie die Schwierigkeiten überwinden können, die vor ihnen liegen.
9. Anhänger der SPD, die ständig die Notwendigkeit von Einigkeit betonen, unterdrücken die Kreativität und machen die SPD ärmer.
10. Die derzeit wichtigste Aufgabe der Anhänger der SPD ist die Entwicklung einer starken gemeinsamen Identität.
11. Unabhängiges Denken und die Bereitschaft, anders zu sein, sind Zeichen einer starken und gesunden SPD.
12. Vor allem braucht die SPD kreative und freidenkende Personen, die den Mut haben, gegen Traditionen und Regeln zu verstoßen, auch wenn dies viele Leute verärgert.

Dritter Fragebogenteil

Dieser dritte Fragebogenteil sollte wiederum von allen Versuchspersonen beantwortet werden. Die Parteipräferenz spielte in diesem Teil keine Rolle mehr.

BEWERTUNG DER PARTEI DER GRÜNEN, DER SPD UND DER CDU/CSU

Die Versuchspersonen wurden gefragt, wie sie sowohl die Partei Bündnis90/Die Grünen als auch die Partei der SPD und der CDU/CSU bewerten. Bei allen Versuchspersonen sollten zunächst die Bewertungen für Bündnis90/Die Grünen, dann für die SPD und zuletzt für die CDU/CSU abgegeben werden. Die Bewertung der Parteien sollte jeweils anhand einer bipolaren Adjektivliste auf einem 6er-Rating beantwortet werden. Die sechs Adjektivpaare waren: (1) gut-schlecht, (2) inkompetent-kompetent, (3) gerecht-ungerecht, (4) wertlos-wertvoll, (5) konsequent-inkonsequent, (6) langweilig-originell. Die Items 1, 3 und 5 werden für die Auswertung recodiert. Die Skalenmittelwerte können somit zwischen 1 "negative Bewertung" bis 6 "positive Bewertung" schwanken. Mit diesen Skalen ist es sowohl möglich eine Ingroup-Bewertung und zwei Outgroup-Bewertungen zu erfassen als auch zwei Indizes für einen Ingroup-Bias als die Differenz zwischen der Outgroup-Bewertung und der Ingroup-Bewertung zu bilden.

RECHTSGERICHTETER AUTORITARISMUS
ALS AUTORITÄRE PRÄDISPOSITION

Zur Messung der autoritären Prädisposition wurde auch in dieser Studie wiederum die deutsche RWA-Kurzskala von Petzel et al. (1997) vorgelegt (vgl. Kap. 12.1.4.). Die Items sollten auf einem 6er-Rating von 1"stimmt überhaupt nicht" bis 6 "stimmt voll und ganz" beantwortet werden.

WEITERE VARIABLEN

Zum Schluss wurde zusätzlich zu den bereits genannten Variablen die politische Orientierung mit einem sogenannten Feeling-Barometer von 1 "politisch links" bis 7 "politisch rechts" sowie die demographischen Variablen Alter, Geschlecht, Semesterzahl, Studienfach und Nationalität erhoben.

12.2.5. Hypothesen

Im Zentrum dieser Studie soll ebenfalls die Überprüfung des Gruppenautoritaris-mus-Prozessmodells stehen. Autoritäre Einstellungsreaktionen, wie sie im Grup-penautoritarismus-Prozessmodell beschrieben werden, können jedoch nur für sol-che Personen erwartet werden, die auch aktuell noch bereit sind, ihre vormals ge-wählte Partei wiederzuwählen. Daher wird zunächst darauf eingegangen, was die Personen auszeichnet, die trotz der Kriegspolitik weiterhin bereit waren, ihre vor-mals gewählte Partei wiederzuwählen. Diese Ausführungen haben im engeren Sinne nichts mit der Überprüfung des Gruppenautoritarismus-Prozessmodells zu tun, sondern sollen zunächst einen Eindruck vermitteln, warum einige Wählerin-nen und Wähler standhaft blieben, während andere ihre Anhängerschaft aufkün-digten.

Es wird angenommen, dass vor allen Dingen das Ausmaß der empfundenen Bedrohung durch die Kriegspolitik der eigenen Partei dafür bestimmend war, ob die Befragten auch weiterhin bereit waren, ihre Partei zu wählen (Standhafte) oder ob sie die Tendenz besaßen, die Solidarität mit der Partei aufzukündigen (Aussteiger). Des Weiteren kann auch angenommen werden, dass die autoritäre Prädisposition eine wichtige Rolle spielte, ob die Partei weiter gewählt wurde oder nicht. Verschiedene Studien haben gezeigt, dass hoch-autoritäre Personen positivere militaristische Einstellungen besitzen als niedrig-autoritäre Personen (vgl. Cohrs & Moschner, 2002; Doty, Winter, Peterson & Kemmelmeier, 1997). Dementsprechend sollten hoch-autoritäre Personen militärische Einsätze des Staates weniger bedrohlich empfinden als niedrig-autoritäre Personen. Als Folge dessen sollten Personen mit hohen autoritären Prädispositionen auch eine geringere Tendenz besitzen, die Partei nicht mehr zu wählen. Somit wird angenommen, dass die subjektive Bedrohungswahrnehmung durch die Kriegspolitik der eigenen Partei den Zusammenhang zwischen der autoritären Prädisposition und dem intendierten Wahlverhalten mediiert. Entsprechend können folgende Hypothesen fomuliert werden:

Hypothese 2a: Je stärker eine autoritäre Prädisposition ausgeprägt ist, desto weniger wird der Kosovo-Krieg als bedrohlich wahrgenommen.

Hypothese 2b: Je stärker der Kosovo-Krieg als bedrohlich wahrgenommen wird, desto stärker ist die Tendenz, die Partei nicht mehr zu wählen.

Hypothese 2c: Je stärker eine autoritäre Prädisposition ausgeprägt ist, desto geringer ist die Tendenz, die Partei nicht mehr zu wählen. Diese Beziehung wird durch das Bedrohungsempfinden mediiert.

Mit den Hypothesen 2d und 2e wird das Gruppenautoritarismus-Prozessmodell getestet. Die Überprüfung dieser Hypothesen wird jedoch nur anhand der standhaften Wählerinnen und Wähler durchgeführt, da nur innerhalb dieses Personenkreises eine autoritäre Einstellungsreaktion erwartet werden kann. Nach dem Gruppenautoritarismus-Prozessmodell ist besonders bei solchen Personen eine autoritäre Reaktion zu erwarten, die eine hohe autoritäre Prädisposition besitzen und gleichzeitig eine starke aber bedrohte Identifikation mit ihrer Partei äußern. Entsprechend lautet Hypothese 2d:

Hypothese 2d: Eine starke Identifikation mit einer Gruppe bei gleichzeitiger Bedrohung der an dieser Gruppe geknüpften Sozialen Identität führt bei standhaften Wählerinnen und Wählern mit einer autoritären Prädisposition zu einer autoritären Einstellungsreaktion. Die autoritäre Einstellungsreaktion wird umso stärker sein, je stärker die autoritäre Prädisposition, die Identifikation mit der Gruppe und die Bedrohung der an diese Gruppe geknüpften Sozialen Identität ist.

Das Ausmaß der autoritären Einstellungsreaktion wird auch in dieser Studie mit der Gruppenautoritarismus-Skala erfasst. Entsprechend wird wieder ein positiver Zusammenhang zwischen autoritären Prädispositionen und Gruppenautoritarismus erwartet:

Hypothese 2e: Personen mit hohen autoritären Prädispositionen besitzen eine stärkere Gruppenautoritarismusneigung als Personen mit niedrigen autoritären Prädispositionen.

Ebenso werden Prädiktoreigenschaften von Gruppenautoritarismus untersucht. Auch diese Analysen werden nur mit standhaften Wählerinnen und Wählern durchgeführt. Es wird untersucht, ob Gruppenautoritarismus Ingroup-Outgroup-Bewertungen sowie die Bewertung des Kosovo-Krieges vorhersagen kann. Ingroup-Outgroup-Bewertungen werden in dieser Studie als Bewertung der Parteien Bündnis90/Die Grünen, CDU/CSU und SPD erfasst. Somit können sowohl für die Stichprobe "Bündnis90/Die Grünen Wählerinnen und Wähler" als auch für die Stichprobe "SPD Wählerinnen und Wähler" zwei Indikatoren für einen Ingroup-Bias berechnet werden. Der erste Ingroup-Bias wird aus der Differenz der Bewertung der eigenen Partei und der Bewertung der anderen Regierungspartei gebildet. Der zweite Ingroup-Bias ergibt sich aus der Differenz der Bewertung der eigenen Partei und der Bewertung der CDU/CSU. In Studie 1 hatten sich lediglich erwartungsdiskonforme Ergebnisse bzgl. des Zusammenhangs zwischen Gruppenautoritarismus und der Herstellung eines Ingroup-Bias gezeigt. Der Ingroup-Bias in Studie 1 wurde gegenüber einer statushöheren Gruppe erfasst. Hier wird der Ingroup-Bias gegenüber statusgleichen Gruppen erhoben. In Analogie zu den Hypothesen in Studie 1 wird erwartet, dass Gruppenautoritarismus mit der Herstellung eines Ingroup-Bias positiv korreliert und dieses auch nach Kontrolle der autoritären Prädisposition noch tut.

Hypothese 2f: Gruppenautoritarismus korreliert positiv mit der Ausprägung des Ingroup-Bias.

Hypothese 2g: Gruppenautoritarismus korreliert auch nach Kontrolle der autoritären Prädisposition positiv mit der Ausprägung des Ingroup-Bias.

In Studie 1 waren hypothesendiskonforme Effekte zwischen Gruppenautoritarismus und der Outgroup-Bewertung sowie der Herstellung eines Ingroup-Bias bei hoch-bedrohten Personen aber nicht bei niedrig-bedrohten Personen zu erkennen. In Analogie zu Studie 1 sollen daher auch hier spezifische Effekte in Abhängigkeit der Bedrohung analysiert werden (vgl. Kap. 12.1.5).

Darüber hinaus wird der Zusammenhang zwischen Gruppenautoritarismus und der Bewertung des Kosovo-Krieges untersucht. Einige Studien haben gezeigt, dass hoch-autoritäre Personen positivere militaristische Einstellungen besitzen als niedrig-autoritäre Personen (vgl. Cohrs & Moschner, 2002; Doty, Winter,

Peterson & Kemmelmeier, 1997). Entsprechend wird angenommen, dass sowohl rechtsgerichteter Autoritarismus als auch Gruppenautoritarismus signifikant mit der Befürwortung des Kosovo-Krieges korrelieren.

Hypothese 2h: Je stärker rechtsgerichteter Autoritarismus ausgeprägt ist, desto positiver ist die Bewertung des Kosovo-Krieges.

Hypothese 2i: Je stärker Gruppenautoritarismus ausgeprägt ist, desto positiver ist die Bewertung des Kosovo-Krieges.

Neben den genannten Hypothesen soll auch die Beziehung von Gruppenautoritarismus zu Gruppenkohäsion untersucht werden. In Kapitel 6.1.2 wurde dargelegt, dass Gruppenkohäsion nicht mit Gruppenautoritarismus gleichgesetzt werden kann. Diese Annahme wird mit explorativen und konfirmatorischen Faktorenanalysen überprüft. Darüber hinaus werden die Prädiktorfähigkeiten der beiden Skalen für die Ausprägung eines Ingroup-Bias und der Bewertung des Kosovo-Krieges vergleichend analysiert.

12.2.6. Ergebnisse

Die Ergebnisse werden in zwei Schritten geschildert. Zunächst werden die Gütekriterien der verwendeten Skalen präsentiert. Erst danach werden die Analysen zur Überprüfung der Hypothesen geschildert. Die Ergebnisse werden immer getrennt für Bündnis90/Die Grünen- sowie für SPD-Wählerinnen und Wähler präsentiert. Zur Vereinfachung der Formulierungen wird im Folgenden nur noch von Grüne bzw. SPD gesprochen. Gemeint sind damit in dieser Studie die befragten Wählerinnen und Wähler der jeweiligen Parteien.

12.2.6.1. Gütekriterien der Skalen

In Tabelle 37 wird ein Überblick über Schiefe, Kurtosis und Normalverteilung dargestellt. Weitere Gütekriterien werden bei der Diskussion der einzelnen Skalen berichtet.

Tabelle 37 zeigt, dass nahezu alle Skalen nicht von der Normalverteilung abweichen. Lediglich die rechtsgerichtete Autoritarismus-Skala ist in beiden Stichproben nicht normalverteilt. Im Folgenden werden die in dieser Studie verwendeten Skalen einzeln diskutiert.

Tabelle 37: Überblick über Schiefe, Kurtosis, Normalverteilung und Voraussetzung zur
Faktorenanalyse der verwendeten Skalen

Skala	Anzahl der Items	Stichprobe	Schiefe	Kurtosis	Normal-verteilung
Bewertung des Kosovo-Krieges	14	SPD	-0.16	-0.32	0.53[#]
		Grüne	-0.10	-1.10	0.99[#]
Rechtsgerichteter Autoritarismus	9	SPD	1.48	2.78	1.67**
		Grüne	0.80	-0.35	1.72**
Identifikation	8	SPD	-0.06	-0.31	0.74[#]
		Grüne	-0.26	0.42	1.01[#]
Gruppenautoritarismus	6	SPD	0.43	-0.74	1.07[#]
		Grüne	0.52	-0.22	1.11[#]
Gruppenkohäsion	12	SPD	-0.55	0.37	0.88[#]
		Grüne	-0.53	-0.22	1.28[#]
Subjektives Bedrohungs-empfinden durch die Kriegspolitik	4	SPD	0.72	-0.51	1.46*
		Grüne	-0.25	-1.04	1.02[#]
Bedrohung der Sozialen Identität	10	SPD	-0.50	0.68	1.06[#]
		Grüne	-0.17	-0.57	0.89[#]
Bewertung der Partei der CDU/CSU	6	SPD	-0.65	0.86	1.23[#]
		Grüne	0.17	0.25	0.88[#]
Bewertung der Partei der SPD	6	SPD	-0.73	1.74	1.15[#]
		Grüne	-0.32	1.38	1.17[#]
Bewertung der Partei von Bündnis90/Die Grünen	6	SPD	-0.73	1.61	0.82[#]
		Grüne	-0.42	0.37	0.98[#]

#: p>.05 (normalverteilt); *: p<.05; **: p<.01

BEWERTUNG DES KOSOVO-KRIEGES

Über die jeweils sieben Items der beiden Fragen zur Bewertung des Kosovo-
Krieges ist eine gemeinsame Faktorenanalyse gerechnet worden (KMO$_{Grüne}$=0.88;
KMO$_{SPD}$=0.86). Es zeigt sich sowohl für Bündnis90/Die Grünen (Eigenwertverlauf: 7.71-1.28-1.04-0.77...) als auch für die SPD (Eigenwertverlauf: 8.10-1.26-
0.95...) eine eindimensionale Struktur mit einer Varianzaufklärung des ersten
unrotierten Faktors von 55.1% bzw. 57.9%. Alle Items laden mit mindestens .40
auf dem ersten unrotierten Faktor. Entsprechend wird eine eindimensionale Struktur der Skala angenommen. Die Reliabilität der Skala liegt mit α=.94 für beide

Stichproben in einem hervorragenden Bereich. Alle Trennschärfen liegen über .40. Die Skalen-Mittelwerte[28] zeigen eine positivere Bewertung des Kosovo-Krieges ($t_{(204)}$=5.91; p<.001) durch die SPD (M=3.55; SD=.99) im Vergleich zu den Grünen (M=2.70; SD=1.07).

Tabelle 38: Item- und Skalenstatistiken der Skala zur Bewertung des Kosovo-Krieges*

	Mittelwert der Items	Std.abw. der Items	Trenn-schärfen	Mittelwert der Skala	Std.abw. der Skala	Reliabilität
Bündnis90/Die Grünen	1.63-3.12	.92-1.60	.40-.84	2.70	.99	.94
SPD	2.26-4.27	1.25-1.61	.45-.84	3.55	1.07	.94

*Die Items sind für die Berechnung der Werte recodiert worden, so dass die Mittelwerte zwischen 1 "negative Bewertung" bis 6 "positive Bewertung" schwanken können.

IDENTIFIKATIONSSKALA

Die Faktorenanalysen über die Identifikationsitems ($KMO_{Grüne}$=0.75; KMO_{SPD}= 0.72) ergaben einen ersten varianzstarken Faktor für beide Stichproben mit einer Varianzaufklärung von 39.8% für die Grünen (Eigenwertverlauf: 3.18-1.39-0.99...) bzw. 39.5% für die SPD (Eigenwertverlauf: 3.16-1.29-1.02-0.89...). Bis auf ein Item (Item7 der SPD-Stichprobe) laden alle Items mit mindestens .30 auf diesem ersten unrotierten Faktor. Entsprechend wird eine eindimensionale Struktur für beide Stichproben angenommen. Die Reliabilität der Skala liegt bei α=.74 für die Grünen und α=.71 für die SPD. Die Trennschärfen liegen für die Grünen zwischen .19 und .64. Davon haben zwei Items eine Trennschärfe unter .30. Die Trennschärfen für die SPD liegen zwischen .05 und .68. Davon liegt eine Trennschärfe unter .25 und drei unter .30. Die Skalenmittelwerte zeigen, dass sich Grünen-Wählerinnen und Wähler (M=3.38; SD=0.88) etwas höher ($t_{(206)}$=3.18; p<.01) mit ihrer Partei identifizieren als SPD-Wählerinnen mir ihrer eigenen Partei (M=3.00; SD=0.81).

Tabelle 39: Item- und Skalenstatistiken der Identifikations-Skala*

	Mittelwert der Items	Std.abw. der Items	Trenn-schärfen	Mittelwert der Skala	Std.abw. der Skala	Reliabilität
Bündnis90/Die Grünen	2.61-5.02	1.28-1.62	.19-.64	3.38	0.88	.74
SPD	1.60-4.66	.91-1.64	.06-.68	3.00	0.81	.71

*Die Items sind für die Berechnung der Werte recodiert worden, so dass die Mittelwerte zwischen 1 "niedrige Identifikation" bis 6 "hohe Identifikation" schwanken können.

---

[28] Eine Person hat sieben Items der Skala zur Bewertung des Kosovo-Krieges nicht beantwortet und wurde für die Berechnung der Skalenwerte nicht berücksichtigt.

Subjektives Bedrohungsempfinden durch die Kriegspolitik

Die Skala zum subjektiven Bedrohungsempfinden durch die Kriegspolitik zeigt in einer Faktorenanalyse ($KMO_{Grüne}=0.76$; $KMO_{SPD}=0.74$) sehr deutlich eine einfaktorielle Struktur. Die Varianzaufklärung des ersten unrotierten Faktors beträgt 76.4% bei den Grünen (Eigenwertverlauf: 3.06-0.53-...) und 80.3% bei der SPD (Eigenwertverlauf: 3.21-0.55...). Alle Items laden über .80 auf diesem ersten unrotierten Faktor. Entsprechend liegt die Reliabilität mit $\alpha=.90$ bzw. $\alpha=.92$ für eine vier Item-Skala sehr hoch. Auffällig sind die relativ hohen Standardabweichungen. Dies zeigt, dass in dem Bedrohungsempfinden durch die Kriegspolitik sehr starke individuelle Unterschiede existieren. Die Skalen-Mittelwerte zeigen darüber hinaus, dass die Bedrohungswahrnehmung durch die Kriegspolitik bei den Grünen (M=3.93; SD=1.47) deutlich höher ist ($t_{(206)}=5.44$; $p<.001$) als bei der SPD (M=2.81; SD=1.46).

Tabelle 40: Item- und Skalenstatistiken der Skala zum subjektiven Bedrohungsempfinden durch die Kriegspolitik*

	Mittelwert der Items	Std.abw. der Items	Trenn-schärfen	Mittelwert der Skala	Std.abw. der Skala	Reliabilität
Bündnis90/Die Grünen	3.60-4.25	1.63-1.76	.72-.82	3.93	1.47	.90
SPD	2.67-2.96	1.58-1.66	.73-.85	2.81	1.46	.92

*Die Items sind für die Berechnung der Werte recodiert worden, so dass die Mittelwerte zwischen 1 "niedrige Bedrohung" bis 6 "hohe Bedrohung" schwanken können.

Gruppenautoritarismus

Eine Faktorenanalyse sowie die Item- und Skalenstatistiken der hier verwendeten Gruppenautoritarismus-Skala sind bereits in Kapitel 11.2. dargestellt und diskutiert worden. An dieser Stelle soll lediglich noch einmal darauf hingewiesen werden, dass die Skalen für sechs Items eine akzeptable Reliabilität von $\alpha=.67$ bzw. $\alpha=.61$ zeigen. An den Skalenmittelwerten ist zu erkennen, dass die Grünen und die SPD sich in der Höhe der Gruppenautoritarismusneigung nicht signifikant unterscheiden ($t_{(206)}=.54$; $p>.20$).

Tabelle 41: Item- und Skalenstatistiken der Gruppenautoritarismus-Skala*

	Item-Mittelwerte	Item-Std.abw.	Trenn-schärfen	Skalen-Mittelwert	Skalen-Std.abw.	Reliabilität
Bündnis90/Die Grünen	1.36-2.45	.59-1.42	.15-.56	2.06	.72	.67
SPD	1.52-2.65	.88-1.69	.23-.52	2.11	.72	.61

*Die Items sind für die Berechnung der Werte recodiert worden, so dass die Mittelwerte zwischen 1 "niedriger Gruppenautoritarismus" bis 6 "hoher Gruppenautoritarismus" schwanken können.

SKALA ZUR ERFASSUNG DER BEDROHUNG DER SOZIALEN IDENTITÄT

Mit neun Items sollte die Bedrohung der Sozialen Identität erfasst werden. Eine Faktorenanalyse über diese neun Items ($KMO_{Grüne}$=0.70; KMO_{SPD}=0.79) zeigt einen ersten varianzstarken Faktor mit einer Varianzaufklärung von 34.4% bzw. 42.7%. Die Eigenwertverläufe (für die Grünen 3.10-1.34-1.29-0.77... sowie für die SPD 3.84-1.12-0.93...) weisen eher auf eine eindimensionale Lösung hin. In beiden Stichproben laden bis auf Item 9 "Wenn ich merke, dass die SPD nicht mehr mehrheitsfähig ist, werde ich keine Probleme haben, eine andere Partei zu wählen." alle Items hoch (a>.40) auf dem ersten unrotierten Faktor. Item 9 zeigt hingegen eine Ladung von a=.00 in der Stichprobe der Grünen. Die Schwäche dieses Items spiegelt sich auch in der Reliabilitätsanalyse bei den Grünen wieder. Die Trennschärfen von Item 9 beträgt dort r_{it}=-.06. Daher wird dieses Item für die weitere Auswertung nicht berücksichtigt. Die 8-Item-Version der Skala besitzt eine gute Reliabilität von $\alpha_{(Grüne)}$=.77 bzw. $\alpha_{(SPD)}$=.84 (vgl. Tabelle 42).

Tabelle 42: Item- und Skalenstatistiken der Skala zur Erfassung der Bedrohung der Sozialen Identität*

	Item-Mittelwerte	Item-Std.abw.	Trenn-schärfen	Skalen-Mittelwert	Skalen-Std.abw.	Reliabilität
Bündnis90/Die Grünen	1.98-4.14	1.21-1.75	.28-.65	3.48	.92	.77
SPD	1.73-3.79	1.10-1.71	.30-.69	3.01	.89	.84

*Die Statistiken basieren auf der 8-Item Version der Skala. Die Items sind für die Berechnung der Werte recodiert worden, so dass die Mittelwerte zwischen 1 "niedrige Bedrohung" bis 6 "hohe Bedrohung" schwanken können.

GRUPPENKOHÄSION

In einer Faktorenanalyse ($KMO_{Grüne}$=0.77; KMO_{SPD}=0.67) weist der Eigenwert-verlauf (3.89-1.81-1.06-0.89 für die Grünen bzw. 3.41-1.73-1.21-1.09-1.01 für die SPD) auf eine zweifaktorielle Faktorenlösung hin. Eine zweifaktorielle Lösung ergibt jedoch eine Aufteilung nach Protrait- und Contrait-Items. Bei einer einfaktoriellen Lösung laden bis auf eine Ausnahme (a=.20 für Item 11 bei der SPD) alle Items über .40 auf dem ersten unrotierten Faktor. Entsprechend wird mit einer eindimensionalen Struktur der Skala gearbeitet. Die Reliabilität der Skala liegt mit α=.80 bzw. α=.76 in einem zufriedenstellendem Bereich. Bezüglich des Skalenmittelwerts zeigt die SPD (M=3.18; SD=.71) eine leicht stärkere Gruppenkohäsion ($t_{(206)}$=2.52; p<.05) als die Grünen (M=2.92; SD=.71).

Tabelle 43: Item- und Skalenstatistiken der Gruppenkohäsions-Skala*

	Item-Mittelwerte	Item-Std.abw.	Trenn-schärfen	Skalen-Mittelwert	Skalen-Std.abw.	Reliabilität
Bündnis90/Die Grünen	2.11-3.93	1.04-1.44	.31-.60	2.92	.76	.80
SPD	2.35-4.02	1.12-1.60	.15-.53	3.18	.71	.76

*Die Items sind für die Berechnung der Werte recodiert worden, so dass die Mittelwerte zwischen 1 "niedrige Gruppenkohäsion" bis 6 "hohe Gruppenkohäsion" schwanken können.

BEWERTUNG DER PARTEI DER GRÜNEN, DER SPD UND DER CDU/CSU

Für die Bewertung der Grünen, der SPD und der CDU/CSU wurden getrennt jeweils eine Faktorenanalyse für die Stichprobe "Bündnis90/Die Grünen" sowie "SPD" berechnet. Die KMO-Werte schwanken bei der Stichprobe "Bündnis90/Die Grünen" zwischen 0.78 und 0.81 und bei der Stichprobe "SPD" zwischen 0.80 und 0.89. Die Bewertungs-Skalen für die Parteien zeigen alle eine deutlich eindimensionale Struktur[29]. Die Varianzaufklärung des ersten unrotierten Faktors schwankt zwischen 45.6% und 60.1%. Die Items laden alle, bis auf Item 5 für die Bewertung der CDU/CSU bei den Grünen (a=.19), über .45 auf dem ersten unrotierten Faktor. Entsprechend fallen auch die Reliabilitäten für eine 6-Item Skala zufriedenstellend aus. Sie liegen zwischen α=.75 und α=.86. Die Mittelwerte zeigen, dass Bündnis90/Die Grünen-Wählerinnen und Wähler ihre eigene Partei besser bewerten als die Wählerinnen und Wähler der SPD ($t_{(205)}$=3.28; p<.01). SPD-Wählerinnen und Wähler bewerten ihre Partei ($t_{(201)}$=6.27; p<.01) und die Partei der CDU/CSU ($t_{(201)}$=3.22; p<.01) besser als Bündnis90/Die Grünen-Wählerinnen und Wähler (vgl. Tabelle 44).

Tabelle 44: Item- und Skalenstatistiken der Skalen zur Bewertung der Partei von Bündnis90/Die Grünen, der SPD und der CDU/CSU*

AV: Bewertung von Bündnis90/Die Grünen	Item-Mittelwerte	Item-Std.abw.	Trenn-schärfen	Skalen-Mittelwert	Skalen-Std.abw.	Reliabilität
Bündnis90/Die Grünen	1.89-3.89	.86-1.19	.38-.66	4.22	.65	.75
SPD	2.16-3.80	1.13-1.22	.33-.65	3.89	.80	.76
AV: Bewertung von SPD	Item-Mittelwerte	Item-Std.abw.	Trenn-schärfen	Skalen-Mittelwert	Skalen-Std.abw.	Reliabilität
Bündnis90/Die Grünen	2.91-3.94	.84-1.25	.39-.74	3.48	.77	.80
SPD	3.53-4.66	.96-1.28	.57-.78	4.18	.82	.86
AV: Bewertung von CDU/CSU	Item-Mittelwerte	Item-Std.abw.	Trenn-schärfen	Skalen-Mittelwert	Skalen-Std.abw.	Reliabilität
Bündnis90/Die Grünen	1.89-3.89	.97-1.37	.13-.63	2.78	.78	.75
SPD	2.16-3.80	.89-1.28	.48-.59	3.13	.74	.78

*Die Items sind für die Berechnung der Werte recodiert worden, so dass die Mittelwerte zwischen 1 "negative Bewertung" bis 6 "positive Bewertung" schwanken können.

---

[29] Die Eigenwertverläufe sind folgendermaßen: Bewertung der CDU/CSU: (Grüne) 2.92-1.11-0.68..., (SPD) 2.88-0.83...; Bewertung der Grünen: (Grüne) 2.74-0.84..., (SPD) 2.80-0.92...; Bewertung der SPD: (Grüne) 3.08-0.92...; (SPD) 3.60-0.65... .

AUTORITÄRE PRÄDISPOSITION

Die RWA-Skala als Maß für die autoritäre Prädisposition zeigt unterschiedliche Gütekriterien für die beiden Stichproben. In der Stichprobe der SPD funktioniert sie zufriedenstellend. Dort zeigt sich in einer Faktorenanalyse ($KMO_{Grüne}$=0.70; KMO_{SPD}=0.75) eine eindimensionale Struktur (Eigenwertverlauf: 3.56-1.45-1.09-0.68...) mit einer Varianzaufklärung von 39.6%. Mit einer Ausnahme (Item 6: a=.29) laden alle Items mit über .50 auf dem ersten Faktor. Die Reliabilität ist mit α=.80 gut. In der Stichprobe der Grünen funktioniert die Skala nicht mehr so gut. Hier zeigt die Faktorenanalyse keine eindeutige Faktorenstruktur. Der Eigenwert-verlauf (2.47-1.23-1.09-0.97...) ist für die RWA-Skala ungewöhnlich, da er eher auf eine mehrfaktorielle Struktur hinweißt. Der erste unrotierte Faktor ist nicht sehr varianzstark (27.4%). Darüber hinaus laden drei der neun Items mit weniger als .30 auf diesem ersten Faktor. Eine zwei- oder dreifaktorielle Faktorenanalyse ergeben jedoch keine inhaltlich sinnvoll zu interpretierenden Faktoren. Daher wird auch hier mit einer eindimensionalen Struktur weitergearbeitet. Ein mögli-cher Grund für die inkonsistente Faktorenstruktur kann in den zu beobachtenden Bodeneffekten der Items 1, 3, 6, 7 und 8 liegen. Diese Items haben mit einem Mittelwert kleiner als 1.5 extrem niedrige Werte mit einer entsprechend einge-schränkten Varianz. Entsprechend fällt auch die Reliabilitätsanalyse aus: Fünf Items besitzen eine geringere Trennschärfe als .30. Die Reliabilität der Skala kann aber mit α=.65 als akzeptabel bezeichnet werden. Somit bestehen keine Einwände für die Benutzung der Skala in weiteren Analysen. Die Skalenmittelwerte sind sowohl für die SPD als auch für die Grünen relativ niedrig ausgeprägt. Allerdings ist auch zu erkennen, dass bei der SPD (M=1.90; SD=0.43) höhere autoritäre Prädispositionen geäußert werden ($t_{(126.05)}$= 5.11[30]; p<001) als bei den Grünen (M=1.43; SD=0.79).

Tabelle 45: Item- und Skalenstatistiken der RWA-Skala*

	Item-Mittelwerte	Item-Std.abw.	Trenn-schärfen	Skalen-Mittelwert	Skalen-Std.abw.	Reliabilität
Bündnis90/Die Grünen	1.08-1.87	.42-1.15	.06-.60	1.43	0.43	.65
SPD	1.33-2.70	.79-1.56	.21-.65	1.90	0.79	.80

*Die Items sind für die Berechnung der Werte recodiert worden, so dass die Mittelwerte zwischen 1 "niedrige Autoritarismusneigung" bis 6 "hohe Autoritarismusneigung" schwanken können.

---

[30] Der t-Test wurde für ungleiche Varianzen berechnet, da der Levine-Test auf Varianzen-gleichheit einen hochsignifikanten Effekt gezeigt hat (F=17.50; p<.001)

POLITISCHE ORIENTIERUNG

Da die politische Orientierung nur mit einem Item erfasst wurde, werden hier nur die Mittelwerte geschildert. Die Grünen (M=2.51; SD=.69) zeigen eine linkere politische Orientierung ($t_{(203)}$=4.27[31]; p<.001) als die SPD (M=2.95; SD=.79). In beiden Stichproben sind aber relativ linksgerichtete politische Orientierungen zu erkennen.

Zum Zusammenhang von Gruppenautoritarismus und Gruppenkohäsion

Eine Nebenfragenfragestellung dieser Studie ist, ob sich Gruppenautoritarismus und Gruppenkohäsion unterscheiden lassen. Zwischen Gruppenautoritarismus und Gruppenkohäsion ergeben sich substanzielle Korrelationen von $r_{(Grüne)}$=.52 (p<.01) bzw. $r_{(SPD)}$=.30 (p<.01). Die Höhe dieser Korrelationen weist bereits darauf hin, dass die beiden Skalen zwar korreliert, aber nicht identisch sind. Zur genaueren Analyse dieser Frage werden, getrennt für die beiden Stichproben, zunächst explorative Faktorenanalysen durchgeführt. Da die beiden Teilstichproben für eine Faktorenanalyse bereits relativ klein sind, werden vereinzelt fehlende Werte in den beiden Skalen durch den Mittelwert der jeweiligen Stichprobe ersetzt. Der Kaiser-Meyer-Olkin Parameter (KMO$_{(Grüne)}$=.77; KMO$_{(SPD)}$=.60) bestätigt, dass die Voraussetzungen zur Durchführung der Faktorenanalyse erfüllt sind. Aufgrund der erwarteten Korrelationen zwischen Gruppenautoritarismus und Gruppenkohäsion wird eine Promax-Rotation durchgeführt. Die Eigenwertverläufe (Grüne: 4.99-2.06-1.62-1.28-0.99...; SPD: 3.75-1.99-1.93-1.37-1.21-1.09-1.00-0.88...) weisen auf eine einfaktorielle oder dreifaktorielle Lösung hin. Bei der einfaktoriellen Lösung laden in der Stichprobe "Bündnis90/Die Grünen" 16 der 18 Items mit mindestens .40 auf dem ersten unrotierten Faktor. Die beiden anderen Items liegen mit einer Ladung von .39 nur knapp darunter. In der Stichprobe "SPD" laden hingegen nur 11 der 18 Items über .40 auf dem ersten unrotierten Faktor. Die Ladungen der anderen sieben Items schwanken zwischen .18 und .36. Bei einer dreifaktoriellen Lösung ergibt sich eine Aufteilung entsprechend den Erwartungen. Ein Faktor besteht aus den Gruppenautoritarismusitems. Auf den anderen beiden Faktoren laden die Gruppenkohäsionsitems, die sich wiederum nach Contrait- und Protrait-Items aufteilen. Aus Tabelle 46 ist zu entnehmen, dass bei einer dreifaktoriellen Lösung die Ladungen auf den Faktoren nicht perfekt sind. Einige Items besitzen substanzielle Nebenladungen. Außerdem können nicht alle Items in beiden Stichproben als Markieritems identifiziert werden. Zu erkennen ist aber, dass die jeweiligen Items mindestens in einer Stichprobe Markieritems für den "richtigen" Faktor sind. Die Faktorenkongruenzkoeffizienten zur Überprüfung der Übereinstimmung der Faktorenstrukturen zwischen den beiden Stichproben "Bündnis90/Die Grünen"

---

[31] Drei Personen bei Bündnis90/Die Grünen hatten keine Angaben zu ihrer politischen Orientierung gemacht.

und "SPD" sind mit .77 bis .81 nicht optimal[32]. Möglicherweise kann diese Variabilität in den Faktorenlösungen aber auf die für Faktorenanalysen geringen Stichprobengrößen zurückgeführt werden.

Tabelle 46: Ladungen einer dreifaktoriellen Faktorenanalyse mit den Items der Gruppenautoritarismus- und Gruppenkohäsionsskala. Es sind nur Ladungen über .30 dargestellt. Markieritems sind fett gedruckt.

Kurzbeschreibung der Items	Dimension	Grüne (N=119) F1	F2	F3	SPD (N=89) F1	F2	F3
1. In schwierigen Zeiten zusammenhalten	Kohäsion-Pro	.61			.71		
2. Unterschiede vergessen	Kohäsion-Pro	.74			.66		
4. Echte Einigkeit in Zielen entwickeln	Kohäsion-Pro	.71			.34	.46	
7. Wahrhaft vereinte Gruppe schaffen	Kohäsion-Pro	.62			.70		
8. Übereinstimmung in Zielen erreichen	Kohäsion-Pro	.71			.34	.45	
10. Wichtigste Aufgabe ist Einigkeit	Kohäsion-Pro	.71			.67		
3. Unterschiedliche Meinungen sind notwendig	Kohäsion-Con			.75			.38
5. Streben nach Zusammenhalt unterdrückt Minderheiten und abweichende Meinungen	Kohäsion-Con		.42				.49
6. kulturelle und ideologische Differenzen machen gesünder, kreativer und stärker	Kohäsion-Con			.61			.74
9. Betonung von Einigkeit unterdrückt Kreativität	Kohäsion-Con		.33	.50			.51
11. Unabhängigkeit im Denken ist Zeichen von Stärke	Kohäsion-Con			.78	-.36	.57	
12. Gruppe braucht kreative und freidenkende Personen	Kohäsion-Con			.67			.58
1. Nichts tun, dass den Normen widerspricht	Gruppenaut.		.44		.40		.38
4. Anweisungen befolgen	Gruppenaut.		.52				.56
6. Keine Strafe bei Verletzung der Regeln	Gruppenaut.		.90				.59
7. Respekt und Gehorsam vor offiziellen Vertretern der Gruppe	Gruppenaut.	.55			.31		.45
10. Gegen Regeln darf manchmal verstoßen werden	Gruppenaut.		.72				.70
11. Bei Verstoß gegen Regeln strenge Bestrafung	Gruppenaut.		.77				.73

---

[32] Damit eine Faktorenstruktur als kongruent gilt, sollte der Koeffizient mindestens .90 betragen (vgl. Harman, 1967).

Um zu entscheiden, welche Faktorenlösung nun am besten auf die Daten passt, werden verschiedene konfirmatorische Faktorenanalysen durchgeführt. Es werden drei Modelle gegeneinander getestet. Es wird ein einfaktorielles Modell analysiert, bei dem alle Items auf einen Faktor laden. Bei dem zweifaktoriellen Modell laden die Gruppenautoritarismusitems auf einen Faktor und die Gruppenkohäsionsitems auf dem zweiten Faktor. Bei dem dreifaktoriellen Modell werden zusätzlich die Gruppenkohäsionsitems in einen Protrait- und einen Contrait-Faktor aufgesplittet. Bei dem zweifaktoriellen und dem dreifaktoriellen Modell werden Korrelationen zwischen den Faktoren zugelassen. Tabelle 47 zeigt die Gütekriterien der Modelle getrennt für die Grünen und die SPD.

Tabelle 47: Fitindizes der Strukturgleichungsmodelle mit den Gruppenkohäsions- und Gruppenautoritarismus-Items

| | Bündnis90/Die Grünen | | | | | |
Modell	df	x^2	x^2/df	p	CFI	RMSEA
Einfaktoriell	135	348.05	2.58	<.01	.62	.12
Zweifaktoriell	134	295.77	2.21	<.01	.71	.10
Dreifaktoriell	132	236.58	1.79	<.01	.81	.08
	SPD					
Modell	df	x^2	x^2/df	p	CFI	RMSEA
Einfaktoriell	135	286.56	2.12	<.01	.48	.11
Zweifaktoriell	134	246.47	1.83	<.01	.61	.10
Dreifaktoriell	132	220.03	1.67	<.01	.70	.09

Tabelle 47 zeigt, dass in beiden Stichproben das dreifaktorielle Modell die besten und das einfaktorielle Modell die schlechtesten Fitindizes zeigt. Dies weist darauf hin, dass Gruppenkohäsion und Gruppenautoritarismus nicht dasselbe erfassen, sondern zwei getrennte Konzepte sind. Einschränkend muss allerdings erwähnt werden, dass die Fitindizes auch für das dreifaktorielle Modell nicht zufriedenstellend sind. Lediglich das Verhältnis x^2/df liegt in einem akzeptablen Bereich.

Zur weiteren Analyse des Verhältnisses von Gruppenautoritarismus und Gruppenkohäsion werden im Rahmen der Hypothesentestung die Prädiktorfähigkeiten der beiden Skalen miteinander verglichen. Vorweggenommen sei hier lediglich, dass Gruppenautoritarismus und Gruppenkohäsion sich weder in der Korrelation zu rechtsgerichtetem Autoritarismus noch in der Korrelation zur Identifikation signifikant unterscheiden (vgl. Tabelle 48).

Tabelle 48: Korrelationen von Gruppenautoritarismus und Gruppenkohäsion zu rechtsgerichtetem Autoritarismus und Identifikation (Listenweiser Fallausschluss)

	Grüne (N=117)		SPD (N=89)	
	Gruppen-autoritarismus	Gruppen-kohäsion	Gruppen-autoritarismus	Gruppen-kohäsion
Gruppenkohäsion	.52**	--	.30**	--
RWA	.44**	.44**	.38**	.42**
Identifikation	.20*	.20*	.15	.12

**:p<.01; *:p<.05

Darüber hinaus zeigen Partialkorrelationen, dass die signifikanten Korrelationen
von Gruppenautoritarismus und Gruppenkohäsion zu RWA auch bestehen bleiben, wenn der Einfluss der jeweils anderen Variablen kontrolliert wird. Gruppenautoritarismus zeigt signifikante Partialkorrelationen zu RWA bei Kontrolle von
Gruppenkohäsion ($r_{(Grüne)}$=.28; p<.01 bzw. $r_{(SPD)}$=.29; p<.01). Entsprechend besitzt
Gruppenkohäsion signifikante Partialkorrelationen zu RWA bei Kontrolle von
Gruppenautoritarismus ($r_{(Grüne)}$=.27; p<.01 bzw. $r_{(SPD)}$=.35; p<.01). Dies ist ein
erster Hinweis darauf, dass Gruppenkohäsion und Gruppenautoritarismus voneinander unabhängige Effekte zu anderen verwandten Variablen besitzen und somit
nicht identisch sind.

12.2.6.2. Überprüfung der Hypothesen

Aktuell intendierte Wahlpräferenz

HYPOTHESEN 2A BIS 2C

Mit einem Item wurde gefragt, ob die Versuchspersonen wegen der Politik im
Jugoslawien-Krieg ihre Partei für nicht mehr wählbar halten. Die Antworten
sollten auf einem 6er-Rating von 1 "stimmt überhaupt nicht" bis 6 "stimmt voll
und ganz" beantwortet werden. Bei den Wählerinnen und Wähler von Bünd-
nis90/Die Grünen gaben 30 Personen (25.2%) an, dass sie ihre Partei mindestens
in der Tendenz für nicht mehr wählbar hielten (Antworten 4, 5 oder 6 auf der
Rating-Skala). Bei Wählerinnen und Wählern der SPD waren dies nur 9 Personen
(10.1%). Hypothesen 2a, 2b und 2c thematisieren Annahmen darüber, wie die
Tendenz, die eigene Partei nicht mehr zu wählen, zustande kommt. Die drei
Hypothesen werden zusammenfassend in einer Mediationsanalyse mittels Regressionsanalysen nach der Methode von Baron und Kenny (1986) überprüft. Damit
die Variable "Bedrohungsgefühle durch die Kriegspolitik" als Mediator identifiziert werden kann, müssen folgende Annahmen zutreffen:

1. Die autoritäre Prädisposition muss signifikant mit dem Kriterium "Tendenz, die Partei nicht mehr zu wählen" und mit dem Mediator "Bedrohungsgefühle durch die Kriegspolitik" korrelieren.

2. Der Mediator "Bedrohungsgefühle durch die Kriegpolitik" muss signifikant mit dem Kriterium "Tendenz, die Partei nicht mehr zu wählen" korrelieren.

3. Der Zusammenhang zwischen der autoritären Prädisposition und der Tendenz, die Partei nicht mehr zu wählen, muss signifikant sinken, wenn in einer Regressionsanalyse mit dem Prädiktor "autoritäre Prädisposition" und dem Kriterium "Tendenz, die Partei nicht mehr zu wählen" als zweiter Prädiktor der Mediator "Bedrohungsgefühle durch die Kriegs-Politik" eingegeben wird.

Die Ergebnisse der Mediationsanalyse sind in Abbildung 7 graphisch dargestellt.

Abbildung 7: Überprüfung der Mediation zwischen autoritärer Prädisposition und der Tendenz, die Partei nicht mehr zu wählen, durch Bedrohungsgefühle

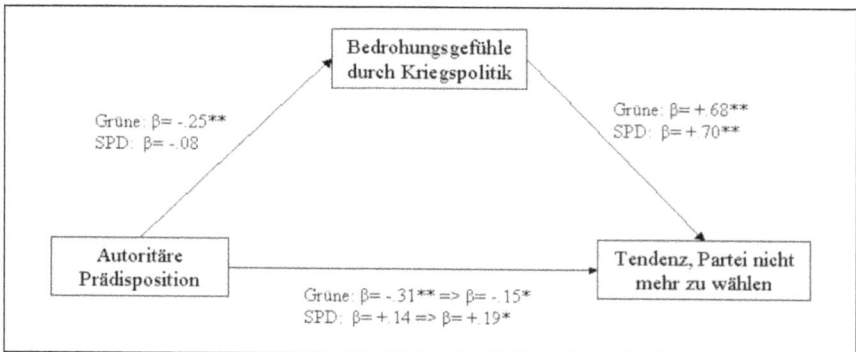

Bedrohungsgefühle durch Kriegspolitik

Grüne: $\beta = -.25^{**}$
SPD: $\beta = -.08$

Grüne: $\beta = +.68^{**}$
SPD: $\beta = +.70^{**}$

Autoritäre Prädisposition

Tendenz, Partei nicht mehr zu wählen

Grüne: $\beta = -.31^{**} \Rightarrow \beta = -.15^{*}$
SPD: $\beta = +.14 \Rightarrow \beta = +.19^{*}$

Abbildung 7 zeigt, dass für die Grünen die in Hypothese 2c formulierte Mediationsannahme zutrifft. Je höher die autoritäre Prädisposition ist, desto geringer ist die Tendenz, die Partei nicht mehr zu wählen. Der Zusammenhang zwischen autoritärer Prädisposition und der Tendenz, die Partei nicht mehr zu wählen, sinkt unter Berücksichtigung der Bedrohung von $\beta = -.31$ auf $\beta = -.15$. Darüber hinaus korreliert die autoritäre Prädisposition signifikant negativ mit den Bedrohungsgefühlen durch die Kriegspolitik, welche ihrerseits signifikant positiv mit der Tendenz, die eigene Partei nicht mehr zu wählen, zusammenhängt. Entsprechend können die Hypothesen 2a bis 2c für die Grünen bestätigt werden.

Bei der SPD sieht das Datenmuster deutlich anders aus. Zwar ist auch bei der SPD eine signifikante Korrelation zwischen den Bedrohungsgefühlen durch die Kriegspolitik und der Tendenz, die eigene Partei nicht mehr zu wählen, zu erkennen, aber es sind keine signifikanten Zusammenhänge zwischen der autoritären Prädisposition mit den Bedrohungsgefühlen oder der Tendenz, die Partei nicht mehr zu wählen, zu finden. Entgegen der Annahme muss somit die Mediationshypothese für die SPD verworfen werden. Es ist sogar erwartungsdiskonform tendenziell eine positive Korrelation zwischen der autoritären Prädisposition und der Tendenz, die eigene Partei nicht mehr zu wählen, vorhanden. Da sie jedoch nicht signifikant ist, wird sie nicht weiter interpretiert. Bei der SPD kann somit lediglich die Hypothese 2b bestätigt werden.

Überprüfung des Gruppenautoritarismus-Prozessmodells

HYPOTHESEN 2D UND 2E

Mit den Hypothesen 2d und 2e soll geprüft werden, ob auch in dieser Studie eine autoritäre Einstellungsreaktion bei Personen mit einer hohen autoritären Prädisposition, die eine hohe aber gleichzeitig bedrohte Identifikation äußern, zu finden ist. Zur Überprüfung der Hypothesen werden lediglich standhafte Wählerinnen und Wähler berücksichtigt, weil nur bei diesen Personen eine autoritäre Einstellungsreaktion erwartet werden kann. Entsprechend wird auch hier eine dreifaktorielle Varianzanalyse mit den Faktoren autoritäre Prädisposition (niedrig vs. hoch), Identifikation mit der Partei (niedrig vs. hoch) und Bedrohung der Sozialen Identität (niedrig vs. hoch) durchgeführt. Tabelle 49 zeigt zunächst die Ergebnisse für Bündnis90/Die Grünen-Wählerinnen und Wähler.

Tabelle 49: Mittelwerte* für Gruppenautoritarismus in Abhängigkeit von der autoritären Prädisposition, Identifikation und Bedrohung für Bündnis90/Die Grünen-Wählerinnen und Wähler

N=89	niedrige autoritäre Prädisposition		hohe autoritäre Prädisposition	
	Niedrig-bedrohte Gruppe	Hoch-bedrohte Gruppe	Niedrig-bedrohte Gruppe	Hoch-bedrohte Gruppe
Identifikation hoch	2.01 (N=15)	1.77 (N=14)	2.26 (N=15)	2.83 (N=7)
Identifikation niedrig	1.76 (N=7)	1.86 (N=14)	2.67 (N=5)	2.33 (N=18)

*Werte können zwischen 1 "niedrige Gruppenautoritarismusneigung" bis 6 "hohe Gruppenautoritarismusneigung" schwanken.

Bei den Grünen zeigt sich wie in Studie 1 eine signifikante dreifache Wechselwirkung ($F_{(81/1)}=3.94$; $p=.05$; $?^2=.05$) mit einem erwartetem Mittelwertsmuster: Hochidentifizierte Personen mit einer starken autoritären Prädisposition zeigen bei hoher Bedrohung die stärksten Gruppenautoritarismusneigungen. Damit kann Hypothese 2d für die Stichprobe "Bündnis90/Die Grünen" bestätigt werden. Darüber hinaus ergibt sich ein signifikanter Haupteffekt für die autoritäre

Prädisposition. Personen mit einer hohen autoritären Prädisposition (M=2.42) äußern einen höheren Gruppenautoritarismus ($F_{(81/1)}$=18.24; p<.001; ?²=.18) als Personen mit einer niedrigen autoritären Prädisposition (M=1.88). Dieser Haupteffekt ist auch in einer Varianzanalyse mit der Stichprobe der SPD zu erkennen. Auch hier äußern Personen mit einer hohen autoritären Prädisposition (M=2.29) einen höheren Gruppenautoritarismus ($F_{(72/1)}$=8.87; p<.001; ?²=.11) als Personen mit einer niedrigen autoritären Prädisposition (M=1.95). Somit kann Hypothese 2e bestätigt werden. Zwar ist auch eine signifikante dreifache Wechselwirkung in der Stichprobe der SPD zwischen autoritärer Prädisposition, Bedrohung und Identifikation vorhanden, diese ist jedoch nur schwer zu interpretieren. Diese Wechselwirkung kommt vor allen Dingen durch den hohen Mittelwert für niedrig-identifizierte und niedrig-bedrohte Personen mit einer hohen autoritären Prädisposition zustande (M=3.00). Dieser Zellenmittelwert basiert jedoch auf den Analysen von lediglich drei Personen (vgl. Tabelle 49).

Tabelle 50: Mittelwerte für Gruppenautoritarismus in Abhängigkeit der autoritären Prädisposition, Identifikation und Bedrohung für SPD-Wählerinnen und Wähler

N=80	niedrige autoritäre Prädisposition		hohe autoritäre Prädisposition	
	Nicht-bedrohte Gruppe	Bedrohte Gruppe	Nicht-bedrohte Gruppe	Bedrohte Gruppe
Identifikation hoch	2.29 (N=13)	1.44 (N=3)	2.23 (N=15)	2.30 (N=5)
Identifikation niedrig	1.81 (N=7)	1.83 (N=17)	3.00 (N=3)	2.20 (N=17)

Werte können zwischen 1 "niedrige Gruppenautoritarismusneigung" bis 6 "hohe Gruppenautoritarismusneigung" schwanken.

Somit kann eine autoritäre Reaktion innerhalb der standhaften Wählerinnen und Wähler von Bündnis90/Die Grünen festgestellt werden, aber nicht bei den standhaften Wählerinnen und Wählern der SPD. Bei dem Ergebnis für die Grünen könnte eingewendet werden, dass der Befund aufgrund der ungleichen Zellenbesetzungen ein Artefakt darstellt. Daher wird zur Bestätigung der dreifaktoriellen Wechselwirkung eine Regressionsanalyse mit den Wechselwirkungsfaktoren gerechnet. Als Prädiktoren werden die Haupteffekte "autoritäre Prädisposition", "Identifikation" und "Bedrohung der sozialen Identität" als Variablen sowie die zwei- und dreifachen Wechselwirkungen zwischen diesen drei Variablen mit der Methode "Enter" simultan eingegeben. Die autoritäre Prädisposition, Identifikation und Bedrohung der Sozialen Identität werden für diese Regressionsanalyse und zur Bildung von Wechselwirkungstermen durch Subtraktion des jeweiligen Stichprobenmittelwertes zentriert (vgl. Aiken & West, 1991). Tabelle 51 zeigt die Ergebnisse dieser Regressionsanalyse.

Tabelle 51: Regressionsanalyse zur Überprüfung des Gruppenautoritarismus-Prozessmodells bei Bündnis90/Die Grünen

Prädiktor	standardisiertes Beta-Gewicht	p	F-Wert	R²
Autoritäre Prädisposition (AP)	.50	<.01		
Identifikation	.12	n.s.		
Bedrohung	.07	n.s.		
AP x Bedrohung	.11	n.s.		
AP x Identifikation	.09	n.s.		
Identifikation x Bedrohung	-.02	n.s.		
AP x Identifikation x Bedrohung	.20	.07		
			5.93**	.22

n.s.: nicht signifikant (p>.20); **: p<.01

Die Regressionsanalyse bestätigt das Ergebnis der Varianzanalyse. Insgesamt kann ein signifikanter Anteil der Varianz (22%) aufgeklärt werden. Lediglich zwei Prädiktoren besitzen einen substanziellen Beitrag zur Aufklärung von Gruppenautoritarismus. Den stärksten Effekte besitzt die autoritäre Prädisposition mit einem Beta von .50 (p<.01). Aber auch die dreifache Wechselwirkung zwischen autoritärer Prädisposition, Identifikation und Bedrohung kann mit einem tendenziell signifikanten Beitrag (β=.20; p=.07) zur Aufklärung von Gruppenautoritarismus beitragen. Eine Simple Slope Analyse (vgl. Aiken & West, 1991) zeigt, dass der stärkste Zusammenhang (B=1.60; p<.01) zwischen der autoritären Prädisposition und Gruppenautoritarismus bei Personen mit einer hohen und gleichzeitig bedrohten Identifikation zu erkennen ist. Ist nur die Identifikation oder die Bedrohung niedrig, ist kein signifikanter Zusammenhang zwischen der autoritären Prädisposition und Gruppenautoritarismus zu finden. Ist sowohl die Identifikation als auch die Bedrohung niedrig, zeigt sich noch ein auf dem 5%-Niveau signifikanter Zusammenhang (B=0.91; p<.05). Insgesamt bestätigt dies Hypothese 2d, dass eine autoritäre Einstellungsreaktion bei hoch-autoritären Personen besonders dann auftritt, wenn die Identifikation mit der entsprechenden Gruppe hoch und gleichzeitig bedroht ist.

Prädiktorfähigkeiten von Gruppenautoritarismus

GRUPPENAUTORITARISMUS UND INGROUP-OUTGROUP-BEWERTUNGEN HYPOTHESEN 2F UND 2G

Zunächst werden die Korrelationen zwischen Gruppenautoritarismus, Gruppenkohäsion, Identifikation, autoritärer Prädisposition, Bedrohung der Sozialen Identität und den Ingroup-Outgroup-Bewertungen berechnet. Auch hier werden die Analysen nur für standhafte Wählerinnen und Wähler der beiden Parteien durchgeführt. Für Aussteiger lassen sich nur schwer Vorhersagen über Ingroup-Outgroup-Bewertungen herleiten, da nicht klar ist, wie sich diese Personen nach "Verlassen" ihrer vormals gewählten Partei verhalten werden. Einige Personen werden eventuell gar nicht mehr wählen, andere Personen wiederum werden eventuell eine andere Partei wählen. Ingroup-Outgroup-Bewertungen werden vermutlich in Abhängigkeit des weiteren Wahlverhaltens abgegeben. Eine klare Vorhersage von Ingroup-Outgroup-Bewertungen ist dann nicht mehr möglich.

Tabelle 52: Korrelationen bezüglich der Ingroup-Outgroup-Bewertungen für Bündnis90/
Die Grünen (N=82[33]) und SPD (N=80)

SPD	Autoritäre Prädisposition		Identifikation		Bedrohung der Soz. Identität		Gruppen-autoritarismus		Gruppen-kohäsion	
	SPD	Grüne	SPD	Grüne	SPD	Grüne	SPD	Grüne	SPD	Grüne
Bewertung der eigenen Partei	.13	.01	.51**	.52**	-.52**	-.46**	.19+	-.02	.33**	-.18
Bewertung der anderen Reg.partei	-.04	-.15	.21+	.08	-.10	.08	-.13	-.07	-.23*	-.06
Bewertung der CDU/CSU	.10	.24*	-.10	-.08	.21+	.25*	.09	.21*	.14	.03
I-B zur anderen Reg.partei	.14	.16	.23*	.32**	-.32**	-.44**	.26*	.06	.45**	-.08
I-B zur CDU/CSU	.02	-.18+	.47**	.35**	-.57**	-.46**	.08	-.17	.14	-.13

**:p<.01; *:p<.05; +:p<.10; I-B: Ingroup-Bias; Bew.: Bewertung; Reg.partei: Regierungspartei

Die stärksten Effekte hinsichtlich der Aufklärung der Bewertungsindikatoren zeigt die Identifikation mit der eigenen Partei und die Bedrohung der Sozialen Identität. Je höher die Identifikation und je geringer die Bedrohung ist, desto positiver wird die eigene Partei bewertet und desto größer ist der Ingroup-Bias zur anderen Regierungspartei und zur CDU/CSU ausgeprägt. Zur Bewertung der anderen Regierungspartei und zur Bewertung der CDU/CSU zeigen Identifikation und Bedrohung der Sozialen Identität kaum signifikante Korrelationen.

Zur Überprüfung der Hypothese 2f interessieren besonders die Korrelationen von Gruppenautoritarismus zu den Ingroup-Outgroup-Bewertungen. Zwischen Gruppenautoritarismus und den Ingroup-Outgroup-Bewertungen sind lediglich zwei signifikante Korrelationen zu finden. Bei der SPD ist eine positive Korrelation von Gruppenautoritarismus zum Ingroup-Bias zur anderen Regierungspartei zu finden (r=.26; p<.05): Je höher die Gruppenautoritarismusneigung ist, desto stärker ist der Ingroup-Bias gegenüber der anderen Regierungspartei

---

[33] Sechs Personen hatten bei Bündnis90/Die Grünen die Bewertung für die SPD und der CDU/CSU nicht angegeben. Zur Vergleichbarkeit der Korrelationen sind diese Personen zur Auswertung nicht berücksichtigt worden.

ausgeprägt. Bei Bündnis90/Die Grünen zeigt Gruppenautoritarismus eine positive Korrelation zur Bewertung der CDU/CSU: Je höher die Gruppenautoritarismusneigung ist, desto positiver wird die CDU/CSU bewertet. Diese unerwartet positive Korrelation ist aber zum Einen mit r=.23 (p<.05) relativ gering und zum Anderen in der Stichprobe der SPD nicht zu finden. Dieser Korrelation wird daher kein großes Gewicht beigemessen. Insgesamt kann somit die Hypothese 2f nicht überzeugend bestätigt werden. Nur in der SPD-Stichprobe ist ein mit der Hypothese 2f konformer Effekt zwischen Gruppenautoritarismus und der Bewertung der anderen Regierungspartei zu finden. Darüber hinaus ist erwähnenswert, dass sich die Korrelationen von Gruppenautoritarismus und Gruppenkohäsion einerseits und den Bewertungsindizes andererseits nicht signifikant unterscheiden.

Tabelle 53: Korrelationen für Bündnis90/Die Grünen und der SPD bezüglich der In-group-Outgroup-Bewertungen in Abhängigkeit von der Bedrohungsmanipulation. Im oberen Teil der Tabelle sind die Korrelationen für Bündnis90/Die Grünen und im unteren Teil der Tabelle die Korrelationen für die SPD eingezeichnet.

Bündnis90/Die Grünen	Autoritäre Prädisposition		Identifikation		Gruppen-autoritarismus		Gruppen-kohäsion	
	niedrig bedroht (N=40)	hoch bedroht (N=44)	niedrig bedroht (N=40)	hoch bedroht (N=44)	niedrig bedroht (N=40)	hoch bedroht (N=44)	niedrig bedroht (N=40)	hoch bedroht (N=44)
Bew. der eigenen Partei	.40*	-.21	.46**	.43**	.26	-.21	.19	-.40**
Bew. der anderen Reg.partei	.10	-.34	.14	-.23	.16	-.23	.30$^+$	-.39**
Bewertung der CDU/CSU	.03	.34*	.27$^+$	-.12	.24	.17	-.18	.11
I-B zur anderen Reg.partei	.21	.25	.23	.09	.05	.11	-.14	.14
I-B zur CDU/CSU	.23	-.38*	.05	.32*	-.05	-.25	.29$^+$	-.30$^+$

SPD	Autoritäre Prädisposition		Identifikation		Gruppen-autoritarismus		Gruppen-kohäsion	
	niedrig bedroht (N=38)	hoch bedroht (N=42)	niedrig bedroht (N=38)	hoch bedroht (N=42)	niedrig bedroht (N=38)	hoch bedroht (N=42)	niedrig bedroht (N=38)	hoch bedroht (N=42)
Bew. der eigenen Partei	.21	.09	.48**	.37*	.15	.15	.33*	.26$^+$
Bew. der anderen Reg.partei	-.14	.05	.19	.08	-.31$^+$	.01	-.41*	-.10
Bewertung der CDU/CSU	-.12	.08	.10	.11	.16	.11	.06	.25$^+$
I-B zur anderen Reg.partei	.26	.04	.19	.24	.35*	.12	.55*	.40**
I-B zur CDU/CSU	.07	.00	.29*	.23	-.01	.03	.21	.02

**:p<.01; *:p<.05; $^+$:p<.10; I-B: Ingroup-Bias; Bew.: Bewertung; Reg.partei: Regierungspartei

Zu fragen ist, ob Korrelationen von Gruppenautoritarismus zu den Ingroup-Out-group-Bewertungen, wie sie in Hypothese 2f angenommen werden, eventuell nur bei solchen Personen zu finden sind, deren Soziale Identität bedroht ist. Daher soll auch in dieser Studie untersucht werden, ob unterschiedliche Effekte in Abhängigkeit der Bedrohung der an die eigene Partei geknüpften Sozialen Identität gefunden werden können. Zeigt Gruppenautoritarismus nur dann signifikante Zusammenhänge zu Ingroup-Outgroup-Bewertungen, wenn die Soziale Identität als bedroht wahrgenommen wird? Mit einem Mediansplit sind in jeder Stichprobe die Versuchspersonen in niedrig- und hoch-bedrohte Personen aufgeteilt worden (vgl. Tabelle 53).

Bei den Ergebnissen in Tabelle 53 ist wiederum auffallend, dass sich kaum signifikante Korrelationen im Zusammenhang mit Gruppenautoritarismus zeigen. Zwischen den Bewertungsindizes und Gruppenautoritarismus ist nur eine von den zwanzig berichteten Korrelationen auf dem 5%-Niveau signifikant. Diese ergibt sich zwischen Gruppenautoritarismus und dem Ingroup-Bias zur anderen Regierungspartei (r=.35; p<.05) in der Stichprobe der SPD. Je höher die Gruppenautoritarismusneigung ist, desto stärker ist der Ingroup-Bias ausgeprägt. Bei einem α-Niveau von 5% entspricht diese *eine* signifikante Korrelation der Irrtumswahrscheinlichkeit. Somit kann die mangelnde Prädiktorfähigkeit von Gruppenautoritarismus für Ingroup-Outgroup-Bewertungen aus Tabelle 52 nicht darauf zurückgeführt werden, dass sie nur für niedrig-bedrohte Personen zutrifft. Damit muss festgehalten werden, dass Hypothese 2f nicht bestätigt werden kann.

Interessant sind allerdings die Korrelationen von Gruppenautoritarismus zur Bewertung der eigenen und der anderen Regierungspartei bei Bündnis90/Die Grünen, auch wenn diese nicht signifikant sind. Bei den niedrig-bedrohten Personen sind diese Korrelationen erwartungsgemäß positiv. Bei den hoch-bedrohten Personen kehren sich die Vorzeichen der Korrelationen jedoch um: Je höher die Gruppenautoritarismusneigung ist, desto negativer werden die eigene Partei und die andere Regierungspartei bewertet. Diese Korrelationsunterschiede zwischen hoch- und niedrig-bedrohten Personen sind auf dem 5%-Niveau bei einseitiger Testung signifikant (p<.05). Da die Korrelationen aber insgesamt nicht signifikant sind, kann dieses Ergebnis nicht weiter interpretiert werden. Allerdings sind ähnliche aber signifikante Korrelationsmuster bezüglich der Gruppen-kohäsion bei Bündnis90/Die Grünen zu finden. In Abhängigkeit der Bedrohung sind unterschiedliche Korrelationen zwischen Gruppenkohäsion einerseits und der Bewertung der eigenen Partei (Z=2.72; p<.01), der Bewertung der anderen Regierungspartei (Z=3.18; p<.01) sowie dem Ingroup-Bias zur CDU/CSU (Z=2.68; p<.01) andererseits zu erkennen. Während sich in der niedrig-bedrohten Gruppe positive Korrelationen zwischen Gruppenkohäsion und der Bewertung der eigenen Partei, der Bewertung der anderen Regierungspartei und dem Ingroup-Bias zur CDU/CSU zeigen, sind diese Korrelationen in der hoch-bedrohten Gruppe negativ. Diese negativen Korrelationen bedeuten, dass je höher die Forderung nach Gruppenkohäsion ist, desto negativer ist die Bewertung der eigenen Partei, desto negativer ist die Bewertung der anderen Regierungspartei und desto kleiner ist der Ingroup-Bias zur CDU/CSU. Diese Effekte sind bei den SPD-Wählerinnen und Wählern nicht zu finden.

Wie sind die negativen Korrelationen bei hoch-bedrohten Wählerinnen und Wählern von Bündnis90/Die Grünen zu erklären? Möglicherweise sind diese Korrelationen auf die Tatsache zurückzuführen, dass sich relativ viele Wählerinnen und Wähler wegen der Kriegspolitik von der Partei zurückgezogen hatten. Standhafte Wählerinnen und Wähler mit einer hohen Forderung nach Gruppenkohäsion werden dagegen die Forderung besitzen, dass die Anhänger der Partei jetzt erst recht zusammenhalten und nicht die Unterstützung ihrer Partei aufkündigen sollten. Da aber relativ viele die Partei verließen, werden die standhaften Wähler mit hoher Gruppenkohäsion vermutlich die eigene Partei und auch die verbündete Regierungspartei (SPD) negativer beurteilen als standhafte Wähler mit einer niedrigen Gruppenkohäsion.

Abschließend sollen schrittweise Regressionsanalysen durchgeführt werden, um Hypothese 2g zu testen. Damit können mögliche Effekte von Gruppenautoritarismus auf Ingroup-Outgroup-Bewertungen überprüft werden, wenn der Effekt der autoritären Prädisposition kontrolliert wird. Es werden allerdings nicht nur Gruppenautoritarismus und die autoritäre Prädisposition als Prädiktorvariablen in die Regressionsanalyse eingegeben, sondern auch andere für die Ingroup-Outgroup-Bewertung relevante Variablen: Gruppenkohäsion, Identifikation und die Bedrohung der Sozialen Identität. Die Verwendung einer schrittweisen Regression ermöglicht diejenigen Variablen zu identifizieren, die einen signifikanten Beitrag zur Aufklärung von Ingroup-Outgroup-Bewertungen leisten können. Es werden wiederum nur die signifikanten Betagewichte der schrittweisen Regressionen präsentiert.

Tabelle 54: Regressionsanalysen zur Erfassung des Einflusses der autoritären Prädisposition, Identifikation, Bedrohung der Sozialen Identität, Gruppenautoritarismus und Gruppenkohäsion auf die Bewertung der eigenen und fremden Parteien

	Bewertung der eigenen Partei		Bewertung der anderen Regierungs- partei		Bewertung der CDU/CSU		Ingroup-Bias zur anderen Regierungs- partei		Ingroup-Bias zur CDU/CSU	
	Grüne N=84	SPD N=80	Grüne N=84	SPD N=80	Grüne N=84	SPD N=80	Grüne N=84	SPD N=80	Grüne N=84	SPD N=80
Autoritäre Prädisposition	---	---	---	---	.23*	---	---	---	---	---
Identifikation	.38**	.31*	---	.24*	---	---	---	---	---	---
Bedrohung der Soz. Identität	-.29**	-.26*	---	---	.25*	---	-.44**	-.24*	-.46**	-.57**
Gruppen- autoritarismus	---	---	---	---	---	---	---	---	---	---
Gruppenkohäsion	---	.24*	---	-.26*	---	---	---	.40**	---	---
R²	.34	.37	.00	.11	.12	.00	.20	.26	.21	.32

$^+$ p<.10; * p<.05; ** p<.01; *** p<.001

Auch unter Verwendung von Regressionsanalysen ergibt sich das bereits geschilderte Datenmuster (vgl. Tabelle 54). Gruppenautoritarismus leistet entsprechend der bisherigen Ergebnisse keinen substanziellen Beitrag zur Aufklärung der Ingroup-Outgroup-Bewertungen. Der Einfluss der autoritären Prädisposition wurde dabei kontrolliert. Entsprechend kann auch Hypothese 2g nicht bestätigt werden. Die Identifikation mit der eigenen Partei zeigt in erster Linie signifikante Zusammenhänge zur Bewertung der eigenen Partei, aber nicht zur Bewertung fremder Parteien. Auch Gruppenkohäsion zeigt zumindest bei der SPD signifikante Effekte: Je stärker die Forderung nach Gruppenkohäsion ist, desto positiver wird die eigene Partei bewertet, desto negativer wird die andere Regierungspartei bewertet und desto größer ist auch der Ingroup-Bias zur anderen Regierungspartei. Die stärksten Effekte für Ingroup-Outgroup-Bewertungen zeigt die Bedrohung der Sozialen Identität. Je stärker die Soziale Identität als bedroht wahrgenommen wird, desto negativer wird die eigene Partei bewertet und desto kleiner ist der Ingroup-Bias zu fremden Parteien. Letzteres ist eher erstaunlich, da in der Literatur eher davon ausgegangen wird, dass eine Bedrohung der Sozialen Identität einen Ingroup-Bias verstärkt und nicht verringert (vgl. Tajfel & Turner, 1986; Kap. 5. in diesem Buch).

Insgesamt kann festgehalten werden, dass die Hypothesen 2f und 2g nicht bestätigt werden können. Gruppenautoritarismus kann keinen signifikanten Beitrag zur Aufklärung von Ingroup-Outgroup-Bewertungen leisten. Darüber hinaus sind lediglich kleine Unterschiede zwischen Gruppenautoritarismus und Gruppenkohäsion hinsichtlich ihrer Prädiktorfähigkeiten für Ingroup-Outgroup-Bewertungen zu erkennen. Lediglich in der Stichprobe der SPD scheint Gruppenkohäsion einen signifikanten Beitrag für die Bewertung der eigenen und der anderen Regierungspartei und damit auch zum Ingroup-Bias zur anderen Regierungspartei leisten zu können.

GRUPPENAUTORITARISMUS UND BEWERTUNG DES KOSOVO-KRIEGES
HYPOTHESE 2H BIS 2I

In einer weiteren Fragestellung wird die Beziehung von Gruppenautoritarismus zu militaristischen Einstellungen thematisiert. Wiederum werden die Analysen aus genannten Gründen nur für standhafte Wählerinnen und Wähler durchgeführt. Zur Untersuchung dieser Fragestellungen werden zunächst wieder Korrelationsanalysen und dann Regressionsanalysen durchgeführt.

Bezüglich der Zusammenhänge zur Bewertung des Kosovo-Krieges sind deutliche Unterschiede zwischen den Grünen und der SPD zu erkennen. Während sich bei den Grünen kaum signifikante Korrelationen zur Bewertung des Kosovo-Krieges zeigen, sind bei der SPD substanzielle Korrelationen der autoritären Prädisposition, Identifikation, Gruppenautoritarismus und Gruppenkohäsion zur Bewertung des Kosovo-Krieges zu finden. Wiederum ergeben sich keine signifikant unterschiedliche Korrelationen in Abhängigkeit von der Bedrohung der Sozialen Identität.

Tabelle 55: Korrelationen mit der Bewertung des Krieges

	Gesamt		niedrig-bedroht		hoch-bedroht	
	Grüne (N=88)	SPD (N=80)	Grüne (N=42)	SPD (N=38)	Grüne (N=46)	SPD (N=42)
Autoritäre Prädisposition	$.18^+$	$.42^{**}$	$.16$	$.27^+$	$.22$	$.55^{**}$
Identifikation	$-.07$	$.30^{**}$	$.10$	$.31^+$	$-.15$	$.08$
Gruppenautoritarismus	$.07$	$.34^{**}$	$.19$	$.32^+$	$-.06$	$.31^*$
Gruppenkohäsion	$.15$	$.24^{**}$	$.19$	$.20$	$.07$	$.26$
Bedrohung der Soz. Identität	$.14$	$-.34^{**}$	---	---	---	---

$**:p<.01; *:p<.05; {}^+:p<.10$

Um die reinen Effekte der gefundenen Zusammenhänge zu ermitteln, wird eine schrittweise Regressionsanalyse mit autoritärer Prädisposition, Identifikation, Gruppenautoritarismus und Gruppenkohäsion als Prädiktoren und der Bewertung des Kosovo-Krieges als Kriterium durchgeführt. Es zeigt sich schließlich, dass für die SPD nur zwei Variablen Relevanz für die Bewertung des Krieges besitzen. Dies sind die autoritäre Prädisposition ($\beta=.43$; $p<.01$) und die Bedrohung der Sozialen Identität ($\beta=-.35$; $p<.01$). Je höher die autoritäre Prädisposition ist, desto positiver wird der Kosovo-Krieg bewertet, und je stärker die Bedrohung der Sozialen Identität ist, desto negativer wird der Krieg beurteilt.

Tabelle 56: Schrittweise Regressionsanalyse mit den Prädiktoren autoritäre Prädisposition, Identifikation und Gruppenautoritarismus und dem Kriterium Bewertung des Krieges

	Bündnis90/Die Grünen (N=88)	SPD (N=42)
Autoritäre Prädisposition	---	$.43^{**}$
Identifikation	---	---
Gruppenautoritarismus	---	---
Gruppenkohäsion	---	---
Bedrohung der Soz. Identität	---	$-.35^{**}$
R^2	$.00$	$.28$

(1) Stichprobe Bündnis90/Die Grünen; (2) Stichprobe SPD
$**:p<.01; *:p<.05; {}^+:p<.10;$

Als Fazit bezüglich der Bewertung des Kosovo-Krieges kann damit festgehalten werden, dass die Hypothesen nur für die Stichprobe der SPD teilweise bestätigt

werden können. Personen mit einer hohen autoritären Prädisposition bewerten
den Kosovo-Krieg positiver als Personen mit einer niedrigen autoritären Prädisposition (Hypothese 2h). Die Korrelationen zeigen darüber hinaus, dass auch
Gruppenautoritarismus positiv mit der Bewertung des Kosovo-Krieges korreliert
(Hypothese 2i). Allerdings demonstriert die Regressionsanalyse, dass Gruppenautoritarismus auch bei der SPD keinen eigenständigen Beitrag zur Bewertung
des Kosovo-Krieges leisten kann. Dies zeigt, dass hinsichtlich der Vorhersage
militaristischer Einstellungen rechtsgerichtetem Autoritarismus ein stärkeres
Gewicht zukommt als Gruppenautoritarismus.

12.2.7. Diskussion

12.2.7.1. Überprüfung des Gruppenautoritarismus-Prozessmodells

Auch Studie 2 hat eine reales Geschehen zum Anlass genommen, die Annahmen
des Gruppenautoritarismus-Prozessmodells zu überprüfen. Der Kosovo-Krieg
schien deshalb geeignet für diese Fragestellung, da er in einem hohem Maß die
Soziale Identität von Grünen- und SPD-Wählerinnen und Wählern bedrohte.
Angenommen werden kann, dass die Bedrohung für die Grünen stärker war als
für die SPD. Wie bereits geschildert, war bei einigen Wählerinnen und Wählern
eine Abkehr von ihrer Partei zu erkennen. Diese Studie kann zeigen, dass
zumindest bei den Grünen autoritäre Prädispositionen einen wichtigen Einfluss
darauf hatten, ob die Personen ihre Partei noch für wählbar hielten. Je geringer die
autoritären Prädispositionen bei den Befragten ausgebildet waren, desto stärker
war die Neigung, die Partei nicht mehr zu wählen. Dieser Zusammenhang wurde
allerdings durch die wahrgenommene Bedrohung durch die Kriegspolitik der
eigenen Partei mediiert. Diese Mediation konnte für SPD-Wählerinnen und
Wähler nicht nachgewiesen werden. Dort war lediglich ein positiver Zusammenhang zwischen der Bedrohungswahrnehmung durch die Kriegspolitik und der
Tendenz, die Partei nicht mehr zu wählen, zu erkennen. Die mangelnde Mediation
bei SPD-Wählerinnen und Wähler geht auf fehlende Zusammenhänge der
autoritären Prädisposition zur Bedrohung der Sozialen Identität und zur Tendenz,
die Partei nicht mehr zu wählen, zurück. Eine mögliche Erklärung für die
mangelnde Mediation bei SPD-Wählerinnen und Wähler kann darin gesehen
werden, dass die Kriegspolitik insgesamt nicht so stark von SPD-Wählerinnen
und Wähler als identitätsgefährdend wahrgenommen wurde.

Eine zentrale Frage dieser Studie war, was diejenigen Personen taten, die trotz der
Kriegspolitik ihrer Partei bereit waren, diese weiterhin zu wählen. Entsprechend
dem Gruppenautoritarismus-Prozessmodell wurde angenommen, dass diese Befragten nur in Abhängigkeit von ihrer autoritären Prädisposition, Identifikation
und dem Ausmaß der wahrgenommenen Bedrohung der Sozialen Identität eine
autoritäre Einstellungsreaktion zeigen. Tatsächlich kann unter den standhaften
Grünen-Wählerinnen und Wählern eine autoritäre Einstellungsreaktion bei

Personen mit einer hohen autoritären Prädisposition und einer hohen, aber
gleichzeitig bedrohten Identifikation mit ihrer Partei nachgewiesen werden. Dies
bedeutet, dass autoritäre Prädispositionen vor allem unter starken und gleichzeitig
bedrohten Identifikationen aktiviert werden. Dies ist eine weitere Bestätigung des
Gruppenautoritarismus-Prozessmodells. Allerdings ist eine solche autoritäre Einstellungsreaktion in der Stichprobe der SPD nicht zu erkennen. Eine mögliche
Erklärung dafür ist, dass die Kriegspolitik innerhalb der SPD eine schwächere
Bedrohung der Sozialen Identität ausgelöst hat als innerhalb der Grünen
($M_{(SPD)}$=3.01 vs. $M_{(Grüne)}$=3.48; t=3.59; p<.01).

12.2.7.2. Prädiktorfähigkeiten von Gruppenautoritarismus

Problematisch sind wiederum die Prädiktorfähigkeiten von Gruppenautoritarismus für Ingroup-Outgroup-Bewertungen. Gruppenautoritarismus kann, wie
bereits in Studie 1, keinen eigenständigen Beitrag zur Aufklärung von Ingroup-
Outgroup-Bewertungen leisten. Dies ist auch unter hoch-bedrohenden Bedingungen der Fall. Damit scheint die Bewertung von eigenen Gruppen und von fremden
Gruppen nicht von der Gruppenautoritarismusneigung abhängig zu sein. In
Studie 1 und Studie 2 wurden jedoch nur Gruppen zum Vergleich herangezogen,
die von ihrem Status ebenbürtig oder sogar höhergestellt (Mediziner in Studie 1)
waren. Zu fragen gilt, ob die mangelnde Prädiktorfähigkeit von Gruppenautoritarismus auch dann noch bestehen bleibt, wenn Einstellungen gegenüber status-
niedrigeren Gruppen, wie beispielsweise der Gruppe der Ausländer, erfragt
werden.

Bezüglich der Bewertung des Kosovo-Krieges zeigte Gruppenautoritarismus
signifikante positive Korrelationen in der Stichprobe der SPD (r=.34; p<.01).
Allerdings konnte Gruppenautoritarismus nach Kontrolle der autoritären Prädisposition auch bezüglich der Bewertung des Kosovo-Krieges keinen eigenständigen Beitrag leisten. Autoritäre Prädispositionen haben hier einen wichtigen
Stellenwert als Gruppenautoritarismus. Dies ist nicht sehr erstaunlich. Militaristische Einstellungen können offensichtlich besser durch situationsübergreifende
Variablen wie autoritäre Prädispositionen erklärt werden als stärker durch
situative Kontexte beeinflussbare Variablen wie Gruppenautoritarismus. Überraschend ist hingegen, dass rechtsgerichteter Autoritarismus und Gruppenautoritarismus in der Stichprobe der Grünen zur Vorhersage der Bewertung des
Krieges keine Rolle spielten. Eventuell kann dieser mangelnde Befund darauf
zurückgeführt werden, dass Wählerinnen und Wähler von Bündnis90/Die Grünen
traditionell eher pazifistische Positionen einnehmen und diese Positionen auch
von vorhandenen Autoritarismusneigungen unberührt bleiben.

12.2.7.3. Gruppenautoritarismus und Gruppenkohäsion

Schließlich wurde der Zusammenhang zwischen Gruppenkohäsion und Gruppen-autoritarismus analysiert. Explorative und konfirmatorische Faktorenanalysen zeigen, dass Gruppenkohäsion und Gruppenautoritarismus zwei getrennte Konstrukte sind. Die signifikanten Korrelationen zwischen den beiden Variablen können als Validitätshinweis für die Gruppenautoritarismus-Skala gelten. Ansonsten zeigen beide Skalen vergleichbare Korrelationen zu anderen Konstrukten, wie beispielsweise die autoritäre Prädisposition, Identifikation oder die Bewertung des Kosovo-Krieges und eignen sich nicht sehr gut als Prädiktoren für Ingroup-Outgroup-Bewertungen. Lediglich bei der SPD waren Hinweise zu erkennen, dass Gruppenkohäsion die Bewertung der eigenen Partei und die der anderen Regierungspartei ein wenig besser vorhersagen kann als Gruppenautoritarismus. Interessant sind aber die signifikanten Partialkorrelationen von Gruppenautoritarismus bzw. Gruppenkohäsion zu RWA, wenn der Einfluss der jeweils anderen Variablen kontrolliert wurde. Diese Partialkorrelationen weisen darauf hin, dass Gruppenautoritarismus und Gruppenkohäsion unabhängig voneinander Zusammenhänge zu rechtsgerichtetem Autoritarismus besitzen und somit nicht identische Konzepte sind. Auch Faktorenanalysen haben gezeigt, dass Gruppenautoritarismus und Gruppenkohäsion zwei korrelierte, aber empirisch unterscheidbare Konstrukte sind. Dies stützt die in Kapitel 6.3. angeführte Kritik von Duckitts Operationalisierung von Autoritarismus auf der gruppalen Analyseebene durch Gruppenkohäsion. Tatsächlich scheint Gruppenkohäsion einige Aspekte von Gruppenautoritarismus auszublenden. Ob und in welcher kausalen Beziehung die Konstrukte allerdings stehen, kann mit dem vorliegenden Datensatz nicht beantwortet werden.

12.3. Studie 3: Studie zum Thema Einwanderung

12.3.1. Hintergrund und Fragestellung

Mit Studie 3 sollen die Ergebnisse bezüglich des Gruppenautoritarismus-Prozessmodells aus Studie 1 und 2 mit einigen Variationen nochmals in einer experimentellen Studie kreuzvalidiert werden. Als Rahmen für diese Studie diente wiederum ein reales und für die Autoritarismusforschung klassisches Thema: Mitte 2000 brach in Deutschland eine neue Debatte über Zuwanderung aus. Die Diskussion um die Zuwanderung verlief mit gewohnten Argumenten. Von einigen Politikern wurde darauf hingewiesen, dass Deutschland die Grenzen des Ausmaßes an Zuwanderung erreicht habe und somit die Zuwanderung eingeschränkt werden müsse. Durch solche Statements wurde die Zuwanderung von Ausländerinnen und Ausländern zur Bedrohung stilisiert. Diese Situation schien geeignet, eine dritte Studie zur Überprüfung des Gruppenautoritarismus-Prozessmodells durchzuführen. Studie 3 unterscheidet sich jedoch in vier wichtigen Gesichtspunkten zu den beiden Vorläuferstudien:

1. Die Studie wurde mit erwachsenen nicht-studierenden Personen durchgeführt. Damit soll der Kritik begegnet werden, dass viele Studien in der Autoritarismusforschung nur mit Studierenden, d.h. eher niedrig autoritären Personen, durchgeführt worden sind und dadurch die Generalisierbarkeit dieser Ergebnisse in Frage gestellt werden muss (vgl. Six, 1997).

2. Im Vergleich zu den vorherigen Studien soll die Erfassung der autoritären Prädisposition durch eine zweite Variable - Intergruppenangst - vorgenommen werden. Intergruppenangst unterscheidet Personen im Ausmaß der Bedrohung, die sie im Kontakt mit Personen fremder (ethnischer) Gruppen erleben (vgl. Kap. 7.3). Die Wahrnehmung der Welt als bedrohlich und gefährlich ist ein Hauptmerkmal autoritärer Personen (vgl. Kap. 5.3). Somit kann Intergruppenangst als zweites mögliches Charakteristikum einer autoritären Prädisposition definiert werden. In dieser Studie wird dieser Annahme empirisch nachgegangen.

3. Die Prädiktorfähigkeiten von Gruppenautoritarismus werden in dieser Studie anhand von Vorurteilsäußerungen gegenüber fremden ethnischen Gruppen analysiert, die in Deutschland einen niedrigen Status im Vergleich zu den Befragten haben. Damit kann überprüft werden, ob die bisherigen inkonsistenten Ergebnisse bzgl. der Prädiktorfähigkeit von Gruppenautoritarismus darauf zurückgeführt werden können, dass bislang nur statushöhere oder statusgleiche Gruppen zum Vergleich herangezogen wurden.

4. Schließlich wird in dieser Studie auch die soziale Dominanzorientierung (SDO) erfasst. In vielen Studien wurde der Zusammenhang zwischen sozialen Dominanzorientierungen und rechtsgerichtetem Autoritarismus (RWA) diskutiert. Unklar ist bislang, in welchem Verhältnis SDO und Gruppenautoritarismus stehen. Anhand von Faktorenanalysen soll überprüft werden, ob es sich um empirisch unterscheidbare Konstrukte handelt. Darüber hinaus soll geprüft werden, ob Gruppenautoritarismus und SDO unabhängig voneinander Vorurteile vorhersagen können (vgl. Leithypothese 4 in Kapitel 7.1.2.).

12.3.2. Durchführung der Studie

Die Studie wurde mit erwachsenen nicht-studierenden Personen durchgeführt. Die Datenerhebung erfolgte von Juli bis Oktober 2000 durch drei Studentinnen, die ihre im Rahmen des Grundstudiums geforderte Forschungsarbeit zu einer Teilfragestellung der Studie geschrieben haben[34]. Zum Einen wurden Personen, die mit Wartezeiten zu rechnen hatten (z.B. an Bahnhöfen), gebeten, an der

---

[34] Ich möchte mich herzlich bei Julia Becker, Berit Ötsch und Sabine Vorberg für ihre engagierte Unterstützung bei der Datenerhebung bedanken.

Befragung teilzunehmen. Zum Anderen wurden Personen in Geschäften oder auf der Strasse in Marburg sowie Teilnehmende eines Chorseminars und Personen in einer dörflichen Region in Niedersachsen an der Haustür angesprochen. Die Personen wurden mit folgenden standardisierten Text um ihre Teilnahme gebeten:

> *"Guten Tag. Ich bin Studentin am Fachbereich Psychologie der Philipps-Universität Marburg. Ich führe im Rahmen eines Forschungsprojekts momentan eine Befragung zum Thema Einwanderung von Ausländern nach Deutschland durch. In letzter Zeit ist vermehrt in den Zeitungen über dieses Thema gesprochen und spekuliert worden. Uns interessieren besonders ihre Einstellungen zu diesem Thema. Deswegen möchten wir sie fragen, ob sie bereit sind, an dieser Befragung teilzunehmen. Das Ausfüllen des Fragebogens dauert ca. 15-20 Minuten."*

Wenn die Personen sich bereit erklärten, an der Befragung teilzunehmen, wurde geklärt, ob der Fragebogen sofort ausgefüllt, und wenn nein, wann der Fragebogen abgeholt werden kann. Zur Wahrung der Anonymität wurde den Personen ein Briefumschlag gegeben mit der Erklärung, dass dieser erst vom Anleiter selber geöffnet wird. Obwohl damit verschiedene Erhebungsmethoden benutzt wurden, kann davon ausgegangen werden, dass zwischen den experimentellen Bedingungen (niedrige vs. hohe Bedrohung) keine systematischen Unterschiede entstanden sind, da die unterschiedlichen Versionen des Fragebogens zufällig verteilt wurden. Nach dem Einsammeln des Fragebogens wurde den Befragten ein Informationsblatt zur Studie ausgehändigt (vgl. Anhang 17.3.), um sie über die Manipulation aufzuklären und eventuelle Missverständnisse zu beseitigen.

12.3.3. Stichprobe

Insgesamt haben 118 Personen an der Befragung teilgenommen. Für die Auswertung werden nur diejenigen Personen berücksichtigt, die angegeben hatten, die deutsche Staatsbürgerschaft zu besitzen und in Deutschland geboren zu sein. Deshalb wurden 12 Personen nicht in die Auswertung mit übernommen. Diese Selektion ist notwendig, da die Befragung sich schwerpunktmäßig mit Vorurteilen von Deutschen über Ausländer befasst. Ferner werden drei befragte Personen wegen unvollständig ausgefüllten Fragebögen nicht in die Auswertung aufgenommen. Eine weitere Person wird nicht berücksichtigt, weil ihre Angabe zur Gruppenautoritarismus-Skala als univariater Ausreißer identifiziert wurde. Somit verbleiben 102 Versuchspersonen für die Auswertung. Das Alter dieser Stichprobe lag zum Zeitpunkt der Befragung zwischen 18 und 62 Jahren (M=35.4; SD=10.5). 66 der Befragten (64.7%) waren weiblich und 36 (35.3%) männlich. Als Schulabschluss wurde angegeben: 30.4% universitärer Abschluss (N=31), 37.3% Abitur (N=38), 22.5% Mittlere Reife (N=23), 8.8% Volks- bzw. Hauptschulabschluss (N=9) und 1% keinen Abschluss (N=1). Ledig waren 61

Personen (59.8%). 33 Befragte (32.4%) gaben an, verheiratet zu sein, während 8 Personen (7.8%) äußerten geschieden zu sein. Darüber hinaus wurde die Einwohnerzahl des Heimatortes erfragt. 28 Personen (27.5%) kamen aus einem Heimatort mit weniger als 10 000 Personen, 50 Personen (49.0%) aus Orten zwischen 10 000 und 100 000 Einwohnern und 18 Personen (17.6%) aus Orten größer als 100 000 Personen[35].

12.3.4. Fragebogen

Die Studie ist als experimentelle Befragung konzipiert worden. Entsprechend war der Fragebogen in drei Teile gegliedert. Im ersten Teil wurden zunächst einige Moderatorvariablen im Fragebogen erfasst. Dies sind:

- Intergruppenangst (10 Items)
- rechtsgerichteter Autoritarismus (9 Items)
- Soziale Dominanzorientierungen (19 Items)
- Nationalstolz (8 Items)

Daran anschließend folgte eine Manipulation mittels eines Informationstexts über Einwanderung in die BRD. Der Text sollte die Bedrohlichkeitswahrnehmung durch die Zuwanderung von Ausländerinnen und Ausländern bei den Befragten beeinflussen. Es gab eine hoch-bedrohliche und eine niedrig-bedrohliche Text-version. Anschließend wurden verschiedene abhängige Variablen erfasst. Dies waren:

- Manipulations-Check (7 Items)
- Gruppenautoritarismus (12 Items)
- Einstellung zur Akkulturation (13 Items)
- Sympathie zu verschiedenen ethnischen und nationalen Gruppen (8 Items)
- Zustimmung zur Ausweisung von Ausländern (7 Items)
- Ablehnung des Wahlrechts für Ausländer (4 Items)
- Bewertung der Asylpolitik fünf verschiedener Staaten (5 Items)
- politische Orientierung und Parteipräferenz
- demographische Angaben (Alter, Geschlecht, Staatsangehörigkeit, Geburts-land, Einwohnerzahl des Heimatortes, Familienstand, Schulabschluss)

Die Bewertung der Asylpolitik verschiedener Staaten wurde von mehr als 25% der Befragten nicht beantwortet und findet daher in der weiteren Auswertung keine Berücksichtigung. Im Folgenden wird auf die einzelnen Fragebogenteile näher eingegangen.

---

[35] Sechs Personen haben zur Größe ihres Heimatortes keine Angaben gemacht.

Moderatorvariablen

RECHTSGERICHTETER AUTORITARISMUS (RWA)

Rechtsgerichteter Autoritarismus wird auch in Studie 3 als Maß für die autoritäre Prädisposition herangezogen. RWA wird wie in Studie 1 und 2 durch die deutsche Kurzversion von Petzel et al. (1997) verwendet. Die neun Aussagen sollten auf einem 6er-Rating von 1 "stimme überhaupt nicht zu" bis 6 "stimme voll zu" beantwortet werden. Vier Items waren in Contrait-Richtung formuliert und werden zur Auswertung recodiert.

INTERGRUPPENANGST

Als zweites Maß für die autoritäre Prädisposition wurde in Studie 3 die Intergruppenangst erhoben. Mit 10 Items wurde Intergruppenangst mit einer deutschen Übersetzung der "Intergroup-Anxiety-Scale" von Stephan und Stephan (1985) gemessen. Die Versuchspersonen sollten angeben, wie sie sich in einer Intergruppensituation mit Ausländern im Vergleich zu einer Situation, in der sie in einer Gruppe nur mit Deutschen zusammen sind, fühlen. Die Aufgabe war es, diese Frage anhand von 10 vorgegebenen Adjektiven auf einem 6er-Rating von 1 "gar nicht" bis 6 "sehr" zu beantworten. Da es bislang keine deutsche Version der "Intergroup Anxiety Scale" gab, wurden für diese Untersuchung die 10 Adjektive der Originalskala von Stephan und Stephan (1985) ins Deutsche übersetzt. Die Adjektive lauteten in der Reihenfolge ihrer Darbietung: (1) unsicher, (2) misstrauisch, (3) selbstbewusst, (4) glücklich, (5) irritiert, (6) akzeptiert, (7) wohl, (8) defensiv, (9) ungeduldig, (10) achtsam. Item 3, 4, 6 und 7 werden zur Bildung eines Skalenmittelwertes recodiert.

SOZIALE DOMINANZORIENTIERUNG

Ursprünglich sollte soziale Dominanzorientierung als dritte Variable zur Erfassung der autoritäre Prädisposition dienen. Die Daten wurden im Juli 2000 erhoben. Nach dem Dual-Process-Modell von Duckitt, dass er 2001 erstmals veröffentlicht hat, scheint soziale Dominanzorientierung aber weniger den Status einer Persönlichkeitsvariablen, sondern mehr den Status einer sozialen Einstellung im Sinne ideologischer Präferenzen zu besitzen, die ebenso wie Gruppenautoritarismus situativen Einflüssen unterliegt (vgl. Sidanius & Pratto, 1999). Damit kann SDO nicht als autoritäre Prädisposition operationalisiert werden. Die Skala zur Erfassung sozialer Dominanzorientierung ist eine deutsche Übersetzung der englischsprachigen SDO-Skala von Sidanius und Pratto (1999). Die deutsche Übersetzung besteht aus 19 Items, die von mir aus einem Pool von 30 Items entnommen worden sind (vgl. Stellmacher & Wagner, 1999). Die Versuchspersonen sollten ihre Zustimmung zu den Items auf einem Rating von 1 "stimme überhaupt nicht zu" bis 6 "stimme voll zu" abgeben. Vor der Beantwortung der Skala wurde den Versuchspersonen folgende Information gegeben:

"Im folgenden finden Sie eine Reihe von Feststellungen, in welcher Beziehung gesellschaftliche Gruppen zueinander stehen sollten. Gesellschaftliche Gruppen können z.b. verschiedene Berufsgruppen, Gruppen verschiedener Nationalitäten oder auch Geschlechtsgruppen (Männer vs. Frauen) sein. Bitte geben Sie jeweils auf einer 6-stufigen Skala an, wie stark Sie jeder Aussage zustimmen."

In Anlehnung an Six et al. (2001) wird erwartet, dass die SDO-Skala aus zwei Subdimensionen bestehen, die in dieser Arbeit als Gruppendominanz (8 Items) und Gruppengleichheit[36] (11 Items) bezeichnet werden. Obwohl diese beiden Dimensionen gleichzeitig auch Methodenfaktoren sind (Gruppendominanz = Pro-trait-Items; Gruppengleichheit = Contrait-Items), argumentieren Six et al. (2001), dass Gruppendominanz und Gruppengleichheit als inhaltliche Faktoren zu verstehen sind. Sie zeigen, dass Gruppendominanz und Gruppengleichheit unterschiedliche Prädiktorfähigkeiten besitzen. In dieser Studie wird u.a. geprüft, ob die hier verwendete Skala ebenfalls eine zweidimensionale Struktur aufweist. Tabelle 57 zeigt die Itemformulierungen und die Dimensionen der jeweiligen Items.

Tabelle 57: Items zur Erfassung der sozialen Dominanzorientierung

Itemformulierung mit Itemposition innerhalb der Skala	Dimension
1. Wir sollten tun, was wir können, um gleiche Lebensbedingungen für alle Gruppen in einer Gesellschaft zu schaffen.	Gruppen-gleichheit
2. Die Herstellung sozialer Gerechtigkeit ist ein wichtiges Ziel, das die Politik verfolgen sollte.	Gruppen-gleichheit
3. Um sich durchzusetzen, muß man manchmal gegen andere Gruppen hart vorgehen.	Gruppen-dominanz
4. Wir hätten weniger Probleme, wenn wir alle Menschen gleich behandeln würden.	Gruppen-gleichheit
5. Um im Leben voranzukommen, ist es zuweilen notwendig, andere Gruppen auszunutzen.	Gruppen-dominanz
6. Alle Gruppen in einer Gesellschaft sollten die gleichen Rechte haben.	Gruppen-gleichheit
7. Machmal müssen andere Gruppen in ihre Schranken gewiesen werden.	Gruppen-dominanz
8. Dass einige Gruppen bessere Chancen haben als andere, ist im Grunde richtig.	Gruppen-dominanz
9. In unserer Gesellschaft sollte keine Gruppe dominieren.	Gruppen-gleichheit

---

[36] Six et al. haben diese Dimension als Gruppenungleichheit bezeichnet, um sie von Gruppen-dominanz abzuheben. Da jedoch alle Items die Einstellung zu Gruppengleichheit thematisieren, wird in dieser Studie von Gruppengleichheit gesprochen.

10. Es ist gut, dass manche Gruppen an der Spitze und andere Gruppen ganz unten stehen.	Gruppen-dominanz
11. Es ist wichtig, Gleichheit für alle Gruppen herzustellen.	Gruppen-gleichheit
12. Alle Gruppen sollten im Leben die gleichen Chancen bekommen.	Gruppen-gleichheit
13. Es ist kein großes Problem, wenn einige Menschen mehr Chancen im Leben haben als andere.	Gruppen-dominanz
14. Um im Leben voranzukommen, muss man manchmal andere ausnutzen.	Gruppen-dominanz
15. Das ist mir wichtig: Gleichheit für alle.	Gruppen-gleichheit
16. Wir sollten versuchen, die Aufstiegschancen für alle Gruppen gleich zu machen.	Gruppen-gleichheit
17. Die Gleichheit aller Menschen ist ein wichtiges Gut.	Gruppen-gleichheit
18. Wenn alle Menschen gleich behandelt werden würden, hätten wir keine Probleme.	Gruppen-gleichheit
19. Diesem Land würde es besser gehen, wenn wir uns weniger Sorgen darüber machen, ob die Menschen gleich behandelt werden sollten.	Gruppen-dominanz

NATIONALSTOLZ

Nationalstolz wurde als Identifikation mit der Nation erfasst. Die Skala entspricht der Identifikations-Skala, die bereits in Studie 1 und 2 verwendet wurde. Mit acht Items wurde auf einem 6er-Rating von 1 "stimme überhaupt nicht zu" bis 6 "stimme voll zu" die Identifikation mit der Nation erfasst. Jeweils vier Items sollten die kognitive und die affektive Identifikation mit der Nation erfassen. Zwei Items jeder Subskala waren in Contrait-Richtung formuliert und werden zur Auswertung recodiert.

Tabelle 58: Items zur Erfassung des Nationalstolz

Itemformulierung mit Itemposition innerhalb der Skala
1. Soweit es mich betrifft, lege ich keinen Wert darauf, dass jemand weiß, dass ich Deutsche(r) bin.
2. Ich bin stolz, Deutsche(r) zu sein.
3. Ich identifiziere mich stark als Deutsche(r).
4. Ich ärgere mich manchmal darüber, dass ich Deutsche(r) bin.
5. Deutsche(r) zu sein, macht einen wichtigen Teil meiner Persönlichkeit aus.
6. Mir gefällt es, Deutsche(r) zu sein.
7. Im allgemeinen hat die Tatsache, dass ich Deutsche(r) bin, nur wenig damit zu tun, wie ich mich selbst sehe.
8. Ich ärgere mich darüber, wenn ich als Deutsche(r) identifiziert werde.

Manipulation

Die Manipulation erfolgte durch einen Text im Fragebogen. Den Versuchspersonen wurde mitgeteilt, dass dieser Text Informationen zum Thema Einwanderung
in Deutschland enthielt, die sie bitte aufmerksam lesen sollten, weil im Anschluss
einige Fragen zu diesem Thema gestellt würden. Jeder Text wurde durch eine
Grafik visuell unterstützt. In der nicht-bedrohlichen Version des Textes wurde
dargelegt, dass die Anträge auf Asyl seit der Änderung des Asylgesetzes deutlich
zurückgegangen sind. Darüber hinaus wurde darauf hingewiesen, dass nach dem
Migrationsbericht der Beauftragten der Bundesregierung für Ausländerfragen von
1999 mehr Ausländer seit 1997 aus Deutschland ausgereist als eingereist sind
(vgl. Abbildung 8).

Abbildung 8: Manipulationstext der Studie 3 für die nicht-bedrohliche Gruppe

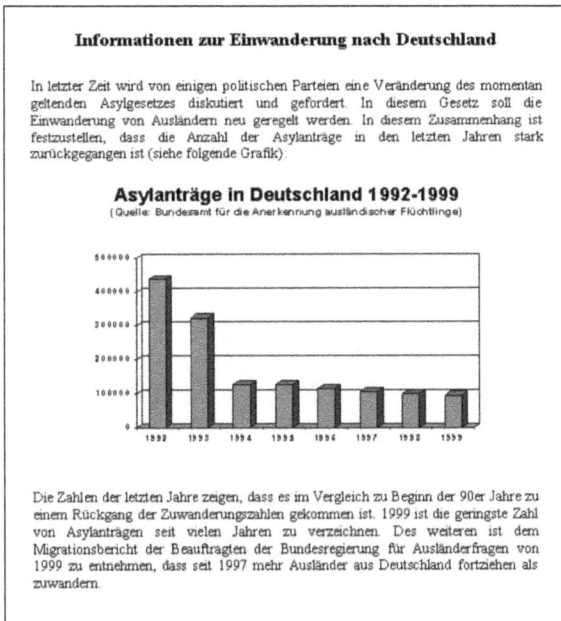

In der bedrohlichen Version wurde den Befragten die absolute Anzahl der in
Deutschland lebenden Ausländer im Vergleich zu anderen europäischen Staaten
mitgeteilt. Demnach leben in Deutschland die meisten Ausländer[37]. Damit sollte

---

[37] Wenn der Ausländeranteil in Relation zur gesamten Einwohnerzahl gesetzt wird, ist die Aussage, dass in Deutschland im europäischen Vergleich die meisten Ausländer leben, nicht haltbar. Beispielsweise ist der prozentuale Anteil von Ausländerinnen und Ausländer in Lichten-
stein (37.6%), Luxemburg (34.2%) und der Schweiz (19.3%) deutlich höher als in Deutschland

das Argument, dass die Integrationskraft Deutschlands erschöpft sei, unterstützt werden und somit eine Bedrohungswahrnehmung aktiviert werden. Zusätzlich wurden Daten aus der Polizeilichen Kriminalstatistik (Bundesministerium des Innern, 1999) präsentiert, die bei oberflächlicher Betrachtung Ausländer als krimineller darstellen als Deutsche[38]. In einer schriftlichen Aufklärung nach Durchführung der Untersuchung wurden die Befragten über die Problematik der präsentierten Daten informiert (vgl. Anhang 17.3.), damit durch diese Studie keine verzerrten Sichtweisen bei den Befragten entstehen.

Abbildung 9: Manipulationstext der Studie 3 für die bedrohliche Gruppe

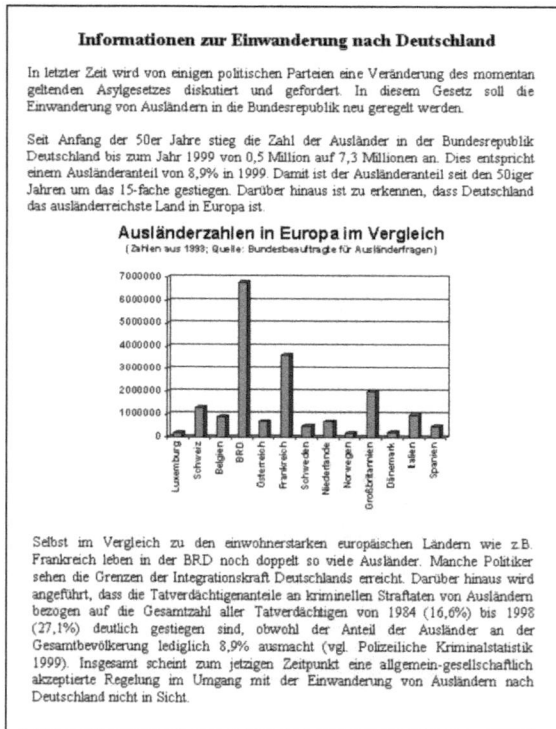

Informationen zur Einwanderung nach Deutschland

In letzter Zeit wird von einigen politischen Parteien eine Veränderung des momentan geltenden Asylgesetzes diskutiert und gefordert. In diesem Gesetz soll die Einwanderung von Ausländern in die Bundesrepublik neu geregelt werden.

Seit Anfang der 50er Jahre stieg die Zahl der Ausländer in der Bundesrepublik Deutschland bis zum Jahr 1999 von 0,5 Million auf 7,3 Millionen an. Dies entspricht einem Ausländeranteil von 8,9% in 1999. Damit ist der Ausländeranteil seit den 50iger Jahren um das 15-fache gestiegen. Darüber hinaus ist zu erkennen, dass Deutschland das ausländerreichste Land in Europa ist.

Ausländerzahlen in Europa im Vergleich
(Zahlen aus 1993; Quelle: Bundesbeauftragte für Ausländerfragen)

Selbst im Vergleich zu den einwohnerstarken europäischen Ländern wie z.B. Frankreich leben in der BRD noch doppelt so viele Ausländer. Manche Politiker sehen die Grenzen der Integrationskraft Deutschlands erreicht. Darüber hinaus wird angeführt, dass die Tatverdächtigenanteile an kriminellen Straftaten von Ausländern bezogen auf die Gesamtzahl aller Tatverdächtigen von 1984 (16,6%) bis 1998 (27,1%) deutlich gestiegen sind, obwohl der Anteil der Ausländer an der Gesamtbevölkerung lediglich 8,9% ausmacht (vgl. Polizeiliche Kriminalstatistik 1999). Insgesamt scheint zum jetzigen Zeitpunkt eine allgemein-gesellschaftlich akzeptierte Regelung im Umgang mit der Einwanderung von Ausländern nach Deutschland nicht in Sicht.

(8.9%) (vgl. Lederer, Rau & Rühl, 1999). Darüber hinaus ist die Definition, wer als Ausländer gilt, in den einzelnen europäischen Ländern unterschiedlich.

[38] Statistiken, die eine angeblich höhere Kriminalität von Ausländern im Vergleich zu Deutschen feststellen, sind bei genauerer Betrachtung nicht haltbar. Ein einfacher Vergleich von Tatverdächtigen-Zahlen ist nicht zulässig, da Ausländer beispielsweise mit größerer Wahrscheinlichkeit einer niedrigeren sozialen Schicht angehören und u.a. deshalb häufiger als Täter verdächtigt werden als Deutsche (vgl. Geißler, 1995).

Nach der Manipulation wurde die Wirksamkeit der Manipulation mit fünf Items überprüft (vgl. Tabelle 59; Items 3 bis 7). Sie erfassen das Ausmaß der wahrgenommenen Bedrohung und sollten auf einem 6er-Rating von 1 "gar nicht" bis 6 "sehr" beantwortet werden. Inhaltlich sind die Items an dem Konzept der symbolischen Bedrohung von Stephan und Stephan (1996) angelehnt. Darüber hinaus wurde mit einem Item erfragt, wie gut der Text "Informationen zur Einwanderung nach Deutschland" verstanden wurde (Item 1) und wie sehr sich die Befragten bereits mit dem Thema Einwanderung auseinandergesetzt haben (Item 2). Alle Items des Manipulations-Checks sind eigens für diese Arbeit formuliert worden. Für die Auswertung werden die Werte der Items 3 bis 7 zu einem Skalenmittelwert zusammengefasst, der als Indikator für das Ausmaß der wahrgenommenen Bedrohung dient.

Tabelle 59: Items zur Überprüfung der Wirksamkeit der Manipulation

Itemformulierung mit Itemposition innerhalb der Skala
1. Wie gut haben Sie den Text "Informationen zur Einwanderung nach Deutschland" verstanden.
2. Wie intensiv haben Sie sich bereits mit dem Thema Einwanderung nach Deutschland auseinandergesetzt?
3. Wie stark empfinden Sie die Einwanderung von Ausländern nach Deutschland als eine Bedrohung?
4. Wie stark empfinden Sie, dass die Einwanderung von Ausländern zu einer Bereicherung des kulturellen Lebens in Deutschland beiträgt?
5. Wie stark befürchten Sie, dass die Einwanderung von Ausländern zu einer Überfremdung der deutschen Kultur führt?
6. Wie stark fühlen Sie sich durch die Einwanderung von Ausländern in Ihrer Identität als Deutsche bzw. Deutscher bedroht?
7. Wie stark gefährdet ihrer Meinung nach die Einwanderung von Ausländern den inneren Frieden in Deutschland?

Die Manipulation wurde in einem Vortest mit 18 Studierenden getestet. Der im Vortest benutzte Text war im Vergleich zum Text der Hauptstudie hinsichtlich des Bedrohungspotenzials ein wenig moderater formuliert. Zwei Personen gaben im Vortest an, den Text zur Manipulation nicht verstanden zu haben. Die verbleibenden 16 Personen zeigten bezüglich der Beschäftigung mit dem Thema Einwanderung eher geringe Werte (M=2.63; SD=1.03). Lediglich drei Personen gaben an, sich eher mit dem Thema Einwanderung beschäftigt zu haben. Die Personen in der bedrohlichen Bedingungen zeigten höhere Mittelwerte (M=2.35; SD=.69) für Bedrohung auf dem oben geschilderten Manipulations-Check als Personen in der niedrig-bedrohlichen Bedingung (M=2.03; SD=.67). Der Unterschied zwischen den beiden Gruppen war jedoch lediglich auf dem 18%-Niveau bei einseitiger Testung signifikant ($t_{(14)}$=0.95). Daher wurde der Text für die Hauptstudie schärfer formuliert. Die Abbildungen wurden beibehalten. Die bereits präsentierte Manipulation entspricht dieser veränderten Version. Da die Mittelwertsunterschiede in die richtige Richtung wiesen, wurde kein weiterer Vortest durchgeführt.

Abhängige Variablen

GRUPPENAUTORITARISMUS

Die 12 Items der Gruppenautoritarismus-Skala bezogen sich auf die Gruppe der Nation. Die Antworten sollten auf einem 6er-Rating von 1 "stimme überhaupt nicht zu" bis 6 "stimme voll zu" abgegeben werden. Sechs Items waren in Contrait-Richtung formuliert. Da die Skala bereits in Kapitel 11 näher erläutert wurde, wird hier nicht näher auf sie eingegangen.

EINSTELLUNGEN ZUR AKKULTURATION

Akkulturationseinstellungen sind Vorstellungen von Individuen oder Gruppen darüber, in welcher Beziehung sie zu anderen Gruppen oder deren Mitglieder stehen wollen (vgl. Berry, Kim, Power, Young & Bujaki, 1989). Nach Berry et al. kann die Orientierung der jeweiligen Gruppenmitglieder durch zwei Fragen festgestellt werden (vgl. auch van Dick, Wagner, Adams & Petzel, 1997):

- Wird es als wertvoll erachtet, dass kulturelle Identitäten und die kulturellen Bräuche und Gewohnheiten beibehalten werden?

- Wird es als wertvoll betrachtet, Beziehungen zu anderen Gruppen zu unterhalten?

Aus Sicht der Mehrheit können entsprechend vier Akkulturationsstrategien unterschieden werden: Integration, Assimilation, Segregation und Marginalisierung. Integration bedeutet, dass die Beibehaltung von kulturellen Bräuchen und Gewohnheiten durch die Minderheit befürwortet wird und Kontakte mit Minderheiten erwünscht sind. Bei Assimilation sind zwar Kontakte mit Minderheiten erwünscht, allerdings wird die Aufgabe der Kultur der Minderheit zugunsten der Mehrheitskultur gefordert. Segregation liegt dann vor, wenn die Beibehaltung der kulturellen Identität der Minderheit befürwortet wird, aber kein Kontakt mit der Minderheit gewünscht wird. Marginalisierung beschreibt einen eher selten vorkommenden Fall. Die Minderheit soll die eigene Kultur aufgeben aber gleichzeitig auch keine neue kulturelle Identität entwickeln, da kein Kontakt zur Mehrheit gewünscht wird. Van Dick et al. (1997) haben eine deutsche Skala zur Erfassung von Akkulturationseinstellungen nach dem Modell von Berry et al. (1989) entwickelt (vgl. Tabelle 60). Diese Skala beinhaltet neun Contrait- und vier Protrait-Items. Die Skala ist nach Angaben von van Dick et al. (1997) bipolar eindimensional. Die beiden Pole erfassen die Extreme Integration einerseits sowie Assimilation und Segregation andererseits. Die Versuchspersonen sollten ihre Zustimmung zu den Items auf einem Rating von 1 "stimme überhaupt nicht zu" bis 6 "stimme voll zu" abgeben. Neun Items (Item 2, 3, 5, 7, 8, 9, 10, 11 und 13) waren in Contrait-Richtung formuliert und werden für die Auswertung recodiert.

Tabelle 60: Items zur Erfassung von Akkulturationseinstellungen

Itemformulierung mit Itemposition innerhalb der Skala
1. Es wäre gut, wenn alle ethnischen Gruppen in Deutschland ihre Kulturen beibehielten.
2. Menschen, die nach Deutschland kommen, sollten ihr Verhalten der deutschen Kultur anpassen.
3. Wenn Mitglieder anderer ethnischer Gruppen ihre Kultur beibehalten möchten, sollten sie unter sich bleiben.
4. Das Zusammenleben verschiedener ethnischer Gruppen in Deutschland wäre leichter, wenn die Mitglieder der verschiedenen Gruppen Gelegenheit bekämen, ihren eigenen Lebensstil beizubehalten.
5. Kinder verschiedener ethnischer Gruppen sollten auch in entsprechend verschiedene Schulen gehen.
6. Eine Gesellschaft mit einer Vielzahl ethnischer Gruppen ist eher befähigt, neue Probleme in Angriff zu nehmen.
7. Es wäre gut, wenn Immigranten in Deutschland ihre Kultur so schnell wie möglich zurückstellen würden.
8. Lehrer sollten darauf achten, dass Schüler anderer ethnischer Herkunft in den Schulpausen unter sich nur deutsch sprechen.
9. Mitglieder verschiedener ethnischer Gruppen sollten in allen Lebensbereichen getrennt leben, um Probleme zwischen den Gruppen zu vermeiden.
10. Gibt es viele verschiedene ethnische Gruppen in Deutschland, wird es schwierig, Probleme zu lösen.
11. Immigranten sollten ihre fremdkulturellen Gewohnheiten in der Öffentlichkeit nicht zeigen.
12. Lehrer sollten den Kontakt zwischen Schüler verschiedener ethnischer Herkunft fördern.
13. Nach Deutschland immigrierte Menschen sollten ihre Kinder so erziehen, dass sie vorwiegend deutschsprachig aufwachsen.

SYMPATHIE ZU VERSCHIEDENEN ETHNISCHEN UND NATIONALEN GRUPPEN

Mit dieser Skala wird die Sympathie gegenüber einer Reihe von nationalen und ethnischen Gruppen erfasst. Vorurteile beinhalten nach verschiedenen Definitionen eine kognitive, affektive und konative Komponente (zum Überblick vgl. Brown, 1995; Zick, 1997). Die Sympathieskala gilt als Operationalisierung der affektiven Komponente von Vorurteilen. Sie wurde in Anlehnung an die Skala im Euro-Barometer 30 von 1988 übernommen (vgl. Zick, 1997). Die Versuchspersonen wurden gebeten anzugeben, wie sympathisch sie verschiedene nationale und ethnische Gruppen finden. Als Gruppen wurden vorgegeben: Deutsche, Westeuropäer, Türken, Schwarzafrikaner, Asylbewerber, Aussiedler, Sinti und Roma, Polen. Die Antworten sollten auf einem 11er-Rating von 0 "sehr unsympathisch" bis 10 "sehr sympathisch" abgegeben werden. Faktorenanalysen zeigen, dass sich diese Sympathieeinschätzungen in zwei Faktoren gruppieren lassen (vgl. Kapitel 12.3.6.1.). Zum Einen ergibt sich ein Faktor "Ingroup-Sympathie", der aus der Sympathieeinschätzung zu Deutschen und Westeuropäer gebildet wird. Der zweite Faktor wird als "Outgroup-Sympathie" bezeichnet, der sich aus der Sympathieeinschätzung über Türken, Schwarzafrikaner, Asylbewerber, Polen, Aussiedler sowie Sinti und Roma ergibt.

BEFÜRWORTUNG DER AUSWEISUNG VON AUSLÄNDERINNEN UND AUSLÄNDERN

Neben vorurteiligen Einstellungen wurden verhaltensnähere Maße in dieser Befragung verwendet. Die Befürwortung der Ausweisung von Ausländerinnen und Ausländer kann als Indikator für eine Verhaltensintention zur Diskriminierung von ausländischen Personen aufgefasst werden. Die Skala stammt aus der Euro-Barometer 30 Befragung (vgl. Zick, 1997). Vor der Beantwortung der Skala wurde den Versuchspersonen folgender Einleitungstext vorgelegt:

Es gibt verschiedene politische Zielvorstellungen zur Anwesenheit von Ausländern in der Bundesrepublik Deutschland. Welche politische Linie sollte Ihrer Meinung nach von der Bundesrepublik langfristig verfolgt werden?

Danach wurden den Versuchspersonen sieben Aussagen zur Einwanderung von Ausländern in die BRD vorgelegt, die auf einem 6er-Rating von 1 "stimme überhaupt nicht zu" bis 6 "stimme voll zu" beantwortet werden sollten (vgl. Tabelle 61). Item 1 wird zur Auswertung recodiert. Danach wird ein Skalenmittelwert aus allen sieben Items gebildet, der das Ausmaß der Befürwortung der Ausweisung von Ausländerinnen und Ausländern wiedergibt.

Tabelle 61: Items zur Erfassung der Befürwortung der Ausweisung von Ausländerinnen und Ausländer

Itemformulierung mit Itemposition innerhalb der Skala
1. Keinen Ausländer in sein Heimatland zurückschicken, der heute in der Bundesrepublik lebt.
2. Diejenigen Ausländer zurückschicken, die keine Aufenthaltsgenehmigung haben.
3. Diejenigen Ausländer zurückschicken, die hier Verbrechen oder schwere kriminelle Delikte begangen haben.
4. Diejenigen Ausländer in ihr Heimatland zurückschicken, die nicht zum wirtschaftlichen Wachstum in der Bundesrepublik beitragen.
5. Diejenigen Ausländer in ihr Heimatland zurückschicken, die nicht hier geboren sind.
6. Alle Ausländer in ihr Heimatland zurückschicken, auch diejenigen, die hier geboren sind.
7. Die Grenzen der Bundesrepublik Deutschland gegen weitere Einwanderung von Ausländern schließen.

ABLEHNUNG DES WAHLRECHTS
FÜR AUSLÄNDERINNEN UND AUSLÄNDER

Auch die Ablehnung des Wahlrechts für Ausländerinnen und Ausländer wird als Verhaltensintention zur Diskriminierung von Ausländerinnen und Ausländer aufgefasst. Die Skala stammt ebenfalls aus der Euro-Barometer 30 Befragung (vgl. Zick, 1997). Sie besteht aus vier Items (vgl. Tabelle 62), die auf einem 6er-Rating von 1 "stimme überhaupt nicht zu" bis 6 "stimme voll zu" beantwortet werden. Die Items sollten direkt im Anschluss an die Items zur Befürwortung der Ausweisung von Ausländerinnen und Ausländern beantwortet werden. Die Items 1, 2 und 3 werden für die Auswertung recodiert. Die vier Items dieser Skala werden dann zu einem Skalenmittelwert zur Erfassung des Ausmaßes der Ablehnung des Wahlrechts für Ausländerinnen und Ausländer zusammengefasst.

Tabelle 62: Items zur Erfassung der Ablehnung des Wahlrechts für Ausländerinnen und Ausländer

Itemformulierung mit Itemposition innerhalb der Skala

1. Alle Ausländer, die in der Bundesrepublik Deutschland leben, sollten Wahlrecht bekommen.

2. Diejenigen Ausländer, die seit mindestens fünf Jahren hier leben, sollten Wahlrecht bekommen.

3. Diejenigen Ausländer, die hier geboren sind, sollten Wahlrecht bekommen.

4. Ausländer sollten in der Bundesrepublik grundsätzlich kein Wahlrecht bekommen.

Weitere Variablen

Zusätzlich zu den genannten Variablen wurde die Parteipräferenz mit der sogenannten Sonntagsfrage und die politische Orientierung mit einem sogenannten Feeling-Thermometer von 1 "links" bis 7 "rechts" erfasst.

12.3.5. Hypothesen

Wie in Studie 1 und 2 steht auch hier die Überprüfung des Gruppenautoritarismus-Prozessmodells im Zentrum. Entsprechend lautet Hypothese 3a:

Hypothese 3a: Eine starke, aber gleichzeitig bedrohte Identifikation mit einer Gruppe führt bei Personen mit einer autoritären Prädisposition zu einer autoritären Einstellungsreaktion. Die autoritäre Einstellungsreaktion wird umso stärker sein, je stärker die autoritäre Prädisposition, die Identifikation mit der Gruppe und die Bedrohung der an diese Gruppe geknüpften Sozialen Identität ist.

Das Ausmaß der autoritären Einstellungsreaktion wird auch in dieser Studie mit der Gruppenautoritarismus-Skala erfasst. Das Gruppenautoritarismus-Prozessmodell soll diesmal mit zwei unabhängigen dreifaktoriellen univariaten Varianzana-

lysen überprüft werden, in denen die autoritäre Prädisposition einmal als rechtsgerichteter Autoritarismus (niedrig vs. hoch) und ein zweites Mal als Intergruppenangst (niedrig vs. hoch) operationalisiert wird. Als weitere Faktoren werden
die Identifikation (niedrig vs. hoch) und Bedrohung (niedrig vs. hoch) in die
Varianzanalysen aufgenommen. Neben der Wechselwirkungshypothese (Hypothese 3a) können zwei Haupteffekte formuliert werden:

Hypothese 3b: Personen mit hohen rechtsgerichteten Autoritarismusneigungen zeigen stärkere Gruppenautoritarismusneigungen als Personen mit niedrigen rechtsgerichteten Autoritarismusneigungen.

Hypothese 3c: Personen mit hoher Intergruppenangst zeigen stärkere
Gruppenautoritarismusneigungen als Personen mit niedriger Intergruppenangst.

In dieser Studie sollen ebenfalls erste Erkenntnisse über den Zusammenhang
zwischen sozialer Dominanzorientierung und Gruppenautoritarismus gesammelt
werden. Im theoretischen Teil dieser Arbeit wurde angenommen, dass soziale
Dominanzorientierung und Gruppenautoritarismus distinkte Konzepte sind und
sich a) faktorenanalytisch unterscheiden lassen sowie b) unabhängig voneinander
einen substanziellen Erklärungsgehalt für ethnische Vorurteile besitzen (vgl.
Leithypothese 4; Kapitel 7.1.).

Hypothese 3d: Gruppenautoritarismus und soziale Dominanzorientierung lassen sich faktorenanalytisch unterscheiden.

Hypothese 3e: Gruppenautoritarismusneigung und soziale Dominanzorientierung besitzen unabhängig voneinander einen eigenständigen
Erklärungswert für ethnische Vorurteile.

Die bisher dargestellten Studien konnten kaum eigenständige Effekte von
Gruppenautoritarismus auf Ingroup-Outgroup-Bewertungen feststellen. In dieser
Studie werden die Ingroup-Outgroup-Bewertungen durch vorurteilige Einstellun-
gen und Diskriminierungsintentionen gegenüber Mitglieder von statusniedrigen
Gruppen erfasst. Zur sprachlichen Vereinfachung werden in den Hypothesen
vorurteilige Einstellungen und Diskriminierungsintentionen allgemein als
Vorurteile bezeichnet. Entsprechend den Annahmen von Studie 1 und 2 werden
auch hier noch einmal die folgenden Hypothesen formuliert:

Hypothese 3f: Je höher die Gruppenautoritarismusneigung ist, desto
stärker sind Vorurteile ausgeprägt.

Hypothese 3g: Gruppenautoritarismus zeigt auch nach Kontrolle autoritärer Prädispositionen einen eigenständigen signifikanten Zusammenhang zu Vorurteilen.

12.3.6. Ergebnisse

12.3.6.1. Deskriptive Statistiken und Gütekriterien der Skalen

Zunächst werden wieder die Item- und Skalengütekriterien dargestellt. Ein Überblick findet sich in Tabelle 63. In der Überblickstabelle sind die Contrait-Items bereits in recodierter Form dargestellt, so dass niedrige Werte eine niedrige Ausprägung und hohe Werte eine hohe Ausprägung der jeweiligen Variablen darstellen. Bis auf die beiden Dimensionen bei den Sympathieeinschätzungen (Ingroup-Sympathie und Outgroup-Sympathie) können die Mittelwerte zwischen 1 und 6 schwanken. Bei der Ingroup- und der Outgroup-Sympathie beträgt der Range 0 bis 10. Alle Skalen zeigen gute Reliabilitäten. Bei drei Skalen (Manipulations-Check, Wahlrecht und Ingroup-Sympathie) ist eine leichte Abweichung von der Normalverteilung zu erkennen. Die Skalen werden im Folgenden einzeln diskutiert.

MANIPULATIONS-CHECK

Die fünf Items der Bedrohungswahrnehmung zeigen eine eindeutig eindimensionale Struktur. Der erste Faktor einer Faktorenanalyse (KMO=.84) klärt 71.4% der Varianz auf (Eigenwertverlauf: 3.57-0.53-...). Alle Items laden mit über .75 auf dem ersten unrotierten Faktor. Entsprechend fällt auch die Reliabilität mit α=.90 für 5 Items extrem hoch aus. Der Skalenmittelwert liegt in dieser Stichprobe mit M=2.75 unterhalb des arithmetischen Mittels der Skala.

NATIONALSTOLZ

Der Eigenwertverlauf (3.29-1.24-0.95...) der Faktorenanalyse (KMO=.81) über die acht Items der Nationalstolzskala weist auf eine eindimensionale Faktorenstruktur hin. Der erste Faktor klärt 41.2 % der Varianz auf, während der zweite Faktor stark abfällt (15.5%). Bis auf eine Ausnahme laden alle Items mit mindestens .40 auf diesem ersten unrotierten Faktor. Item 7 " Im Allgemeinen hat die Tatsache, dass ich Deutsche(r) bin, nur wenig damit zu tun, wie ich mich selbst sehe." besitzt lediglich eine Ladung von .28. Die Skala zeigt mit α=.76 eine zufriedenstellende Reliabilität. Die acht Items der Skala erweisen sich als trennscharf. Der Skalenmittelwert der Stichprobe liegt mit 3.23 im mittleren Skalenbereich.

Tabelle 63: Übersicht über Item- und Skalengütekriterien der verwendeten Skalen in Studie 3

Skala	Anzahl der Items	Mittelwerte der Items	Std.abw. der Items	r_{it}	Mittelwert der Skala	Std.abw. der Skala	Reliabilität	Schiefe	Kurtosis	Normalverteilung
Nationalstolz	8	2.28-4.63	1.47-1.61	.19-.75[2]	3.23	0.96	.76	0.39	0.10	0.76[#]
SDO-Gruppengleichheit	11	3.42-5.46	0.93-1.71	.33-.80	4.80	0.92	.87	-0.94	0.48	0.96[#]
SDO-Gruppendominanz	8	1.81-3.97	1.24-1.70	.38-.64	2.50	0.93	.77	0.50	-0.01	0.91[#]
RWA	9	1.22-3.38	0.79-1.84	.08-.70[3]	2.33	0.87	.75	0.54	-0.27	1.01[#]
Intergruppenangst	10	2.06-3.88	1.11-1.72	.35-.77	3.01	0.89	.86	0.27	0.26	0.66[#]
Manipulations-Check	5	2.04-3.25	1.37-1.67	.65-.82	2.77	1.28	.90	0.69	-0.31	1.49*
Akkulturation	13	2.77-5.44	0.87-1.60	.24-.80[1]	4.32	0.86	.86	-0.69	0.34	1.08[#]
Gruppenautoritarismus	12	2.40-5.03	1.25-1.62	.00-.65	3.43	0.75	.78	-0.26	-0.34	0.76[#]
Ausweisung	4	1.60-5.28	1.21-1.78	.48-.72	3.14	1.13	.86	0.49	-0.17	1.08[#]
Wahlrecht	7	1.75-4.57	1.47-1.80	.50-.69	2.84	1.27	.79	0.78	0.39	1.47*
Ingroup-Sympathie	2	6.02-6.21	1.82-1.83	.50	6.12	1.61	.66	0.19	-0.31	1.64**
Outgroup-Sympathie	6	3.96-5.23	1.67-2.02	.38-.84	4.63	1.38	.85	-0.25	1.40	1.29

r_{it}: Trennschärfen; Hochgestellte Zahlen geben die Anzahl der Trennschärfen unter r_{it}=.30 an.
#: p>.05 (normalverteilt); *: p<.05; **: p<.01

SOZIALE DOMINANZORIENTIERUNG

Soziale Dominanzorientierung sollte sich aus zwei Dimensionen zusammensetzen: Gruppendominanz und Gruppengleichheit. In einer Faktorenanalyse (KMO=.79) zeigen sich zwei varianzstarke Faktoren (Eigenwertverlauf: 6.55-1.98-1.50-1.36-1.11-1.03-0.78), die zusammen 44.9% der Varianz aufklären. Dabei hebt sich der erste Faktor (34.5%) deutlich vom zweiten Faktor (10.4%) ab. Die rotierte zweifaktorielle Lösung zeigt jedoch, dass auf dem ersten Faktor Items, die Gruppengleichheit ausdrücken, die höchsten Ladungen besitzen, und auf dem zweiten Faktoren Items, die Gruppendominanz zum Ausdruck bringen, am höchsten laden. In Anlehnung an Six, Wolfradt und Zick (2001) wird auch in dieser Studie mit zwei Faktoren gearbeitet. Sowohl die 11 Items für Gruppengleichheit als auch die 8 Items für Gruppendominanz weisen Trennschärfen über .30 auf. Dieses schlägt sich auch in den guten Reliabilitäten mit α=.87 für Gruppengleichheit und α=.77 für Gruppendominanz nieder. Die Skalenmittelwerte können in den beiden Subskalen Werte zwischen 1 "niedrige Gruppendominanz" bzw. "niedrige Gruppengleichheit" und 6 "hohe Gruppendominanz" bzw. "hohe Gruppengleichheit" annehmen. Gruppendominanz ist somit negativ mit Gruppengleichheit korreliert (r=-.51; p<.01) Die Skalenmittelwerte dieser Stichprobe zeigen, dass Gruppendominanz (M=2.50) eher abgelehnt wird und entsprechend Gruppengleichheit zugestimmt wird (M=4.80).

RECHTSGERICHTETER AUTORITARISMUS

Der erste Faktor der explorativen Faktorenanalyse (KMO=.75) über die neun Items der RWA-Skala ist auch in dieser Untersuchung mit 36.4% varianzstark (Eigenwertverlauf: 3.28-1.56-1.08-0.93...). Jedoch klärt auch der zweite Faktor mit 17.3% einen substanziellen Anteil der Varianz auf. 8 der 9 Items besitzen substanzielle Ladungen (a>.33) auf dem ersten unrotierten Faktor. Daher wird auch hier für die weitere Auswertung die eindimensionale Struktur aufrechterhalten. Lediglich das Item 6 "Menschen, die sich gegen religiöse Werte auflehnen, sind genauso anständig, wie solche, die regelmäßig zur Kirche gehen." besitzt mit a=.13 keine substanzielle Ladung auf dem ersten unrotierten Faktor. Dies spiegelt sich auch in den Trennschärfen wieder. Nur Item 6 zeigt eine schlechte Trennschärfe (.08). Alle anderen Trennschärfen liegen bei r_{it}=.24 oder höher. Da die Trennschärfe von Item 6 im positiven Bereich liegt, wird ein Summenwert für rechtsgerichteten Autoritarismus über alle 9 Items berechnet, weil sich die Skala in früheren Untersuchungen gut bewährt hat. Die Reliabilität der Skala liegt mit α=.75 in einem zufriedenstellendem Bereich. Der Skalenmittelwert kann zwischen 1 "niedrige Autoritarismusneigung" und 6 "hohe Autoritarismusneigung" schwanken. Der Skalenmittelwert für die Gesamtstichprobe liegt zwar mit M=2.33 unter dem arithmetischen Mittel der Skala, ist aber höher als die Mittelwerte der studentischen Stichproben aus Studie 1 und 2. Dort lagen die Mittelwerte der Teilstichproben zwischen M=1.43 bis M=1.90. In einer eher konservativen Stichprobe von Berufsschülerinnen und Berufsschüler wurden

Mittelwerte von M=2.80 gefunden (vgl. Stellmacher, 1997). Daher kann die hier befragte Stichprobe im Vergleich als mittel-autoritär eingestuft werden.

INTERGRUPPENANGST

Die Skala zur Intergruppenangst zeigt in einer explorativen Faktorenanalyse (KMO=.85) eine eindeutig eindimensionale Struktur (Eigenwertverlauf: 4.67-1.29-0.87...). Der erste Faktor ist sehr varianzstark (51.4%) und alle Items laden substanziell (a>.40) auf dem ersten unrotierten Faktor. Die Trennschärfen der 10 Items sind alle gut (r_{it}>.30). Es wird ein Skalenmittelwert aus diesen Items gebildet, der Werte zwischen 1 "geringe Intergruppenangst" und 6 "starke Intergruppenangst" annehmen kann. Die Reliabilität dieser Skala liegt mit α=.85 in einem guten Bereich. Der Skalenmittelwert liegt mit M=3.01 etwas unter dem arithmetischen Skalenmittel.

GRUPPENAUTORITARISMUS

Der Eigenwertverlauf (4.00-1.52-1.40-0.92...) der Faktorenanalyse über die Items der Gruppenautoritarismus-Skala (KMO=.79) legt eine ein- oder dreifaktorielle Lösung nahe. Bis auf Item 4 "Die Menschen in Deutschland sollten Anweisungen der Regierung nur dann befolgen, wenn sie auch Ihren eigenen Interessen entsprechen" (a=.04) laden alle Items mit mindestens .30 auf dem ersten unrotierten Faktor. Wie bereits dargestellt, lässt sich die dreifaktorielle Lösung nur schwer interpretierten (vgl. Kap. 11.2.2.). Entsprechend wird eine eindimensionale Lösung in dieser Studie präferiert. Aus den 12 Items der Skala wird ein Skalenmittelwert gebildet, der zwischen 1 "niedrige Autoritarismusneigung" und 6 "hohe Autoritarismusneigung" schwanken kann. Die Reliabilität dieser Skala liegt bei α=.78. Der Skalenmittelwert für diese Stichprobe liegt mit M=3.43 in einem mittleren Bereich.

AKKULTURATION

Die Skala zu Akkulturationseinstellungen zeigt, wie bereits in früheren Befragungen, in einer explorativen Faktorenanalyse (KMO=.85) eine eindimensionale Struktur (Eigenwertverlauf: 5.29-1.53-1.21-0.85...) mit einem ersten Faktor, der 40.7% der Varianz aufklärt. Bis auf Item 1 (a=.27) laden alle Items mit mindestens .45 auf dem ersten unrotierten Faktor. Die Reliabilität der Skala liegt mit α=.86 in einem guten Bereich. Die 13 Items besitzen gute Trennschärfen (r_{it}=.24 bis .80) und werden zu einem Skalenmittelwert zusammengefasst, der zwischen 1 "Befürwortung von Assimilation/Segregation" bis 6 "Befürwortung von Integration" schwanken kann. Der Skalenmittelwert dieser Stichprobe zeigt mit M=4.33 eine Tendenz zur Befürwortung von Integration.

SYMPATHIE ZU VERSCHIEDENEN ETHNISCHEN UND NATIONALEN GRUPPEN

Eine explorative Faktorenanalyse (KMO=.76) ergibt einen ersten varianzstarken Faktor mit einer Varianzaufklärung von 41.9%. Der Eigenwertverlauf (3.36-1.74-0.94...) lässt aber auch eine zweifaktorielle Faktorenlösung zu. Bei einer zweifaktoriellen Lösung laden die Sympathiewerte für Deutsche und andere Westeuropäer auf dem ersten Faktor und die Sympathiewerte für Türken, Schwarzafrikaner, Asylbewerber, Aussiedler, Sinti und Roma sowie Polen auf dem zweiten Faktor. Entsprechend wird der erste Faktor "Ingroup-Sympathie" und der zweite Faktor "Outgroup-Sympathie" genannt. Eine konfirmatorische Faktorenanalyse belegt, dass die zweifaktoriellen Lösungen der einfaktoriellen Lösung überlegen ist. Die beste Anpassung zeigt das zweifaktorielle unkorrelierte Modell (vgl. Tabelle 64). Die Ingroup-Sympathie ist nicht signifikant mit der Outgroup-Sympathie korreliert (r=.07; p>.20). Dies bedeutet, dass die Sympathiewerte für Deutsche und Westeuropäer unabhängig von den Sympathiewerten für die anderen Gruppen abgegeben werden. Auch aus inhaltlichen Erwägungen wird daher die zweifaktorielle Lösung für die weiteren Analysen bevorzugt.

Tabelle 64: Fitindizes der konfirmatorischen Faktorenanalysen mit den Sympathie-Items

Modell	df	χ^2	χ^2/df	p	CFI	RMSEA
Einfaktoriell	20	90.18	4.51	<.01	.75	.19
Zweifaktoriell korreliert	19	80.74	4.25	<.01	.78	.19
Zweifaktoriell unkorreliert	20	63.74	3.19	<.01	.85	.15

Die Reliabilitäten für Ingroup-Sympathie (α=.66) und für Outgroup-Sympathie (α=.85) sind zufriedenstellend. Die Mittelwerte können in dieser Skala von 0 "sehr unsympathisch" bis 10 "sehr sympathisch" schwanken und zeigen, dass die Ingroup-Sympathie (M=6.11) stärker ausgeprägt ist ($t_{(97)}$=7.23; p<.01) als die Outgroup-Sympathie (M=4.63).

AUSWEISUNG VON AUSLÄNDERN

Die Skala zur Ausweisung von Ausländern besitzt in einer explorativen Faktorenanalyse (KMO=.80) eine eindimensionale Struktur (Eigenwertverlauf: 3.84-1.23-0.71...). Der erste Faktor klärt 54.9% der Varianz auf. Alle Items laden mit mindestens .50 auf diesem ersten unrotierten Faktor. Die Reliabilität dieser Skala beträgt α=.86. Die Mittelwerte der Items (M=1.60 bis M=5.28) schwanken zwischen den möglichen Extremwerten. Die Items der Skala werden zu einem Skalenmittelwert zusammengefasst, der Werte zwischen 1 "Ablehnung der Ausweisung" bis 6 "Zustimmung zur Ausweisung" annehmen kann.

WAHLRECHT FÜR AUSLÄNDER

Auch die Skala zur Ablehnung des Wahlrechts für Ausländer besitzt in einer explorativen Faktorenanalyse (KMO=.71) eine eindimensionale Struktur (Eigenwertverlauf: 2.46-0.77-...). Der erste Faktor klärt 61.6% der Varianz auf. Alle Items laden über .60 auf dem ersten unrotierten Faktor. Die Reliabilität der Skala liegt bei α=.79. Die Mittelwerte der Items (M=1.75 bis M=4.57) schwanken auch in dieser Skala nahezu über dem gesamten Wertebereich der Skala. Die Items werden zu einem Skalenmittelwert verrechnet, der zwischen 1 "Zustimmung zum Wahlrecht für Ausländer" bis 6 "Ablehnung des Wahlrechts für Ausländer" schwanken kann.

12.3.6.2. Hypothesenüberprüfung

Effektivität der Manipulation

Von den 102 Befragten gibt lediglich eine Person an, den Text "Information zur Einwanderung nach Deutschland" eher schlecht verstanden zu haben (Antwort 3 auf der Ratingskala). Zur Frage, wie intensiv sich die Personen bereits mit dem Thema auseinandergesetzt haben, berichten 62 Personen (60.8%), sich eher intensiv (Antwort 4-6 auf der Ratingskala) mit dem Thema auseinandergesetzt zu haben. Nur 4 Personen (3.9%) geben an, sich überhaupt nicht (Antwort 1 auf der Ratingskala) mit dem Thema Einwanderung auseinandergesetzt zu haben. Damit kann bei fast 2/3 der Befragten von einem Vorwissen zum Thema ausgegangen werden. Die experimentellen Gruppen unterscheiden sich weder im Ausmaß des Verstehens des Textes ($F_{(1/99)}$=0.47; p>.20) noch in der Intensität der Auseinandersetzung mit dem Thema Einwanderung ($F_{(1/99)}$=1.00; p>.20).

Der Manipulations-Check zeigt, dass die Befragten in der bedrohlichen Bedingung keine höheren Werte für Bedrohung angaben als in der nichtbedrohlichen Bedingung (M=2.78 vs. M=2.74; $F_{(1/100)}$=0.21; p>.20). Daher wurde im nächsten Schritt nach Moderatoren gesucht. Die Idee ist, dass die Manipulation nur bei einem bestimmten Teil der Stichprobe gewirkt hatte. Tatsächlich zeigt die Identifikation mit der Nation (Nationalstolz) einen moderierenden Effekt. Während sich niedrig-identifizierte Personen kaum in den experimentellen Bedingungen bzgl. der Bedrohungswahrnehmung unterscheiden, zeigen hoch-identifizierte Personen unterschiedliche Bedrohungswahrnehmungen in der erwarteten Richtung (vgl. Tabelle 65)[39]. Die zweifache Wechselwirkung der Varianzanalyse ist auf dem 10%-Niveau signifikant ($F_{(1/98)}$=2.86; p<.10; ?²=.03). Darüber hinaus zeigt sich, dass die Identifikation einen starken Haupteffekt auf die Bedrohung besitzt ($F_{(1/98)}$=26.01; p<.001; ?²=.21). Hoch-identifizierte Perso-

---

[39] Die Personen wurden über einen Mediansplit in niedrig- und hoch-identifizierte Personen aufgeteilt.

nen zeigen eine stärkere Bedrohungswahrnehmung als niedrig-identifizierte Personen. Ferner ist zu erkennen, dass die Standardabweichung bei den hoch-identifizierten Personen deutlich höher ist als bei den niedrig-identifizierten Personen ($F_{(3/98)}=2.89$; $p<.05$).

Tabelle 65: Mittelwerte* und Standardabweichungen einer zweifaktoriellen Varianzanalyse mit den Faktoren Identifikation und experimentelle Manipulation (niedrig bedroht vs. hoch bedroht) und der abhängigen Variable Bedrohungswahrnehmung (Standardabweichungen in Klammern)

N=102	Niedrig-bedrohte Gruppe	Hoch-bedrohte Gruppe
Identifikation hoch	3.11 (1.36) (N=27)	3.64 (1.30) (N=23)
Identifikation niedrig	2.33 (0.98) (N=23)	2.10 (0.86) (N=29)

*Werte können zwischen 1 "niedrige Gruppenautoritarismusneigung" bis 6 "hohe Gruppenautoritarismusneigung" schwanken.

Die Varianzanalyse zeigt, dass die Manipulation tendenziell gewirkt hat. Der Effekt ist jedoch nur bei hoch-identifizierten Personen zu erkennen ($t_{(48)}=-1.43$; $p_{(einseitig)}=.08$). Niedrig-identifizierte Personen zeigen insgesamt nur eine geringe Bedrohungswahrnehmung durch Einwanderung.

Überprüfung des Gruppenautoritarismus-Prozessmodells

HYPOTHESEN 3A, 3B UND 3C

Zur Überprüfung des Gruppenautoritarismus-Prozessmodells wird wiederum eine Varianzanalyse mit den Faktoren autoritäre Prädisposition, Identifikation und experimentelle Manipulation (niedrig-bedroht vs. hoch-bedroht) durchgeführt. Die autoritäre Prädisposition wird durch zwei unterschiedliche Variablen erfasst. Dies ist zum Einen, wie bereits in den vorherigen Studien, der rechtsgerichtete Autoritarismus und zum Anderen Intergruppenangst. Die beiden Variablen sind moderat miteinander korreliert ($r=.40$; $p<.01$). Dies unterstützt die bisherige Annahme, dass hoch-autoritäre Personen eine stärkere Intergruppenangst besitzen als niedrig-autoritäre Personen. Zur Überprüfung der Hypothesen 3a, 3b und 3c werden zwei dreifaktorielle Varianzanalyse durchgeführt, in der die autoritäre Prädisposition einmal durch rechtsgerichteten Autoritarismus und einmal durch Intergruppenangst operationalisiert wird. Dazu werden die Versuchspersonen durch Mediansplit in Personen mit "niedrigem" versus "hohem" rechtsgerichteten Autoritarismus, "niedriger" versus "hoher" Intergruppenangst und "niedriger" versus "hoher" Identifikation aufgeteilt. Um den Effekt von politischem Konservatismus auf Gruppenautoritarismus zu kontrollieren, wird in den beiden

Varianzanalysen die politische Orientierung als Kovariate hinzugefügt[40], da sie sowohl mit Gruppenautoritarismus (r=.52) als auch mit rechtsgerichtetem Autoritarismus (r=.54) und Intergruppenangst (r=.28) hochsignifikant (p<.01) korreliert ist: Je rechter die politische Orientierung ist, desto stärker ist die jeweilige Autoritarismusneigung bzw. die Intergruppenangst.

Zunächst wird die dreifaktorielle Varianzanalyse mit rechtsgerichtetem Autoritarismus dargestellt. Der Levene-Test zeigt, dass die Fehlervarianzen nicht gleichverteilt sind ($F_{(7/89)}$=3.36; p<.01) und somit diese Voraussetzung nicht erfüllt ist. Das Ergebnis der dreifaktoriellen Varianzanalyse zeigt vom Datenmuster wieder eine dreifache Wechselwirkung ($F_{(1/93)}$=2.28; p=.13; $?^2$=.02), die allerdings lediglich auf einem α-Niveau von 13% signifikant wird. Die höchsten Mittelwerte bezüglich Gruppenautoritarismus sind wiederum für hoch-identifizierte und bedrohte Personen mit einer hohen autoritären Prädisposition zu finden. Dieser Wert (M=4.04) ist signifikant höher (t=2.27; p<.05) als der Mittelwert aller anderen Personen mit einer hohen autoritären Prädisposition (M=3.65). Damit lässt sich in dieser Studie Hypothese 3a mit RWA als Maß für die autoritäre Prädisposition nur tendenziell bestätigen.

Tabelle 66: Mittelwerte* für Gruppenautoritarismus in Abhängigkeit der autoritären Prädisposition (gemessen mit der RWA-Skala), Identifikation und Bedrohung (Standardabweichungen in Klammern)

N=102	niedriger RWA		hoher RWA	
	Nicht-bedrohte Gruppe	Bedrohte Gruppe	Nicht-bedrohte Gruppe	Bedrohte Gruppe
Identifikation hoch	3.00 (0.73) (N=10)	3.00 (1.03) (N=5)	3.84 (0.42) (N=17)	4.04 (0.55) (N=18)
Identifikation niedrig	2.98 (0.75) (N=13)	3.06 (0.56) (N=19)	3.47 (0.54) (N=10)	3.51 (0.90) (N=10)

*Werte können zwischen 1 "niedrige Gruppenautoritarismusneigung" bis 6 "hohe Gruppenautoritarismusneigung" schwanken.

Neben der dreifachen Wechselwirkung ist ein hochsignifikanter Haupteffekt für rechtsgerichtetem Autoritarismus zu erkennen ($F_{(1/93)}$=16.05; p<.01; $?^2$=.15). Hoch-autoritäre Personen (M=3.78) zeigen höhere Gruppenautoritarismusneigungen als niedrig-autoritäre Personen (M=3.02). Dies ist eine Bestätigung von Hypothese 3b.

---

[40] Fünf Personen haben keine Angaben zur politischen Orientierung gemacht. Damit diese Personen aber dennoch in der Varianzanalyse berücksichtigt werden, wird bei einem fehlenden Wert für die politische Orientierung der Mittelwert der Stichprobe eingesetzt.

Ferner zeigt sich eine signifikante zweifache Wechselwirkung zwischen autoritärer Prädisposition und Identifikation, die in vorherigen Studien nicht zu finden war ($F_{(1/93)}$=6.95; p=.01; ?²=.07). Dem Mittelwertsmuster lässt sich entnehmen, dass sich die Identifikation nur bei hoch-autoritären Personen auf die Gruppenautoritarismusneigung auswirkt, aber nicht bei niedrig-autoritären Personen. Hoch-autoritäre Personen zeigen bei hoher Identifikation stärkere Gruppenautoritarismusneigungen als bei niedriger Identifikation (vgl. Tabelle 67). Dieses Ergebnis weist darauf hin, dass allein schon eine hohe Identifikation ausreichen kann, um eine autoritäre Einstellungsreaktion bei hoch-autoritären Personen auszulösen. Möglicherweise ist dies aber nur bei einem potenziell bedrohlichen Thema wie Einwanderung der Fall.

Tabelle 67: Mittelwerte* der zweifachen Wechselwirkung mit den Faktoren autoritäre Prädispostion (gemessen mit der RWA-Skala), und Identifikation sowie der abhängigen Variable Gruppenautoritarismus (Standardabweichungen in Klammern)

N=102	niedriger RWA	hoher RWA
Identifikation hoch	3.00 (0.81) (N=15)	3.94 (0.50) (N=20)
Identifikation niedrig	3.03 (0.63) (N=32)	3.49 (0.72) (N=35)

*Werte können zwischen 1 "niedrige Gruppenautoritarismusneigung" bis 6 "hohe Gruppenautoritarismusneigung" schwanken.

In der dreifaktoriellen Varianzanalyse mit Intergruppenangst kann die Gleichheit der Fehlervarianzen als gegeben angesehen werden ($F_{(7/89)}$=2.05; p>.05). Die Ergebnisse der Varianzanalyse lassen aber keine signifikanten Haupteffekte oder Wechselwirkungen erkennen. Bezüglich der erwarteten dreifachen Wechselwirkung zeigt sich zwar das erwartete Datenmuster, aber die Wechselwirkung ist nicht signifikant ($F_{(1/88)}$=0.46; p>.20). Der höchste Mittelwert für Gruppenautoritarismus ist bei hochidentifizierten und bedrohten Personen mit einer hoher Intergruppenangst zu finden. Hypothese 3a mit Intergruppenangst als Maß für die autoritäre Prädisposition kann somit nicht belegt werden. Weiterhin äußern Personen mit hoher Intergruppenangst (M=3.56) zwar höhere Gruppenautoritarismusneigungen als Personen mit niedriger Intergruppenangst (M=3.27), aber dieser Unterschied ist wiederum nicht signifikant ($F_{(1/88)}$=1.38; p>.20). Damit kann nicht bestätigt werden, dass Intergruppenangst direkt oder in Interaktion mit situationsspezifischen Variablen wie Identifikation oder Bedrohung einen Einfluss auf die Gruppenautoritarismusneigung besitzt. Damit kann Hypothese 3c, die einen Zusammenhang zwischen Intergruppenangst und Gruppenautoritarismus angenommen hat, nicht bestätigt werden.

Tabelle 68: Mittelwerte* für Gruppenautoritarismus in Abhängigkeit der autoritären Prädisposition (gemessen mit der Intergruppenangst-Skala), Identifikation und Bedrohung (Standardabweichungen in Klammern)

N=80	niedrige Intergruppenangst		hohe Intergruppenangst	
	Nicht-bedrohte Gruppe	Bedrohte Gruppe	Nicht-bedrohte Gruppe	Bedrohte Gruppe
Identifikation hoch	3.42 (N=9)	3.61 (N=9)	3.58 (N=18)	3.92 (N=12)
Identifikation niedrig	3.14 (N=13)	3.11 (N=16)	3.31 (N=9)	3.36 (N=10)

*Werte können zwischen 1 "niedrige Gruppenautoritarismusneigung" bis 6 "hohe Gruppenautoritarismusneigung" schwanken.

Abschließend soll untersucht werden, ob rechtsgerichteter Autoritarismus in Interaktion mit Intergruppenangst Einfluss auf Gruppenautoritarismusneigungen besitzt. Dazu wird eine zweifaktorielle Varianzanalyse mit den Faktoren rechtsgerichteter Autoritarismus und Intergruppenangst und Gruppenautoritarismus als abhängige Variable gerechnet. Wiederum wird die politische Orientierung als Kovariate eingegeben. Die Voraussetzung der Varianzenhomogenität ist in dieser Varianzanalyse gegeben ($F_{(3/93)}=1.96$; p>.10). Die Ergebnisse zeigen, dass lediglich rechtsgerichteter Autoritarismus einen signifikanten Effekt auf Gruppenautoritarismus besitzt ($F_{(1/92)}=5.49$; p<.01; $\varepsilon^2=.14$). Intergruppenangst hat weder allein noch in Interaktion mit rechtsgerichtetem Autoritarismus einen Einfluss auf die Gruppenautoritarismusneigung (vgl. Tabelle 69). Damit kann festgehalten werden, dass Intergruppenangst zwar mit rechtsgerichtetem Autoritarismus interkorreliert ist, aber keine Bedeutung für die Gruppenautoritarismusneigung zu haben scheint.

Tabelle 69: Mittelwerte* der zweifachen Wechselwirkung mit den Faktoren rechtsgerichteter Autoritarismus und Intergruppenangst sowie der abhängigen Variable Gruppenautoritarismus und der Kovariaten politische Orientierung

N=97	niedriger RWA	hoher RWA
Intergruppenangst niedrig	2.98 (0.76) (N=27)	3.67 (0.72) (N=20)
Intergruppenangst hoch	3.06 (0.60) (N=19)	3.87 (0.55) (N=31)

*Werte können zwischen 1 "niedrige Gruppenautoritarismusneigung" bis 6 "hohe Gruppenautoritarismusneigung" schwanken.

Gruppenautoritarismus und soziale Dominanzorientierung

HYPOTHESE 3D

In Hypothese 3d wird angenommen, dass Gruppenautoritarismus und soziale Dominanzorientierung auf unterschiedlichen Faktoren laden. Dazu wird zunächst eine explorative Faktorenanalyse gerechnet[41]. Um zu verhindern, dass die Versuchspersonenzahl durch Missings reduziert wird, werden fehlende Werte durch den Mittelwert der Stichprobe ersetzt. Als Rotationsform wird eine schiefwinklige Promax-Rotation durchgeführt, da SDO und Gruppenautoritarismus korreliert sind ($r=.32$; $p<.01$). Der Eigenwertverlauf (7.79-3.22-2.42-1.71-1.57-1.41-1.34-1.23-1.02-0.98...) der Faktorenanalyse (KMO=.73) weist auf eine einfaktorielle oder dreifaktorielle Lösung hin. Der erste Faktor klärt 25.1% der Varianz auf. 23 der 31 Items laden mindestens mit .40 auf dem ersten unrotierten Faktor. Die acht Items, die dies nicht tun, sind sämtlich Items der Gruppenautoritarismus-Skala. Die Ladungen der Items der Gruppenautoritarismus-Skala auf dem ersten unrotierten Faktor schwanken zwischen a=.04 und a=.53. Dies spricht gegen eine einfaktorielle Lösung. In der dreifaktoriellen Lösung klären die extrahierten Faktoren 43.3% der Varianz auf. Die Faktoren geben inhaltlich die Dimensionen Gruppengleichheit, Gruppenautoritarismus und Gruppendominanz wieder (vgl. Tabelle 70). Der erste Faktor wird durch die Items der SDO-Dimension "Gruppengleichheit" bestimmt. 9 der 11 Items dieses Faktors können als Markieritems identifiziert werden. Auf dem zweiten Faktor laden die Gruppenautoritarismus-Items am höchsten. 7 der 12 Gruppenautoritarismus-Items laden als Markieritems auf diesem Faktor. Schließlich wird der dritte Faktor durch Items der SDO-Dimension "Gruppendominanz" bestimmt. 6 der 8 Items dieser Dimension laden auf dem Faktor als Markieritems. Die Items, die nicht als Markieritem auf ihrem entsprechenden Faktor laden, besitzen, bis auf eine Ausnahme, mindestens eine Ladung von .30 auf ihrem Faktor. Lediglich das Gruppenautoritarismusitem 4 "Die Menschen in Deutschland sollten Anweisungen der Regierung nur dann befolgen, wenn sie auch Ihren eigenen Interessen entsprechen." besitzt keine substanzielle Ladung auf dem Gruppenautoritarismus-Faktor. Darüber hinaus sind einige Nebenladungen zu erkennen. Diese können möglicherweise auf die für eine Faktorenanalyse mit 31 Items geringe Stichprobengröße zurückgeführt werden. Eine Kreuzvalidierungsstudie muss dies klären.

---

[41] Die Strukturanalysen werden über beide experimentellen Gruppen gerechnet, da die Stichprobengröße innerhalb der experimentellen Gruppen für Faktorenanalysen zu klein ist. Außerdem kann davon ausgegangen werden, dass die Manipulation keinen Effekt auf die Struktur der Skalen besitzt.

Tabelle 70: Faktorladungen der Hauptkomponentenanalyse mit Promax-Rotation mit den Items der SDO-Skala und der Gruppenautoritarismus-Skala. Faktorladungen unter .30 werden nicht dargestellt. Markieritems sind fett gedruckt.

Kurzbenennung der Items	Angenommene Dimension	F1	F2	F3
Gleiche Lebensbedingungen schaffen	Gruppengleichheit	**.70**		
Herstellung sozialer Gerechtigkeit wichtiges Ziel	Gruppengleichheit	.33		
Weniger Probleme bei Gleichbehandlung aller Menschen	Gruppengleichheit	**.64**		
Gleiche Rechte für alle Gruppen	Gruppengleichheit	**.65**		
Keine Gruppe sollte dominieren	Gruppengleichheit	**.55**		
Gleichheit für alle Gruppen	Gruppengleichheit	**.80**		
Gleiche Chancen für Gruppen	Gruppengleichheit	.49		-.42
Gleichheit für alle	Gruppengleichheit	**.85**		
Aufstiegschancen für alle Gruppen gleich	Gruppengleichheit	**.58**		
Gleichheit aller Menschen	Gruppengleichheit	.77		
Alle Menschen gleich behandeln	Gruppengleichheit	**.60**		.31
Zur Durchsetzung gegen andere Gruppen hart vorgehen	Gruppendominanz			**.75**
Andere Gruppen auszunutzen, um voran zu kommen	Gruppendominanz			**.59**
Notwendigkeit, Gruppen in ihre Schranken zu weisen	Gruppendominanz			**.49**
Bessere Chancen zu haben, ist richtig	Gruppendominanz	-.32		**.48**
Gut, dass manche Gruppen an der Spitze stehen	Gruppendominanz	-.34		.43
Weniger Sorgen über Gleichbehandlung machen	Gruppendominanz			**.49**
Kein Problem, wenn einige Menschen mehr Chancen haben	Gruppendominanz	-.41		.37
Andere ausnutzen, um im Leben voranzukommen	Gruppendominanz			**.40**
Nichts tun im Widerspruch mit Normen und Regeln	Gruppenautoritarismus		.50	.46
Keine harte Bestrafung bei Verstoß gegen Regeln	Gruppenautoritarismus		.31	
Anweisungen immer befolgen	Gruppenautoritarismus		**.54**	.35
Anweisungen nur befolgen, wenn sie mit eigenen Interessen übereinstimmen	Gruppenautoritarismus	-.42		**-.58**
Abweichendes Verhalten von Gruppenregeln erlaubt	Gruppenautoritarismus		**.63**	
Auf keinen Fall bestrafen bei Regelverletzung	Gruppenautoritarismus		.45	-.40
Respekt und Gehorsam gegenüber Gruppenanführer	Gruppenautoritarismus		**.43**	
Rechenschaft bei Regelverletzung	Gruppenautoritarismus		**.75**	
Immer an Regeln halten	Gruppenautoritarismus		.77	
Gegen Regeln darf verstoßen werden	Gruppenautoritarismus		**.73**	
Bei Verstoß gegen Regeln streng bestrafen	Gruppenautoritarismus		**.71**	
Anweisungen müssen nicht befolgt werden	Gruppenautoritarismus	-.40	.35	

Schließlich zeigt auch eine konfirmatorischen Faktorenanalyse, dass die dreifaktorielle Lösung der einfaktoriellen Lösung überlegen ist (vgl. Tabelle 71). Allerdings sind die Anpassungswerte auch des dreifaktoriellen Modells wenig zufriedenstellend. Lediglich das Verhältnis $?^2$/df kann als akzeptabel bezeichnet werden. Die Ergebnisse sollen jedoch lediglich erste Hinweise auf die Unterschiedlichkeit von SDO und Gruppenautoritarismus sein. Das Ergebnis sollte durch weitere Studien kreuzvalidiert werden. Für den jetzigen Stand kann jedoch festgehalten werden, dass sich Hypothese 3d bestätigen lässt, dass sich Gruppenautoritarismus und soziale Dominanzorientierung faktorenanalytisch unterscheiden lassen.

Tabelle 71: Fitindizes der Strukturgleichungsmodelle mit den SDO- und Gruppenautoritarismus-Items

Modell	df	$?^2$	$?^2$/df	p	CFI	RMSEA
Einfaktoriell	434	1055.80	2.58	<.01	.45	.12
Dreifaktoriell	431	770.73	1.79	<.01	.70	.09

Prädiktoreigenschaften von Gruppenautoritarismus

HYPOTHESE 3E BIS 3G

In dieser Studie wurden verschiedene Prädiktorvariablen für ethnische Vorurteile erhoben. Dazu gehören rechtsgerichteter Autoritarismus, Gruppenautoritarismus, Nationalstolz, Intergruppenangst, Gruppendominanz und Gruppengleichheit. Im Zentrum der folgenden Analysen wird die Frage stehen, in wie weit Gruppenautoritarismus in der Lage ist, Vorurteile vorherzusagen, auch wenn die Einflüsse anderen Prädiktorvariablen berücksichtigt werden. Darüber hinaus wird der Frage nachgegangen, ob sich Gruppenautoritarismus und die SDO-Dimensionen (Gruppendominanz und Gruppengleichheit) in ihren Prädiktorfähigkeiten unterscheiden. Dazu werden zunächst die Korrelationen zwischen den in dieser Studie verwendeten Prädiktorvariablen berechnet (vgl. Tabelle 72).

Tabelle 72 zeigt, dass die Prädiktorvariablen statistisch hochsignifikant miteinander korrelieren. Hohe Zusammenhänge sind zwischen rechtsgerichtetem Autoritarismus und den beiden SDO-Dimensionen zu erkennen. Dies ist für den europäischen Kontext erwartungsgemäß und entspricht bisherigen Ergebnissen (vgl. Kapitel 7.1.2). Die hochsignifikante Korrelation zwischen rechtsgerichtetem Autoritarismus und der SDO-Dimension "Gruppengleichheit" ist unerwartet, da sie in einer früheren Befragung von Six et al. (2001) nicht signifikant war. Insgesamt ist zu erkennen, dass Gruppengleichheit und Gruppendominanz zu allen Prädiktorvariablen relativ ähnliche Korrelationsmuster besitzen, bei denen lediglich das Vorzeichen unterschiedlich ist. Nur hinsichtlich des Zusammenhangs zu RWA unterscheiden sich die SDO-Dimensionen signifikant im Betrag voneinander (T=4.26; p<.01). Dies wirft die Frage auf, ob Gruppengleichheit und Gruppendominanz inhaltlich wirklich zwei unterschiedliche Dimensionen darstellen, wie es Six et al. (2001) annehmen, oder lediglich zwei Pole einer Dimension sind.

Tabelle 72: Korrelationen zwischen rechtsgerichtetem Autoritarismus, Gruppenautoritarismus, Intergruppenangst, Gruppendominanz und Gruppengleichheit (Listenweiser Ausschluss von Fällen[42])

N=91	National-stolz	Inter-gruppen-angst	Gruppen-autoritarismus	SDO-Gruppen-dominanz	SDO-Gruppen-gleichheit
RWA	.53**	.43**	.61**	.69**	-.37**
Nationalstolz	---	.42**	.43**	.48**	-.34**
Intergruppenangst		---	.22*	.37**	-.30**
Gruppenautoritarismus			---	.37**	-.23**
SDO-Gruppendominanz				---	-.54**
SDO-Gruppengleichheit					---

**:p<.01; *:p<.05; +:p<.10

Darüber hinaus zeigt Tabelle 72, dass Gruppenautoritarismus mit den SDO-Dimensionen nicht sonderlich hoch korreliert. Auch dies weißt darauf hin, dass Gruppenautoritarismus und SDO distinkte Konzepte sind. Außerdem unterscheidet sich das Korrelationsmuster von Gruppenautoritarismus zu RWA, Nationalstolz und Intergruppenangst nicht von dem Korrelationsmuster der SDO-Dimension Gruppendominanz zu diesen Variablen. Gruppenautoritarismus und die SDO-Dimension Gruppengleichheit unterscheiden sich hinsichtlich der Korrelationen zu den genannten anderen Prädiktoren nur bezüglich des Zusammenhangs zu RWA signifikant (T=2.38; p<.05). Gruppenautoritarismus zeigt vom Betrag her eine stärkere Korrelation zu RWA (r=.61) als Gruppengleichheit (r=-.37).

Im Folgenden wird analysiert, inwieweit die genannten Prädiktoren in der Lage sind, ethnische Vorurteile vorherzusagen. In dieser Studie sind fünf Variablen erfasst worden, die als Vorurteilsindikatoren gelten können. Dies sind "Einstellung zur Ausweisung von Ausländer", "Einstellung zum Wahlrecht für Ausländer", "Ingroup-Sympathie", "Outgroup-Sympathie" und "Einstellung zur Akkul-

---

[42] Die Korrelationen werden hier nach der Methode des listenweisen Fallausschlusses für die Gesamtstichprobe berechnet, damit Unterschiede zwischen den Korrelationen berechnet werden können. Bis auf Gruppenautoritarismus wurden alle Skalen vor der Manipulation dargeboten. Gruppenautoritarismus zeigt in den beiden experimentellen Gruppen keine signifikanten Unterschiede in den Korrelationen zu den Prädiktorvariablen Nationalstolz, Intergruppenangst, Gruppendominanz und Gruppengleichheit.

turation". Zwar erfassen Akkulturationseinstellungen nicht direkt Vorurteile, Akkulturationseinstellungen haben aber in vielen Untersuchungen substanzielle Korrelationen zu Vorurteilen gezeigt (vgl. Zick, Wagner, van Dick & Petzel, 2001; van Dick et al., 1997). Daher können sie ebenfalls als Indikator für Vorurteile angesehen werden.

Zunächst werden die Korrelationen der bereits geschilderten Prädiktorvariablen mit den Vorurteilsindikatoren "Einstellung zur Akkulturation" (Akkulturation), "Befürwortung der Ausweisung von Ausländerinnen und Ausländer" (Ausweisung), "Ablehnung des Wahlrechts für Ausländerinnen und Ausländer" (Wahlrecht), "Ingroup-Sympathie" und "Outgroup-Sympathie" beschrieben.

Tabelle 73: Korrelationen der Prädiktorvariablen mit Indikatoren für ethnischen Vorurteile (Listenweiser Ausschluss von Fällen)

N=91	Akkulturation	Ausweisung	Wahlrecht	Ingroup-Sympathie	Outgroup Sympathie
RWA	-.74**	.76**	.63**	.14	-.43**
Nationalstolz	-.53**	.54**	.51**	.31**	-.35**
Intergruppenangst	-.44**	.47**	.40**	.05	-.50**
Gruppenautoritarismus	-.50**	.52**	.43**	.17	-.30**
SDO-Gruppendominanz	-.59**	.56**	.48**	.16	-.33**
SDO-Gruppengleichheit	.33**	-.41**	-.46**	-.04	.20*

**:p<.01; *:p<.05; +:p<.10

Die Korrelationen zwischen den Prädiktoren und den Vorurteilsindikatoren sind z.T. sehr hoch (vgl. Tabelle 73). Lediglich die Ingroup-Sympathie kann von den Prädiktoren kaum vorhergesagt werden. Gruppenautoritarismus zeigt hochsignifikante Korrelationen zu Akkulturationseinstellungen, der Befürwortung der Ausweisung von Ausländer, der Ablehnung des Wahlrechts für Ausländer und der Outgroup-Sympathie. Für diese Vorurteilsindikatoren ist Gruppenautoritarismus somit ein guter Prädiktor. Damit kann Hypothese 3f bestätigt werden.

Gruppenautoritarismus unterscheidet sich in der Höhe der Korrelationen zu den Vorurteilsindikatoren nicht signifikant von den Korrelationen der SDO-Dimensionen Gruppendominanz und Gruppengleichheit zu den Vorurteilsindikatoren. Ebenso unterscheiden sich Gruppendominanz und Gruppengleichheit von der Höhe der Korrelation signifikant nur hinsichtlich der Einstellung zur Akkulturation (T=3.12; p<.01). Das gleiche Korrelationsmuster ergibt sich auch, wenn die Korrelationen getrennt für die experimentellen Gruppen berechnet werden. Daher werden die Korrelationen nicht gesondert aufgeführt. Es gibt lediglich einen signifikanten Unterschied zwischen hoch- und niedrig-bedrohten Personen in der Korrelation zwischen Gruppengleichheit und der Ablehnung des Wahlrechts für

Ausländer. In der niedrig-bedrohten Gruppe beträgt die Korrelation r=-.66 und in der hoch-bedrohten Gruppe r=-.26 (Z=2.43; p<.05).

Im nächsten Schritt werden simultane Regressionen durchgeführt um zu testen, wie hoch die reinen Effekte der Variablen sind, wenn die Einflüsse der anderen Variablen herauspartialisiert werden (vgl. Tabelle 74). Da sich bei den Korrelationsanalysen keine substanziellen Unterschiede zwischen den experimentellen Gruppen ergeben haben, werden die weiteren Analysen lediglich noch über die gesamte Stichprobe durchgeführt.

Tabelle 74: Simultane Regressionsanalysen zur Erklärung der Vorurteilsindikatoren. Für jeden Indikator wird eine eigene Analyse berechnet.

	Akkulturation	Ausweisung	Wahlrecht	Ingroup-Sympathie	Outgroup Sympathie
RWA	-.51**	.57**	.44**	-.11	-.18
Nationalstolz	-.13	.14$^+$	.16$^+$	.33**	-.06
Intergruppenangst	-.11	.13$^+$	.09	-.09	-.38**
Gruppenautoritarismus	-.07	.07	.05	.09	-.08
SDO-Gruppendominanz	-.13	-.03	.10	.12	-.03
SDO-Gruppengleichheit	-.02	-.12	-.26**	.09	-.03
R²	.61**	.64**	.49**	.11	.31**

**: p<.01; *: p<.05; $^+$: p<.10

Vorurteile können zu einem erheblichen Anteil durch die sechs Prädiktorvariablen aufgeklärt werden. Abgesehen von der Ingroup-Sympathie schwankt die erklärte Varianz zwischen 31% und 64%. Lediglich die Ingroup-Sympathie kann kaum erklärt werden (11% Varianzaufklärung). Auffallend ist, dass die Varianzaufklärung bei den anderen Vorurteilsindikatoren auf nur wenige Prädiktorvariablen zurückzuführen ist. Für die Vorhersage von Akkulturationseinstellungen, Befürwortung der Ausweisung von Ausländern und Ablehnung des Wahlrechts für Ausländer dominiert rechtsgerichteter Autoritarismus. Bei der Vorhersage der Outgroup-Sympathie hat Intergruppenangst den entscheidenden Einfluss. Erstaunlich ist dieses Ergebnis, weil bei der Korrelationsanalyse alle Prädiktorvariablen mehr oder minder starke Korrelationen zu den Vorurteilsindikatoren gezeigt haben. Dies bedeutet, dass rechtsgerichteter Autoritarismus einen Großteil der Varianz hinsichtlich der Akkulturationseinstellungen, der Befürwortung der Ausweisung von Ausländern und der Ablehnung des Wahlrechts für Ausländer bindet. Bei der Outgroup-Sympathie ist dies für Intergruppenangst der Fall. Die Ingroup-Sympathie kann wie bei den einfachen Korrelationen lediglich durch Nationalstolz erklärt werden. Gruppenautoritarismus zeigt in der geschilderten Regressionsanalyse keine eigenständigen Effekte mehr. Damit kann die Hypothese 3g nicht bestätigt werden.

Auffallend ist, dass Gruppenautoritarismus und die Dimensionen der sozialen Dominanzorientierung in den bisherigen Ergebnisdarstellungen kaum einen eigenständigen Beitrag zur Aufklärung der Vorurteilsindikatoren besitzen, obwohl sie starke Korrelationen vor allem zur Akkulturation, Befürwortung der Ausweisung von Ausländern und Ablehnung des Wahlrechts für Ausländer gezeigt haben. Hypothese 3e geht davon aus, dass Gruppenautoritarismus und SDO unabhängig voneinander eigenständige Beiträge zur Aufklärung von Vorurteilen leisten können. Auf Basis der bisherigen Analysen ist diese Hypothese nicht eindeutig zu beantworten. Zur weiteren Testung der Hypothese 3e wird eine simultane Regressionsanalyse mit den Vorurteilsindikatoren durchgeführt, in denen lediglich Gruppenautoritarismus und die SDO-Dimensionen als Prädiktoren eingegeben werden. In einem ersten Block werden zunächst lediglich die beiden SDO-Dimensionen eingegeben, um zu analysieren, ob diese beiden Dimensionen voneinander unabhängige Effekte zeigen. Erst in einem zweiten Block wird dann auch Gruppenautoritarismus eingegeben. Dadurch kann analysiert werden, ob Gruppenautoritarismus über die SDO-Dimensionen hinaus Varianzanteile aufklären kann.

Die Ergebnisse der Regressionsanalyse in Tabelle 75 demonstrieren, dass Gruppenautoritarismus, Gruppendominanz und Gruppengleichheit einen erheblichen Anteil der Varianz der Vorurteilsindikatoren aufklären können, wenn RWA nicht berücksichtigt wird. Die Ergebnisse des ersten Blocks zeigen jedoch, dass nur in zwei Fällen (Einstellung zur Ausweisung von Ausländern und zum Wahlrecht für Ausländer) Gruppendominanz und Gruppengleichheit einander ergänzende Effekte bezüglich ethnischer Vorurteile besitzen. Ansonsten dominiert Gruppendominanz über Gruppengleichheit.

Tabelle 75: Regressionsanalyse zur Aufklärung der Vorurteilsindikatoren mit den Prädiktoren "Gruppenautoritarismus", "Gruppendominanz" und "Gruppengleichheit"

	Akkulturation	Ausweisung	Wahl	Ingroup-Sympathie	Outgroup Sympathie
Block 1					
SDO-Gruppendominanz	-.60**	-.45**	.32**	.15	-.28*
SDO-Gruppengleichheit	.05	-.21*	-.31**	-.02	.10
R^2	.39**	.34**	.30**	.03	.12**
Block 2					
SDO-Gruppendominanz	-.50**	.33**	.24*	.11	-.22+
SDO-Gruppengleichheit	.02	-.17+	-.28**	.00	.08
Gruppenautoritarismus	-.31**	.37**	.26**	.16	-.23*
Änderung in R^2	.09**	.12**	.06**	.02	.04*
R^2	.48**	.46**	.35**	.05	.16**

**:p<.01; *:p<.05; +:p<.10

Hinsichtlich der Beziehung zwischen Gruppenautoritarismus und den SDO-Dimensionen kann festgestellt werden, dass Gruppenautoritarismus und Gruppendominanz signifikante und eigenständige Effekte zu Akkulturationseinstellungen, Befürwortung der Ausweisung von Ausländern und zur Ablehnung des Wahlrechts für Ausländer sowie der Outgroup-Sympathie besitzen. Dies deutet darauf hin, dass beide Variablen unabhängig voneinander einen Erklärungswert für ethnische Vorurteile besitzen und nicht identisch sind. Hingegen zeigt Gruppengleichheit im zweiten Block der Regressionsanalyse lediglich einen signifikanten Effekt unabhängig von den beiden anderen Prädiktoren, und zwar hinsichtlich der Ablehnung des Wahlrechts für Ausländer, obwohl bei den Korrelationsanalysen noch vergleichbare und signifikante Effekte zu den Vorurteilsindikatoren insgesamt zu erkennen waren (vgl. Tabelle 73). Damit kann zwar festgehalten werden, dass Gruppenautoritarismus und SDO distinkte Konzepte sind, ob SDO jedoch inhaltlich in zwei Subdimensionen aufgegliedert werden kann, muss in Frage gestellt werden. Gruppengleichheit zeigt lediglich hinsichtlich der Erklärung der Ablehnung des Wahlrechts für Ausländer und der Befürwortung der Ausweisung von Ausländern signifikante Effekte, wenn der Einfluss von Gruppendominanz kontrolliert wird.

12.3.7. Diskussion

12.3.7.1. Überprüfung des Gruppenautoritarismus-Prozessmodells

Das Gruppenautoritarismus-Prozessmodell sollte in dieser Studie anhand eines für die Autoritarismusforschung klassischen Themas (Ausländerfeindlichkeit) überprüft werden. Auch hier wurde die Bedrohung wieder durch einen suggestiven Text manipuliert. Ein Problem dieser Studie war, dass die Manipulation nur für eine Teilstichprobe (Personen mit hohem Nationalstolz) und auch dort nur schwach wirkte ($p<.10$). Es scheint, dass die Wahrnehmung von Bedrohung durch Mitglieder fremder Gruppen nur schwer manipulierbar ist, da sie stark festgelegt zu sein scheint. Der Vortest für die experimentelle Manipulation wies nur tendenziell Effekte der Manipulation nach. Daraufhin wurde zwar die Manipulation verstärkt, aber nicht noch einmal überprüft. Hier liegt ein Kritikpunkt in der Konzeptualisierung der Studie. Dennoch kann festgehalten werden, dass trotz der nur schwachen Manipulationswirkung das Gruppenautoritarismus-Prozessmodell mit rechtsgerichtetem Autoritarismus als autoritäre Prädisposition tendenziell bestätigt werden kann. Personen mit hohen autoritären Prädispositionen zeigen bei einer starken, aber bedrohten Identifikation tendenziell eine autoritäre Einstellungsreaktion.

Darüber hinaus wurde Intergruppenangst als zweite mögliche Operationalisierung einer autoritären Prädisposition eingeführt. In diesem Zusammenhang zeigt sich, dass Intergruppenangst weder allein noch in Interaktion mit Identifikation oder Bedrohung in der Lage ist, Gruppenautoritarismus vorherzusagen. Signifikante

Zusammenhänge sind lediglich zwischen Intergruppenangst und rechtsgerichtetem Autoritarismus zu erkennen. Die dreifache Wechselwirkung entsprechend den Annahmen des Gruppenautoritarismus-Prozessmodells (vgl. Hypothese 3a) kann nicht bestätigt werden, auch wenn das Datenmuster mit dem Gruppenautoritarismus-Prozessmodell übereinstimmt. Folgende Interpretationsmöglichkeit für dieses Ergebnis bietet sich an: In Kapitel 5.3. wurde darauf hingewiesen, dass eine mögliche Ursache autoritärer Prädispositionen darin verborgen liegt, dass hoch-autoritäre Personen lernen, die Welt als bedrohlich anzusehen. Eine Folge dieser Weltsicht kann eine erhöhte Intergruppenangst sein. Möglicherweise ist Intergruppenangst ein Prädiktor für die Ausbildung autoritärer Prädispositionen, aber nicht ein Bestandteil autoritärer Prädispositionen selbst. In diesem Falle wäre nachvollziehbar, dass Intergruppenangst mit rechtsgerichtetem Autoritarismus korreliert ist, aber nicht mit dem stärker situationsorientiertem Gruppenautoritarismus.

12.3.7.2. Prädiktoreigenschaften von Gruppenautoritarismus

Gruppenautoritarismus kann in dieser Studie als guter Prädiktor für ethnische Vorurteile identifiziert werden. Gruppenautoritarismus zeigt starke Korrelationen sowohl mit der Befürwortung der Ausweisung von Ausländern, der Ablehnung des Wahlrechts für Ausländer, der Outgroup-Sympathie als auch mit Akkulturationseinstellungen. Allerdings zeigen Regressionsanalysen, dass Gruppenautoritarismus keinen über rechtsgerichteten Autoritarismus hinausgehenden Erklärungsgehalt für ethnische Vorurteile besitzt. Insgesamt ist rechtsgerichteter Autoritarismus in dieser Studie der entscheidende Prädiktor für die Vorhersage von Vorurteilsneigungen. Obwohl alle in dieser Studie verwendeten Prädiktorvariablen hohe Korrelationen mit Akkulturationseinstellungen, mit der Befürwortung der Ausweisung von Ausländern, mit der Ablehnung des Wahlrechts für Ausländer sowie mit der Outgroup-Sympathie zeigen, dominiert in Regressionsanalysen meist nur rechtsgerichteter Autoritarismus. Lediglich bei der Vorhersage der Outgroup-Sympathie zeigt Intergruppenangst noch einen signifikanten Effekt. Die anderen Variablen besitzen in der Regressionsanalyse keinen eigenständigen Effekt mehr. Die Dominanz von rechtsgerichtetem Autoritarismus ist vor allen Dingen deshalb erstaunlich, als sich in anderen Studien soziale Dominanzorientierung und rechtsgerichteter Autoritarismus in der Erklärung von Vorurteilen ergänzt haben (vgl. McFarland, 1999a, Altemeyer, 1998, s.a. Kapitel 7.1.2). Die Studien von McFarland und Altemeyer wurden jedoch in den USA oder Kanada durchgeführt. Dort waren meist keine Korrelationen zwischen SDO und RWA zu erkennen. In dieser Studie, wie auch in anderen Studien, die im europäischen Kontext durchgeführt wurden, ist dies anders (vgl. van Hiel & Mervielde, 2002; Zick & Six, 1997, s.a. Kapitel 7.1.2). Möglicherweise ist rechtsgerichteter Autoritarismus im europäischen Kulturkreis ein "Second-Order-Faktor" für Gruppenautoritarismus und SDO

12.3.7.3. Gruppenautoritarismus und soziale Dominanzorientierung

In einer Teilfragestellung wurde das Verhältnis von Gruppenautoritarismus und
sozialer Dominanzorientierung untersucht. Explorative Faktorenanalyse ergeben
wie in der Studie von Six et al. (2001) eine zweifaktorielle Struktur sozialer
Dominanzorientierung mit den Faktoren "Gruppendominanz" und "Gruppengleichheit". Es muss jedoch in Zweifel gestellt werden, ob Gruppendominanz und
Gruppengleichheit zwei inhaltlich zu unterscheidende Dimensionen sind. Beide
Dimensionen stellen sich als gute Prädiktoren für ethnische Vorurteile in
Korrelationsanalysen heraus. Die Effekte von Gruppengleichheit verringern sich
jedoch stark, wenn der Einfluss von Gruppendominanz in Regressionsanalysen
kontrolliert wird. Die Effekte von Gruppendominanz bleiben hingegen bestehen,
wenn Gruppengleichheit simultan in einer Regressionsanalyse eingegeben wird.
Nur hinsichtlich der Befürwortung der Ausweisung von Ausländern und der
Ablehnung des Wahlrechts für Ausländer zeigen beide SDO-Dimensionen
eigenständige Effekte in einer Regressionsanalyse. Ob damit Gruppendominanz
und Gruppengleichheit zwei Pole einer Dimension sind, oder inhaltlich zwei
voneinander zu trennende Dimensionen darstellen, ist auch mit dieser Studie nicht
eindeutig zu beantworten.

Anders ist dies hingegen bei der Beziehung zwischen Gruppenautoritarismus und
den beiden SDO-Dimensionen. Explorative und konfirmatorische Faktorenanalysen weisen bereits darauf hin, dass SDO und Gruppenautoritarismus distinkte
Konzepte sind. In Regressionsanalysen sind darüber hinaus unabhängige
eigenständige Effekte bezüglich ethnischer Vorurteile von SDO und Gruppenautoritarismus nachweisbar. Dies belegt, dass SDO und Gruppenautoritarismus
inhaltlich unterschieden werden können.

12.4. Fazit aus den Studien 1, 2 und 3

Die Validität des Gruppenautoritarismus-Prozessmodells

In drei Studien wurde das Gruppenautoritarismus-Prozessmodell empirisch überprüft. Alle drei Studien geben Hinweise auf die Gültigkeit des Modells. Bei
starken und gleichzeitig bedrohten Identifikationen reagieren hoch-autoritäre
Personen (gemessen mit der RWA-Skala) mit einer autoritären Einstellungsreaktion, d.h. mit einem Anstieg der Gruppenautoritarismusneigung. Solche Effekte
sind bei niedrig-autoritären Personen nicht zu erkennen. Damit ist die Höhe der
Gruppenautoritarismusneigung nicht nur von Persönlichkeitsmerkmalen abhängig, sondern auch vom Gruppenkontext (d.h. der Identifikation mit Gruppen und
der Bedrohung der an diese Gruppe geknüpften Sozialen Identität), in dem sich
eine Person zu einem spezifischen Zeitpunkt befindet. Bemerkenswert ist auch,
dass das Gruppenautoritarismus-Prozessmodell in verschiedenen Gruppenkontexten bestätigt werden kann. Beachtlich dabei ist, dass autoritäre Einstellungsreaktionen auch in politisch neutralen (Gruppe der Psychologinnen und Psycho-

logen) oder linken Gruppenkontexten (Bündnis90/Die Grünen) nachweisbar sind. Insgesamt müssen jedoch auch einige kritische Punkte angemerkt werden:

1. Die in Studie 1 bis 3 verwendeten Stichproben sind nur niedrig- bis mittel-autoritär, auch wenn Studie 3 mit nichtstudentischen Personen durchgeführt wurde. Unklar bleibt, ob die Prozesse, die im Gruppenautoritarismus-Prozessmodell beschrieben werden, auch auf hoch-autoritäre Personen übertragbar sind. Interessant wäre hier ein Extremgruppenvergleich durchzuführen, in dem hoch- und niedrig-autoritäre Personen in einer Studie befragt werden. Angenommen werden kann aber, dass in einer solchen Stichprobe die Effekte eher stärker als schwächer werden.

2. In den bisherigen Studien wurde lediglich die Bedrohungswahrnehmung manipuliert. Für die weitere Validierung des Gruppenautoritarismus-Prozessmodells ist es wichtig, zusätzlich zur Bedrohung auch die Stärke der Identifikation zu manipulieren, wie dies beispielsweise Verkuyten und Hagendoorn (1998) getan haben.

3. Bisher wurde die autoritäre Prädisposition in erster Linie durch rechtsgerichteten Autoritarismus operationalisiert. Dies birgt die Gefahr, Tautologien herzustellen: Autoritarismus wird durch Autoritarismus bewirkt. Die präsentierten Studien können zwar zeigen, dass rechtsgerichteter Autoritarismus nicht mit Gruppenautoritarismus gleichgesetzt werden kann. Es ist jedoch bislang nicht nachgewiesen, ob und in welcher kausalen Beziehung RWA und Gruppenautoritarismus stehen. Dies soll in Studie 5 dieser Arbeit thematisiert werden. Für weitere Studien ist in Anlehnung an das "Dual-Process-Model" von Duckitt zu empfehlen, autoritäre Prädispositionen als soziale Konformität zu operationalisieren (vgl. Duckitt, 2001)[43]. Duckitt (2001) hat zwar demonstriert, dass rechtsgerichteter Autoritarismus als Korrelat sozialer Konformität angesehen werden kann, dennoch kann RWA nicht mit sozialer Konformität gleichgesetzt werden, da RWA neben sozialer Konformität auch eine aggressive Komponente (autoritäre Aggression) enthält. In dieser Arbeit wurde stattdessen Intergruppenangst als zweite Dimension der autoritären Prädisposition operationalisiert. Die Ergebnisse weisen darauf hin, dass Intergruppenangst als Messung autoritärer Prädispositionen nicht geeignet ist, da sie nicht mit Gruppenautoritarismus korreliert ist. Vielmehr könnte Intergruppenangst ein Prädiktor für die Ausprägung autoritärer Prädispositionen im Sinne von rechtsgerichtetem Autoritarismus

---

[43] In dieser Arbeit wurde soziale Konformität noch nicht als autoritäre Prädisposition operationalisiert, da die empirischen Studien vor dem Erscheinen des Dual-Process-Model von Duckitt durchgeführt wurden.

sein: Je größer die Intergruppenangst ist, desto stärker werden autoritäre Prädispositionen ausgebildet.

4. Die Manipulationen in Studie 1 und 3 erfolgten durch manipulative Texte, die im Rahmen einer Fragebogenbefragung im Anschluss an Seminaren oder Vorlesungen dargeboten wurden. Eine solche Manipulation birgt verschiedene Schwierigkeiten in sich: Zum Einen kann nur schwer kontrolliert werden, wie intensiv der Text gelesen wird. Zum Anderen kann die Konzentration durch die Anwesenheit anderer mehr oder minder stark gestört werden. Insgesamt kann davon ausgegangen werden, dass die Manipulationswirkung in den durchgeführten Studien relativ schwach ausgefallen ist. Dass das Gruppenautoritarismus-Prozessmodell dennoch erfolgreich getestet werden konnte, spricht für die Gültigkeit des Modells. Empfehlenswert ist es aber, in nachfolgenden Studien die Manipulation der Bedrohung stärker zu gestalten. Dies könnte durch kontrollierte Befragungen im Labor und durch die Darbietung von visuellem Material (Bilder oder Filme) erreicht werden.

Prädiktorfähigkeiten von Gruppenautoritarismus

Neben der Überprüfung des Gruppenautoritarismus-Prozessmodells sollten in den präsentierten Studien die Prädiktorfähigkeiten von Gruppenautoritarismus überprüft werden. Signifikante Zusammenhänge lassen sich lediglich zu ethnischen Vorurteilen nachweisen. Effekte von Gruppenautoritarismus auf Ingroup-Outgroup-Bewertungen gegenüber fremden statusgleichen oder statushöheren Gruppen können nicht nachgewiesen werden. Dies ist auch der Fall, wenn die Zusammenhänge getrennt für niedrig und hoch-bedrohte Personen berechnet werden. Gruppenautoritarismus scheint somit lediglich zur Vorhersage von Einstellungen und Verhaltensweisen gegenüber Mitgliedern fremder statusniedriger Gruppen geeignet zu sein, aber nicht für statusgleiche oder statushohe Gruppen. Bislang ist dies jedoch nur eine Annahme, da die bisherigen Studien keinen simultanen Vergleich der Bewertung von Mitgliedern statushoher und statusniedriger Gruppen beinhalteten. Darüber hinaus ist kritisch einzuwenden, dass Gruppenautoritarismus keine Vorhersage für ethnische Vorurteile besitzt, wenn die Effekte von rechtsgerichteten Autoritarismus herauspartialisiert werden. Dies trifft jedoch nicht nur auf Gruppenautoritarismus, sondern auch auf soziale Dominanzorientierung zu. Auch SDO besitzt nach Herauspartialisierung von RWA keine signifikanten Effekte mehr zu den Vorurteilsindikatoren. Soziale Dominanzorientierung und Gruppenautoritarismus können zusammen aber fast genauso viel Varianz bezüglich ethnischer Vorurteile aufklären wie rechtsgerichteter Autoritarismus allein. D.h., dass Gruppenautoritarismus und SDO gute Prädiktoren für ethnische Vorurteile sind und unabhängig voneinander einen Teil der Varianz zu den Vorurteilsindikatoren aufklären können. Möglicherweise ist aber rechtsgerichteter Autoritarismus (zumindest für den europäischen Kulturkreis) ein "Second-Order-Faktor" für Gruppenautoritarismus und SDO.

Unklar ist bislang, welche Relevanz Gruppenautoritarismus für intergruppales Verhalten sowie intragruppale Einstellungen und Verhaltensweisen besitzt. Studie 3 konnte zwar einige Zusammenhänge von Gruppenautoritarismus zu Verhaltensintentionen (Befürwortung der Ausweisung von Ausländern und Ablehnung des Wahlrechts für Ausländer) nachweisen, Verhalten wurde aber nicht direkt erfasst. Ebenso bezogen sich die bisherigen Studien lediglich auf *intergruppale* Einstellungen, aber nicht auf *intragruppale* Einstellungen oder Verhaltensweisen. Beides soll in Studie 4 nachgeholt werden.

13. Studie 4: Zusammenhang zwischen Gruppenautoritarismus und autoritärem Verhalten

13.1. Hintergrund und Fragestellung

Mit den Studien 1 bis 3 konnte die Gültigkeit des Gruppenautoritarismus-Prozessmodells belegt werden. Unklar ist allerdings bislang, in welchem Verhältnis Gruppenautoritarismus als autoritäre Einstellung und autoritäres Verhalten steht.

Abbildung 10: Graphische Darstellung des Zusammenhangs zwischen Gruppenautoritarismus und autoritärem Verhalten

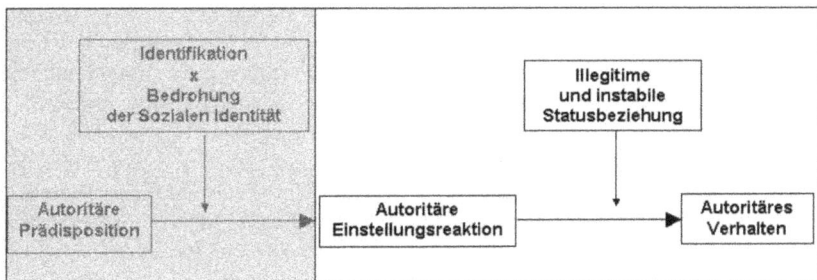

Das Ausmaß der autoritären Einstellungsreaktion wird in dieser Studie als Gruppenautoritarismus gemessen. In Leithypothese 2 wurde ein positiver Zusammenhang zwischen Gruppenautoritarismus und autoritärem Verhalten angenommen, wenn das autoritäre Verhalten auf denselben gruppenspezifischen Kontext wie Gruppenautoritarismus bezogen wird:

Leithypothese 2: Je höher die Gruppenautoritarismusneigung ist, desto stärker wird das gruppenspezifische autoritäre Verhalten sein.

Darüber hinaus wurde im theoretischen Teil dieser Arbeit die Bedeutung von soziostrukturellen Merkmalen für den Zusammenhang von Gruppenautoritarismus und autoritärem Verhalten diskutiert. Es wurde angenommen, dass ein besonders starker Zusammenhang zwischen Gruppenautoritarismus und autoritärem Verhalten dann zu erwarten ist, wenn die Statusbeziehungen als illegitim und instabil wahrgenommen werden.

Leithypothese 3: Ein besonders starker Zusammenhang zwischen Gruppenautoritarismus und autoritärem Verhalten ist dann zu erwarten, wenn die Statusbeziehungen als illegitim und instabil wahrgenommen werden.

Mit Studie 4 sollen die Leithypothesen 2 und 3 experimentell im Labor überprüft werden. Dazu wurde eine computeranimierte Studie entworfen, in der sowohl der Status als auch die Legitimität und Stabilität der Statusbeziehungen manipuliert wurden. Als abhängige Variablen wurden sowohl intergruppale als auch intragruppale Maße für autoritäres Verhalten herangezogen. Versuchspersonen waren Studierende.

13.2. Durchführung und Design der Studie

Empfang und Gruppenbildung

Die Versuchspersonen wurden vor dem Eingang zu den Versuchsräumen empfangen. Vor dem Betreten der Versuchsräume wurden die Versuchspersonen in zwei Gruppen á vier Personen durch ein Losverfahren eingeteilt. Zur Kennzeichnung ihrer Gruppenzugehörigkeit bekam jedes Gruppenmitglied je nach Gruppenzugehörigkeit eine blaue oder gelbe Plakette. Vor Betreten der Versuchsräume wurden die Probanden gebeten, während des Experimentes nicht mehr miteinander zu reden. Des weiteren wurden sie gebeten, sich vorsichtig an die Computerterminals zu begeben, da verschiedene Kabel die Versuchsräume kreuzten. Die Kabel verbänden die Computer miteinander. Daher könnte es zu einem Systemabsturz führen, wenn eine Verkabelung durchbrochen würde. Diese Information sollte den Versuchspersonen suggerieren, dass ein Informationsaustausch zwischen den Computern möglich sei. Eine Vernetzung der Computer existierte in Wirklichkeit nicht.

Aufbau und Betreten der Versuchsräume

Das Labor bestand aus einem kleinen Eingangsraum (ca. 4qm), von dem sich rechts und links jeweils ein Versuchsraum befand. Im Eingangsraum stand zentral für alle Personen beim Betreten der Räume sichtbar ein Computer aufgebaut, auf dessen Bildschirm die Programmoberfläche des Computerprogramms Psychomat zu sehen war. Dies diente der Suggerierung, dass die anderen Computer von diesem zentralen Computer angesteuert werden könnten. Die Mitglieder der gelben Gruppe wurden dem linken Versuchsraum und die Mitglieder der blauen Gruppe dem rechten Versuchsraum zugewiesen. Jedes Mitglied setzte sich vor einen eigenen Computer. Die Computer jeder Gruppe waren durch Trennwände voneinander abgeschirmt. Den Versuchspersonen wurde mitgeteilt, dass zwischen den beiden Gruppen ein Wettkampf stattfinden wird, in dem die siegreiche Gruppe einen Preis gewinnen kann. Als Preis wurde für alle Personen sichtbar ein DIN-A4 großes Paket mit Schleifchen präsentiert. Nachdem die Versuchspersonen sich an ihre Plätzen begeben hatten, lief das Experiment größtenteils computeranimiert ab. Die für das Experiment notwendigen Instruktionen wurde den Versuchspersonen als Text per Computer präsentiert. Zur Programmierung des Experiments wurde das Programm Psychomat[44] benutzt.

Ablauf des Computerexperiments

Das Experiment bestand aus drei Abschnitten. In jedem Abschnitt wurde eine von drei Psychomat-Dateien geöffnet.

1. Abschnitt: Im ersten Abschnitt wurde scheinbar ein Gruppenanführer durch einen Test ermittelt. Dazu wurden den Versuchspersonen einige Items aus dem Tacid Knowledge Inventory for Managers (TKIM; Wagner & Sternberg, 1991, vgl. deutsche Übersetzung Jung, 1998), 19 Items der deutschen Social Dominance Skala (vgl. Stellmacher & Wagner, 1999) und 14 Items der Autoritarismus-Skala von Oesterreich (1999) vorgelegt. Die Items dienten lediglich der Suggerierung, dass damit ein Gruppenanführer ausgewählt werden sollte. Für die Fragestellung der Studie besaßen die Items keine weitere Relevanz.

2. Abschnitt: Zu Beginn des zweiten Abschnitts wurde den Versuchspersonen mitgeteilt, dass jemand anderes als die jeweilige Versuchsperson selbst als Gruppenanführer ausgewählt worden sei. Diese Information bekam jede Versuchsperson. In der Realität gab es somit keinen Gruppenanführer. Die Funktion des Gruppenanführers wurde mit seiner besonderen Rolle während des Wettkampfes zwischen den beiden Gruppen und der Diskussionsleitung einer anschließenden Gruppendiskussion mit der anderen Gruppe erklärt. Danach folgte die erste Wettkampfphase. Die erste Wettkampfphase bestand aus verschiedenen Multiple-Choice-Aufgaben, die die Personen jeweils für sich allein bearbeiten sollten.

3. Abschnitt: Am Anfang des dritten Abschnittes wurde den Versuchspersonen das Ergebnis der ersten Wettkampfphase mitgeteilt. Die Ergebnisse wurden als Rückmeldung über die gesamte Gruppe präsentiert. Individuelle Ergebnisse wurden nicht wiedergegeben. In Wirklichkeit war die Rückmeldung im voraus festgelegt. Durch sie erfolgte die Manipulation der Statushöhe sowie der Stabilität und Legitimität der

---

[44] "Psychomat" ist ein Computerprogramm der Firma "Men at think Gmbh", das speziell für wissenschaftliche Befragungen mit Fragebögen entwickelt wurde.

Statusbeziehungen. Direkt danach wurden die Manipulations-Checks, Identifikation mit der eigenen Gruppe, Gruppenautoritarismus, Ingroup-Bias sowie Konformitäts-Bias erfasst. Abschließend folgte die zweite Wettkampfphase, in der wiederum Multiple-Choice-Aufgaben nach dem gleichen Prinzip wie in der ersten Wettkampfphase eingespielt wurden. Mit Hilfe dieser Aufgaben wurde die autoritäre Folgebereitschaft erfasst. Die Aufgaben der zweiten Wettkampfphase waren nicht identisch mit denen der ersten Wettkampfphase, folgten aber dem gleichen Prinzip.

13.3. Stichprobe

Insgesamt nahmen 86 Personen an dem Experiment teil. Eine Person konnte aufgrund ihrer Sehbehinderung für die Auswertung nicht berücksichtigt werden. Ebenso blieben die Daten zwei weiterer Personen, die im Vergleich zur restlichen Stichprobe ein relativ hohes Alter hatten (37 und 47 Jahren), unberücksichtigt. Der Grund für diese Maßnahme ist, dass der Erfolg der Studie sehr stark mit der Glaubwürdigkeit der Manipulation und der Motivation, der Manipulation Folge zu leisten, abhängt. Es ist zu befürchten, dass diese Personen sehr viel weniger bereit waren, den Manipulationen des jüngeren Versuchsleiters Folge zu leisten als die anderen Personen. Da die beiden beschriebenen Personen sich in ihrem Alter deutlich vom Rest der Stichprobe abheben, werden sie vorsichtshalber in der Auswertung nicht berücksichtigt. Aus den selben Gründen werden zwei Personen selegiert, die als Semesterzahl 9 bzw. 11 angegeben hatten. Univariate oder multivariate[45] Ausreißer können in der Stichprobe nicht identifiziert werden. Von den verbliebenen 81 Personen waren 61 weiblich (75.3%) und 20 männlich (24.7%). Das Alter lag zwischen 19 und 27 Jahren (M=21.4; SD=2.0). Die Versuchspersonen waren Studierende im Haupt- oder Nebenfach Psychologie der Philipps-Universität Marburg. Die Semesterzahl der Studierenden lag zwischen 1 und 6 (M=1.8; SD=1.2). Als Vergütung erhielten die Versuchspersonen eine Versuchspersonenstunde, die sie im Rahmen ihres Grundstudiums sammeln müssen. Das Experiment fand in Gruppen á acht Personen statt. Wenn sich nicht genügend Versuchspersonen angemeldet hatten, wurden die restlichen Personen mit eingeweihten Studierenden aufgefüllt. Die 81 Versuchspersonen sind gleichmäßig auf die vier experimentellen Bedingungen verteilt. Bis auf die Bedingung mit niedrigem Status und illegitimen und instabilen Statusbeziehungen (N=21) können jeweils 20 Personen pro experimenteller Gruppe für die Auswertung berücksichtigt werden.

---

[45] Die multivariaten Ausreißer wurden anhand der beiden Variablen Identifikation und Gruppenautoritarismus berechnet. Alle Werte größer als 13.82 (p<.001, df=2) werden als Ausreißer definiert.

13.4. Unabhängige und abhängige Variablen

Gruppenautoritarismus

Die Items zur Erfassung von Gruppenautoritarismus entsprechen der Gruppenautoritarismus-Basisversion und sind bereits in Kapitel 11 vorgestellt worden. Aus ökonomischen Gründen ist in dieser Studie wiederum nur die 6-Item Kurzform B (vgl. Anhang 17.1.8.) verwendet worden. Die Items sollten auf einem Rating von 1 "stimme überhaupt nicht zu" bis 6 "stimme vollständig zu" beantwortet werden. Die Contrait-Items werden zur Auswertung recodiert. Aus den sechs Items wird ein Skalenmittelwert mit den Ausprägungen von 1 "geringe Autoritarismusneigung" bis 6 "hohe Autoritarismusneigung" gebildet.

Die Multiple-Choice-Aufgaben

Die beiden Wettkampfphasen des Experiments bestanden aus Multiple-Choice-Aufgaben. Es wurden drei verschiedene Aufgabentypen verwendet. Zwei Aufgabentypen sind dem Kognitiven Fähigkeits-Test (KFT) von Heller, Gaedike und Weinländer (1985) entnommen worden. Beim *ersten Aufgabentyp* wurde den Personen ein Wort präsentiert (z.B. Rose). Die Aufgabe der Versuchspersonen war es, aus fünf weiteren Wörtern dasjenige bzw. diejenigen Wörter herauszusuchen, die die gleiche oder eine ähnliche Bedeutung wie das präsentierte Wort besitzen. Insgesamt mussten in den beiden Wettkampfphasen jeweils sieben solcher Aufgaben bearbeitet werden. Die ersten beiden Aufgaben dieses Aufgabentyps konnten eindeutig beantwortet werden. Von der dritten bis zur siebten Aufgabe gab es keine eindeutigen Lösungen, da diese zur Ermittlung der autoritären Folgebereitschaft dienen sollten. Die autoritäre Folgebereitschaft sollte nicht auf kognitive Fähigkeiten zurückgeführt werden können. Die Erfassung der autoritären Folgebereitschaft wird im Rahmen der Beschreibung der abhängigen Variablen genauer erklärt. Beim *zweiten Aufgabentyp* wurde den Versuchspersonen drei Wörter als Ausgangsreize dargeboten. Diese Wörter hatten etwas Gemeinsames. Die Versuchspersonen sollten aus weiteren fünf Wörtern diejenigen auswählen, die zu den als Ausgangsreiz präsentierten drei Wörtern passten. Auch hier sollten sieben Aufgaben bearbeitet werden, von denen lediglich die ersten beiden Aufgaben eindeutig zu beantworten waren. Der *dritte Aufgabentyp* wurde in Anlehnung an das Tacid Knowledge Inventory for Managers (TKIM) von Wagner und Sternberg (1991) konstruiert. Bei dieser Aufgabe wurden verschiedene Dilemmata präsentiert. Anschließend wurden Vorschläge zum Umgang mit der Situation vorgegeben, die bzgl. ihrer Qualität bewertet werden sollten. Die Versuchspersonen sollten die Vorschläge auf einem 5er-Rating mit den Ratingstufen "extrem schlecht", "schlecht", "mäßig", "gut" und "extrem gut" beurteilen. Dabei wurde ihnen suggeriert, dass es eine optimale Antwort zu den präsentierten Dilemmata gäbe. In Wirklichkeit gibt es aber keine opitmalen Antworten zu den Aufgaben. Die Versuchspersonen bekamen in jeder

der beiden Wettkampfphase ein Dilemma mit jeweils 10 Reaktionsvorschlägen vorgelegt.

Insgesamt mussten die Befragten in den drei Aufgabentypen 24 Aufgaben pro Wettkampfphase bearbeiten. Jede der insgesamt 24 Aufgaben wurde zweimal eingespielt. Beim zweiten Mal wurde den Versuchspersonen die vermeintliche Antwort des Gruppenanführers eingespielt und den Befragten die Möglichkeit gegeben, ihre Antwort zu korrigieren. Mit dieser Maßnahme konnte ein Index zur autoritären Folgebereitschaft berechnet werden (vgl. Beschreibung der abhängigen Variablen).

Manipulation des Gruppenstatus und der wahrgenommenen Stabilität und Legitimität der Statusbeziehungen

In dieser Studie wurde der Status (hoch vs. niedrig) sowie die Stabilität und Legitimität der Statusbeziehungen (instabil und illegitim vs. stabil und legitim) manipuliert. Auf eine vollständige Variation aller möglichen Kombinationen der Legitimtität und Stabilität der Statusbeziehungen wurde aus ökonomischen Gründen verzichtet.

Die Manipulationen erfolgten durch die Rückmeldung über das Gruppenergebnis der ersten Wettkampfphase. Als Rückmeldung erhielten die Versuchspersonen die Anzahl richtiger Aufgaben und die benötigte durchschnittliche Zeit sowohl für die eigene Gruppe als auch für die fremde Gruppe (vgl. Abbildung 11 und 12). In der *Bedingung mit hohem Status sowie legitimer und stabiler Statusbeziehung* hatte die eigene Gruppe der Versuchsperson sowohl mehr Aufgaben richtig gelöst als auch die Aufgaben schneller bearbeitet. Dass die eigene Gruppe die erste Wettkampfphase gewonnen hatte, war somit eindeutig und legitim. Zusätzlich wurde den Versuchspersonen mitgeteilt, dass sie nur unter sehr ungünstigen Umständen den gesamten Wettstreit (Ergebnis aus erster und zweiter Wettkampfphase) noch verlieren könnten. Damit war die Statusbeziehung nicht nur legitim, sondern auch stabil. Die Versuchspersonen in der *Bedingung mit niedrigem Status sowie legitimen und stabilen Statusbeziehungen* bekamen die Rückmeldung, dass ihre Gruppe weniger Aufgaben richtig gelöst habe und auch langsamer in der Bearbeitung der Aufgaben gewesen sei. Darüber hinaus wurde ihnen mitgeteilt, dass ihre Gruppe so schlecht abgeschnitten habe, dass sie den Wettkampf kaum noch gewinnen könne (vgl. Abbildung 11). Damit war der niedrige Status dieser Gruppe sowohl legitim als auch stabil.

Abbildung 11: Text der Manipulation für Gruppen mit legitimen und stabilen Statusbeziehungen. Die obere Abbildung entspricht der Version für statushohe und die untere Abbildung für statusniedrige Gruppen[46].

	Ihre Gruppe	Andere Gruppe
Anzahl richtiger Aufgaben:	70	60
Benötigte durchschnittliche Zeit:	12:43 min	14:12 min

Ihre Gruppe hat MEHR AUFGABEN RICHTIG gelöst und im Durchschnitt die Aufgaben SCHNELLER als die andere Gruppe bearbeitet.

Ihre Gruppe hat aufgrund der besseren Gesamtleistung den ersten Teil des Wettkampfes gewonnen!!!

**

Ihre Gruppe war im ersten Teil des Wettkampfes so gut, daß Sie den Wettkampf nur noch verlieren können, wenn
• ihre Gruppe in der zweiten Wettkampfphase sehr schlecht und
• gleichzeitig die andere Gruppe sehr gut abschneidet

	Ihre Gruppe	Andere Gruppe
Anzahl richtiger Aufgaben:	70	80
Benötigte durchschnittliche Zeit:	12:43 min	11:12 min

Ihre Gruppe hat WENIGER AUFGABEN RICHTIG gelöst und im Durchschnitt die Aufgaben LANGSAMER als die andere Gruppe bearbeitet.

Ihre Gruppe hat aufgrund der schlechteren Gesamtleistung den ersten Teil des Wettkampfes verloren!!!

**

Ihre Gruppe war im ersten Teil des Wettkampfes so schlecht, daß Sie den Wettkampf nur noch gewinnen können, wenn
• ihre Gruppe in der zweiten Wettkampfphase sehr gut und
• gleichzeitig die andere Gruppe sehr schlecht abschneidet

In zwei weiteren Bedingungen erhielten die Versuchspersonen eine Rückmeldung, die eine illegitime und instabile Statusbeziehung vermitteln sollte (vgl. Abbildung 12). Die Wahrnehmung einer Illegitimität der Statusbeziehungen sollte dadurch erreicht werden, dass die statushohe Gruppe nur dadurch die erste Wettkampfphase gewonnen hatte, weil die Aufgaben schneller bearbeitet worden sind. Gleichzeitig haben sie aber auch weniger Aufgaben richtig gelöst. Personen in statusniedrigen Gruppen wurde mitgeteilt, dass sie nur deswegen verloren haben, weil die Aufgaben langsamer bearbeitet worden sind, obwohl sie mehr Aufgaben richtig gelöst haben. An keiner Stelle wurde vorher den Versuchsperson vermittelt, dass die Zeit bei der Bearbeitung der Aufgaben eine Rolle spielt. Entsprechend sollte der aktuelle Status als illegitim wahrgenommen werden.

---

[46] Insgesamt wurden von jeder Gruppe 96 Aufgaben pro Wettkampfphase bearbeitet.

Gleichzeitig wurde den Versuchspersonen in den Bedingungen mit illegitimen Statusbeziehungen vermittelt, dass sie durch den Gewinn (für statusniedrige Gruppen) bzw. dem Verlust (für statushohe Gruppen) der zweiten Wettkampf-phase, den gesamten Wettkampf, bestehend aus der ersten und zweiten Wett-kampfphase, noch gewinnen (für statusniedrige Gruppen) bzw. verlieren (für statushohe Gruppen) könnten (vgl. Abbildung 12). Dies sollte die Wahrnehmung einer instabilen Statusbeziehung vermitteln.

In keiner Bedingung wurde den Gruppenmitglieder die Möglichkeit in Aussicht gestellt, die Gruppe verlassen oder wechseln zu können. Die Gruppengrenzen waren somit impermeabel.

Abbildung 12: Text der Manipulation für Gruppen mit illegitimen und instabilen Statusbeziehungen. Die obere Abbildung entspricht der Version für statushohe und die
untere Abbildung für statusniedrige Gruppen.

	Ihre Gruppe	Andere Gruppe
Anzahl richtiger Aufgaben:	70	80
Benötigte durchschnittliche Zeit:	12:43 min	14:12 min

Ihre Gruppe hat WENIGER AUFGABEN RICHTIG gelöst aber
im Durchschnitt die Aufgaben SCHNELLER als die andere Gruppe bearbeitet.

Ihre Gruppe hat aufgrund der besseren Zeit
den ersten Teil des Wettkampfes gewonnen!!!

**

Das Ergebnis der ersten Wettkampf-Phase war sehr knapp.
Wenn Ihre Gruppe den zweiten Teil des Wettkampfes verliert, hat Ihre
Gruppe den gesamten Wettkampf verloren.

	Ihre Gruppe	Andere Gruppe
Anzahl richtiger Aufgaben:	70	60
Benötigte durchschnittliche Zeit:	12:43 min	11:12 min

Ihre Gruppe hat MEHR AUFGABEN RICHTIG gelöst aber
im Durchschnitt die Aufgaben LANGSAMER als die andere Gruppe bearbeitet.

Ihre Gruppe hat aufgrund der schlechteren Zeit
den ersten Teil des Wettkampfes verloren!!!

**

Das Ergebnis der ersten Wettkampf-Phase war sehr knapp.
Wenn Ihre Gruppe den zweiten Teil des Wettkampfes gewinnt,
hat Ihre Gruppe den gesamten Wettkampf gewonnen.

Abhängige Variablen

Nach der Darbietung der Manipulation wurde den Versuchspersonen verschiedene abhängige Variablen präsentiert. Inhaltlich erfassten diese Variablen die Identifikation mit der eigenen Gruppe, Gruppenautoritarismus, Ingroup-Bias, die Abwertung und Diskriminierung von Ingroup-Abweichlern sowie die Folgebereitschaft gegenüber dem Gruppenanführer. Im Folgenden wird die Operationalisierung dieser Variablen genauer beschrieben.

IDENTIFIKATION

Die in Studie 1 bis 3 verwendete Identifikations-Skala war von den Itemformulierungen für diese Studie nicht geeignet. Daher wurde auf Items von Ellemers (1993) zurückgegriffen, die sich bereits in einem ähnlichen experimentellen Design bewährt hatten. Acht Items von Ellemers wurden ins Deutsche übersetzt. Zwei der acht Items waren in Contrait-Richtung formuliert. Diese Items werden daher zur Auswertung recodiert. Die Antworten konnten auf einem 6er-Rating von 1 "Nein, überhaupt nicht" bis 6 "Ja, sehr" beantwortet werden[47].

Tabelle 76: Items zur Erfassung der Identifikation

Itemformulierung mit Itemposition innerhalb der Skala
1. Denken Sie im Allgemeinen, daß Sie mehr mit Mitgliedern Ihrer Gruppe gemeinsam haben, als mit den Mitgliedern der anderen Gruppe?
2. Denken Sie, daß Sie zu den anderen Mitgliedern Ihrer Gruppe passen?
3. Denkens Sie, daß es in Bezug auf Ihre Leistung richtig ist, daß Sie Mitglied dieser Gruppe sind?
4. Würden es Ihnen gefallen, eine weitere Runde dieser Gruppenarbeit mit Ihrer Gruppe durchzuführen?
5. Mißfällt es Ihnen, ein Mitglied dieser Gruppe zu sein?
6. Möchten Sie die Gruppenarbeit mit dieser Gruppe weiterführen?
7. Denken Sie, daß es in einer anderen Gruppe besser wäre?
8. Sind Sie froh darüber, in dieser Gruppe den Wettkampf zu beenden?

INGROUP-BIAS

Ingroup-Bias bezeichnet die bevorzugte Behandlung von Mitglieder der eigenen Gruppe im Vergleich zu Mitgliedern einer fremden Gruppe (vgl. Brown, 1995). Der Ingroup-Bias wurde hier mit acht Matrizen in Anlehnung an die Matrizen der Minimal-Group-Untersuchungen (vgl. Tajfel et al., 1971) erfasst. Mit diesen Matrizen sollten Geldbeträge einem Mitglied der eigenen und einem Mitglied der

---

[47] Zur Beantwortung von Item 6 musste die Benennung der Pole etwas modifiziert werden. Bei Item 6 lauten daher die Pole 1 "Nein, leider nicht" bis 6 "Ja, gerne".

fremden Gruppe zugewiesen werden (vgl. Abbildung 13). Dabei waren die zu verteilenden Geldbeträge voneinander abhängig. Wenn beispielsweise bei Matrize 1 (vgl. Abbildung 13) das Mitglied A der eigenen Gruppe 3 Pfennige bekommt, dann erhält Mitglied W der anderen Gruppe automatisch 6 Pfennige. Entsprechend sollten alle acht Matrizen beantwortet werden. Es wurde den Versuchspersonen mitgeteilt, dass die Geldbeträge den Gruppenmitgliedern im Anschluss an das Experiment real ausgezahlt werden sollten. Einschränkend wurde ihnen jedoch mitgeteilt, dass sie sich selber keine Geldbeträge zuweisen könnten.

Abbildung 13: Darstellung der verwendeten Matrizen zur Messung des Ingroup-Bias

Matrix 1: Symmetrische Matrize

Mitglied A der eigenen Gruppe	1	2	3	4	5	6	7	8
Mitglied W der anderen Gruppe	8	7	6	5	4	3	2	1
Antwortbox	1	2	3	4	5	6	7	8

Matrix 5: Symmetrische Matrize

Mitglied Y der anderen Gruppe	1	2	3	4	5	6	7	8
Mitglied C der eigenen Gruppe	8	7	6	5	4	3	2	1
Antwortbox	1	2	3	4	5	6	7	8

Matrix 2:   F / MIP / MD

Mitglied X der anderen Gruppe	14	15	16	17	18	19	20	21	22
Mitglied C der eigenen Gruppe	14	13	12	11	10	9	8	7	6
Antwortbox	1	2	3	4	5	6	7	8	9

Matrix 6:   F / MIP / MD

Mitglied D der eigenen Gruppe	14	15	16	17	18	19	20	21	22
Mitglied W der anderen Gruppe	14	13	12	11	10	9	8	7	6
Antwortbox	1	2	3	4	5	6	7	8	9

Matrix 3:   MIP / MD / MJP

Mitglied A der eigenen Gruppe	17	16	15	14	13	12	11	10	9
Mitglied Y der anderen Gruppe	5	7	9	11	13	15	17	19	21
Antwortbox	1	2	3	4	5	6	7	8	9

Matrix 7:   MIP / MD / MJP

Mitglied Y der anderen Gruppe	17	16	15	14	13	12	11	10	9
Mitglied C der eigenen Gruppe	5	7	9	11	13	15	17	19	21
Antwortbox	1	2	3	4	5	6	7	8	9

Matrix 4:   MIP / MD / MJP

Mitglied X der anderen Gruppe	9	10	11	12	13	14	15	16	17
Mitglied D der eigenen Gruppe	1	4	7	10	13	16	19	22	25
Antwortbox	1	2	3	4	5	6	7	8	9

Matrix 8:   MIP / MD / MJP

Mitglied A der eigenen Gruppe	9	10	11	12	13	14	15	16	17
Mitglied X der anderen Gruppe	1	4	7	10	13	16	19	22	25
Antwortbox	1	2	3	4	5	6	7	8	9

F: Fairness;   MIP: Maximaler Profit für das Mitglied der eigenen Gruppe;
MD: Maximale Differenz zur anderen Gruppe; MJP: Maximaler gemeinsamer Gewinn

In der Fachliteratur gibt es eine kontroverse Diskussion darüber, wie diese Matrizen auszuwerten sind und ob die Matrizen valide Meßinstrumente zur Erfassung eines Ingroup-Bias sind (vgl. Duckitt, 1999; Diehl, 1990; Berkowitz, 1994; Bornstein, Crum, Wittenbraker, Harring, Insko & Thibaut, 1983a, 1983b; Turner, 1983a, 1983b). Insgesamt belegen jedoch einige Studien, dass die Minimal-Group-Matrizen ein valides Meßinstrument für die Erfassung von Intergruppendiskriminierungen sind (vgl. St. Claire & Turner, 1982; Brown, Tajfel & Turner, 1980; Tajfel, 1978; Turner, 1983a, b). Tajfel et al. (1971) entwickelten zur Auswertung der Minimal-Group-Matrizen sogenannte "Pull-

Scores" (zur Übersicht der Berechnung von Pullscores vgl. Tajfel et al. 1971 sowie Bornstein, Crum, Wittenbraker, Harring, Insko & Thibaut, 1983). In diesen Pullscores werden vier Strategien unterschieden:

- MIP (maximum ingroup profit) bedeutet die Strategie des größtmöglichen Gewinns für das eigene Gruppenmitglied unabhängig von dem Gewinn für das andere Gruppenmitglied;

- MJP (maximum joint profit) bedeutet die Strategie, den größtmöglichen Gewinn für beide Gruppen auszuwählen;

- MD (maximum difference) bedeutet die Strategie, zwischen dem eigenen und dem fremden Gruppenmitglied den größtmöglichen Unterschied in der Zuteilung der Geldbeträge zu erreichen;

- F (fairness) bedeutet schließlich, die Geldbeträge möglichst gleichmäßig zwischen den beiden Gruppenmitgliedern zu verteilen.

Folgende Pullscores können mit den in dieser Studie verwendeten Matrizen berechnet werden: "MIP + MD on F", "F on MIP + MD", "MIP + MD on MJP", "MJP on MIP + MD", "MD on MIP + MJP", "MIP + MJP on MD" (vgl. St.Claire & Turner, 1982). Die Pullscores werden folgendermaßen berechnet:

Abbildung 14: Berechnung der Pullscores am Beispiel von "MIP+MD on F" sowie "F on MIP+MD" (vgl. auch Bornstein et al. 1983a)

Matrix 2: Kombinierung von F, MIP und MD								
F								
MD								
MIP								
Mitglied der anderen Gruppe	14	15	16	17	18	19	20	21	22
Mitglied der eigenen Gruppe	14	13	12	11	10	9	8	7	6
Links-Rechts-Werte	0	1	2	3	4	5	6	7	8

Matrix 6: Kontrastierung von F und MIP+MD								
F								MD
								MIP
Mitglied der eigenen Gruppe	14	15	16	17	18	19	20	21	22
Mitglied der anderen Gruppe	14	13	12	11	10	9	8	7	6
Rechts-Links-Werte	8	7	6	5	4	3	2	1	0
Links-Rechts-Werte	0	1	2	3	4	5	6	7	8

Berechnung des Pulls: "MIP+MD on F" = (Antwort auf Matrix 6 mit Links-Rechts-Werten) – (Antwort auf Matrix 2 mit Links-Rechts-Werten); Je höher der Wert, desto stärker wird MIP+MD vor F bevorzugt.
Berechnung des Pulls: "F on MIP+MD" = (Antwort auf Matrix 6 mit Rechts-Links-Werten) – (Antwort auf Matrix 2 mit Links-Rechts-Werten); Je höher der Wert, desto stärker wird F vor MIP+MD bevorzugt.

Zusätzlich wurden hier zwei achtstufige symmetrische Matrizen vorgelegt, aus denen ein Summenscore zur Berechnung des einfachen Ingroup-Bias gebildet werden kann. Bei den letztgenannten symmetrischen Matrizen konnten die Versuchspersonen lediglich zwischen der Strategie der Bevorzugung der eigenen und der Bevorzugung der anderen Gruppe entscheiden. Die Berechnung des einfachen Ingroup-Bias erfolgt folgendermaßen (vgl. Abbildung 15).

Abbildung 15: Berechnung des einfachen Ingroup-Bias

Matrix 1:								
								IB
Mitglied der eigenen Gruppe	1	2	3	4	5	6	7	8
Mitglied der anderen Gruppe	8	7	6	5	4	3	2	1
Links-Rechts-Werte	0	1	2	3	4	5	6	7
Matrix 5:								
	IB							
Mitglied der anderen Gruppe	1	2	3	4	5	6	7	8
Mitglied der eigenen Gruppe	8	7	6	5	4	3	2	1
Rechts-Links-Werte	7	6	5	4	3	2	1	0
IB: Maximaler Ingroup-Bias								

Berechnung des einfachen Ingroup-Bias = (Antwort auf Matrix 1 mit Links-Rechts-Werten) + (Antwort auf Matrix 5 mit Rechts-Links-Werten); Je höher der Wert, desto stärker ist der Ingroup-Bias. Der Wert 7 entspricht der Strategie "Fairness".

Während in den ursprünglichen Matrizen von Tajfel et al. (1971) den Versuchspersonen 13 Auswahlmöglichkeiten zum Ankreuzen angeboten wurden, sind die in dieser Studie verwendeten Matrizen zur Berechnung von Pull-Scores und dem einfachen Ingroup-Bias aus computertechnischen Gründen auf eine neunfache bzw. achtstufige Abstufung reduziert worden.

KONFORMITÄTS-BIAS

Ein zentrales Kennzeichen von Gruppenautoritarismus ist die Forderung nach Verhaltens- und Einstellungskonformität mit Normen und Regeln der eigenen Gruppe. Falls Personen mit diesen Regeln und Normen nicht konform gehen, wird gefordert, mit Intoleranz und Härte zu reagieren. Je stärker die Gruppenautoritarismusneigung bei Personen ausgeprägt ist, desto stärker sollten diese Forderungen nach dem Gruppenautoritarismuskonzept sein. Entsprechend soll in dieser Studie analysiert werden, wie in Abhängigkeit der Gruppenautoritarismusneigung Ingroup-Abweichler bewertet und behandelt werden. Als Ingroup-Abweichler werden in dieser Studie Personen definiert, die mit den Regeln und Normen der eigenen Gruppe nicht konform gehen. Regeln und Normen werden dabei über den Gruppenanführer definiert. Entsprechend wird als Konformitäts-Bias die Abwertung oder Diskriminierung von nicht-konformen Mitgliedern der eigenen Gruppe im Vergleich zu konformen Mitgliedern der eigenen Gruppe definiert. In dieser Studie wird der Konformitäts-Bias zum Einen über die relative

Abwertung von Ingroup-Abweichlern und zum Anderen über die relative Diskriminierung von Ingroup-Abweichlern erfasst.

Abwertung von Ingroup-Abweichlern

Zur Bewertung von Ingroup-Abweichlern wurde den Versuchspersonen nach der Rückmeldung der Ergebnisse der ersten Wettkampfphase eine Ergebnismatrix bzgl. der Mitglieder der eigenen Gruppe vorgelegt. In dieser Ergebnis-Matrix wurden auszugsweise die Ergebnisse des vermeintlichen Gruppenanführers sowie jeweils eines mit den Antworten des Gruppenanführers konformen und nicht-konformen Mitglieds der eigenen Gruppe präsentiert (vgl. Abbildung 16). Bei den ersten beiden Aufgaben waren die Antworten aller Gruppenmitglieder identisch, da es zumindest bei den Verbaltests (Aufgaben Typ 1 und 2) objektiv richtige Lösungen gab. Ab der dritten Aufgabe wurden die Antworten aber deutlich variiert. Während Mitglied C (konformes Mitglied) in der Ergebnismatrix nur in 2 von 24 Fällen von der Antwort der Gruppenleitung abwich, unterschied sich Mitglied D (nicht-konformes Mitglied) in 17 von 24 Fällen von der Gruppenleitung. Danach sollten die Versuchspersonen das konforme bzw. nicht-konforme Gruppenmitglied mit jeweils einer Frage (Wie beurteilen Sie das Antwortverhalten von Mitglied x ihrer Gruppe?) auf einem 5er-Rating mit den Polen −2 "sehr negativ" und +2 "sehr positiv" bewerten. Für "Mitglied x" wurde einmal das konforme (Mitglied C) und ein anderes Mal das nicht-konforme Mitglied (Mitglied D) der eigenen Gruppe eingesetzt. Aus den Bewertungen des konformen und des nicht-konformen Mitglieds wurde für die Auswertung ein Differenzwert gebildet, der die relative Abwertung nicht-konformer Gruppenmitglieder (bewertender Konformitäts-Bias) erfassen sollte.

Abbildung 16: Matrix zur Rückmeldung der Ergebnisse eines konformen Mitglieds der eigenen Gruppe (Mitglied C) und eines nicht konformen Mitglieds der eigenen Gruppe (Mitglied D)

	Verbaltest 1				Verbaltest 2				Dilemmatest		
Aufgabe	Gruppenleitung	Mitglied C der eigenen Gruppe	Mitglied D der eigenen Gruppe	Aufgabe	Gruppenleitung	Mitglied C der eigenen Gruppe	Mitglied D der eigenen Gruppe	Aufgabe	Gruppenleitung	Mitglied C der eigenen Gruppe	Mitglied D der eigenen Gruppe
1	B	B	B	1	C	C	C	1	-2	-2	-2
2	C	C	C	2	ACD	ACD	ACD	2	+2	+2	+2
3	A	A	D	3	CD	CD	E	3	+1	+1	0
4	E	E	B	4	AE	AE	ACE	4	-1	-1	0
5	E	E	A	5	AC	AC	BD	5	0	0	-1
6	A	B	C	6	CE	CE	AE	6	-1	-1	0
7	B	B	C	7	AE	AE	ACE	7	-1	0	+1
								8	-1	-1	-2
								9	+2	+2	+1
								10	0	0	0

Diskriminierung von Ingroup-Abweichlern

Nachdem die Versuchspersonen die Bewertung für ein konformes und ein nicht-konformes Gruppenmitglied abgegeben hatten, sollten sie dem konformen und dem nicht-konformen Gruppenmitglied Geldbeträge mit Hilfe von Matrizen aus dem Minimal-Group-Paradigma zuweisen. Aus ökonomischen Gründen wurden hier lediglich vier Matrizen vorgelegt. Mit zwei symmetrischen Matrizen kann ein einfacher Konformitäts-Bias, d.h. eine bevorzugte Behandlung von konformen im Vergleich zu nicht-konformen Gruppenmitglieder berechnet werden. Mit zwei weiteren Matrizen können die beiden Pullscores berechnet werden, die die Bevorzugung des konformen Mitglieds im Vergleich zur Fairnessstrategie analysiert (F on MKP+MD und MKP+MD on F[48]).

Abbildung 17: Darstellung der verwendeten Matrizen zur Messung der Diskriminierung von Ingroup-Abweichlern. Mitglied C ist das konforme und Mitglied D das nicht-konforme Mitglied der eigenen Gruppe.

Matrix 1: Symmetrische Matrize

Mitglied A der eigenen Gruppe	1	2	3	4	5	6	7	8
Mitglied W der anderen Gruppe	8	7	6	5	4	3	2	1
Antwortbox	1	2	3	4	5	6	7	8

Matrix 2: F MKP MD

Mitglied X der anderen Gruppe	10	11	12	13	14	15	16	17	18
Mitglied C der eigenen Gruppe	10	9	8	7	6	5	4	3	2
Antwortbox	1	2	3	4	5	6	7	8	9

Matrix 1: Symmetrische Matrize

Mitglied A der eigenen Gruppe	1	2	3	4	5	6	7	8
Mitglied W der anderen Gruppe	8	7	6	5	4	3	2	1
Antwortbox	1	2	3	4	5	6	7	8

Matrix 4: F MKP MD

Mitglied X der anderen Gruppe	10	11	12	13	14	15	16	17	18
Mitglied C der eigenen Gruppe	10	9	8	7	6	5	4	3	2
Antwortbox	1	2	3	4	5	6	7	8	9

F: Fairness; MKP: Maximaler Profit für das konforme Mitglied; MD: Maximale Differenz zum nicht-konformen Mitglied

VERHALTENSMAß ZUR AUTORITÄREN FOLGEBEREITSCHAFT

Zusätzlich zu den bereits beschriebenen abhängigen Variablen wurde ein Verhaltensmaß zur Erfassung der autoritären Folgebereitschaft erhoben. Wie bereits erwähnt, wurde jede Multiple-Choice-Aufgabe in den beiden Wettkampfphasen zweimal präsentiert. Beim zweiten Mal wurde simultan zur Aufgabe die Antwort des vermeintlichen Gruppenanführers eingespielt. Als Verhaltensmaß interessierte

---

[48] Die Bezeichnung MKP wird in Anlehnung des "Maximum Ingroup Profit" (MIP) beim Ingroup-Bias formuliert. MKP meint hier die Strategie des maximalen Gewinns für das konforme Gruppenmitglied. Berechnung der Pullscores und des einfachen Konformitäts-Bias verläuft wie bei den Berechnungen der entsprechenden Scores beim Ingroup-Bias.

nun, inwieweit die Versuchspersonen ihre Antworten an die des Gruppenanführers anpassten.

Die Antworten der Aufgabentypen A und B aus dem Kognitiven Fähigkeitstest
von Heller, Gaedicke und Weinländer (1985, Aufgabentyp A und B) liegen in
nominalskalierter Form vor, während die Antworten beim Dilemmata-Test des
Tacid-Knowledge Inventory-Test von Wagner und Sternberg (1991, Aufgabentyp
C) intervallskaliert sind. Entsprechend können unterschiedliche Anpassungsscores
berechnet werden. Damit überhaupt ein Anpassungsscore berechnet werden kann,
müssen jedoch drei Voraussetzungen gegeben sein:

- Eine substanzielle Anzahl der ersten Antworten (T1) jeder Aufgabe muss
  von den Antworten des Gruppenanführers abweichen.

- Es muss eine substanzielle Anzahl an Antwortveränderungen von der
  ersten zur zweiten Antwort (T2) bei den Fällen existieren, die bei der ersten
  Antwort von der Antwort des Gruppenanführers abweichen.

- Es muss eine substanzielle Anzahl an Antwortveränderungen existieren, die
  einer Anpassung an den Gruppenanführer darstellen.

Wenn diese drei Voraussetzungen gegeben sind, kann für jeden Aufgabentyp ein
Anpassungsscore und zusätzlich für Aufgabentyp C ein Angleichungsscore als
Maß für die autoritäre Folgebereitschaft berechnet werden. Der Anpassungsscore
wird mit folgender Formel berechnet:

Abbildung 18: Formel zur Berechnung des Anpassungsscores

$$ANP = \frac{\displaystyle\sum_{i=1}^{n} ANP(T1 \leftrightarrow T2)i}{\displaystyle\sum_{i=1}^{n} ABW(T1)i} \; ; mit \; i = Nummer \; der \; Aufgabe$$

$ANP(T1 \leftrightarrow T2)i = Anpassung \; der \; Antwort \; an \; den \; Gruppenanführer \; von \; T1 \; zu \; T2 \; bei \; Aufgabe \; i$

$ABW(T1)i = Abweichung \; von \; der \; Antwort \; des \; Gruppenanführers \; zu \; T1 \; bei \; Aufgabe \; i$

Eine Anpassung stellt eine Veränderung der Antwort von der ersten zur zweiten
Antwort dar, bei der die zweite Antwort dann identisch mit der Antwort des
Gruppenanführers ist. Eine Anpassung kann daher nur entstehen, wenn bei der
ersten Antwort eine Abweichung vom Gruppenanführer besteht. Um den Anpassungsscore zu berechnen, muss daher zunächst die Anzahl der Abweichungen
vom Gruppenanführer bei der ersten Antwort berechnet werden. Die Anzahl der
Anpassungen werden dann an der Anzahl der Abweichungen vom Gruppenanführer relativiert. Dabei kann die Anzahl der Anpassungen nie die Anzahl der
Abweichungen zu T1 überschreiten. Der Anpassungsscore kann damit zwischen 0
und 1 schwanken und kann für alle Aufgabentypen berechnet werden: Je höher
der Wert ist, desto stärker ist die Anpassung. Bei Aufgabentyp A und B wird der

Anpassungsscore lediglich für die Aufgaben 3 bis 7 ermittelt, da bei den Aufgaben 1 und 2 objektiv richtige Antworten existierten und die Anpassung nicht auf kognitive Fähigkeiten zurückgeführt werden soll. Pro Versuchsperson können somit in jeder Wettkampfphase bei Aufgabentyp A und B insgesamt maximal 10 Abweichungen vom Gruppenanführer entstehen. Bei Aufgabentyp C wird der Anpassungsscore über alle 10 Aufgaben berechnet, da bei diesem Aufgabentyp insgesamt keine objektiv richtigen Antworten existieren. Auch hier können damit maximal 10 Abweichung pro Versuchsperson und Wettkampfphase entstehen.

Neben dem Anpassungsscore kann für Aufgabentyp C noch ein Angleichungsscore berechnet werden. Die Berechnung eines Angleichungsscores wird bei Aufgabentyp C möglich, da die Antworten dort auf Intervallskalenniveau abgegeben wurden. Somit kann eine autoritäre Folgebereitschaft sich darin äußern, dass die Versuchspersonen ihre Antworten zwar nicht vollständig der Antwort des Gruppenanführers anpassten, aber sich relativ gesehen anglichen. Als Angleichung wird definiert, inwieweit die zweite Antwort sich im Vergleich zur ersten Antwort an die Antwort des Gruppenanführers annähert. Der Angleichungsscore wird mit der in Abbildung 19 beschriebenen Formel berechnet:

Abbildung 19: Formel zur Berechnung des Angleichungsscores

$$
ANG = \frac{\sum_{i=1}^{n} \left[\left|RELABW(T1)i\right|\right] - \left[\left|RELABW(T2)i\right|\right]}{\sum_{i=1}^{n} \left|RELABW(T1)i\right|} \; ; \; mit\ i = Nummer\ der\ Aufgabe
$$

$\left|RELABW(T1)i\right|$ = *Betrag der relativen Abweichung der ersten Antwort (T1)*
von der Antwort des Gruppenanführers bei Aufgabe i

$\left|RELABW(T2)i\right|$ = *Betrag der relativen Abweichung der zweiten Antwort (T1)*
von der Antwort des Gruppenanführers bei Aufgabe i

Der Angleichungsscore für Aufgabentyp C wird berechnet als die Differenz aus dem Betrag der relativen Abweichung vom Gruppenanführer zu T1 und dem Betrag der relativen Abweichung vom Gruppenanführer zu T2, relativiert an dem Betrag der relativen Abweichung vom Gruppenanführer zu T1. Damit schwankt auch der Angleichungsscore lediglich zwischen 0 und 1. Der Angleichungsscore kann nur für Aufgabentyp C berechnet werden, da nur dort die Antworten auf Intervallskalenniveau vorlagen. In Abbildung 20 ist je ein Beispiel für die Berechnung des Anpassungsscores und des Angleichungsscores dargestellt.

Abbildung 20: Beispiel für die Berechnung des Anpassungs- und Angleichungssores

Versuchsperson 33 zeigte in Wettkampfphase 2 bei fünf ambivalenten Aufgaben des Aufgabentyps C folgende Werte:

	Erste Antwort Vp 33 (T1i)	Zweite Antwort Vp 33 (T2i)	Antwort des Gruppenanführers (GAi)	Abweichung vom Gruppenanführer bei erster Antwort (ABW(T1)i) nein = 0; ja = 1	Anpassung an Gruppenanführer bei zweiter Antwort (ANP(T1↔T2)i) nein = 0; ja = 1	Betrag der relativen Abweichung vom Gruppenanführer bei erster Antwort $|T1i - GAi|$	Betrag der relativen Abweichung vom Gruppenanführer bei zweiter Antwort $|T2i - GAi|$
Aufgabe 1	3	4	4	1	1	$|3-4|=1$	$|4-4|=0$
Aufgabe 2	2	2	2	0	0	$|2-2|=0$	$|2-2|=0$
Aufgabe 3	5	4	3	1	0	$|5-3|=2$	$|4-3|=1$
Aufgabe 4	1	2	4	1	0	$|1-4|=3$	$|2-4|=2$
Aufgabe 5	2	5	5	1	1	$|2-5|=3$	$|5-5|=0$
Summe				4	2	9	3

$$\text{Anpassungsscore} = \frac{\sum_{i=1}^{n} ANP(T1 \leftrightarrow T2)i}{\sum_{i=1}^{n} ABW(T1)i} = 2/4 = 0.5$$

$$\text{Angleichungsscore} = \frac{\sum_{i=1}^{n} [|RELABW(T1)i|] - [|RELABW(T2)i|]}{\sum_{i=1}^{n} [|RELABW(T1)i|]} = \frac{\sum_{i=1}^{n} |T1i - GAi| - |T2i - GAi|}{\sum_{i=1}^{n} |T1i - GAi|} = (9-3)/9 = 0.67$$

Zur Hypothesentestung werden somit folgende Variablen zur Erfassung der autoritären Folgebereitschaft berücksichtigt: Dies ist zum Einen ein Anpassungsscore an den Gruppenanführer in Aufgabentyp A und B; zum Zweiten ein Anpassungsscore an den Gruppenanführer in Aufgabentyp C und zum Dritten ein Angleichungsscore an den Gruppenanführer in Aufgabentyp C.

MANIPULATIONS-CHECKS

Die Manipulationswirkung wurde mit jeweils einer Frage zur Statushöhe sowie der Stabilität und Legitimität der Statusbeziehungen überprüft. Diese Fragen folgten direkt im Anschluss an die Manipulation und sollten auf 6er-Ratings beantwortet werden. Die Wirksamkeit der Manipulation der Statushöhe wurde mit der Frage "Wie gut hat Ihre Gruppe im Vergleich zur anderen Gruppe in der ersten Wettkampfphase abgeschnitten?" überprüft (1 "sehr schlecht"; 6 "sehr gut"). Die Wirksamkeit der Manipulation der Legitimität wurde mit der Frage "Betrachten Sie die Ermittlung des Siegers der ersten Wettkampfphase als gerecht?" (1 "Nein, überhaupt nicht gerecht"; 6 "Ja, sehr gerecht") ermittelt. Schließlich wurde die Wirksamkeit der Stabilitätsmanipulation mit der folgenden Frage analysiert: "Wie sicher sind Sie sich, dass Ihre Gruppe den GESAMTEN Wettkampf, d.h. erste und zweite Wettkampfphase zusammengerechnet, gewinnen wird?" (1 "sehr unsicher"; 6 "sehr sicher"). Für statushohe Gruppen bedeutet somit ein hoher Wert bei der letzten Frage eine hohe Stabilitätswahrnehmung. Dagegen bedeutet bei dieser Frage für Personen statusniedriger Gruppen ein hoher Wert eine niedrige Stabilitätswahrnehmung. In einem solchen Fall glauben diese Personen noch daran, zur statushohen Gruppe nach der zweiten Wettkampfphase aufsteigen zu können. Zur Vergleichbarkeit mit den statushohen Gruppen werden die Mittelwerte bzgl. der Frage zur Erfassung der Stabilitätsmanipulation für Personen statusniedriger Personen in der Auswertung recodiert. Ein hoher Wert beschreibt somit eine große Stabilitätswahrnehmung, während ein kleiner Wert eine geringe Stabilitätswahrnehmung ausdrückt.

13.5. Hypothesen

Bei der Konstruktion der Studie bestand ein Hauptproblem darin, ob Gruppenautoritarismus vor oder nach der Manipulation erfasst werden sollte. Es bestanden keine klaren Annahmen darüber, ob Gruppenautoritarismus durch die Manipulation der Statushöhe und/oder der Legitimität und Stabilität der Statusbeziehungen beeinflusst wird. Das Hauptaugenmerk dieser Studie lag darauf, die Beziehung von Gruppenautoritarismus und autoritärem Verhalten in Abhängigkeit der Statushöhe und/oder der Legitimität und Stabilität der Statusbeziehungen zu untersuchen. Aus ökonomischen Erwägungen wurde daher beschlossen, Gruppenautoritarismus zusammen mit den abhängigen Variablen zu erfassen. Prinzipiell hat ein solches Vorgehen zwei Vorteile:

1. Es kann getestet werden, ob Gruppenautoritarismus durch die Statushöhe und/oder die Legitimität und Stabilität der Statusbeziehungen beeinflusst wird.

2. Es kann gleichzeitig überprüft werden, ob Gruppenautoritarismus ein Mediator zwischen den Manipulationen und den abhängigen Variablen oder ein Prädiktor für autoritäres Verhalten ist.

In dieser Arbeit wird allerdings davon ausgegangen, dass die Manipulation der Statushöhe sowie der Legitimität und Stabilität der Statusbeziehungen keinen Einfluss auf die Gruppenautoritarismusneigung hat. Entsprechend kann folgende erste Hypothese formuliert werden:

Hypothese 4a: Die Statushöhe sowie die Legitimität und Stabilität der Statusbeziehungen haben keinen signifikanten Einfluss auf die Höhe der Gruppenautoritarismusneigung.

Wenn die Manipulation keinen Einfluss auf die Höhe der Gruppenautoritarismus-neigung besitzt, stellt sich die Frage, ob und wie die Statushöhe sowie die Legitimität und Stabilität der Statusbeziehung sich auf die Beziehung zwischen Gruppenautoritarismus und autoritärem Verhalten auswirkt. In Studie 3 konnten Zusammenhänge zwischen Gruppenautoritarismus und vorurteiligen Einstellun-gen und Verhaltensintentionen gegenüber fremden statusniedrigen Mitgliedern nachgewiesen werden. Zusammenhänge zwischen Gruppenautoritarismus und einem Ingroup-Bias gegenüber statusgleichen oder statushöheren Gruppen wurden in Studie 1 und 2 hingegen nicht gefunden. In dieser Studie soll ein direkter Vergleich des Zusammenhangs zwischen Gruppenautoritarismus und einem Ingroup-Bias in Abhängigkeit der Statushöhe durchgeführt werden. Entsprechend den bisherigen Ergebnissen kann angenommen werden, dass der Zusammenhang zwischen Gruppenautoritarismus und einem Ingroup-Bias dann stärker ist, wenn Mitglieder statushoher Gruppen Urteile über Mitglieder status-niedriger Gruppen abgeben, als wenn die Urteile durch Mitglieder statusniedriger Gruppen über Mitglieder statushoher Gruppe durchgeführt werden. In dieser Studie gehören die Versuchspersonen entweder einer statushohen oder einer statusniedrigen Gruppe an. Entsprechend können die beiden folgende Hypothese formuliert werden:

Hypothese 4b: Je höher die Gruppenautoritarismusneigung ist, desto stärker ist ein Ingroup-Bias ausgeprägt.

Hypothese 4c: Die Korrelation zwischen Gruppenautoritarismus und einem Ingroup-Bias ist bei Mitgliedern der statushohen Gruppe stärker als bei Mitgliedern der statusniedrigen Gruppe.

In dieser Studie werden verschiedene Indikatoren für autoritäres Verhalten herangezogen. Autoritäres Verhalten ist dabei nicht auf Mitglieder fremder Gruppen beschränkt (Ingroup-Bias), sondern beinhaltet auch Bewertungen und Verhalten gegenüber Mitgliedern der eigenen Gruppe (Konformitäts-Bias) und das eigene Verhalten gegenüber dem Gruppenanführer der eigenen Gruppe (autoritäre Folgebereitschaft). Der Konformitäts-Bias und die autoritäre Folgebereitschaft können als zwei Formen intragruppalen Verhaltens und als Folge von Gruppenautoritarismus aufgefasst werden. Gruppenautoritarismus beinhaltet im Extremen die bedingungslose Unterordnung unter den Gruppenanführer und den Werten und Normen der eigenen Gruppe. Entsprechend sollten Personen mit einer hohen Gruppenautoritarismusneigung einen stärkeren Konformitäts-Bias und eine höhere autoritäre Folgebereitschaft zeigen als Personen mit einer niedrigen Gruppenautoritarismusneigung.

Hypothese 4d: Je höher die Gruppenautoritarismusneigung ist, desto stärker ist ein Konformitäts-Bias ausgeprägt.

Hypothese 4e: Je höher die Gruppenautoritarismusneigung ist, desto stärker ist die autoritäre Folgebereitschaft.

Im Theorieteil wurde dargelegt, dass die Aktivierung von Gruppenautoritarismusneigungen nicht zwangsläufig mit autoritärem Verhalten einhergehen muss. Vielmehr wurde angenommen, dass autoritäre Einstellungen und autoritäres Verhalten besonders dann miteinander korrelieren sollten, wenn die Statusbeziehungen zwischen der eigenen und relevanten fremden Gruppe als illegitim und/oder instabil wahrgenommen werden (zur genauen Herleitung dieser Hypothese vgl. Kapitel 5.4. und 6.4.2). Diese Annahme soll in dieser Studie ebenfalls überprüft werden. Entsprechend werden die folgenden Hypothesen formuliert:

Hypothese 4f: Bei illegitimen und instabilen Statusbeziehungen korreliert Gruppenautoritarismus stärker mit einem Ingroup-Bias als bei legitimen und stabilen Statusbeziehungen.

Hypothese 4g: Bei illegitimen und instabilen Statusbeziehungen korreliert Gruppenautoritarismus stärker mit einem Konformitäts-Bias als bei legitimen und stabilen Statusbeziehungen.

Hypothese 4h: Bei illegitimen und instabilen Statusbeziehungen korreliert Gruppenautoritarismus stärker mit einer autoritären Folgebereitschaft als bei legitimen und stabilen Statusbeziehungen.

13.6. Ergebnisse

13.6.1. Deskriptive Statistiken und Gütekriterien der Skalen

Gruppenautoritarismus

Wie bereits in vorherigen Studien zeigt die Gruppenautoritarismus-Skala in einer Faktorenanalyse (KMO=0.81) eine einfaktorielle Struktur (Eigenwertverlauf: 3.00-1.07-0-67...) mit einem varianzstarken ersten Faktor (50.0% Varianzaufklärung). Bis auf Item 6 laden alle Items über .60 auf dem ersten unrotierten Faktor. Die Reliabilität der Skala liegt mit α=.74 in einem zufriedenstellendem Bereich. Lediglich die Trennschärfe eines Items (Item 6) fällt unter r_{it}=.30. Da die Trennschärfe von Item 6 aber mit r_{it}=.16 im positiven Bereich liegt, wird das Item für die Auswertung nicht aus der Skala genommen. Aus den sechs Items wird ein Skalenmittelwert für die weitere Analyse berechnet, der zwischen 1 "niedrige Gruppenautoritarismusneigung" und 6 "hohe Gruppenautoritarismusneigung" schwanken kann. Der Skalenmittelwert von M=1.81 weißt auf eine eher geringautoritäre Stichprobe hin.

Identifikation

Eine Faktorenanalyse über alle acht Items der Identifikationsskala (KMO=0.70) ergibt zwei Faktoren mit einem Eigenwert über 1 (Eigenwertverlauf: 2.69-1.44-0.99...). Der erste Faktor klärt 33.6% der Varianz auf. Der zweite Faktor erklärt noch 17.9% der Varianz. Die Verteilung der Faktorenladungen weißt jedoch darauf hin, dass die Zwei-Faktorenlösung durch ein Methodenfaktor zustande kommt. Von den acht Items wurden zwei in Contrait-Richtung formuliert. Diese beiden Items bilden den zweiten Faktor, während alle anderen Items auf dem ersten Faktor am höchsten laden. Daher erscheint eine Aufteilung der Identifikationsskala in zwei inhaltlichen Subdimensionen wenig sinnvoll. In einer Reliablitätsanalyse mit allen acht Identifikationsitems stellt sich jedoch heraus, dass die beiden Contrait-Items die Reliabilität der Skala verschlechtern. Nach Extraktion der Items steigt die Reliabilität der Skala von α=.68 auf α=.74. Daher werden die beiden Contrait-Items nicht für die Bildung eines Skalenmittelwertes berücksichtigt. Somit besteht die in dieser Studie verwendete Identifikations-Skala aus sechs Items mit Trennschärfen zwischen r_{it}=.35 und r_{it}=.62. Der Skalenmittelwert liegt mit M=3.89 in einem mittleren Bereich.

Ingroup-Bias

Zur Erfassung des Ingroup-Bias werden sieben Maße verwendet. Eine Messung besteht aus einer einfachen Addition zweier symmetrischer Matrizen und wird als "einfacher Ingroup-Bias" gekennzeichnet. Sechs weitere Messungen basieren auf Pull-Scores, mit denen spezifischen Strategien zur Erlangung eines Ingroup-Bias gegeneinander getestet werden können. Alle Variablen zur Erfassung eines

Ingroup-Bias weichen signifikant von der Normalverteilung ab (p<.01). Dies kommt dadurch, dass einige Variablen eine bimodale Verteilung aufweisen, während andere Variablen sehr schmalgipflig sind (vgl. Anhang 17.4.1.). Tabelle 77 zeigt die Mittelwerte und Standardabweichungen der verschiedenen Indikatoren zur Messung des Ingroup-Bias.

Tabelle 77: Deskriptive Statistiken der Ingroup-Bias-Scores

	Inhaltliche Bedeutung von Mittelwerten	Mittelwerte und Standard- abweichungen	t-Wert
1) Einfacher Ingroup-Bias (Mittelwerte von 0 bis 14)	F=7 IB=14	9.21 (SD=2.63)	Abw. von F 7.55**
2) MD on MJP+MIP (Mittelwerte von −8 bis +8)	MJP+MIP=0 MD=8	1.69 (SD=2.81)	Abw. von MJP+MIP 5.42**
3) MJP+MIP on MD (Mittelwerte von −8 bis +8)	MD=0 MJP+MIP=8	0.43 (SD=3.50)	Abw. von MD 1.11
4) F on MIP+MD (Mittelwerte von −8 bis +8)	MIP+MD=0 F=8	3.90 (SD=4.38)	Abw. von F -8.42**
5) MIP+MD on F (Mittelwerte von −8 bis +8)	MIP+MD=8 F=0	2.74 (SD=3.43)	Abw. von F 7.18**
6) MIP+MD on MJP (Mittelwerte von −8 bis +8)	MJP=0 MIP+MD=8	2.25 (SD=3.26)	Abw. von MJP 6.21**
7) MJP on MIP+MD (Mittelwerte von −8 bis +8)	MIP+MD=0 MJP=8	-0.05 (SD=2.29)	Abw. von MIP+MD - 0.19

F: Fairness; IB: Ingroup-Bevorzugung; MJP: Maximum Joint Profit; MIP: Maximum Ingroup Profit; MD: Maximum Difference;

**: p<.01; *: p<.05

Bezüglich des "Einfachen Ingroup-Bias" weicht der Mittelwert von der Fairness-Strategie in Richtung einer Ingroup-Bevorzugung signifikant ab ($t_{(80)}$=7.55; p<.01). Eine Häufigkeitsanalyse zeigt, dass beim einfachen Ingroup-Bias-Score 70.4% der Befragten eine Ingroup-Bevorzugung, 18.5% Fairness und 11.1% eine Outgroup-Bevorzugung angeben.

Eine detaillierte Analyse der Pullscores gibt Aufschluss über die verwendeten Strategien. Der Pullscore "MD on MIP+MJP" weicht signifikant von 0 ab ($t_{(80)}$=5.42; p<.01). Dies ist aber nicht beim entgegengesetzten Pullscore "MIP+MJP on MD" der Fall ($t_{(80)}$=1.11; p>.20). Dies bedeutet, dass die Strategie der maximalen Differenz (MD) der Strategie des maximal möglichen Gewinns für das eigene Gruppenmitglied (MIP) oder beider Gruppemitglieder (MJP) vorgezogen wird. Eine Häufigkeitsanalyse des Pullscores "MD on MIP+MJP" zeigt, dass diese Bevorzugung bei 46.9% der Befragten nachweisbar ist.

Die Dominanz der Strategie der maximalen Differenz (MD) ist auch zu erkennen, wenn sie nur gegen die Strategie des maximalen gemeinsamen Gewinns (MJP) getestet wird. Der Pullscore "MD+MIP on MJP" weicht signifikant von Null ab ($t_{(80)}$=6.21; p<.01), aber der Pullscore "MJP on MD+MIP" nicht ($t_{(80)}$=-0.19; p>.20). Die Häufigkeitsanalyse zeigt, dass 49.4% der Befragten beim Pullscore "MIP+MD on MJP" ein Mindestwert von 1 zeigen und somit der Strategie der maximalen Differenz Vorzug vor der Strategie des maximalen gemeinsamen Gewinns geben.

Mit zwei weiteren Pullscores wurde die Strategie der Fairness mit der Strategie der maximalen Differenz (MD) und des maximalen Gewinns des eigenen Gruppenmitglieds (MIP) verglichen. Sowohl beim Pullscore "MIP+MD on F" als auch beim Pullscore "F on MIP+MD" sind signifikant positive Abweichungen von der Strategie der Fairness zu erkennen. Wird MIP und MD der Fairness gegenübergestellt (MIP+MD on F) zeigt sich, dass 54.3% die Strategie des maximalen Profits für die eigene Gruppe und der maximalen Differenz vor der Strategie der Fairness bevorzugen. Wird die Fairness der Strategie MIP und MD gegenübergestellt (F on MIP+MD) zeigen lediglich 37% der Befragten absolute Fairness (Wert 8). Dies bedeutet, dass 63% bei diesem Pullscore zu einem Ingroup-Bias tendieren.

Es kann festgehalten werden, dass ein substanzieller Anteil der Befragten zu einem Ingroup-Bias neigt. Dabei ist auch zu erkennen, dass die Strategie der maximalen Differenz von vielen Versuchspersonen der Strategie des maximalen Gewinns vorgezogen wird. Dies deckt sich mit bisherigen Befunden mit den Minimal-Group-Matrizen (vgl. Diehl, 1990, Tajfel et al., 1971).

Konformitäts-Bias

Beim Konformitäts-Bias wird zwischen der Bewertung und der Diskriminierung von Ingroup-Abweichlern unterschieden. Die Bewertung von Ingroup-Abweichlern wurde mit zwei Fragen erfasst. Tabelle 78 gibt die Mittelwerte der beiden Fragen sowie die Differenzen wieder. Ein Mittelwert von 0 entspricht der Gleichbewertung beider Gruppenmitglieder. Je positiver der Wert ist, desto positiver wird das konforme im Vergleich zum nicht-konformen Mitglied beurteilt.

Tabelle 78: Mittelwerte der Bewertung von Ingroup-Abweichlern

Bewertung des	Mittelwert	Standard-abweichung	Schiefe	Kurtosis	Kolmogorov Smirnov Z
konformen Mitglieds (Mittelwerte von −2 bis +2)	.53	.69	.47	-.26	2.79**
nicht-konformen Mitglieds (Mittelwerte von −2 bis +2)	.14	.83	-.40	-.42	1.99**
Relative Abwertung von Ingroup-Abweichlern[49]	.40	1.17	.38	-.15	1.69**

**: p<.01; *: p<.05

Die Mittelwerte zeigen, dass das konforme Gruppenmitglied positiver als das nicht-konforme Gruppenmitglied beurteilt wird. Dieser Unterschied ist hochsignifikant ($t_{(80)}=3.04$; p<.01). Die beiden Items und der Differenzbetrag sind zwar nach dem Kolmogorov-Smirnov-Test nicht normalverteilt, die Betrachtung der graphischen Häufigkeitsverteilung demonstriert allerdings, dass sich die Werteverteilung beider Items an die Normalverteilung annähert (vgl. Anhang 17.4.2.).

Neben der Bewertung von Ingroup-Abweichlern wurden wiederum vier Minimal-Group-Matrizen zur Erfassung der Diskriminierung von Ingroup-Abweichlern vorgelegt. Tabelle 79 gibt die Kennwerte dieser Matrizen wieder.

Tabelle 79: Deskriptive Statistiken der Indikatoren zur Messung der Diskriminierung von Ingroup-Abweichlern

	Inhaltliche Bedeutung von Mittelwerten	Mittelwerte und Standard-abweichungen	t-Wert
Einfacher Konformitäts-Bias (Mittelwerte von 0 bis 14)	F=7 KB=14	7.48 (SD=1.70)	Abw. von F 2.54*
F on MKP+MD (Mittelwerte von −8 bis +8)	MKP+MD=0 F=8	6.31 (SD=3.13)	Abw. von F -4.87**
MKP+MD on F (Mittelwerte von −8 bis +8)	MKP+MD=8 F=0	0.24 (SD=1.71)	Abw. von F 1.23

F: Fairness; KB: Maximale Bevorzugung des konformen Gruppenmitglieds; MKP: Maximaler Gewinn für das konforme Gruppenmitglied; MD: Maximale Differenz
**: p<.01; *: p<.05; [+]: p<.10

Auch die Indikatoren zur Messung der Diskriminierung von Ingroup-Abweichlern zeigen eine signifikante Abweichung von der Normalverteilung (p<.01). Dies

---

[49] Je positiver der Differenzbetrag ist, desto positiver wird das konforme Mitglied im Vergleich zum nicht-konformen Mitglied der eigenen Gruppe bewertet.

liegt an der Schmalgipfligkeit der Verteilungen (vgl. Anhang 17.4.2.). Insgesamt zeigen sich hier nur geringe Diskriminierungstendenzen von Ingroup-Abweichlern. Eine signifikante Abweichung von der Fairness-Strategie zeigt sich lediglich beim einfachen Konformitäts-Bias und beim Pullscore "F on MKP+MD". Konforme Mitglieder bekommen mehr Geld zugewiesen als nicht-konforme Mitglieder der eigenen Gruppe. Hingegen zeigt der Pullscores "MKP+MD on F" keine signifikante Abweichung von der Strategie der Fairness ($t_{(80)}$=1.23; p>.20).

Zwischen den Bewertungs- und Diskriminierungsindikatoren bzgl. Ingroup-Abweichlern sind substanzielle Korrelationen zu finden (vgl. Tabelle 80). Die Bewertung von konformen und nicht-konformen Gruppenmitgliedern korreliert signifikant mit dem einfachen Konformitäts-Bias und dem Pullscore "MKP+MD on F". Allerdings zeigen die Bewertungsindikatoren keinen Zusammenhang mit dem Pullscore "F on MKP+MD". Wie stark von der Strategie MKP+MD in Richtung Fairness abgewichen wird, kann somit mit den Bewertungsindikatoren nicht vorhergesagt werden. Ein wenig überraschend ist auch, dass es keine signifikante Korrelation zwischen der Bewertung konformer und nicht-konformer Mitglieder der eigenen Gruppe gibt. Diese Bewertungen scheinen somit unabhängig voneinander abgegeben zu werden.

Tabelle 80: Korrelationen zwischen den Indikatoren zur Bewertung und Diskriminierung von Ingroup-Abweichlern

	(2)	(3)	(4)	(5)	(6)
(1) Bew. konformer Mitglieder	-.17	.71**	.49**	-.09	.28*
(2) Bew. nicht-konformer Mitglieder	---	-.81**	-.47**	.09	-.37**
(3) Bewertungsdifferenz		---	.63**	-.12	.43**
(4) Einfacher Konformitäts-Bias			---	-.02	.51**
(5) Pullscore F on MKP+MD				---	.00
(6) Pullscore MKP+MD on F					---

**: p<.01; *: p<.05; $^+$: p<.10

Für die Hypothesentestung werden aus ökonomischen Erwägungen lediglich die Variablen 3 bis 6 berücksichtigt.

Verhaltensmaß zur autoritären Folgebereitschaft

Wie bereits geschildert, wurde den Befragten jede Aufgabe zwei Mal präsentiert und ihnen damit ermöglicht, ihre Antworten zu korrigieren, nachdem sie die Antwort des Gruppenanführers erfahren hatten. Damit wurde es möglich, eine autoritäre Folgebereitschaft zu erfassen. Als eine Voraussetzung zur Berechnung von autoritärer Folgebereitschaft wurde formuliert, dass eine substanzielle Anzahl von Antworten bei der ersten Antwort (T1) von der Antwort des Gruppenanführrers abweicht. Nur dann kann eine Angleichung der zweiten Antwort (T2) an die des Gruppenanführers erfolgen. Tabelle 81 zeigt die Anzahl der Abweichungen vom Gruppenanführer zu T1. Bei den Augabentypen A und B des Kognitiven Fähigkeitstests werden lediglich die Aufgaben 3 bis 7 zur Auswertung herangezogen, da bei den ersten beiden Aufgaben richtige Antworten existierten.

Tabelle 81: Summe der Abweichungen vom Gruppenanführer bei erster Antwort in Wettkampfphase 1 und 2 über alle Versuchspersonen

	Aufgabe A Phase 1	Aufgabe A Phase 2	Aufgabe B Phase 1	Aufgabe B Phase 2	Aufgabe C Phase 1	Aufgabe C Phase 2
Keine Abweichung von GA bei erster Antwort	116 (28.6%)	94 (23.2%)	159 (39.3%)	201 (49.6%)	202 (24.9%)	231 (28.5%)
Abweichung von GA bei erster Antwort	289 (71.4%)	311 (76.8%)	246 (60.7%)	204 (50.4%)	608 (75.1%)	579 (71.5%)
Summe	405	405	405	405	810	810

Bei den sprachlichen Aufgaben des Kognitiven Fähigkeitstests (Aufgabentypen A und B) und den Dilemma-Aufgaben des TKIM (Aufgabentyp C) zeigen sich in 50.4 bis 76.8 Prozent der Fälle abweichende Antworten im Vergleich zum vermeintlichen Gruppenanführer bei der ersten Antwort. Damit zeigt sich eine substanzielle Anzahl von Abweichungen vom Gruppenanführer bei der ersten Antwort. Da für die Hypothesentestung nur diejenigen Antworten relevant sind, die bei der ersten Antwort vom Gruppenanführer abwichen, werden nur noch diese im Folgenden diskutiert. Tabelle 82 zeigt eine detaillierte Analyse dieser Fälle.

Tabelle 82: Detaillierte Statistik der Antwortveränderungen von der ersten (T1) zur zweiten Antwort (T2) in den Fällen, in denen die erste Antwort vom Gruppenanführer abweicht

	Aufgabe A Phase 1	Aufgabe A Phase 2	Aufgabe B Phase 1	Aufgabe B Phase 2	Aufgabe C Phase 1	Aufgabe C Phase 2
Keine Antwortveränderung	172 (59.5%)	194 (62.4%)	132 (53.7%)	119 (58.3%)	354 (58.2%)	340 (58.7%)
Antwortveränderung, aber keine Anpassung an GA	3 (1.0%)	4 (1.3%)	10 (4.0%)	15 (7.4%)	96 (15.8%)	91 (15.7%)
Antwortveränderung mit Anpassung an GA	114 (39.5%)	113 (36.3%)	104 (42.3%)	70 (34.3%)	158 (26.0%)	148 (25.6%)
Summe der Abweichungen vom Gruppenanführer zu T1	289	311	246	204	608	579

Es zeigt sich, dass in 53.7 bis 62.4 Prozent der Fälle keine Antwortveränderungen stattgefunden haben, wenn die erste Antwort von der des Gruppenanführers abwich. Es ist aber auch zu erkennen, dass in 25.6 bis 42.3 Prozent der Fälle eine Anpassung an den Gruppenanführer stattgefunden hat, wenn die erste Antwort von der des Gruppenanführers abwich. Darüber hinaus zeigt Tabelle 82, dass im Falle einer Antwortveränderung in der Mehrzahl tatsächlich auch eine Anpassung an den Gruppenanführer erfolgte. Allerdings sind deutliche Unterschiede in der Anpassungsrate zwischen Aufgabentyp A und B auf der einen Seite und Aufgabentyp C auf der anderen Seite vorhanden. Bei Aufgabentyp C ist die Anpassungsrate an den Gruppenanführer deutlich niedriger als bei Aufgabentyp A und B. Dies kann darauf zurückgeführt werden, dass die Antworten bei Aufgabentyp C intervallskaliert sind, während die Antworten bei Aufgabentyp A und B nominalskaliert sind. Bei Aufgabentyp C war es daher auch möglich, sich den Antworten des Gruppenanführers lediglich anzugleichen und nicht gleich vollständig anzupassen. Für Aufgabentyp C wird daher auch ein Score zur Angleichung an den Gruppenanführer berechnet. Aus Tabelle 83 ist zu entnehmen, dass sowohl in der ersten Wettkampfphase als auch in der zweiten Wettkampfphase eine Angleichung an den Gruppenanführer stattgefunden hat. Die durchschnittliche Abweichung vom Gruppenanführer ging von T1 zu T2 deutlich zurück.

Tabelle 83: Durchschnittliche Angleichung an den Gruppenanführer bei Aufgabentyp C in Wettkampfphase 1 und 2

	Phase 1 T1	Phase 1 T2	Phase 2 T1	Phase 2 T2
Durchschnittliche Abweichungen vom Gruppenanführer	1.05	0.69	1.01	0.68
Durchschnittlicher Angleichungsscore	0.35		0.33	

T1: erste Antwort; T2: zweite Anwort

Zusammenfassend kann somit festgehalten werden, dass die präsentierten Statistiken zeigen, dass die Voraussetzungen für die Messung einer autoritären Folgebereitschaft gegeben sind. In wie weit die autoritäre Folgebereitschaft von situativen Bedingungen oder Gruppenautoritarismus abhängt, wird im Hypothesenteil überprüft.

13.6.2. Hypothesenüberprüfung

Manipulations- Checks

Zur Überprüfung der Wirksamkeit der Manipulation wurden zweifaktorielle univariate Varianzanalysen durchgeführt. Als Faktoren wurde sowohl die Legitimität und Stabilität der Statusbeziehungen als auch die Statushöhe eingegeben. Als abhängige Variablen dienten die drei Items zur Überprüfung der Manipulation. Die Ergebnisse zeigen, dass die Manipulationen der Statushöhe sowie der Legitimität und Stabilität erfolgreich waren und mittlere bis starke Effektstärken besitzen. In der Bedingung mit hohem Status gaben die Versuchspersonen an, dass ihre Gruppe in der ersten Wettkampfphase besser abgeschnitten hat (M=4.63) als in der Bedingung mit niedrigem Status (M=2.68) ($F_{(1,79)}$=109.67; p<.001; ?²=.59). Bezüglich der Legitimität gaben die Versuchspersonen in der illegitimen Bedingung deutlich negativere Legitimitätseinschätzungen (M=2.63) an als in der legitimen Bedingung (M=4.18) ($F_{(1,79)}$=33.36; p<.001; ?²=.30). Schließlich äußerten die Versuchspersonen in der stabilen Versuchsbedingung eine stärkere Stabilitätswahrnehmung (M=4.23) als in der instabilen Bedingung (M=3.24) ($F_{(1,79)}$=16.21; p<.001; ?²=.17).

Auswirkungen der Manipulation

Zunächst werden mögliche Auswirkungen der Manipulationen auf Gruppenautoritarismus, Identifikation, Ingroup-Bias (7 Scores), Konformitäts-Bias (4 Scores) und autoritärer Folgebereitschaft (3 Scores) mit zweifaktoriellen univariaten ANOVAs untersucht. Als Faktoren werden die Statushöhe (niedrig vs. hoch) und die Stabilität und Legitimität der Statusbeziehungen (illegitim und instabil vs. legitim und stabil) eingegeben. Die Varianzhomogenität ist in 15 der 16 ANOVAs gegeben. Lediglich bei dem Pullscore "F on MKP+MD" zur Erfassung eines Konformitäts-Bias ist die Varianzhomogenität auf dem 5%-Niveau nicht gegeben. Die Ergebnisse der ANOVAs ergeben kaum signifikante Haupt- oder Wechselwirkungseffekte. Lediglich zweimal zeigt sich ein signifikanter Haupteffekt für die Statushöhe: Statusniedrige Gruppenmitglieder passen sich bei Aufgabentyp C stärker an den Gruppenanführer an ($F_{(1,76)}$=4.48; p<.05) und bevorzugen stärker die Strategie der Fairness bei abweichenden Mitglieder der eigenen Gruppe ($F_{(1,77)}$=5.99; p<.05) als statushohe Mitglieder. Alle anderen Effekte sind nicht signifikant. Somit besitzen die Legitimität und Stabilität der Statusbeziehungen sowie die Statushöhe keinen direkten Einfluss auf die Gruppenautoritarismusneigung ($F_{(3,77)}$=0.42; p>.10). Dies bestätigt die Annahme in Hypothese 4a.

Effekte von Gruppenautoritarismus auf die AVs

Zur weiteren Untersuchung der Daten wird Gruppenautoritarismus als zusätzlicher Faktor in die Analysen einbezogen. Dies wurde möglich, da Gruppenautoritarismus nicht signifikant durch die Manipulation der Statushöhe oder der Legitimität und Stabilität der Statusbeziehungen beeinflusst wurde. Zur Untersuchung der Effekte von Gruppenautoritarismus und dessen Wechselwirkung mit den experimentellen Manipulationen auf die abhängigen Variablen "Ingroup-Bias", "Konformitäts-Bias" und "autoritäre Folgebereitschaft" werden mehrere Regressionsanalysen durchgeführt. Die Wechselwirkungsterme zwischen den drei Variablen "Gruppenautoritarismus", "Statushöhe" und "Legitimität und Stabilität der Statusbeziehungen" werden mit den Haupteffekten simultan in die Regressionsrechnung eingegeben. Die kontinuierlich vorliegende Variable "Gruppenautoritarismus" wird entsprechend der Empfehlung von Aiken und West (1991) für die Regressionsrechnung und für die Bildung von Wechselwirkungstermen durch Subtraktion des Mittelwertes zentriert. In dieser Studie werden Wechselwirkungseffekte mit Regressionsanalysen statt Varianzanalysen durchgeführt, weil ein Powerverlust durch die Dichotomisierung von Gruppenautoritarismus verhindert werden soll, und die Stichprobe für eine dreifache Wechselwirkung in einer ANOVA relativ geringe Zellenbesetzungen (N<10) produzieren würde. Für die detaillierte Analyse der signifikanten Wechselwirkungseffekte werden simple slope Analysen gerechnet (vgl. Aiken & West, 1991).

AV: INGROUP-BIAS

In Tabelle 84 sind die Ergebnisse der Regressionsanalyse mit den Kriteriumsvariablen zum Ingroup-Bias dargestellt[50]. Insgesamt können in den sieben Regressionsanalysen kaum signifikante Anteile an der Gesamtvarianz aufklärt werden. Lediglich beim Pullscore "MD on MJP+MIP" zeigt sich ein auf dem 10%-Niveau signifikanter F-Wert für die gesamte aufgeklärte Varianz. Dieser geht vor allen Dingen auf einen signifikanten Haupteffekt von Gruppenautoritarismus zurück (β=.30): Je höher die Gruppenautoritarismusneigung ist, desto stärker wird die Strategie der maximalen Differenz im Vergleich zur Strategie des maximalen gemeinsamen Gewinns bzw. des maximalen Gewinns für die eigene Gruppe bei den Minimal-Group-Aufgaben bevorzugt. In Übereinstimmung mit Hypothese 4b zeigt Gruppenautoritarismus zwar signifikante Beta-Gewicht mit dem einfachen Ingroup-Bias und dem Pullscore "F on MIP+MD". Diese Haupteffekte können aber nur mit Vorbehalt interpretiert werden, da insgesamt kein statistisch signifikanter Varianzanteil in der Regressionsanalyse aufgeklärt werden kann.

In den Hypothesen wurden vor allen Dingen zweifache Wechselwirkungen von Gruppenautoritarismus und der Statushöhe (Hypothese 4c) sowie von Gruppenautoritarismus und der Legitimität und Stabilität der Statusbeziehungen auf den Ingroup-Bias (Hypothesen 4f) erwartet. Insgesamt ist lediglich eine auf dem 5%-Niveau signifikante Wechselwirkung zwischen Gruppenautoritarismus und Statushöhe in Bezug auf dem Pullscore "MIP+MD on MJP" zu erkennen (β=-.26; p<.05). Eine simple slope Analyse zeigt, dass entgegen der Hypothese bei statusniedrigen Mitgliedern ein signifikanter Zusammenhang zwischen Gruppenautoritarismus und dem Pullscore (B=1.87; p<.05) besteht, aber nicht bei statushohen Mitgliedern (B=-0.49; p>.20). Alle anderen Wechselwirkungen sind höchstens auf dem 10%-Niveau signifikant. Damit kann festgehalten werden, dass die Hypothesen 4c und 4f nicht bestätigt werden können. Wenn überhaupt ein signifikanter Anteil der Kriterien aufgeklärt werden kann, sind lediglich

---

[50] In Tabelle 84 werden aus ökonomischen Gründen lediglich die Effekte für Gruppenautoritarismus und die Wechselwirkungen mit der Legitimität und Stabilität der Statusbeziehungen sowie der Statushöhe wiedergegeben. Alle anderen Effekte wurden bereits in der vorangegangenen ANOVA berichtet.

signifikante Haupteffekte von Gruppenautoritarismus auf den Ingroup-Bias in erwarteter Richtung zu erkennen.

Tabelle 84: Regressionsanalysen mit den Kriteriumsvariablen zum Ingroup-Bias

Abhängige Variable	F-Wert	R^2	standardisierte Betagewichte			
			Haupteffekt GA	WW GA x LE	WW GA x ST	WW GA x LE x ST
Einfacher Ingroup-Bias	1.37	.12	.27*	-.08	-.21	.07
MD on MJP+MIP	1.89^+	.15	.30*	$.21^+$	.06	$-.15^+$
MJP+MIP on MD	0.68	.06	.01	.12	-.16	$-.24^+$
F on MIP+MD	0.86	.08	-.26*	-.17	.07	-.01
MIP+MD on F	0.41	.04	.13	-.10	-.05	-.01
MIP+MD on MJP	0.83	.07	.15	-.01	-.26*	-.07
MJP on MIP+MD	0.55	.05	.02	.09	.11	-.07

GA: Gruppenautoritarismus; LE: Legitimität und Stabilität der Statusbeziehung; ST: Statushöhe; WW: Wechselwirkung
**: p<.01; *: p<.05; $^+$: p<.10

AV: KONFORMITÄTS-BIAS

In den Regressionsanalysen mit den Kriteriumsvariablen zum Konformitäts-Bias kann in allen Analysen ein substanzieller Anteil der Varianz aufgeklärt werden (vgl. Tabelle 85). Besonders starke Effekte zeigen die Haupteffekte von Gruppenautoritarismus: Je stärker die Gruppenautoritarismusneigung ist, desto stärker ist die relative Abwertung und Diskriminierung von Ingroup-Abweichlern. Damit kann Hypothese 4d bestätigt werden. Darüber hinaus zeigen sich bei der relativen Abwertung von Ingroup-Abweichlern und dem einfachen Konformitäts-Bias signifikante Wechselwirkungen zwischen Gruppenautoritarismus und der Legitimität und Stabilität der Statusbeziehungen. Simple Slope Analysen für die Wechselwirkungseffekte ergaben für den Zusammenhang zwischen Gruppenautoritarismus und den beiden Variablen zum Konformitäts-Bias unstandardisierte Regressionskoeffizienten in der illegitimen Bedingung von B=1.31 bzw. B=0.91 (p<.01) und in der legitimen Bedingung von B=0.33 bzw. B=-0.09 (p>.20). Entsprechende Datenmuster finden sich auch bei den Pullscores "F on MKP+MD" und "MKP+MD on F". Die Wechselwirkungseffekte sind für "F on MKP+MD" (β=-18; p=.11) und "MKP+MD on F" (β=-.20; p=.18) nicht mehr auf dem 10%-Niveau signifikant. Insgesamt kann damit aber festgehalten werden, dass eine positive Beziehung zwischen Gruppenautoritarismus und den Indikatoren zum Konformitäts-Bias unter illegitimen und instabilen Statusbeziehungen zu finden ist, aber nicht unter legitimen und stabilen Statusbeziehungen. Damit kann die Hypothese 4g für die relative Abwertung und Diskriminierung von Ingroup-Abweichlern bestätigt werden.

Tabelle 85: Regressionsanalyse mit den Kriteriumsvariablen zum Konformitäts-Bias

Abhängige Variable	F-Wert	R^2	standardisierte Betagewichte			
			Haupteffekt GA	WW GA x LE	WW GA x ST	WW GA x LE x ST
Relative Abwertung von Ingroup-Abweichlern	2.81*	.21	.25*	-.31*	.12	.05
Einfacher Konformitäts-Bias	2.65*	.20	.34**	-.21$^+$	-.05	-.05
F on MKP+MD	2.25*	.18	-.08	-.18	-.05	-.04
MKP+MD on F	2.00$^+$	.16	-.01	-.20	-.16	-.10

GA: Gruppenautoritarismus; LE: Legitimität und Stabilität der Statusbeziehung;
ST: Statushöhe; WW: Wechselwirkung
**: $p<.01$; *: $p<.05$; $^+$: $p<.10$

AV: AUTORITÄRE FOLGEBEREITSCHAFT

Die autoritäre Folgebereitschaft wurde sowohl vor der Manipulation als auch nach der Manipulation erfasst. Vor der Manipulation waren multivariat keine signifikanten Unterschiede zwischen den experimentellen Gruppen zu erkennen ($F_{(9/183)}=1.371$; $p>.20$). Entsprechend kann festgestellt werden, dass sich das Ausgangsniveau der autoritären Folgebereitschaft in den experimentellen Gruppen nicht unterscheidet. Zur Überprüfung der Hypothesen hinsichtlich der autoritären Folgebereitschaft wurde wiederum eine Regressionsanalyse mit dem Kriterium "autoritäre Folgebereitschaft" nach der Manipulation gerechnet. Bei allen Indikatoren für die autoritäre Folgebereitschaft sind signifikante Haupteffekte für Gruppenautoritarismus zu erkennen (vgl. Tabelle 86). Hoch-autoritäre Personen zeigen eine stärkere Anpassung bzw. Angleichung an den Gruppenanführer als niedrig-autoritäre Personen. Damit wird Hypothese 4e bestätigt. Darüber hinaus zeigt sich ein in Tabelle 86 nicht verzeichneter signifikanter Haupteffekt der Statushöhe. Statushohe Personen zeigen eine geringere Anpassung ($\beta=-.24$; $p<.05$) und Angleichung ($\beta=-.21$; $p=.05$) an den Gruppenanführer bei Aufgabentyp C als statusniedrige Personen. Auf dem 5%-Niveau signifikante Wechselwirkungen sind nicht zu erkennen. Damit kann Hypothese 4h nicht bestätigt werden, die eine Wechselwirkung zwischen der Stabilität und Legitimität der Statusbeziehungen und Gruppenautorismus angenommen hat.

Tabelle 86: Regressionsanalysen mit den Kriteriumsvariablen zur autoritären Folgebereitschaft

Abhängige Variable	F-Wert	R^2	standardisierte Betagewichte			
			Haupteffekt GA	WW GA x LE	WW GA x ST	WW GA x LE x ST
Anpassung an Gruppenanführer bei Aufgabentyp A und B	2.00^+	.16	.28*	.01	.04	.16
Anpassung an Gruppenanführer bei Aufgabentyp C	2.79*	.21	.41**	.15	-.18	$-.21^+$
Angleichung an Gruppenanführer bei Aufgabentyp C	2.83*	.21	.45**	$.20^+$	-.17	-.10

GA: Gruppenautoritarismus; LE: Legitimität und Stabilität der Statusbeziehung; ST:
Statushöhe; WW: Wechselwirkung
**: p<.01; *: p<.05; $^+$ p<.10

13.7. Diskussion

In dieser Studie wurde die Auswirkung der Legitimtität und Stabilität der Statusbeziehung sowie die Auswirkung der Statushöhe auf Gruppenautoritarismus und
autoritäres Verhalten untersucht. Als Indikatoren für autoritäres Verhalten diente
der Ingroup-Bias, der Konformitäts-Bias und die autoritäre Folgebereitschaft. Die
Manipulations-Checks belegten die Wirksamkeit der Manipulationen mit
mittleren bis starken Effektstärken. Wie in Hypothese 4a angenommen, zeigten
die Manipulationen keine direkten Effekte auf Gruppenautoritarismus. Daher
wurde Gruppenautoritarismus als weiterer Faktor in die Regressionsanalysen
aufgenommen.

Insgesamt besitzt Gruppenautoritarismus in dieser Studie signifikante Effekte auf
die verschiedenen Indikatoren zur Messung autoritären Verhaltens. Der Ingroup-
Bias wurde in Anlehnung an das Minimal-Group-Paradigma mit verschiedenen
Matrizen erfasst. Dadurch war es möglich, verschiedene Pullscores und einen
einfachen Ingroup-Bias zu bilden. In drei von sieben Fällen zeigt Gruppenautoritarismus signifikante Zusammenhänge mit den Ingroup-Bias Messungen: Je
stärker die Gruppenautoritarismusneigung ist, desto größer ist die Bevorzung der
Strategie der maximalen Differenz vor dem maximalen Gewinn der eigenen
Gruppe, desto größer ist die Bevorzugung der Strategie des maximalen Profits für
die eigene Gruppe und desto großer ist der einfache Ingroup-Bias. Die Haupteffekte von Gruppenautoritarismus müssen jedoch relativiert werden, da die
Regressionsanalysen insgesamt in keinem Fall ein auf dem 5%-Niveau signifikanten Anteil der Gesamtvarianz erklären können. Somit zeigt sich auch hier,
dass Gruppenautoritarismus wenig zur Vorhersage von intergruppalen Einstellun-

gen und Verhaltensweisen beitragen kann. Etwas anders sieht die Vorhersage von intragruppalem Verhalten durch Gruppenautoritarismus aus. Gruppenautoritarismus zeigt signifikante Zusammenhänge zu verschiedenen Messungen des Konformitäts-Bias: Je höher die Gruppenautoritarismusneigung ist, desto stärker ist die Abwertung und Diskriminierung von nicht-konformen Mitglieder der eigenen Gruppe im Vergleich zu konformen Mitgliedern. Schließlich wird mit dieser Studie ein neues Maß zur Erfassung einer autoritären Folgebereitschaft als Verhaltensmaß erfolgreich eingeführt. Ein substanzieller Anteil der Befragten war bereit, ihre Antworten den Antworten eines vermeintlichen Gruppenanführers in Multiple-Choice-Aufgaben anzugleichen oder sogar gänzlich anzupassen. Diese Angleichungs- und Anpassungsrate ist abhängig von der Gruppenautoritarismusneigung: Je höher die Gruppenautoritarismusneigung ist, desto stärker ist die Angleichung oder Anpassung an den Gruppenanführer. Die geschilderten Beziehungen zwischen Gruppenautoritarismus und dem Konformitäts-Bias sowie der autoritären Folgebereitschaft sind weitere gute Belege für die Validität der Gruppenautoritarismus-Skala. Gruppenautoritarismus scheint zwar sowohl *inter*gruppales als auch *intra*gruppales autoritäres Verhalten vorhersagen zu können, die Effekte für intragruppales Verhalten sind jedoch konsistenter und stärker als die Effekte für intergruppales Verhalten.

Eine Hauptfragestellung der Studie war es, ob die Manipulation der Legitimität und Stabilität der Statusbeziehungen sowie der Statushöhe einen Einfluss auf die Beziehung von Gruppenautoritarismus und die inter- und intragruppalen autoritären Verhaltensindikatoren besitzt. Entgegen den Erwartungen ist nur in einer von vierzehn Regressionsanalysen eine auf dem 5%-Niveau signifikante Wechselwirkung zu erkennen. Es zeigt sich, dass bei illegitimen und instabilen Statusbeziehungen eine signifikante Beziehung zwischen Gruppenautoritarismus und der Abwertung von Ingroup-Abweichlern zu erkennen ist, aber nicht bei legitimen und stabilen Statusbeziehungen. Allerdings ist bei den anderen drei Indikatoren für einen Konformitäts-Bias tendenziell ein ähnliches Datenmuster zu finden. Dies ist ein erster Hinweis, dass zumindest die Beziehung von Gruppenautoritarismus zu intragruppalem Verhalten von der Legititmität und der Stabilität der Statusbeziehungen und damit vom situativen Kontext abhängig ist. Interpretierbare Effekte der Statushöhe auf die Beziehung zwischen Gruppenautoritarismus und autoritärem Verhalten sind nicht zu finden, obwohl in Bezug auf dem Ingroup-Bias explizit ein solcher Effekt angenommen wurde. Diese Annahme stützt sich auf die in Studie 3 gefundenen starken Korrelationen zwischen Gruppenautoritarismus und Vorurteilen gegenüber statusniedrigen Gruppenmitglieder. Die sich wiedersprechenden Ergebnisse können möglicherweise auf spezifische Eigenschaften von Vorurteilen als Messung eines Ingroup-Bias erklärt werden. Vorurteile bauen auf bereits bestehende Stereotypen auf. Hingegen muss nicht jeder Ingroup-Bias auf ein Stereotyp basieren. Die Forschung hat gezeigt, dass ethnische Vorurteile mit einer größeren Wahrscheinlichkeit dann geäußert werden, wenn die den Vorurteilen zugrundeliegenden Stereotypen kognitiv

verfügbar sind und die Motivation und Gelegenheit zur Kontrolle von Vorurteilsäußerungen herabgesetzt ist (vgl. Fazio & Towles-Schwenn, 1999; Devine, 1989).
Es kann angenommen werden, dass hoch-autoritäre Personen sich zwar nicht in
der Verfügbarkeit von Stereotypen von niedrig-autoritären Personen unterscheiden (vgl. Devine, 1989, Lepore & Brown, 1997). Es kann aber wohl angenommen
werden, dass hoch-autoritäre Personen eine schwächere Motivation zur Kontrolle
der aktivierten Stereotypen besitzen (vgl. Banse & Gawronski, 2003) und dadurch
mehr Vorurteile äußern als niedrig-autoritäre Personen. Entsprechend kann
erwartet werden, dass ein Zusammenhang von Gruppenautoritarismus und
Ingroup-Bias besonders dann zu finden ist, wenn dieser Ingroup-Bias auf bereits
bestehende Stereotypen aufbaut. Bei ethnischen Vorurteilen, wie sie in Studie 3
erfasst wurden, ist das mit hoher Wahrscheinlichkeit der Fall. Bei den Ingroup-
Bias-Messungen in Studie 1 (Psychologen vs. Mediziner), Studie 2 (Bündnis90/
Die Grünen vs. SPD vs. CDU/CSU) und Studie 4 existieren vermutlich weniger
vorgeprägte Stereotypen. Die Urteile in Studie 1, 2 und 4 können damit
möglicherweise eher auf bewusste und weniger auf automatische Prozesse
zurückgeführt werden.

Insgesamt kann festgehalten werden, dass die Studie wertvolle Hinweise für die
Validität der Gruppenautoritarismus-Skala liefert. Gruppenautoritarismus kann
sowohl intragruppales Verhalten als auch in begrenztem Maße intergruppales
Verhalten vorhersagen. Allerdings scheint Gruppenautoritarismus mehr für die
Vorhersage von *intra*gruppalem als *inter*gruppalem Verhalten geeignet zu sein.
Das erweiterte Gruppenautoritarismus-Prozessmodell, dass situative Einflüsse auf
den Zusammenhang von autoritären Einstellungen und autoritärem Verhalten
annimmt, kann eingeschränkt bestätigt werden. Lediglich die Beziehung zwischen
Gruppenautoritarismus und Konformitäts-Bias scheint von der Legitimität und
Stabilität der Statusbeziehungen abhängig zu sein. Dieser Befund muss jedoch
kreuzvalidiert werden. Bei einer Replikation dieser Studie sollte folgendes
bedacht werden:

• Die Situation im Labor war relativ künstlich. Die Relevanz des Wettkampfes war vermutlich für den Selbstwert der Studierenden gering, zumal die
  Studierenden wussten, dass sie sich in einer psychologischen Untersuchung
  befanden. Daher kann vermutet werden, dass die Manipulation für
  intergruppale und intragruppale Prozesse nur geringe Relevanz besaß. Für
  spätere Befragungen sind Maßnahmen zu überlegen, wie die Relevanz der
  Gruppenmitgliedschaft und damit die Wirksamkeit der Manipulation erhöht
  werden kann. Dies kann zum Einen durch Bezugnahme auf reale Gruppenzugehörigkeiten geschehen. Zum Anderen könnte die Relevanz des Wettkampfes durch die Steigerung der Attraktivität des zu gewinnenden Preises
  erhöht werden.

- In dieser Studie waren die Legitimität und die Stabilität der Statusbeziehungen konfundiert. Stabilität ging immer mit Legititmität und Instabilität immer mit Illegitimtiät einher. Daher kann nicht geklärt werden, welche Effekte die beiden Faktoren unabhängig voneinander besitzen. Weitere Studien müssen dies klären.

- Autoritarismus wurde hier nach der Manipulation erhoben, obwohl Gruppenautoritarismus in erster Linie als Prädiktor operationalisiert wurde. In nachfolgenden Studien, die ebenfalls die Prädiktoreigenschaften von Gruppenautoritarismus analysieren wollen, sollte Gruppenautoritarismus vor der Manipulation erhoben werden.

14. Studie 5: Reduzierung von Autoritarismus

14.1. Hintergrund und Fragestellung

In Studie 5 sollen Möglichkeiten zur Reduzierung von Autoritarismus diskutiert und empirisch überprüft werden. Es geht darum, die Auswirkungen eines Studiums, eines Ortswechsel und von Auslandsaufenthalten auf die Autoritarismusneigung zu analysieren. Zur Untersuchung dieser Fragestellungen wurde im Abstand von 14 Monaten eine studentische Stichprobe in Marburg und in Chemnitz befragt. Dieser Zeitpunkt sollte groß genug sein, um die Auswirkungen eines Studiums feststellen zu können. Ein größerer Zeitraum erschien aufgrund der Gefahr eines großen Schwunds von Versuchspersonen nicht sinnvoll. Autoritarismus wurde sowohl als interpersonales Maß mit der traditionellen RWA-Skala als auch als Gruppenautoritarismus bzgl. der Gruppe der Studierenden erfasst. Der Hintergrund dafür, Gruppenautoritarismus bzgl. der Gruppe der Studierenden zu erfassen, liegt darin, dass diese Gruppenmitgliedschaft für einige Jahre einen zentralen Stellenwert für die Befragten einnimmt. Gruppenautoritarismus in der Version "Studierende" erfasst somit das Verhältnis, welches Studierende in dieser Zeit zur Studierendenschaft ihres Fachbereiches besitzen sollten.

Altemeyer (1988) sowie Peterson und Lane (2001) können eine Reduzierung rechtsgerichteter Autoritarismusneigungen während des Studiums demonstrieren. Allerdings können diese Studien nicht zeigen, worauf diese Effekte zurückzuführen sind. Eine zentrale Fragestellung dieser Studie ist daher, ob ein Universitätsstudium an sich oder vielmehr besondere soziale Erfahrungen zum Beginn oder während eines Studiums dafür verantwortlich sind, dass die Autoritarismusneigung reduziert wird. Daher wurde in Studie 5 u.a. gefragt, ob die Studierenden für das Studium den Wohnort gewechselt und/oder zwischen T1 und T2 Auslandsaufenthalte durchgeführt haben. Mit einem Vergleich der Personen, die einen Ortswechsel und/oder einen Auslandsaufenthalt durchgeführt haben, und Personen, die dies nicht getan haben, soll überprüft werden, ob durch Ortswechsel und/oder Auslandsaufenthalte die Autoritarismusneigung reduziert werden kann. Falls sich zwischen Personen mit Ortswechseln oder Auslandsaufenthalten und

Personen ohne Ortswechsel oder Auslandsaufenthalten gleichermaßen starke Reduzierungseffekte zeigen, dann wird die Reduzierung vermutlich eher auf Merkmale des Studiums zurückzuführen sein. Die zu überprüfenden Annahmen dieser Studie sind in den Leithypothesen 5a und 5b formuliert worden.

Leithypothese 5a: Ein Universitätsstudium wirkt sich reduzierend auf die Autoritarismusneigung aus.

Leithypothese 5b: Personen, die für ihr Studium einen Ortswechsel oder während des Studiums einen Auslandsaufenthalt durchführen, zeigen eine stärkere Reduzierung ihrer Autoritarismusneigung im Laufe des Studiums als solche Personen, die beides nicht tun.

14.2. Durchführung der Studie

Die erste Befragung erfolgte im Oktober und November 1998 im Rahmen einer größeren Befragung zum Thema Menschenrechte, die anlässlich des 50. Jahrestag der Allgemeinen Erklärung der Menschenrechte in Chemnitz, Erfurt, Frankfurt, Heidelberg, Jena und Marburg mit 518 Studierenden durchgeführt wurde. In dieser Befragung wurden Studierende des ersten und dritten Semesters befragt. Sowohl Gruppenautoritarismus als auch rechtsgerichteter Autoritarismus nach dem Ansatz von Altemeyer waren in dieser Menschenrechtsbefragung enthalten. Ursprünglich war zu diesem Zeitpunkt noch nicht geplant, eine solche Prä-Post-Befragung im Bereich Autoritarismus durchzuführen. Der Entschluss dazu entstand erst ein halbes Jahr später. Aus organisationstechnischen Gründen wurde dann die Postbefragung nur für Marburg und Chemnitz geplant. In beiden Orten war eine große Anzahl von Studierenden befragt worden.

Die zweite Befragungswelle fand im Januar und Februar 2000 statt. In Marburg wurden dazu im Anschluss an entsprechende Seminare und Vorlesungen Studierende im Haupt- oder Nebenfach Psychologie gebeten, an einer angeblichen Post-Befragung zur Studie zum 50. Jahrestag der Allgemeinen Erklärung der Menschenrechte teilzunehmen. Als Vergütung erhielten die Studierenden eine halbe Stunde auf der Versuchspersonenstundenkarte. In Chemnitz wurden von Prof. Dr. Klaus Böhnke[51] Adressenlisten von Studierenden gesammelt, die vermutlich bereits an der ersten Befragung teilgenommen hatten. Anschließend wurden die Studierenden angeschrieben und gebeten, an dieser Befragung teilzunehmen. Ein bereits frankierter Briefumschlag lag bei. Zusätzlich wurde den Studierenden angeboten, durch Ausfüllen eines Zettels an einer Verlosung von 50,- DM teilzunehmen.

---

[51] Ich möchte mich an dieser Stelle sehr herzlich bei Prof. Dr. Klaus Böhnke bedanken. Ohne sein Engagement hätte die Postbefragung nicht in Chemnitz durchgeführt werden können.

Die zweite Befragung wurde bewusst ebenfalls zum Thema Menschenrechte
durchgeführt, um den Befragungskontext konstant zu halten und mögliche Einflüsse des Kontextes zu verhindern. Ebenso wurden in beiden Befragungen die
Autoritarismusskalen zu Beginn des Fragebogens erfasst. Unterschiedliche Einflüsse durch die Beantwortung anderer Items können dadurch ausgeschlossen
werden.

14.3. Stichprobe

Aus Tabelle 87 ist zu entnehmen, dass von den 256 deutschen Versuchspersonen,
die in Marburg und Chemnitz an der ersten Befragung teilgenommen haben, 90
auch in der zweiten Befragungswelle befragt werden konnten. Dies entspricht
einer Rücklaufquote von 35.2%[52]. Die Rücklaufquote kann als zufriedenstellend
angesehen werden und ist vergleichbar mit der Rücklaufquote der Studie von
Peterson und Lane (2001)[53]. Der Schwund der Versuchspersonen hat mehrere
mögliche Hintergründe. Ein wichtiger ist, dass ein Teil der Versuchspersonen der
ersten Befragungswelle für T2 aufgrund mangelnder Kontaktmöglichkeiten nicht
mehr erreicht werden konnte. Wie hoch dieser Anteil war, ist nicht exakt zu
klären.

Tabelle 87: Anzahl der deutschen Versuchspersonen zu T1 und T2

	Chemnitz	Marburg	Gesamt
Anzahl der Befragten in der ersten Befragung (10/11-1998)	80	176	256
Anzahl der Befragten in der zweiten Befragung (01/02-2000)	angeschrieben: 63 zurückerhalten: 44	124	168
Anzahl der Befragten, die zu T1 und T2 teilgenommen haben	31	59	90
Rücklaufquote in Relation zu T1	38.8 %	33.5 %	35.2 %

Um zu untersuchen, ob ein systematischer "drop out" zwischen der ersten und
zweiten Befragung stattgefunden hat, wird ein Vergleich zwischen den Personen,
die an beiden Befragungen teilgenommen haben, und den Personen, die nur an
der ersten Befragung teilgenommen haben, durchgeführt. Zwischen diesen beiden
Stichproben sind bei der ersten Befragung keine signifikanten Unterschiede
bezüglich rechtsgerichtetem Autoritarismus ($t_{(254)}$=1.24; p>.10), Gruppenautoritarismus ($t_{(253)}$=-1.27; p>.10), politischer Orientierung ($t_{(254)}$=1.34; p>.10), National-

---

[52] Die Zuordnung der Versuchspersonen der ersten und der zweiten Befragungswelle erfolgte
durch einen Code, der aus dem dritten Buchstaben des Vornamens, dem dritten Buchstabes des
Geburtsortes sowie dem Geburtstag bestand.

[53] Peterson und Lane befragten zu T1 200 Personen, kontaktierten für T2 152 Personen und
erhielten von 69 Befragten die Fragebögen zurück. Dies entspricht einer Rücklaufquote im
Vergleich zu T1 von 34.5%.

stolz ($t_{(254)}$=1.22; p>.10) und Wohnortwechsel für das Studium (Ja vs. Nein; χ^2=0.49; p>.10) zu finden. Der einzige systematische "drop out" ist bzgl. der Semesterzahl zu erkennen. Die Versuchspersonen, die nicht an der zweiten Befragung teilgenommen haben, besitzen eine höhere durchschnittliche Semesterzahl (M=2.40; SD=2.52) als die Versuchspersonen, die an beiden Befragungen teilgenommen haben (M=1.51; SD=1.60; $t_{het(245.2)}$=3.04; p<.01). Dies liegt vermutlich daran, dass einige Studierende der höheren Semester zur zweiten Befragung bereits ihr Vordiplom gemacht hatten und nicht mehr so leicht erreichbar waren.

Das Alter der Personen, die an beiden Befragungen teilgenommen haben, lag zum Zeitpunkt der ersten Befragung zwischen 18 und 44 Jahren (M=21.5; SD=4.2). Abbildung 21 zeigt, dass die Altersverteilung deutlich linksschief ist. Da es für diese Studie jedoch wichtig ist, den Sozialisationshintergrund einigermaßen vergleichbar zu halten, werden diejenigen Personen, die mehr als zwei Standardabweichungen von dem Altersdurchschnitt abweichen, aus der weiteren Auswertung ausgenommen. Dies sind alle Personen, die 30 Jahre oder älter zum Zeitpunkt der ersten Befragung waren. Damit verbleiben 86 Personen für die weiteren Analysen, deren Alter nun zwischen 18 und 28 Jahren schwankt (M=20.8; SD=2.4). 18 Befragte waren (20.9%) männlich und 68 (79.1%) weiblich. 61 Versuchspersonen gaben als Studienfach Psychologie, 20 Personen Soziologie und 5 Personen andere Fächer an. Von den 86 Versuchspersonen waren zum Zeitpunkt T1 75 Personen im ersten Semester, eine Person im zweiten, sieben Personen im dritten und weitere drei Personen im fünften oder sechsten Semester.

Abbildung 21: Altersverteilung der Studierenden bei T1

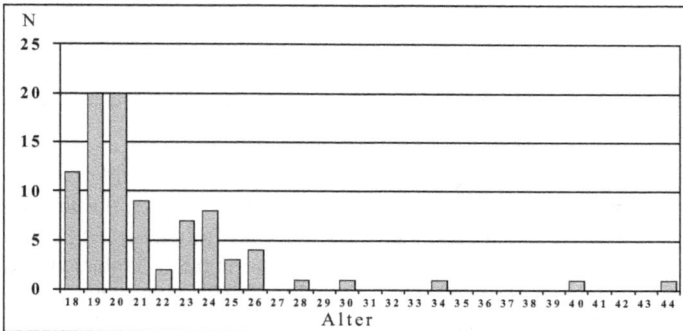

14.4. Darstellung der relevanten Variablen

Abhängige Variablen

RECHTSGERICHTETER AUTORITARISMUS

Sowohl zu T1 als auch zu T2 wurde rechtsgerichteter Autoritarismus mit der deutschsprachigen Kurzversion der RWA-Skala von Altemeyer (1988) gemessen (vgl. Petzel et al., 1997). Die Items sollten auf einer 6er-Ratingskala von 1 "stimmt überhaupt nicht" bis 6 "stimmt voll und ganz" beantwortet werden. Die Skala wurde bereits in Studie 1, 2 und 3 verwendet. Zur detaillierten Beschreibung verweise ich daher auf Kapitel 12.1.4.

GRUPPENAUTORITARISMUS

Gruppenautoritarismus wurde in beiden Befragungen bezüglich der Gruppe der Studierenden formuliert. Die genauen Itemformulierungen sind Tabelle 88 zu entnehmen. Die Items sollten auf einer 6er-Ratingskala von 1 "stimmt überhaupt nicht" bis 6 "stimmt voll und ganz" beantwortet werden.

Tabelle 88: Items der Gruppenautoritarismus-Skala für die Gruppe der Studierenden

Itemformulierung mit Itemposition innerhalb der Skala	Dimension
1. Ein Student sollte nichts tun, das den Normen oder Regeln des eigenen Fachbereichs widerspricht.	Konv.
2. Ein Student muß nicht gleich sehr hart bestraft werden, wenn er einmal gegen die Regeln des eigenen Fachbereichs verstoßen hat.	Aut. Agg.
3. Anweisungen von offiziellen Vertretern des eigenen Fachbereichs sollten immer befolgt werden.	Aut. Unterw.
4. Ein Student darf sich auch anders verhalten, als die Regeln des eigenen Fachbereichs es verlangen.	Konv.
5. Ein Student, der die Regeln des eigenen Fachbereichs verletzt, sollte immer zur Rechenschaft gezogen werden.	Aut. Agg.
6. Ein Student sollte Anweisungen von offiziellen Vertretern des eigenen Fachbereichs nur dann befolgen, wenn sie auch seinen eigenen Interessen entsprechen.	Aut. Unterw.
7. Ein Student sollte sich immer an die Regeln des eigenen Fachbereichs halten.	Konv.
8. Ein Student sollte auf keinen Fall bestraft werden, wenn er die Regeln des eigenen Fachbereichs verletzt.	Aut. Agg.
9. Wenn der eigene Fachbereich einen offiziellen Vertreter hat, schulden ihm die Studierenden auf jeden Fall Respekt und Gehorsam.	Aut. Unterw.
10. Ein Student darf manchmal gegen die Regeln des eigenen Fachbereichs verstoßen.	Konv.
11. Ein Student, der gegen die Regeln des eigenen Fachbereichs verstoßen hat, sollte streng bestraft werden.	Aut. Agg.
12. Wenn ein Student die Entscheidungen von offiziellen Vertretern des eigenen Fachbereichs nicht richtig findet, sollte er seinen Anordnungen nicht folgen.	Aut. Unterw.

Aut. Agg.: Autoritäre Aggression; Aut. Unterw.: Autoritäre Unterwürfigkeit;
Konv.: Konventionalismus

Moderatoren

Im Folgenden werden die für diese Studie relevanten Moderatorvariablen für die Reduzierung von Autoritarismus von T1 zu T2 vorgestellt. Die Moderatoren wurden alle nur in der zweiten Befragungswelle erfasst.

WOHNORTWECHSEL

Eine wichtige Variable in dieser Studie ist, ob die Studierenden für das Studium ihren Wohnort gewechselt haben. Die Studierenden sollten neben der Frage, ob sie den Wohnort für das Studium wechseln mussten, auch angeben, wie lange der Wohnortwechsel zurückliegt. Damit sollte kontrolliert werden, ob ein Wohnortwechsel eventuell erst kurz vor der zweiten Befragung vollzogen wurde. In einem solchen Falle können Reduzierungen in der Autoritarismusneigungen nicht unbedingt auf einen Wohnortwechsel zurückgeführt werden. Darüber hinaus wurde gefragt, wie die vorherige Wohnform und die jetzige Wohnform ausgesehen hat. Dazu wurden fünf alternative Antworten angeboten: Allein in eigener (Miet-)Wohnung, in einer WG, bei ihren Eltern, in einem Wohnheim oder zusammen mit ihrer Partnerin bzw. ihrem Partner. Schließlich wurde zur Kontrolle erfasst, wie weit der jetzige Wohnort vom vorherigen ungefähr entfernt liegt. Die Entfernung zwischen dem jetzigen Wohnort vom vorherigen Wohnort wird als Indikator dafür angesehen, ob das bisherige soziale Netzwerk noch in erreichbarer Nähe lag oder nicht.

AUSLANDSAUFENTHALT

Es wurde erfasst, ob, wie lange und wo die Befragten einen Auslandsaufenthalt durchgeführt hatten. Zum Einen bezogen sich diese Fragen auf Auslandsaufenthalte in 1999, d.h. Aufenthalte, die zwischen der ersten und zweiten Befragung durchgeführt wurden. Es wird davon ausgegangen, dass diese Auslandsaufenthalte nur von kurzer Dauer waren und in erster Linie Urlaubscharakter besaßen. Zum Anderen wurden die Studierenden gefragt, ob, wo und wie lange sie in ihrem Leben Auslandsaufenthalte durchgeführt hatten, die länger als vier Wochen gedauert hatten. Hier kann davon ausgegangen werden, dass diese Aufenthalte vermutlich vor dem Studium durchgeführt worden sind. Aufgrund der Angaben können die Befragten bei beiden Formen des Auslandsaufenthalts in drei Gruppen unterteilt werden. Die erste Gruppe besteht aus Personen, die nicht im Ausland waren. Die zweite Gruppe beinhaltet Personen, die ausschließlich westeuropäische Staaten besucht hatten, und die dritte Gruppe besteht aus Personen, die auch außerhalb von Westeuropa einen Auslandsaufenthalt durchgeführt hatten.

14.5. Hypothesen

Bisherige Studien konnten nachweisen, dass sich die Autoritarismusneigung während des Studiums reduziert (vgl. Altemeyer, 1988; Peterson & Lane, 2001).

Entsprechend dieser Befunde wird in Einklang mit der im Theorieteil formulierten Leithypothese 5a auch in dieser Studie davon ausgegangen, das sich ein Universitätsstudium reduzierend auf die Autoritarismusneigung der Studierenden auswirkt.

Hypothese 5a: Ein Universitätsstudium wirkt sich reduzierend auf die Autoritarismusneigung aus.

Die Längsschnittstudien von Altemeyer (1988) sowie Peterson und Lane (2001) besitzen ein Defizit. Sie konnten nicht überprüfen, ob die in den Studien zu beobachtende Reduzierung der Autoritarismusneigung durch das Studium selber oder durch die mit dem Antritt des Studiums oft verbundenen neuen sozialen Erfahrungen verursacht wird. In dieser Studie wird der Argumentation von Altemeyer (1988) gefolgt, der eine Ursache für Autoritarismus in dem Verharren in engen sozialen Netzwerken sieht. Daher wird hier angenommen, dass ein Studium an sich nicht zwangsläufig zu einer Reduzierung der Autoritarismusneigung führt. Vielmehr wird hier davon ausgegangen, dass die während des Studiums gemachten neuen sozialen Erfahrungen (bedingt durch Ortswechsel oder Auslandsaufenthalte) dafür verantwortlich sind, dass die Autoritarismusneigung während des Studiums sinkt.

Das methodische Design dieser Studie war so angelegt, dass eine Differenzierung zwischen Effekten des Studiums und Effekten von neuen sozialen Erfahrungen durch Ortswechsel und Auslandsaufenthalte möglich war. Dazu wurden sowohl Studierende, die ihren Wohnort für das Studium gewechselt hatten als auch Studierende, die ihren "alten" Wohnort während des Studiums beibehalten hatten, befragt. Zusätzlich wurden Auslandsaufenthalte zwischen der ersten und zweiten Befragung erfasst. Es wird erwartet, dass eine Reduzierung der Autoritarismusneigung von der ersten zur zweiten Befragungswelle nur bei den Personen auftritt, die den Wohnort für das Studium gewechselt und/oder einen Auslandsaufenthalt während des Studiums durchgeführt hatten, aber nicht bei den Studierenden, die beides nicht getan hatten. Entsprechend kann die folgende Hypothese formuliert werden:

Hypothese 5b: Befragte, die für ihr Studium einen Wohnortwechsel und/oder einen Auslandsaufenthalt vollzogen haben, zeigen eine signifikante Reduzierung der Autoritarismusneigung von der ersten zur zweiten Befragung. Dagegen sind solche Effekte bei Studierenden, die keinen Wohnortwechsel oder einen Auslandsaufenthalt vollzogen haben, nicht zu finden.

Kann die Hypothesen 5b bestätigt werden, dann wäre die Reduzierung der Autoritarismusneigung nicht auf das Studium selber, sondern vielmehr auf besondere mit dem Studium verbundenen oder während des Studiums gemachten (sozialen) Erfahrungen zurückführbar. In der Hypothesen 5a und 5b wird allgemein von Autoritarismus gesprochen. Damit wird sowohl rechtsgerichteter Autoritarismus als auch Gruppenautoritarismus gemeint. Damit werden die Reduzierungseffekte sowohl für RWA als auch für Gruppenautoritarismus erwartet.

Darüber hinaus wird davon ausgegangen, dass Autoritarismusneigung (hier besonders rechtsgerichteter Autoritarismus) an sich schon ein Prädiktor dafür ist, wie stark Personen bereit sind, einen Wohnortwechsel für das Studium oder einen Auslandsaufenthalt zu vollziehen. Hoch-autoritäre Personen werden aufgrund einer bedrohlich angesehenen Welt weniger bereit sein, ihr bisheriges soziales Umfeld für ein Studium aufzugeben oder Auslandsaufenthalte in für sie fremden Kulturen durchzuführen. Entsprechend können zwei weitere Hypothesen formuliert werden:

Hypothese 5c: Je höher die Autoritarismusneigung ist, desto weniger vollziehen Personen einen Wohnortwechsel für das Studium.

Hypothese 5d: Je höher die Autoritarismusneigung ist, desto weniger führen Personen Auslandsaufenthalte durch.

In einer weiteren Fragestellung dieser Studie wird es um das Verhältnis zwischen Gruppenautoritarismus und rechtsgerichtetem Autoritarismus gehen. Rechtsgerichteter Autoritarismus wurde bisher als Maß für die autoritäre Prädisposition verstanden. Im Gruppenautoritarismus-Modell wurde ein kausaler Zusammenhang zwischen der autoritären Prädisposition (RWA) und Gruppenautoritarismus unterstellt. Mit einer Cross-Lagged-Panel Analyse können kausale Beziehungen zwischen zwei Variablen in Längsschnittstudien untersucht werden. Es wird angenommen, dass der Zusammenhang zwischen RWA zu T1 und Gruppenautoritarismus zu T2 stärker ist als der Zusammenhang zwischen Gruppenautoritarismus zu T1 und RWA zu T2. In einem solchen Falle kann angenommen werden, dass die autoritäre Prädiposition Gruppenautoritarismus beeinflusst aber nicht (oder nicht so stark) Gruppenautoritarismus die autoritäre Prädpostion.

Hypothese 5e: Die autoritäre Prädisposition beeinflusst Gruppenautoritarismus, aber Gruppenautoritarismus beeinflusst nicht die autoritäre Prädisposition.

Das zu testende Cross-Lagged-Panel Modell ist in Abbildung 22 dargestellt. Darin werden zwischen den Variablen eines Befragungszeitpunktes Korrelationen und zwischen den Variablen zu T1 und den Variablen zu T2 Pfadkoeffizienten berechnet. Nach der Hypothese 5e wird erwartet, dass der Pfadkoeffizient von RWA zu T1 auf Gruppenautoritarismus zu T2 größer ist als der Pfadkoeffizient von Gruppenautoritarismus zu T1 auf RWA zu T2.

Abbildung 22: Cross-Lagged-Panel Modell für RWA und Gruppenautoritarismus

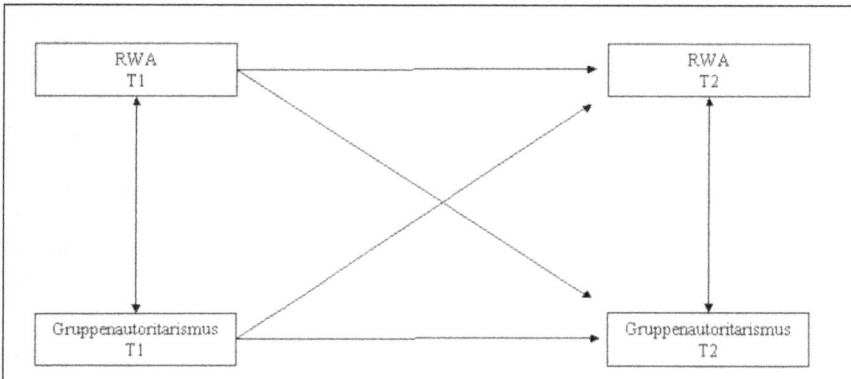

14.6. Ergebnisse

14.6.1. Deskriptive Statistiken und Gütekriterien der Skalen

Tabelle 89 gibt ein Überblick über die Item- und Skalengütekriterien der verwendeten Autoritarismusskalen wieder.

Tabelle 89: Übersicht über Item- und Skalengütekriterien der verwendeten Autoritarismusskalen

Skala	Mittelwerte der Items	Std.abw. der Items	r_{it}	Mittelwert der Skala	Std.abw. der Skala	Reliabilität
RWA T1	1.10-2.72	0.44-1.72	.07-.57	1.95	0.65	.68
RWA T2	1.17-2.73	0.68-1.40	.25-.74	1.88	0.69	.79
Gruppenautoritarismus T1	2.02-3.83	1.11-1.51	.35-.67	3.03	0.86	.86
Gruppenautoritarismus T2	1.92-3.73	1.08-1.55	.35-.73	2.74	0.86	.87

r_{it}: Trennschärfe

Rechtsgerichteter Autoritarismus (RWA)

Die RWA-Skala zeigt in der ersten und in der zweiten Befragung in einer Faktorenanalyse (KMO=0.67 bzw. 0.77) eine einfaktorielle Struktur mit einer Varianzaufklärung des ersten Faktors von 30.7% bzw. 38.2% (Eigenwertverlauf zu T1: 2.76-1.49-1.11-1.06-0.70...; Eigenwertverlauf zu T2: 3.44-1.41-0.95...). Alle Items laden mit zwei Ausnahmen in der ersten Befragung mit über .35 auf dem ersten unrotierten Faktor. Die Reliabilität der Skala liegt in der ersten Befragung mit α=.68 niedriger als in der zweiten Befragung (α=.79). Die Retest-Reliabilität über 14 Monate liegt bei r=.77 und ist damit erwartungsgemäß hoch (vgl. Altemeyer, 1996).

Gruppenautoritarismus

Die Gruppenautoritarismus-Skala besitzt auch in dieser Studie in beiden Befragungen eine deutlich eindimensionale Struktur (Eigenwertverlauf zu T1: 4.80-1.34-1.21-0.94...; Eigenwertverlauf zu T2: 5.19-1.38-1.08-0.86...) in einer explorativen Faktorenanalyse (KMO=0.81 bzw. 0.84). Zu T1 und zu T2 zeigt sich ein erster varianzstarker Faktor mit einer Varianzaufklärung von 40.0% bzw. 43.3%. Alle Items laden mit mindestens .40 auf dem ersten unrotierten Faktor. Die Reliabilität der Skala ist in den beiden Befragungen vergleichbar (T1: α=.86; T2: α=.87). Die Retest-Reliabilität der Gruppenautoritarismus-Skala über 14 Monate liegt bei r=.59 und ist damit niedriger als die der RWA-Skala. Dies weist auf die größere situative Beeinflussbarkeit der Gruppenautoritarismus-Skala im Vergleich zur RWA-Skala hin.

Wohnortwechsel

Insgesamt gibt es 21 Personen, die für das Studium keinen Wohnortwechsel vollzogen haben. Die Mehrzahl dieser Studierenden lebte zum Zeitpunkt der Befragungen bei den Eltern (N=16), drei Personen wohnten allein und jeweils eine Person in einem Wohnheim bzw. zusammen mit dem Partner oder der Partnerin in einer Wohnung.

65 Personen gaben zu T2 an, ihren Wohnort für ihr Studium gewechselt zu haben. Bei einer Person lag der Wohnortwechsel lediglich sechs Monate vor der zweiten Befragung zurück. Bei allen anderen Personen waren mindestens 10 Monate vergangen. Bei den Personen, die ihren Wohnort für ihr Studium gewechselt hatten, lag die mittlere Entfernung zwischen dem früheren und dem jetzigen Wohnort bei 235 km (SD=158; Min: 35 km; Max: 600 km). Weiterhin haben von den beschriebenen 65 Personen 45 angegeben, vor dem Studium bei ihren Eltern gewohnt zu haben. Die anderen Personen wohnten entweder allein (N=8), in einer WG (N=6), in einem Wohnheim (N=2) oder mit der Partnerin oder dem Partner in einer Wohnung (N=2)[54]. Nach dem Wohnortwechsel lebten 40 Personen in WGs, jeweils acht Personen allein oder in einem Wohnheim und sieben Personen zusammen mit der Partnerin oder dem Partner.

Auslandsaufenthalte

26 Personen äußerten, in ihrem Leben einen, sowie 10 Personen bereits zwei Auslandsaufenthalte länger als vier Wochen durchgeführt zu haben. Die Dauer der Auslandsaufenthalte schwankte zwischen vier Wochen und 3 Jahren. 61.1% der Auslandsaufenthalte dauerten 10 Wochen oder länger. Damit dürfte die Mehrzahl

---

[54] Zwei Personen haben keine Angaben zu ihren Wohnorten gemacht.

dieser Auslandsaufenthalte keinen normalen Urlaubscharakter mehr gehabt haben. 15 Aufenthalte (41.7%) fanden in Westeuropa, 14 in Australien, Neuseeland oder Nordamerika (38.9%), einer in Osteuropa (2.8%), vier in Afrika (11.1%) sowie jeweils einer (2.8%) in Asien oder in Süd- bzw. Mittelamerika statt. Damit hielt sich die Mehrzahl der Befragten (80.6%) im westlichen Kulturkreis auf.

55 Personen gaben an, in 1999 einen sowie 26 Personen zwei Auslandsaufenthalte in 1999 gehabt zu haben. Die Dauer der Auslandsaufenthalte schwankte zwischen 1 und 25 Wochen. Allerdings waren lediglich zwei Aufenthalte länger als sechs Wochen. Damit kann die Mehrzahl der Auslandsaufenthalte als Kurzzeitaufenthalte eingestuft werden. Die meisten dürften wohl Urlaubscharakter besessen haben. 56 Aufenthalte (69.1%) fanden in Westeuropa, acht in Osteuropa (9.9%), acht in Australien, Neuseeland oder Nordamerika (9.9%), drei in Afrika (3.7%) sowie sechs in Asien (7.4%) statt.

14.6.2. Reduzierung von Autoritarismus - Hypothesentestung

Im Zentrum dieser Studie steht die Analyse von Möglichkeiten zur Reduzierung der Autoritarismusneigung. Insgesamt zeigt sich, dass eine signifikante Reduzierung der Autoritarismusneigung von T1 zu T2 stattgefunden hat. Bei Gruppenautoritarismus reduzierte sich der Mittelwert von 3.03 auf 2.74 ($F_{(1/85)}$=11.35, p<01, $?^2$=.12). Bei rechtsgerichtetem Autoritarismus (RWA) verringerte sich zwar die Autoritarismusneigung von 1.95 auf 1.88, diese Reduzierung war jedoch bei einseitiger Testung lediglich auf dem 10%-Niveau signifikant. Insgesamt kann aber Hypothese 5a, die eine signifikante Reduzierung der Autoritarismusneigung während des Studiums angenommen hat, als bestätigt gelten.

Bei Berücksichtigung der Semesterzahl ist zu erkennen, dass die Reduzierung von Gruppenautoritarismus und RWA nur bei Personen erfolgte, die bei der ersten Befragung im ersten Semester waren (vgl. Tabelle 90). Dies gilt für Gruppenautoritarismus (F=13.71; p<.01) und tendenziell auch für rechtsgerichteten Autoritarismus (F=2.46; $p_{(einseitig)}$=.06). Studierende, die im zweiten oder höheren Semestern waren, zeigten keine Reduzierung ihrer Autoritarismusneigung zwischen T1 und T2. Deutlich ist aber, dass die Ausgangswerte der Gruppenautoritarismusneigung der Studierenden in höheren Semestern zu T1 ($M_{(GA)}$=2.41) signifikant niedriger waren ($t_{(GA)}$=2.66; p<.01) als die Ausgangswerte der Erstsemester zu T1 ($M_{(GA)}$=3.12). Möglicherweise hatte sich die Gruppenautoritarismusneigung während des Studiums bereits substanziell reduziert. Alle Studierenden der höheren Semester gaben bereits zu T1 an, den Wohnort für das Studium gewechselt zu haben. Bezüglich rechtsgerichtetem Autoritarismus zeigten sich keine signifikanten Unterschiede zwischen Studierenden im niedrigen und hohen Semester im Ausgangswert zu T1.

Tabelle 90: Autoritarismusneigungen zu T1 und T2

	RWA			Gruppenautoritarismus		
	T1	T2	F-Wert	T1	T2	F-Wert
Gesamt	1.95	1.88	2.15	3.03	2.74	11.35**
(N=86)	(SD=0.66)	(SD=0.69)	ε^2=.03	(SD=0.86)	(SD=0.86)	ε^2=.12
niedriges Semester[a] (N=75)	1.99 (SD=0.65)	1.91 (SD=0.69)	2.46 ε^2=.03	3.12 (SD=0.82)	2.79 (SD=0.87)	13.71** ε^2=.16
hohes Semester[b] (N=11)	1.72 (SD=0.66)	1.72 (SD=0.73)	0.00 ε^2=.00	2.41 (SD=0.87)	2.45 (SD=0.73)	0.03 ε^2=.00

[a]: erstes Semester zu T1 [b]: mindestens zweites Semester zu T1; **: p<.01; *: p<.05; [+]: p<.10

Wohnortwechsel und Auslandserfahrungen in 1999

Im weiteren soll die Rolle eines Wohnortwechsels und von Auslandsaufenthalten für die Reduzierung der Autoritarismusneigung analysiert werden. Da eine Reduzierung der Autoritarismusneigung nur bei Erstsemestern stattgefunden hat, konzentrieren sich die weiteren Analysen auf diese Teilstichprobe (N=75). Tabelle 91 listet die Korrelationen von rechtsgerichtetem Autoritarismus und Gruppenautoritarismus zu T1 und T2 mit der Variable Wohnortwechsel und Auslandsaufenthalt auf. Darüber hinaus wird in Anlehnung an Peterson und Lane (2001) ein Veränderungsindex (Diff) berechnet, indem Partialkorrelationen zwischen rechtsgerichtetem Autoritarismus zu T2 bzw. Gruppenautoritarismus zu T2 mit Wohnortwechsel bzw. Auslandsaufenthalt berechnet werden, wenn der jeweilige Autoritarismuswert zu T1 (als Baseline) herauspartialisiert wird.

Tabelle 91: Häufigkeiten von Wohnortwechsel und Auslandsaufenthalt sowie Korrelationen zwischen Wohnortwechsel bzw. Auslandsaufenthalt einerseits und rechtsgerichtetem Autoritarismus bzw. Gruppenautoritarismus andererseits

N=75	Häufigkeiten		Korrelationen mit RWA			Korrelationen mit Gruppenautoritarismus		
	Nein	Ja	T1	T2	Diff	T1	T2	Diff
Wohnortwechsel	20	55	-.46**	-.51**	-.21*	-.22[+]	-.32**	-.20*
Auslandsaufenthalt 1999	25	50	-.13	-.18	-.08	.00	-.15	-.15
Auslandsaufenthalt 1999 außerhalb Westeuropa	56	19	-.11	.01	.10	-.07	-.08	-.03

RWA: rechtsgerichteter Autoritarismus; GA: Gruppenautoritarismus; Diff: Veränderungsindex
**: p<.01; *:p<.05; [+]: p<.10

Wie erwartet, ist der Wohnortwechsel negativ mit dem Veränderungsindex korreliert. Dies gilt sowohl für rechtsgerichtetem Autoritarismus als auch für

Gruppenautoritarismus. Das bedeutet, dass diejenigen, die ihren Wohnort für ihr Studium gewechselt haben, eine reduzierte Autoritarismusneigung zu T2 zeigen, auch wenn die Autoritarismusneigung zu T1 dabei kontrolliert wird. Die Mittelwerte in Tabelle 92 zeigen, dass eine signifikante Reduzierung der Autoritarismusneigung nur bei den Personen zu finden ist, die ihren Wohnort gewechselt haben. Bei den Personen, die ihren Wohnort für ihr Studium nicht gewechselt haben, ist keine Verringerung der Autoritarismusneigung von T1 zu T2 zu finden. Dies weist darauf hin, dass weniger das Studium selber, sondern vielmehr die wegen des Studiums gemachten besonderen neuen Erfahrungen eine Reduzierung der Autoritarismusneigung bewirken. Darüber hinaus weisen die negativen Korrelationen von Wohnortwechsel und Autoritarismus zu T1 (vgl. Tabelle 91) darauf hin, dass die Autoritarismusneigung an sich bereits ein Prädiktor dafür ist, ob ein Wohnortwechsel vollzogen wird oder nicht. Damit kann die Hypothese 5c bestätigt werden.

Tabelle 92: Mittelwerte für Autoritarismus in Abhängigkeit des Wohnortwechsels

Wohnort-wechsel (N=75)	RWA			Gruppenautoritarismus		
	T1	T2	F-Wert	T1	T2	F-Wert
ja (N=55)	1.81 (SD=0.58)	1.69 (SD=0.59)	3.66^{+} ε^2=.06	3.01 (SD=0.83)	2.62 (SD=0.85)	13.21** ε^2=.20
nein (N=20)	2.48 (SD=0.59)	2.48 (SD=0.61)	0.01 ε^2=.00	3.42 (SD=0.73)	3.25 (SD=0.78)	1.17 ε^2=.06

**: $p<.01$; *: $p<.05$; $^{+}$: $p<.10$

Die Auslandsaufenthalte in 1999 zeigen in Tabelle 91 keine signifikanten Korrelationen mit der Autoritarismusneigung zu T2 oder dem Veränderungsindex. Die relativ kurzen Auslandsaufenthalte während des Studiums haben somit keinen Einfluss auf die Autoritarismusneigung. Damit kann die Hypothesen 5b nur für Wohnortwechsel bestätigt werden. Auch hat die Autoritarismusneigung zu T1 keinen Einfluss darauf, ob die Befragten zwischen T1 und T2 Auslandsaufenthalte durchführen. Damit kann auch Hypothese 5d nicht bestätigt werden. Interessant sind allerdings die Effekte der Auslandsaufenthalte, die länger als vier Wochen gedauert haben. Die meisten dieser Auslandsaufenthalte sind vermutlich vor dem Studium durchgeführt worden. Diejenigen, die längere Auslandsaufenthalte durchgeführt haben, zeigen eine geringere rechtsgerichtete Autoritarismusneigung zu T1 als Personen, die dies nicht haben. Bei Gruppenautoritarismus sind solche Unterschiede nicht zu erkennen (vgl. Tabelle 91). Dies könnte aber ein Hinweis darauf sein, dass Auslandsaufenthalte durchaus Autoritarismusneigungen reduzieren können, wenn sie einen intensiveren Austausch und Auseinandersetzung mit der fremden Kultur ermöglichen. Inwieweit die in dieser Studie erfassten Auslandsaufenthalte über vier Wochen ursächlich zu einer Verminderung der Autoritarismusneigung geführt haben, kann mit den vorliegenden Daten allerdings nicht geklärt werden.

Tabelle 93: RWA und Gruppenautoritarismus zu T1 in Abhängigkeit der Auslandsaufenthalte über 4 Wochen

(N=75)	Auslandsaufenthalte über 4 Wochen			Auslandsaufenthalte über 4 Wochen außerhalb Westeuropa		
	nein (N=51)	ja (N=24)	t-Wert	nein (N=60)	ja (N=15)	t-Wert
RWA	2.12	1.71	2.65**	2.08	1.61	2.57*
Gruppen-autoritarismus	2.86	2.63	1.07	2.81	2.72	0.34

**: $p<.01$; *: $p<.05$; +: $p<.10$

14.6.3. Zum Verhältnis von Gruppenautoritarismus und RWA

Es wurde angenommen, dass rechtsgerichteter Autoritarismus (RWA) als Maß für die autoritäre Prädisposition Gruppenautoritarismus beeinflusst, aber Gruppenautoritarismus nicht rechtsgerichteten Autoritarismus. Diese Hypothese wird mit einer Cross-Lagged-Panel Analyse mit EQS überprüft. Allerdings werden nur die gemessenen Skalenwerte verwendet, da die Stichprobe für ein Strukturgleichungsmodell mit latenten Variablen zu klein ist. Als Zusammenhangsmaß werden zwischen den Variablen zu T1 und den Variablen zu T2 Pfadkoeffizienten angegeben. Zusätzlich werden Korrelationen zwischen den Variablen eines Befragungszeitpunktes (T1 oder T2) zugelassen.

Abbildung 23: Cross-Lagged-Panel Analyse mit rechtsgerichtetem Autoritarismus und Gruppenautoritarismus

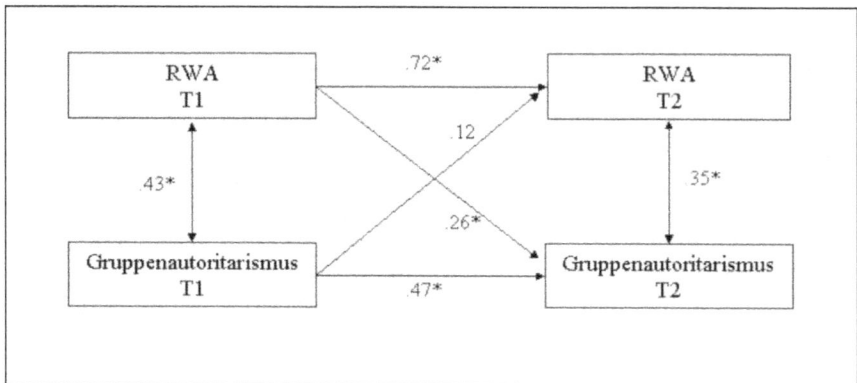

Die Ergebnisse zeigen die erwartete Struktur. Gruppenautoritarismus und rechtsgerichteter Autoritarismus zeigen innerhalb der beiden Messzeitpunkte signifikante Korrelationen miteinander. Zwischen den Messzeitpunkten ist lediglich ein signifikanter Pfad zwischen RWA zu T1 und Gruppenautoritarismus zu T2 zu erkennen, aber nicht zwischen Gruppenautoritarismus zu T1 und RWA zu T2 (vgl. Abbildung 23). Damit kann Hypothese 5e bestätigt werden.

14.7. Diskussion

In Studie 5 konnte dargelegt werden, dass sich die Autoritarismusneigung in einem Zeitraum von 14 Monaten während eines Studiums reduziert. Dieser Befund steht im Einklang mit anderen Studien zu diesem Thema (vgl. Altemeyer, 1988; Peterson & Lane, 2001). Allerdings zeigt diese Studie erstmals, dass die Reduzierung der Autoritarismusneigung weniger durch das Studium selbst, sondern vielmehr durch die besonderen (sozialen) Erfahrungen, die ein Ortswechsel zu Beginn des Studiums mit sich bringt, bewirkt wird. Für viele Studierende bedeutet der Beginn eines Studiums erstmals den Aufbau eines von den Eltern getrennten eigenständigen Lebens. Diese Erfahrungen haben möglicherweise zur Folge, dass die erlernte bedrohliche Weltsicht relativiert und eine eigene autonomere Weltsicht entwickelt wird.

Interessant ist, dass die Reduzierung der Autoritarismusneigung bei Studierenden in höheren Semestern nicht mehr zu finden ist. Einschränkend muss dabei allerdings betont werden, dass nur wenige Studierende (N=11) in dieser Stichprobe vorhanden waren, die nicht im ersten Semester zu T1 waren. Das Ergebnis kann daher nicht als repräsentativ für Studierende in höheren Semestern angesehen werden. Interessant ist aber, dass die Studierenden in höheren Semestern deutlich niedrigere Autoritarismusneigungen als die Studierenden in niedrigen Semestern zeigten. Alle Studierende in den höheren Semestern hatten vor T1 ihren Wohnort für das Studium gewechselt. Möglicherweise hat bei den Studierenden der höheren Semester bereits eine substanzielle Reduzierung ihrer Autoritarismusneigung während des ersten Jahres ihres Studiums stattgefunden, das vor T1 lag. Wenn dem so ist, sind die präsentierten Ergebnisse ein Beleg dafür, dass die Reduzierung der Autoritarismusneigung während des Studiums hauptsächlich in den ersten Semestern stattfindet, wenn für das Studium der bisherige Wohnort aufgegeben wird.

Entgegen den Annahmen dieser Studie konnten keine Effekte eines Auslandsaufenthalt in 1999, d.h. zwischen T1 und T2, auf die Reduzierung der Autoritarismusneigung nachgewiesen werden. Dies mag daran liegen, dass die meisten Auslandsaufenthalte vermutlich Urlaubscharakter besaßen und nur von kurzer Dauer waren. Es kann davon ausgegangen werden, dass Urlaube im Ausland häufig, wenn auch nicht immer, aus Besuchen von Orten bestehen, die für den Tourismus ausgelegt sind. Kontakte mit Mitgliedern der fremden Gruppe haben dann häufig einen Dienstleistungscharakter und sind nicht sehr intensiv. Somit kann vermutet werden, dass solche Kontakte nicht zu einer Reduzierung einer bedrohlichen Weltsicht und damit zu einer Reduzierung der Autoritarismusneigung beitragen. Interessant ist allerdings, dass Personen, die längere Auslandsaufenthalte (über vier Wochen und vermutlich vor dem Studium) durchgeführt hatten, geringere Autoritarismusneigungen zeigten als Personen, die dies nicht getan hatten. Dies weist darauf hin, dass auch Auslandsaufenthalte zu einer Reduzierung der Autoritarismusneigung beitragen können, wenn sie eine bestimmte Intensität im Kontakt mit der fremden Kultur zulassen. Allerdings konnte mit den vorliegenden Daten nicht untersucht werden, ob die längeren Auslandsaufenthalte ursächlich für die niedrigere Autoritarismusneigung verantwortlich sind oder ob die Personen, die die längeren Auslandsaufenthalte durchgeführt hatten, auch vorher bereits eine relativ niedrige Autoritarismusneigung besaßen. Zu vermuten ist allerdings, dass besonders längere Auslandsaufenthalte, die durch zahlreiche Kontakte mit Mitgliedern der fremden Kultur gekennzeichnet sind und vor allen Dingen den Aufbau von freundschaftlichen Beziehungen zulassen, bei der Reduzierung von Autoritarismus wirksam sein können (vgl. Pettigrew, 1998). In dieser Studie fehlten leider Angaben, die genauere Aussagen über die Art des Kontaktes mit Mitgliedern der ausländischen Kultur erlauben. Insgesamt kann erwartet werden, dass eine Reduzierung der Autoritarismusneigung nur in Abhängigkeit der Anzahl, Qualität und Wichtigkeit der Kontakte zu fremden Personen mit anderen Erfahrungshintergründen stattfindet (vgl. Wagner, van Dick, Pettigrew & Christ, 2003). Levin, van Laar und Sidanius (2003) können beispielsweise in einer Längsschnittstudie mit Studierenden zeigen, dass Freundschaften mit Mitgliedern fremder ethnischer Gruppen sich im Laufe des Studiums positiv auf die Einstellungen gegenüber Mitgliedern fremder Gruppen auswirkt. Inwieweit sich Intergruppenfreundschaften auch auf Autoritarismusneigungen reduzierend auswirken, wurde bislang nicht untersucht.

Die Generalisierbarkeit der Befunde dieser Studie muss mit Vorsicht beurteilt werden. Die Stichprobe dieser Studie war relativ klein und hochselektiv: Die präsentierten Ergebnisse gelten in erster Linie für Studierende der Psychologie im Grundstudium. Dies bedingt unter anderem das Problem, dass die untersuchte Stichprobe eher niedrig-autoritär war. Daher muss offen bleiben, ob die geschilderten Ergebnisse auch bei Personen mit stärkeren autoritären Orientierungen zu finden sind. Insgesamt sollten die vorliegenden Ergebnisse mit einer weiteren Längsschnittstudie kreuzvalidiert werden. Dies war im Rahmen der Dissertation leider nicht mehr möglich.

Schließlich wurde in dieser Studie auch der Frage nach dem kausalen Zusammenhang zwischen rechtsgerichtetem Autoritarismus und Gruppenautoritarismus nachgegangen. Eine Cross-Lagged-Panel Analyse konnte zeigen, dass rechtsgerichteter Autoritarismus Gruppenautoritarismus beeinflusst aber nicht umgekehrt. Das Ergebnis entspricht dem Gruppenautoritarismus-Prozessmodell. Die situationsspezifische Gruppenautoritarismusneigung ist abhängig von der Ausprägung der autoritären Prädisposition, die in dieser Arbeit primär als rechtsgerichteter Autoritarismus erfasst wurde.

15. Abschlussdiskussion und Ausblick

In dieser Arbeit wurde ein erweitertes Gruppenautoritarismus-Prozessmodell vorgestellt (vgl. Abbildung 24), das die traditionellen rechtsgerichteten Autoritarismustheorien (vgl. Adorno et al., 1950; Altemeyer, 1981, 1988, 1996) mit dem Social Identity Approach (vgl. Tajfel & Turner, 1986) verknüpft. Dieses Modell postuliert, dass autoritäre Prädispositionen situationsabhängig aktiviert werden können. Die Stärke der Aktivierung autoritärer Prädispositionen hängt dabei sowohl von der Höhe der Identifikation mit einer bestimmten Gruppe als auch von dem Ausmaß der Bedrohung der an diese Gruppe geknüpften Sozialen Identität ab. Besonders bei einer hohen und gleichzeitig bedrohten Identifikation mit einer Gruppe wird bei Personen mit einer hohen autoritären Prädisposition eine autoritäre Einstellungsreaktion erwartet. Die zentralen Annahmen des Gruppenautoritarismus-Prozessmodells können in drei Studien bestätigt werden (vgl. Abbildung 24). Demnach wird eine autoritäre Einstellungsreaktion umso stärker auftreten, je höher eine autoritäre Prädisposition ausgeprägt ist und je stärker und bedrohter eine Identifikation mit einer bestimmten Gruppe ausfällt.

Abbildung 24: Ein erweitertes Prozessmodell von Gruppenautoritarismus

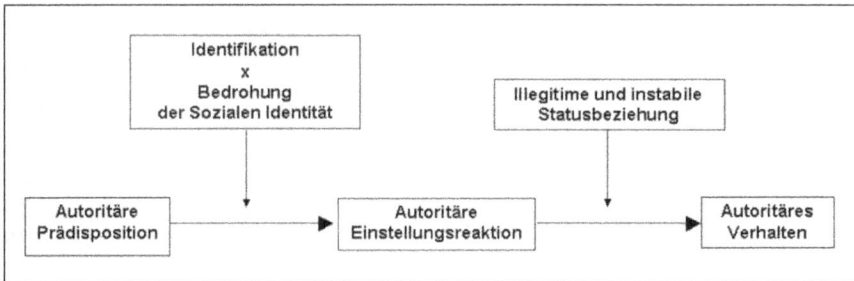

Mit der erfolgreichen Überprüfung dieser Annahmen kann belegt werden, dass eine situationsabhängige autoritäre Einstellungsreaktion ein psychologischer Mechanismus ist, der nicht für alle Menschen gleichermaßen gilt. Vielmehr sind autoritäre Einstellungreaktionen nur bei Personen mit hohen autoritären Prädispositionen zu erwarten. Dies entspricht den Annahmen von Feldman (2000; vgl. Kapitel 6.1). Allerdings wurde in Feldmans Modell die Rolle von Identifikationsprozessen nicht thematisiert. Diese Arbeit kann zeigen, dass Bedrohungen allein nicht in der Lage sind, autoritäre Einstellungsreaktionen auszulösen. Bedrohungen der Sozialen Identität bewirken erst dann eine autoritäre Einstellungsreaktion, wenn sich die Personen mit der betreffenden Gruppe hoch identifizieren.

Darüber hinaus wird im erweiterten Gruppenautoritarismus-Prozessmodell zwischen einer autoritären Einstellungsreaktion und autoritärem Verhalten unterschieden. Dahinter steht der Gedanke, dass nicht jede autoritäre Einstellungsreaktion sich gleichermaßen stark in autoritärem Verhalten zeigen wird. Es wird angenommen, dass auch die Beziehung zwischen autoritären Einstellungen und autoritärem Verhalten durch situative Bedingungen beeinflusst wird: Besonders unter illegitimen und instabilen Statusbeziehungen können nach der Theorie der Sozialen Identität (Tajfel & Turner, 1986) alternative Vorstellungen zur momentanen Statushierarchie entwickelt werden. Daher werden besonders starke Zusammenhänge zwischen autoritären Einstellungen und autoritärem Verhalten unter illegitimen und instabilen Statusbedingungen erwartet. Auch diese Annahme kann durch diese Arbeit partiell für *intra*gruppales autoritäres Verhalten bestätigt werden. Dies heißt jedoch nicht, dass autoritäre Einstellungen nur unter diesen spezifischen Bedingungen mit autoritärem Verhalten einhergehen. Es kann gezeigt werden, dass autoritäre Einstellungen, gemessen als Gruppenautoritarismus, prinzipiell mit autoritärem Verhalten zusammenhängen: Je höher die Gruppenautoritarismusneigung ist, desto stärker ist ein Konformitäts-Bias, eine autoritäre Folgebereitschaft und mit Einschränkungen ein Ingroup-Bias zu erkennen. Als Fazit der Studien zur Überprüfung des Gruppenautoritarismus-Prozessmodells kann damit festgehalten werden, dass dieses Modell im Großen und Ganzen erfolgreich getestet werden konnte. Allerdings haben die bisherigen Studien entweder den ersten Teil oder den zweiten Teil des erweiterten Gruppen-autoritarismus-Prozessmodell überprüft. Eine integrative experimentelle Studie, die das gesamte Modell testet, fehlt bislang.

Neben der Überprüfung des Gruppenautoritarismus-Prozessmodells wurde auch eine Operationalisierung von Gruppenautoritarismus vorgestellt, die es möglich macht, Autoritarismusneigungen in den verschiedensten Gruppenzusammenhängen zu analysieren. Um eine Ja-Sage-Tendenz zu verhindern, wurde die Hälfte der Items als Positivindikatoren und die andere Hälfte als Negativindikatoren formuliert (vgl. Altemeyer, 1981). Die verschiedenen Skalenversionen haben sich nicht nur in allen Studien als reliabel erwiesen, sondern die relativ hohen Korrelationen zwischen den Positiv- und Negativindikatoren zeigen auch, dass es erfolgreich gelungen ist, psychologische Gegenstücke zu den Positivindikatoren zu entwickeln. Damit wird ein Messinstrument präsentiert, dass prinzipiell in der Lage ist, Autoritarismus in vielen verschiedenen Gruppenkontexten zur analysieren. Dadurch ist es jetzt auch möglich, Autoritarismus in politisch linksorientierten Gruppen zu untersuchen, ohne dass vollkommen neue Skalen entwickelt werden müssen, wie dies beispielsweise bei Altemeyers Linksautoritarismusskala der Fall war (vgl. Altemeyer, 1996). McFarland et al. (1993) hatten zwar auch versucht, eine zu Altemeyers RWA-Skala äquivalente russische Version zu entwickeln. Die Itemformulierungen mussten allerdings mehr oder minder stark den russischen Verhältnissen angepasst werden. Daher ist fraglich, inwiefern diese beiden Skalen wirklich als äquivalent angesehen werden können. In der Gruppenautoritarismus-Skala werden lediglich die Gruppenbezeichnungen ausgetauscht. Die restlichen Itemformulierungen können konstant gehalten werden. Eine maximale Vergleichbarkeit von Autoritarismusskalen, die sich auf verschiedene Gruppenkontexte beziehen, wird dadurch gewährleistet. Dies wurde unter anderem in der Studie zum Kosovo-Krieg in dieser Arbeit erfolgreich demonstriert. Dort wurde die Gruppenautoritarismus-Skala für Bündnis90/Die Grünen- und für SPD-Wählerinnen und -Wähler eingesetzt. Interessanterweise konnte diese Studie autoritäre Einstellungsreaktionen bei Wählerinnen und Wählern von Bündnis90/Die Grünen nachweisen. Dies ist ein Hinweis darauf, dass auch in politisch linksorientierten Gruppen autoritäre Einstellungsreaktionen beobachtet werden können. Damit wird aber keinesfalls ausgesagt, dass Linksautoritarismus mit Rechtsautoritarismus gleichgesetzt werden kann. Unklar bleibt, ob und wie sich autoritäre Einstellungsreaktionen in linksgerichteten Gruppen im Vergleich zu rechtsgerichteten Gruppen im Verhalten äußern. Hier ist eher zu erwarten, dass sich deutliche Unterschiede in der Form, den Zielen und der Stärke von autoritärem Verhalten zeigen werden.

Fragen werfen sich bei der Prädiktorfähigkeit von Gruppenautoritarismus auf. Auffallend ist, dass Gruppenautoritarismus stärker mit *intra*gruppalem Verhalten einhergeht und weniger mit *inter*gruppalem Verhalten. Dies ist zunächst nicht sehr erstaunlich, da die Items der Gruppenautoritarismusskalen sich primär auf die Einstellung zur eigenen Gruppe und weniger auf die Einstellung zu fremden Gruppen beziehen. Ein wenig überraschend ist jedoch, dass Gruppenautoritarismus insgesamt kaum in der Lage zu sein scheint, autoritäres Verhalten oder abwertende Einstellungen gegenüber fremden Gruppen vorhersagen zu können. Lediglich hinsichtlich ethnischer Vorurteile zeigt Gruppenautoritarismus mittlere Korrelationen. Dies kann ein Hinweis darauf sein, dass sich Gruppenautoritarismus nur dann auf die Bewertung oder Behandlung von Mitgliedern fremder Gruppen auswirkt, wenn sie auf bereits bestehenden Stereotypen aufbauen. Es kann beispielsweise vermutet werden, dass hoch-autoritäre Personen eine geringere Motivation zur Vorurteilskontrolle besitzen als niedrig-autoritäre Personen (vgl. Banse & Gawronski, 2003).

Die präsentierte Arbeit kann nur als erster Schritt zur Überprüfung des Gruppenautoritarismus-Prozessmodells und der Gruppenautoritarismus-Skala angesehen werden. Weitere Forschung wird zeigen müssen, inwieweit die hier präsentierten Ergebnisse bestätigt und weiterentwickelt werden können. Im Folgenden sollen einige Punkte genannt werden, die durch diese Arbeit bislang nicht geklärt worden sind:

1. In den bisherigen Studien zur Validierung des Gruppenautoritarismus-Prozessmodells wurde lediglich die Bedrohung der Sozialen Identität manipuliert. Die Identifikation wird jedoch als zweiter wichtiger Faktor für die Auslösung einer autoritären Reaktion angesehen. Wünschenwert wäre es daher, auch Gruppenidentifikationen in Kombination mit Bedrohung experimentell zu variieren. Ebenso wurde bislang lediglich der erste oder der zweite Teil des Gruppenautoritarismus-Prozessmodells getestet. Auch hier wäre eine integrative Studie wünschenswert.

2. Bislang wurde die Gruppenautoritarismus-Skala bei einer Versuchsperson immer nur hinsichtlich einer Gruppenzugehörigkeit analysiert. Daher ist unklar, wie stark Gruppenautoritarismusneigungen sich von Gruppenkontext zu Gruppenkontext tatsächlich unterscheiden können. Stimmt es, dass eine Person in einem bestimmten Gruppenkontext hochautoritär reagieren kann und in einem anderen Gruppenkontext wenigautoritär? Wie stark sind Gruppenautoritarismusneigungen vorherbestimmt?

3. Es wurden erste Hinweise ermittelt, in welcher Beziehung Gruppenautoritarismus mit dem ebenfalls auf gruppaler Ebene arbeitenden Konzept der sozialen Dominanzorientierung steht (vgl. Studie 3). Die Ergebnisse weisen darauf hin, dass Gruppenautoritarismus und SDO inhaltlich distinkte Konzepte sind. Es fehlen bislang aber Studien, die den Zusammenhang zwischen Gruppenautoritarismus und sozialer Dominanzorientierung ausführlich und vergleichend untersucht haben. Auch fehlen bislang theoretische Annahmen darüber, wie Gruppenautoritarismus und soziale Dominanzorientierungen zusammenhängen. Beide Konzepte können sich allerdings fruchtbar ergänzen. Auf Basis der präsentierten Ergebnisse könnte Gruppenautoritarismus primär als Ausdruck der Forderung nach autoritärem Gehorsam betrachtet werden. In Studie 4 konnte beispielsweise gezeigt werden, dass Gruppenautoritarismus besonders mit einem Konformitäts-Bias und autoritärer Folgebereitschaft zusammenhängt. Soziale Dominanzorientierung könnte hingegen primär als Ausdruck der Forderung nach autoritärer Dominanz angesehen werden.

Die gennanten drei Punkte sollen einen kurzen Ausblick für die weitere Autoritarismusforschung skizzieren. Potenziell sind die hier präsentierten Ideen und Methoden in der Lage, viele bisherigen Probleme der Autoritarismusforschung zu beheben. Die Arbeit enthält ein Plädoyer dafür, Autoritarismus als ein situativ-flexibles Konzept auf gruppaler Ebene zu begreifen. Thomas F. Pettigrew (1999) folgend wird hier die Annahme vertreten, dass das Autoritarismuskonzept mehr Erklärungsgehalt erlangt, wenn der situative Kontext berücksichtigt wird. Das präsentierte Gruppenautoritarismuskonzept soll nur ein Anfang für eine solche Konzeption von Autoritarismus darstellen. Gleichzeitig soll diese Arbeit auch ein Plädoyer für eine stärker experimentell ausgerichtete Autoritarismusforschung sein. Experimentelle Studien waren in der Autoritarismusforschung bislang nur eine Ausnahme. Dies mag daran liegen, dass Autoritarismus als ein gegenüber Veränderung sehr resistentes Persönlichkeitsmerkmal verstanden wird. Dass dem in der Absolutheit nicht so ist, hat diese Arbeit zeigen können.

16. Literaturverzeichnis

Adorno, T. W. (1973). *Studien zum autoritären Charakter.* Frankfurt a.M.: Suhrkamp.

Adorno, T. W., Frenkel-Brunswik, E., Levinson, D. J. & Sanford, R. N. (1950). *The authoritarian personality.* New York: Harper.

Aiken, L. S. & West, S. G. (1991). *Multiple regression: Testing and interpreting interactions.* London: Sage.

Allport, F. H. (1924). *Social psychology.* Reading, MA: Houghton Mifflin.

Allport, G. W. (1954). *The nature of prejudice.* Reading, MA: Addison-Wesley.

Altemeyer, B. (1981). *Right-wing authoritarianism.* Manitoba: The University of Manitoba Press.

Altemeyer, B. (1988). *Enemies of freedom. Understanding right-wing authoritarianism.* San Francisco: Jossey-Bass.

Altemeyer, B. (1990). The mirror-image in U.S.-Soviet perceptions: Recent cross-national authoritarianism research. *Paper presented at the meeting of the International Society for Political Psychology, Washington, D.C..*

Altemeyer, B. (1994). Reducing prejudice in Right-Wing Authoritarians. In M. P. Zanna & J. M. Olson (Hrsg.), *The Psychology of Prejudice: The Ontario Symposium* (Bd. 7, S. 131-148). Hillsdale: Lawrence Erlbaum Associates.

Altemeyer, B. (1996). *The authoritarian specter.* Cambridge: Harvard University Press.

Altemeyer, B. (1998). The other "Authoritarian Personality". In M. P. Zanna (Hrsg.), *Advances in Experimental Social Psychology* (Bd. 30, S. 47-92). San Diego, CA: Academic Press.

Amir, Y. (1969). Contact hypothesis in ethnic relations. *Psychological Bulletin, 71*, 319-342.

Ball-Rokeach, S. J., Rokeach, M. & Grube, J. W. (1984). *The great American values test: Influencing behavior and belief through television.* New York: Free Press.

Bandura, A. (1979). *Aggression: Eine sozial-lerntheoretische Analyse.* Stuttgart: Klett Verlag.

Banse, R. & Gawronski, B. (2003). Die Skala Motivation zu vorurteilsfreiem Verhalten: Psychometrische Eigenschaften und Validität. *Diagnostica, 49*, 4-13.

Barker, E. N. (1963). Authoritarianism of the political right, center, and left. *Journal of Social Issues, 19*, 63-74.

Baron, R. M & Kenny, D. A. (1986). The moderator-mediator variable distinction in social psychological research: Conceptual, strategic, and statistical considerations. *Journal of Personality and Social Psychology, 51*, 1173-1182.

Berkowitz, N. H. (1994). Evidence that subjects' expectancies confound intergroup bias in Tajfel's minimal group paradigma. *Personality and Social Psychology Bulletin, 20*, 184-195.

Berry, J. W. (1984). Multicultural policy in Canada: A social psychological analysis. *Canadian Journal of Behavioral Science, 16*, 353-370.

Berry, J. W., Kim, U., Power, S., Young, M. & Bujaki, M. (1989). Acculturation attitudes in plural societies. *Applied Psychology: An International Review, 38*, 185-206.

Bettelheim, B. (1960). *The informed heart. Autonomy in a mass age.* Glencoe, IL: Free Press.

Bettencourt, B. A., Charlton, K., Dorr, N. & Hume, D. L. (2001). Status differences and in-group bias: A meta-analytic examination of the effects of status stability, status legitimacy, and group permeability. *Psychological Bulletin, 127*, 520-542.

Billig, M. & Cramer, D. (1990). Authoritarianism and demographic variables as predictors for racial attitudes in Britain. *New Community, 16*, 199-211.

Billig, M. & Tajfel, H. (1973). Social categorization and similarity in intergroup behaviour. *European Journal of Social Psychology, 3*, 27-52.

Bizman, A. & Yinon, Y. (2001). Intergroup and interpersonal threats as determinants of prejudice: The moderating role of in-group identification. *Basic and Applied Social Psychology, 23*, 191-196.

Blanz, M., Mummendey, A., Mielke, R. & Klink, A. (1998). Responding to negative social identity: A taxonomy of identity management strategies. *European Journal of Social Psychology, 28*, 697-729.

Blass, T. (1991). Understanding behavior in the Milgram obedience experiment: The role of personality, situations, and their interactions. *Journal of Personality and Social Psychology, 60*, 398-413.

Blass, T. (1995). Right-wing authoritarianism and role as predictors of attributions about obedience to authority. *Personality and Individual Differences, 19*, 99-100.

Blass, T. (1999). The Milgram Paradigm after 35 years: Some things we now know about obedience to authority. *Journal of Applied Social Psychology, 29*, 955-978.

Bohner, G. (2001). Attitudes. In M. Hewstone & W. Stroebe (Hrsg.), *Introduction to social psychology. A european perspective* (S. 239-284). Oxford: Blackwell.

Bornstein, G., Crum, L., Wittenbraker, J., Harring, K., Insko, C. A. & Thibaut, J. (1983a). On the measurement of social orientations in the minimal group paradigma. *European Journal of Social Psychology, 13*, 321-350.

Bornstein, G., Crum, L., Wittenbraker, J., Harring, K., Insko, C. A. & Thibaut, J. (1983b). Reply to Turner's comments. *European Journal of Social Psychology, 13*, 369-381.

Bortz, J. (1999). *Statistik für Sozialwissenschaftler* (5. Aufl.). Berlin: Springer.

Bortz, J. & Döring, N. (1995). *Forschungsmethoden und Evaluation.* Berlin: Springer.

Branscombe, N. R., Ellemers, N., Spears, R. & Doosje, B. (1999). The context and content of social identity threat. In N. Ellmers, R. Spears & B. Doosje (Hrsg.), *Social identity: Context, commitment, content* (S. 35-58). Oxford: Blackwell.

Branscombe, N. & Wann, D. (1994). Collective self-esteem consequences of outgroup derogation when a valued social identity is on trial. *European Journal of Social Psychology, 24*, 641-658.

Brewer, M. B. (1979). Ingroup bias in the minimal intergroup situation: A cognitive motivational analysis. *Psychological Bulletin, 86*, 307-324.

Brewer, M. B. (1991). The social self: On being the same and different at the same time. *Personality and Social Psychological Bulletin, 17*, 475-482.

Brewer, M. B. (1999). The psychology of prejudice: Ingroup love or outgroup hate? *Journal of Social Issues, 55*, 429-444.

Brewer, M. B. (2001). *Ingroup identification and intergroup conflict: When does ingroup love become outgroup hate?* New York: Oxford University Press.

Brown, R. (1995). *Prejudice.* Oxford: Blackwell.

Brown, R. (2000). Social identity theory: Past achievements, current problems and future challenges. *European Journal of Social Psychology, 30,* 745-778.

Brown, R., Maras, P., Masser, B., Vivian, J. & Hewstone, M. (2001). Life on the ocean wave: Testing some intergroup hypotheses in a naturalistic setting. *Group Processes and Intergroup Relations, 4,* 81-97.

Brown, R. & Ross, G. F. (1982). The battle for acceptance: An exploration into the dynamics of intergroup behaviour. In H. Tajfel (Hrsg.), *Social Identity and Intergroup Relations* (S. 155-178). Cambridge: Cambridge University Press.

Brown, R., Tajfel, H. & Turner, J. (1980). Minimal group situations and intergroup discrimination: Comments on the paper by Aschenbrenner and Schaefer. *European Journal of Social Psychology, 10,* 399-414.

Browne, M. W. & Cudeck, R. (1993). Alternative ways of assessing model fit. In K. A. Bollen & J. S. Long (Hrsg.), *Testing Structural Models* (S. 445-455). Newbury Park: Sage Publications.

Brustein, W. & King, R. (2002). Antisemitismus in Europa vor dem Holocaust. In K. Boehnke, D. Fuß & J. Hagan (Hrsg.), *Jugendgewalt und Rechtsextremismus. Soziologische und psychologische Analysen in internationaler Perspektive* (S. 257-281). Weinheim und München: Juventa.

Bundesministerium des Innern (1999). *Polizeiliche Kriminalstatistik 1999.* Bonn: Bundesministerium des Innern.

Byrne, B. M. (2001). *Structural Equation Modeling with AMOS. Basic concepts, applications and programming.* Mahaw, New Jersey: Lawrence Erlbaum.

Caddick, B. F. J. (1982). Perceived illegitimacy and intergroup relations. In H. Tajfel (Hrsg.), *Social Identity and Intergroup Relations* (S. 155-178). Cambridge: Cambridge University Press.

Campbell, D. T. (1965). Ethnocentric and other altruistic motives. In D. Levine (Hrsg.), *Nebraska Symposium on Motivation* (S. 283-311). Lincoln, NB: University of Nebraska Press.

Campbell, D. T. & McCandless, B. R. (1951). Ethnocentrism, xenophobia, and personality. *Human Relations, 4,* 185-192.

Cherry, F. & Byrne, D. (1977). Authoritarianism. In T. Blass (Hrsg.), *Personality variables in social behavior* (S. 109-133). Hillsdale, NJ: Erlbaum.

Christie, R. (1991). Authoritarianism and related constructs. In J. P. Robinson, P. R. Shaver & L. S. Wrightsman (Hrsg.), *Measures of personality and social psychological attitudes, Vol.I* (S. 501-571). San Diego, CA: Academic Press.

Christie, R. (1993). Some experimental approaches to authoritarianism: I. A retrospective perspective on the Einstellung (rigidity) paradigm. In W. F. Stone, G. Lederer & R. Christie (Hrsg.), *Strength and weakness. The authoritarian personality today* (S. 70-98). New York: Springer.

Christie, R. & Cook, P. (1958). A guide to published literature to 'The authoritarian personality' through 1956. *The Journal of Psychology, 45,* 171-199.

Christie, R., Havel, J. & Seidenberg, B. (1958). Is the F scale irreversible? *Journal of Abnormal and Social Psychology, 56*, 143-159.

Christie, R. & Jahoda, M. (Hrsg.) (1954). *Studies in the scope and method of 'The authoritarian personality'*. Glencoe, IL: Free Press.

Cohen, J. (1988). *Statistical power analysis for the behavioral sciences.* Hillsdale, NY: Erlbaum.

Cohn, T. (1952). Is the F Scale indirect? *Journal of Abnormal and Social Psychology, 47*, 125-134.

Cohrs, J. C. & Moschner, B. (2002). Antiwar knowledge and generalized political attitudes as determinants of attitude toward the Kosovo war. *Peace and Conflict: Journal of Peace Psychology, 8*, 139-155.

Coull, A., Castano, E., Paladino, M. P. & Leemans, V. (2001). Protecting the ingroup: Motivated allocation of cognitive resources in the presence of threatening ingroup members. *Group Processes and Intergroup Relations, 4*, 327-339.

Dalbert, C. (1992). Der Glaube an die gerechte Welt: Differenzierung und Validierung eines Konstrukts. *Zeitschrift für Sozialpsychologie, 23*, 268-276.

Dekker, P. & Peter, E. (1991). Authoritarianism, socio-demographic variables and racism: A Dutch replication of Billig and Cramer. *New Community, 17*, 287-293.

Devine, P. G. (1989). Stereotypes and prejudice: Their automatic and controlled components. *Journal of Personality and Social Psychology, 56*, 5-18.

Diehl, J. M. (1990). The minimal group paradigma: Theoretical explanations and empirical findings. In W. Stroebe & M. Hewstone (Hrsg.), *European Review of Social Psychology* (Bd. 1, S. 263-292). Chichester: Wiley & Sons.

Diehl, J. M. & Arbinger, R. (1992). *Einführung in die Interferenzstatistik* (2. Aufl.). Eschborn: Dietmar Klotz.

Diehl, J. M. & Staufenbiel, T. (2001). *Statistik mit SPSS Version 10.0.* Eschborn: Klotz.

DiRenzo, G. J. (1967). Professional politicians and personality structures. *American Journal of Sociology, 73*, 217-225.

Doise, W. (1986). *Levels of explanation in social psychology.* Cambridge: Cambridge University Press.

Doise, W., Deschamps, J.-C. & Meyer, G. (1978). The accentuation of intracategory similarities. In H. Tajfel (Hrsg.), *Differentiation between social groups: Studies in the psychology of intergroup relations* (S. 159-170). London: Academic Press.

Doty, R. G., Winter, D. G., Peterson, B. E. & Kemmelmeier, M. (1997). Authoritarianism and American students' attitudes about the Gulf War 1990-1996. *Personality and Social Psychology Bulletin, 23*, 1133-1143.

Doty, R. M., Peterson, B. E. & Winter, D. G. (1991). Threat and authoritarianism in the United States 1978-1987. *Journal of Personality and Social Psychology, 61*, 629-640.

Duckitt, J. (1989). Authoritarianism and group identification: A new view of an old construct. *Political Psychology, 10*, 63-84.

Duckitt, J. (1991). Prejudice and racism. In D. Foster & J. Louw-Potgieter (Hrsg.), *Social Psychology in South Africa* (S. 169-203). Isando, South Africa: Lexicon.

Duckitt, J. (1992). *The social psychology of prejudice.* New York: Praeger Publisher.

Duckitt, J. (1993). Right-Wing Authoritarianism among white South African students: Its measurement and correlates. *Journal of Social Psychology, 133,* 553-563.

Duckitt, J. (2001). A dual-process cognitive-motivational theory of ideology and prejudice. In M. P. Zanna (Hrsg.), *Advances in experimental social psychology* (Bd. 33, S. 41-113). San Diego, CA: Academic Press.

Duckitt, J. & Mphuthing, T. (1998). Group identification and intergroup attitudes: A longitudinal analysis in South Africa. *Journal of Personality and Social Psychology, 74,* 80-85.

Duckitt, J., Paton, S., Machen, M. & Vaughan, G. (1999). Minimal ingroup bias and real-world prejudice. *Politics, groups and the individual, 8,* 111-121.

Duckitt, J., Wagner, C., du Plessis, I. & Birum, I. (2002). The psychological bases of ideology and prejudice: Testing a dual process model. *Journal of Personality and Social Psychology, 83,* 75-93.

Duncan, L. E. & Stewart, A. J. (1995). Still bringing the Vietnam War home: Sources of contemporary student activism. *Personality and Social Psychology Bulletin, 21,* 914-924.

Duriez, B. & Van Hiel, A. (2002). The march of modern fascism. A comparison of social dominance orientation and authoritarianism. *Personality and Individual Differences, 32,* 1199-1213.

Eckhardt, W. (1991). Authoritarianism. *Political Psychology, 12,* 97-124.

Eigenberger, M. E. (1998). Fear as a correlate of authoritarianism. *Psychological Reports, 83,* 1395-1409.

Ellemers, N. (1993). The influence of socio-structural variables on identity management strategies. In W. Stroebe & M. Hewstone (Hrsg.), *European Review of Social Psychology* (Bd. 4, S. 27-57). Chichester: Wiley & Sons.

Ellemers, N., van Knippenberg, A., de Vries, N. & Wilke, H. (1988). Social identification and permeability of group boundaries. *European Journal of Social Psychology, 18,* 497-513.

Ellemers, N., Wilke, H. & van Knippenberg, A. (1993). Effects of legitimacy of low group or individual status on individual and collective status-enhancement strategies. *Journal of Personality and Social Psychology, 64,* 766-778.

Elms, A. C. & Milgram, S. (1966). Personality characteristics associated with obedience and defiance toward authoritative command. *Journal of Experimental Research in Personality, 1,* 282-289.

Enyedi, Z., Eros, F. & Fabian, Z. (1998). Authoritarianism and prejudice in present-day Hungary. *Paper presented at the 3rd Dutch-Hungarian Conference on Interethnic Relations, Budapest, 16-17 October.*

Esses, V. M., Haddock, G. & Zanna, M. P. (1993). Values, stereotypes, and emotions as determinants of intergroup attitudes. In D. M. Mackie & D. L. Hamilton (Hrsg.), *Affect, cognition, and stereotyping: Interactive processes in group perception* (S. 137-166). San Diego, CA: Academic Press.

Eysenck, H. J. (1954). *The psychology of politics.* London: Routledge and Keagan Paul.

Fabian, Z. & Fleck, Z. (1999). Authoritarianism and socialization in the explanation of prejudiced attitudes: Antisemitism and Anti-Gypsi attitudes in Hungary. In Z. Enyedi & F. Eros (Hrsg.), *Authoritarianism and prejudice. Central european perspectives* (S. 231-254). Budapest: Osiris Kiadó.

Fact Sheet des US-Außenministeriums vom 26. März 1999 (1999). Ziele und Interessen der Vereinigten Staaten und der NATO im Kosovo. *Blätter für deutsche und internationale Politik, 5.*

Fazio, R. H. & Towles-Schwen, T. (1999). The MODE model of attitude behavior processes. In S. Chaiken & Y. Trope (Hrsg.), *Dual-process theories in social psychology* (S. 97-116). New York: Guilford.

Feldman, S. (2000). Die Konzeptualisierung und die Messung von Autoritarismus: Ein neuer Ansatz. In S. Rippl, C. Seipel & A. Kindervater (Hrsg.), *Autoritarismus. Kontroversen und Ansätze der aktuellen Autoritarismusforschung* (S. 239-260). Opladen: Leske + Budrich.

Feldman, S. & Stenner, K. (1997). Perceived threat and authoritarianism. *Political Psychology, 4,* 741-770.

Fogelson, R. M. (1971). *Violence in protest.* New York: Doubleday.

Freud, S. (1972). *Gesammelte Werke* (7. Aufl., Bd. 13). Frankfurt a.M.: Fischer-Verlag.

Fromm, E. (1945). *Die Furcht vor der Freiheit.* Zürich: Steinberg.

Fromm, E. (1980). *Arbeiter und Angestellte am Vorabend des Dritten Reiches. Eine sozialpsychologische Untersuchung.* Stuttgart: Deutsche Verlags-Anstalt.

Fromm, E. (1987). Sozialpsychologischer Teil. In M. Horkheimer, E. Fromm & H. Marcuse (Hrsg.), *Studien über Autorität und Familie* (2. Aufl., S. 77-135). Lüneburg: Dietrich zu Klampen Verlag.

Funk, R. (1998). Erich Fromm's concept of social character. *Social Thought and Research, 21,* 215-229.

Funke, F. (1996). *Autoritarismus und Ambiguitätsintoleranz.* Jena: Unveröffentlichte Diplomarbeit.

Funke, F. (1999). Autoritarismus - Renaissance einer Erklärungstradition. In W. Frindte (Hrsg.), *Fremde, Freunde, Feindlichkeiten* (S. 119-141). Opladen: Westdeutscher Verlag.

Gagnon, A. & Bourhis, R. (1996). Discrimination in the minimal group paradigm: Social identity and self interest. *Personality and Social Psychology Bulletin, 22,* 1289-1303.

Gelfand, M. J., Triandis, H. C. & Chan, D. K. S. (1996). Individualism versus collectivism or individualism versus authoritarianism. *European Journal of Social Psychology, 26,* 397-410.

Grant, P. R. & Brown, R. (1995). From ethnozentrism to collective protest: Responses to relative deprivation and threats to social identity. *Social Psychology Quarterly, 58,* 195-211.

Gray, D. B. & Ashmore, R. D. (1975). Comparing the effects of informational, role playing and value-discrepancy treatments on racial attitude. *Journal of Applied Social Psychology, 5,* 252-281.

Greenberg, J., Pyszczynski, T., Solomon, S., Rosenblatt, A., Veeder, M., Kirkland, S. & Lyon, D. (1990). Evidence for terror management theory II: The effects of mortality salience on reactions to those who threaten or bolster the cultural worldview. *Journal of Personality and Social Psychology, 58,* 308-318.

Greenberg, J., Simon, L., Pyszczynski, T., Solomon, S. & Chatel, D. (1992). Terror management and tolerance: Does mortality salience always intensify negative reactions to others who threaten one's worldview? *Journal of Personality and Social Psychology*, *63*, 212-220.

Greenstein, T. (1976). Behavior change through value self-confrontation: A field experiment. *Journal of Personality and Social Psychology*, *34*, 254-262.

Grieve, P. G. & Hogg, M. A. (1999). Subjective uncertainty and intergroup discrimination in the minimal group situation. *Personality and Social Psychology Bulletin*, *25*, 926-940.

Grube, J. W., Mayton, D. M. & Ball Rokeach, S. J. (1994). Inducing change in values, attitudes, and behaviors: Belief system theory and the method of value self-confrontation. *Journal of Social Issues*, *50*, 153-173.

Hamilton, V. L., Sanders, J. & McKearney, S. J. (1995). Orientations toward authority in an authoritarian state: Moscow in 1990. *Personality and Social Psychology Bulletin*, *21*, 356-365.

Haney, C., Banks, C. & Zimbardo, P. (1973). Interpersonal dynamics in a simulated prison. *International Journal of Criminology and Penology*, *1*, 69-97.

Hanson, D. J. (1968). Dogmatism and authoritarianism. *Journal of Social Psychology*, *76*, 89-95.

Harman, H. H. (1967). *Modern factor analysis* (2. Aufl.). Chicago: University Press.

Heaven, P. C. L. & Bucci, S. (2001). Right-wing authoritarianism, social dominance orientation and personality: An analysis using the IPIP measure. *European Journal of Personality*, *15*, 49-56.

Heaven, P. C. L. & Connors, J. R. (2001). A note on the value correlates of social dominance orientation and right-wing authoritarianism. *Personality and Individual Differences*, *31*, 925-930.

Hedges, L. V. & Olkin, I. (1985). *Statistical methods for meta-analysis*. New York: Academic Press.

Heitmeyer, W. (Hrsg.) (2002). *Deutsche Zustände* (Bd. 1). Frankfurt a.M.: Suhrkamp.

Heller, K., Gaedike, A.-K. & Weinländer, H. (1985). *Kognitiver Fähigkeits-Test (Schulstufe 4. bis 13. u. älter)*. Göttingen: Beltz.

Hermann, A. (2001). *Ursachen des Ethnozentrismus in Deutschland. Orientierungslosigkeit, Konkurrenz oder Persönlichkeit*. Opladen: Leske + Budrich.

Hewstone, M., Rubin, M. & Willis, H. (2002). Intergroup bias. *Annual Review of Psychology*, *53*, 575-604.

Heyder, A. & Schmidt, P. (2000). Autoritäre Einstellungen und Ethnozentrismus. Welchen Einfluss hat die Schulbildung? In S. Rippl, C. Seipel & A. Kindervater (Hrsg.), *Autoritarismus. Kontroversen und Ansätze der aktuellen Autoritarismusforschung* (S. 119-146). Opladen: Leske + Budrich.

Hinkle, S. & Brown, R. (1990). Intergroup comparisons and social identity: Some links and lacunae. In D. Abrams & M. Hogg (Hrsg.), *Social Identity Theory: Constructive and critical advances*. Hemel Hempstead: Harvester Wheatsheaf.

Hoffman, M. L. & Saltzstein, H. D. (1967). Parent discipline and the child's moral developement. *Journal of Personality and Social Psychology*, *5*, 45-57.

Hofstede, G. (2000). *Culture's consequences* (2. Aufl.). London: Sage.

Hogg, M. A. (2000). Subjective uncertainty reduction through self-categorization: A motivational theory of social identity processes. In W. Stroebe & M. Hewstone (Hrsg.), *European Review of Social Psychology* (Bd. 11, S. 224-255). Chichester: Wiley.

Hogg, M. A. & Abrams, D. (1988). *Social identifications: A social psychology of intergroup relations and group process.* London: Routledge.

Hogg, M. A. & Abrams, D. (1993). Towards a single-process uncertainty-reduction model of social motivation in groups. In D. Abrams & M. A. Hogg (Hrsg.), *Group Motivation: Social Psychological Perspectives* (S. 173-190). London: Harvester Wheatsheaf.

Hopf, C. (2000). Familie und Autoritarismus - zur politischen Bedeutung sozialer Erfahrungen in der Familie. In S. Rippl, C. Seipel & A. Kindervater (Hrsg.), *Autoritarismus. Kontroversen und Ansätze der aktuellen Autoritarismusforschung* (S. 33-54). Opladen: Leske + Budrich.

Hopf, C. & Hopf, W. (1997). *Familie, Persönlichkeit, Politik. Eine Einführung in die politische Sozialisation.* Weinheim und München: Juventa.

Hopf, C., Rieker, P., Sanden-Marcus, M. & Schmidt, C. (1995). *Familie und Rechtsextremismus.* Weinheim und München: Juventa.

Horkheimer, M. (1950). Preface. In T.W. Adorno, E. Frenkel-Brunswik, D. J. Levinson & R. N. Sanford (Hrsg.), *The authoritarian personality.* New York: Harper.

Hormuth, S. E. (1990). *The ecology of the self. Relocation and self-concept change.* Cambridge: Cambridge University Press.

Hornsey, M. J., Oppes, T. & Svensson, A. (2002). "It's OK if we say it, but you can't": Responses to ingroup and intragroup criticism. *European Journal of Social Psychology, 32,* 293-308.

Hu, L.-T. & Bentler, P. M. (1999). Cutoff criteria for fit indexes in covariance structure analysis: Conventional criteria versus new alternatives. *Structural Equation Modeling: A Multidisciplinary Journal, 6,* 1-55.

Hunter, J. E., Schmidt, F. L. & Jackson, G. B. (1982). *Meta-analysis. Cumulating research findings across studies.* Beverly Hills, CA: Sage.

Hyman, H. H. & Sheatsley, P. B. (1954). 'The authoritarian personality' - A methodological critique. In R. Christie & M. Jahoda (Hrsg.), *Studies in the scope and method of 'The authoritarian personality'* (S. 50-122). Glencoe, IL: Free Press.

Islam, M. R. & Hewstone, M. (1993). Dimensions of contact as predictors of intergroup anxiety, perceived out-group variability, and out-group attitude: An integrative model. *Personality and Social Psychology Bulletin, 19,* 700-710.

Jackson, J. W. (1993). Realistic group conflict theory: A review and evaluation of the theoretical and empirical literature. *Psychological Record, 43,* 395-414.

Jaerisch, U. (1975). *Sind Arbeiter autoritär? Zur Methodenkritik politischer Psychologie.* Frankfurt a. M.: Europäische Verlagsanstalt.

Jorgenson, D. O. (1975). Economic threat and authoritarianism in television programs: 1950-1974. *Psychological Reports, 37,* 1153-1154.

Jung, D. (1998). *Praktische Intelligenz als Prädiktor für Berufserfolg? Eine Untersuchung zur Validierung des 'Tacit knowledge inventory for managers' (TKIM).* Marburg: unveröffentlichte Diplomarbeit.

Kaiser, H. F. (1974). An index of factorial simplicity. *Psychometrika, 39,* 31-36.

Kalin, R. & Berry, J. (1980). Geographic mobility and ethnic tolerance. *Journal of Social Psychology, 112,* 129-134.

Kelly, C. (1993). Group identification, intergroup perception and collective action. In W. Stroebe & M. Hewstone (Hrsg.), *European Review of Social Psychology* (Bd. 4, S. 59-83). Chichester: Wiley & Sons.

Kemmelmeier, M., Burnstein, E., Krumov, K., Genkova, P., Kanagawa, C., Hirshberg, M. S., Erb, H. P., Wieczorkowska, G. & Noels, K. A. (in Druck). Individualism, collectivism and authoritarianism in seven societies. *Journal of Cross Cultural Psychology.*

Kirscht, J. P. & Dillehay, R. C. (1967). *Dimensions of authoritarianism: A review of research and theory.* Lexington: University of Kentucky Press.

Kline, R. B. (1998). *Principles and practice of structural equation modeling.* New York: Guilford Press.

Klink, A., Mummendey, A., Mielke, R. & Blanz, M. (1997). *A multicomponent approach to group identification.* Jena: Unveröffentlichter Bericht.

Klink, A. & Wagner, U. (1999). Discrimination against ethnic minorities in Germany: Going back to the field. *Journal of Applied Social Psychology, 29,* 402-423.

Kohn, M. L. (1977). *Class and conformity: A study in values.* Chicago: University of Chicago Press.

Kohn, P. M. (1972). Authoritarianism-Rebellion scale: A balanced F scale with left-wing reversals. *Sociometry, 35,* 176-189.

Koller, M. (1995). Authoritarianism, perception, and person perception: What do authoritarians infer from another's attempt to rebut a rumor? *Basic and Applied Social Psychology, 17,* 199-212.

Krauss, S. W. (2002). Romanian authoritarianism 10 years after communism. *Personality and Social Psychology Bulletin, 28,* 1255-1264.

La Piere, R. T. (1934). Attitudes versus actions. *Social Forces, 13,* 230-237.

Lavine, H., Burgess, D., Snyder, M., Transue, J., Sullivan, J. L., Haney, B. & Wagner, S. H. (1999). Threat, authoritarianism, and voting: An investigation of personality and persuasion. *Personality and Social Psychology Bulletin, 25,* 337-347.

Lavine, H., Polichak, J. & Lodge, M. (1999). Authoritarianism and threat: A response latency analysis. *Paper presented at the annual meeting of the American Science Association, Atlanta.*

Le Bon, G. (1951). *Die Psychologie der Massen.* Stuttgart: Kröner.

Lederer, G. (1983). *Jugend und Autorität. Über den Einstellungswandel zum Autoritarismus in der Bundesrepublik Deutschland und den USA.* Opladen: Westdeutscher Verlag.

Lederer, H. W., Rau, R. & Rühl, S. (1999). *Migrationsbericht 1999. Zu- und Abwanderung von und nach Deutschland.* Bonn: Beauftragte der Bundesregierung für Ausländerfragen.

Lee, R. E. & Warr, P. B. (1969). The development and standardization of balanced F scale. *Journal of General Psychology, 81,* 109-129.

Lepore, L. & Brown, R. (1997). Category and stereotype activation: Is prejudice inevitable? *Journal of Personality and Social Psychology, 72,* 275-287.

Levin, S. L. (1996). *A social psychological approach to understanding intergroup attitudes in the United States and Israel*. Department of Psychology, University of California, Los Angeles, CA: Unpublished doctoral dissertation.

Levin, S., van Laar, C. & Sidanius, J. (2003). The effects of ingroup and outgroup friendships on ethnic attitudes in college: A longitudinal study. *Group Process & Intergroup Relations, 6*, 76-92.

Lippa, R. & Arad, S. (1999). Gender, personality, and prejudice: The display of authoritarianism and social dominance in interviews with college men and women. *Journal of Research in Personality, 33*, 463-493.

Luhtanen, R. & Crocker, J. (1992). A collective self-esteem scale: Self-evaluation of one's social identity. *Personality and Social Psychology Bulletin, 18*, 302-318.

Lyle, W. H. & Levitt, E. E. (1955). Punitiveness, authoritarianism, and parental discipline of grade school children. *Journal of Abnormal and Social Psychology, 51*, 42-46.

Main, M. (1995). Recent studies in attachment: Overview, with selected implications for clinical work. In S. Goldberg, R. Muir & J. Kerr (Hrsg.), *Attachment theory. Social, developmental and clinical perspectives* (S. 407-474). Hillsdale, NJ: The Analytic Press.

Marques, J., Abrams, D., Paez, D. & Martinez-Taboada, C. (1998). The role of categorization and in-group norms in judgments of groups and their members. *Journal of Personality and Social Psychology, 75*, 976-988.

Marques, J., Abrams, D. & Serodio, R. G. (2001). Being better by being right: Subjective group dynamics and derogation of in-group deviants when generic norms are undermined. *Journal of Personality and Social Psychology, 81*, 436-447.

Marques, J. M. & Yzerbyt, V. Y. (1988). The black sheep effect: Judgmental extremity towards ingroup members in inter- and intra-group situations. *European Journal of Social Psychology, 18*, 287-292.

Marques, J. M., Yzerbyt, V. Y. & Leyens, J. P. (1988). The "Black Sheep Effect": Extremity of judgments towards ingroup members as a function of group identification. *European Journal of Social Psychology, 18*, 1-16.

McCann, S. J. H. (1991). Threat, authoritarianism, and the power of U.S. presidents: New threat and power measures. *Journal of Psychology, 125*, 237-240.

McCann, S. J. H. (1997). Threatening times, "strong" presidential popular vote winners, and the victory margin, 1824-1964. *Journal of Personality and Social Psychology, 73*, 160-170.

McCann, S. J. H. (1999). Threatening times and fluctuations in American church memberships. *Personality and Social Psychology Bulletin, 25*, 325-336.

McCann, S. J. H. & Stewin, L. L. (1990). Good and bad years: An index of American social, economic, and political threat (1920-1986). *Journal of Psychology, 124*, 601-617.

McCann, S. J. H. & Stewin,-L.-L. (1987). Threat, authoritarianism, and the power of U.S. presidents. *Journal of Psychology, 121*, 149-157.

McConahay, J. B. & Hough, J. C. (1976). Symbolic racism. *Journal of social issues, 32*, 23-45.

McFarland, S. (1999a). Is authoritarianism sufficient to explain individual differences in prejudice? *Paper presented at the Conference of the European Association of Experimental Social Psychology in Oxford, England.*

McFarland, S. (1999b). Personality, values, and latent prejudice: A test of a causal model. *Paper presented at the 22th Conference of the International Society of Political Psychology in Amsterdam, The Netherlands.*

McFarland, S. & Adelson, S. (1996). An omnibus study of personality, values, and prejudice. *Paper presented at the annual meeting of the International Society of Political Psychology, Vancouver, Canada.*

McFarland, S., Ageyev, V. S. & Abalakina, M. (1993). The authoritarian personality in the U.S.A. and the U.S.S.R: Comparative Studies. In W. F. Stone, G. Lederer & R. Christie (Hrsg.), *Strength and weakness. The authoritarian personality today* (S. 199-225). New York, Berlin: Springer.

McFarland, S., Ageyev, V. S. & Hinton, K. (1995). Economic threat and authoritarianism in the United States and Russia. *Paper presented at the 18th conference of the International Society for Political Psychology.*

McFarland, S., Ageyev, V. S. & Abalakina-Paap, M. A. (1992). Authoritarianism in the former Soviet Union. *Journal of Personality and Social Psychology, 63,* 1004-1010.

McFarland, S., Ageyev, V. S. & Djintcharadze, N. (1996). Russian authoritarianism two years after Communism. *Personality and Social Psychology Bulletin, 22,* 210-217.

McGarty, C. & Penny, R. E. C. (1988). Categorization, accentuation and social judgement. *British Journal of Social Psychology, 27,* 147-157.

McGarty, C. & Turner, J. C. (1992). The effects of categorization on social judgement. *British Journal of Social Psychology, 31,* 253-268.

Mednick, S. A. (1962). The associative basis of the creative process. *Psychological Review, 69,* 220-232.

Medsker, G. J., Williams, L. J. & Holahan, P. J. (1994). A review of current practices for evaluating causal models in organizational behavior and human resources management research. *Journal of Management, 20,* 439-464.

Meeus, W. & Raaijmakers, Q. A. (1989). Autoritätsgehorsam in Experimenten des Milgram-Typs: Eine Forschungsübersicht. *Zeitschrift für Sozialpsychologie, 20,* 70-85.

Meloen, J. D. (1993). The F-Scale as a predictor of fascism: An overview of 40 years of authoritarianism research. In W. F. Stone, G. Lederer & R. Christie (Hrsg.), *Strength and weakness. The authoritarian personality today* (S. 47-69). New York: Springer-Verlag.

Meloen, J. D. (1999). Authoritarianism in the Netherlands: Mission completed? Downward trends in authoritarianism in the Netherlands 1970-1992 with an international comparison of world data. *Social Thought and Research, 22,* 45-93.

Meloen, J. D., van der Linden, G. & de Witte, H. (1996). A test of the approaches of Adorno et al., Lederer und Altemeyer of authorianism in Belgian Flanders: A research note. *Politicial Psychology, 17,* 643-656.

Meloen, J. D & Middendorp, C. P. (1991). Authoritarianism in the Netherlands: The empirical distribution in the population and its relation to theories on authoritarianism 1970-1985. *Politics and the Individual, 2,* 49-72.

Meloen, J., de Witte, H. & van der Linden, G. (1999). Authoritarianism and voting for a racist party in Belgian Flanders: A model tested among secondary school pupils. *Politics, Groups, and the Individual, 8,* 21-40.

Milburn, M. A. & Conrad, S. D. (2000). *Die Sozialisation von Autoritarismus* (S. 52-68). Opladen: Leske + Budrich.

Milgram, S. (1974). *Obedience to authority*. London: Tavistock.

Moghaddam, F. M. & Stringer, P. (1986). "Trivial" and "important" criteria for social categorization in the minimal group paradigm. *Journal of Social Psychology, 126,* 345-354.

Mullen, B., Brown, R. & Smith, C. (1992). Ingroup bias as a function of salience, relevance, and status: An integration. *European Journal of Social Psychology, 22,* 103-123.

Mummendey, A., Klink, A. & Brown, R. (2001). Nationalism and patriotism: National identification and out-group rejection. *British Journal of Social Psychology, 40,* 159-171.

Mummendey, A., Klink, A., Mielke, R., Wenzel, M. & Blanz, M. (1999). Socio-structural characteristics of intergroup relations and identity management strategies: Results from a field study in East Germany. *European Journal of Social Psychology, 29,* 259-285.

Mummendey, A., Otten, S., Berger, U. & Kessler, T. (2000). Positive-negative asymmetry in social discrimination: Valence of evaluation and salience of categorization. *Personality and Social Psychology Bulletin, 26,* 1258-1270.

Mummendey, A., Simon, B., Dietze, C., Gruenert, M., Haeger, G., Kessler, S., Lettgen, S. & Schäferhoff, S. (1992). Categorization is not enough: Intergroup discrimination in negative outcome allocation. *Journal of Experimental Social Psychology, 28,* 125-144.

Ng, S. H. & Cram, F. (1988). Intergroup bias by defensive and offensive groups in majority and minority conditions. *Journal of Personality and Social Psychology, 55,* 749-757.

Norusis, M. J. (1993). *SPSS for Windows. Professional statstics. Release 6.0.* Chicago, IL: SPSS Inc.

Oesterreich, D. (1974). *Autoritarismus und Autonomie.* Stuttgart: Klett.

Oesterreich, D. (1985). Authoritarianism. The end of a concept? *High School Journal, 68,* 97-102.

Oesterreich, D. (1993). *Autoritäre Persönlichkeit und Gesellschaftsordnung. Der Stellenwert psychischer Faktoren für politische Einstellungen - eine empirische Untersuchung von Jugendlichen in Ost und West.* Weinheim: Juventa.

Oesterreich, D. (1996). *Flucht in die Sicherheit. Zur Theorie des Autoritarismus und der autoritären Reaktion.* Opladen: Leske + Budrich.

Oesterreich, D. (1997). Krise und autoritäre Reaktion. Drei empirische Untersuchungen zur Entwicklung rechtsextremistischer Orientierungen bei Jugendlichen in Ost und West von 1991 bis 1995. *Gruppendynamik, 28,* 259-272.

Oesterreich, D. (1998). Ein neues Maß zur Messung autoritärer Charaktermerkmale. *Zeitschrift für Sozialpsychologie, 29,* 56-64.

Oesterreich, D. (1999). Flucht in die Sicherheit. Ein neuer Ansatz und ein neues Maß zur autoritären Persönlichkeit. *Zeitschrift für Politische Psychologie, 7,* 289-302.

Oesterreich, D. (2000). Autoritäre Persönlichkeit und Sozialisation im Elternhaus. Theoretische Überlegungen und empirische Ergebnisse. In S. Rippl, C. Seipel & A. Kindervater (Hrsg.), *Autoritarismus. Kontroversen und Ansätze der aktuellen Autoritarismusforschung* (S. 69-92). Opladen: Leske + Budrich.

Padgett, V. R. & Jorgenson, D. O. (1982). Superstition and economic threat: Germany, 1918-1940. *Personality and Social Psychology Bulletin, 8*, 736-741.

Palmer, D. L. (1996). Determinants of Canadian attitudes toward immigration: More than just racism? *Canadian Journal of Behavioral Science, 28*, 180-192.

Perry, W. G. (1970). *Forms of intellectual and ethical development in the college years.* New York: Holt, Rinehart & Winston.

Peterson, B. E. & Lane, M. D. (2001). Implications of authoritarianism for young adulthood: Longitudinal analysis of college experiences and future goals. *Personality and Social Psychology Bulletin, 27*, 678-690.

Petta, G. & Walker, I. (1992). Relative deprivation and ethnic identity. *British Journal of Social Psychology, 31*, 285-293.

Pettigrew, T. F. (1998). Intergroup contact theory. *Annual Review of Psychology, 49*, 65-85.

Pettigrew, T. F. (1999). Placing authoritarianism in social context. *Politics, Groups and the Individual, 8*, 5-20.

Pettigrew, T. F. (2001). Personality and sociocultural factors in intergroup attitudes: A cross-national comparison. In M. A. Hogg & D. Abrams (Hrsg.), *Intergroup relations: Essential readings. Key readings in social psychology* (S. 18-29). Sussex: Psychology Press.

Pettigrew, T. F. & Tropp, L. R. (2000). Does intergroup contact reduce prejudice? Recent meta-analytic findings. In S. Oskamp (Hrsg.), *Reducing prejudice and discrimination* (S. 93-114). London: Lawrence Erlbaum.

Petzel, T. (1998). *Entwicklung einer deutschsprachigen Gruppenkohäsionsskala.* Marburg: unveröffentlichtes Manuskript.

Petzel, T., Wagner, U., van Dick, R., Stellmacher, J. & Lenke, S. (1997). Der Einfluß autoritaristischer Einstellungen von Lehrerinnen und Lehrern auf ihr Verhalten in konflikthaften interkulturellen Situationen in der Schule. *Gruppendynamik, 28*, 291-303.

Petzel, T., Wagner, U., van Dick, R. & Stellmacher, J. (1999). *Authoritarianism and group identification.* Paper presented at the 12th General Meeting of the European Association of Experimental Social Psychology, Oxford, July 6th-11th.

Petzel, T., Wagner, U., Nicolai, K. & Dick, R. van. (1997). Ein kurzes Instrument zur Messung der Autoritarismus-Neigung. *Gruppendynamik, 28*, 251-258.

Plant, W. T. (1960). Rokeach's dogmatism scale as a measure of general authoritarianism. *Psychological Reports, 6*, 164.

Pratto, F., Liu, J. H., Levin, S., Sidanius, J., Shih, M., Bachrach, H. & Hegarty, P. (2000). Social dominance orientation and the legitimization of inequality across cultures. *Journal of Cross Cultural Psychology, 31*, 369-409.

Pratto, F., Sidanius, J., Stallworth, L. M. & Malle, B. F. (1994). Social dominance orientation: A personality variable predicting social and political attitudes. *Journal of Personality and Social Psychology, 67*, 741-763.

Quillian, L. (1995). Prejudice as a response to perceived group threat: Population composition and anti-immigrant and racial prejudice in Europe. *American Sociological Review, 60*, 586-611.

Ray, J. J. (1976). Do authoritarian hold authoritarian attitudes? *Human Relation, 29*, 307-325.

Reich, W. (1986). *Massenpsychologie des Faschismus.* Köln: Kiepenhauer & Witsch.

Reicher, S. D. (1984). The St. Pauls' riot: An explanation of the limits of crowd action in terms of a social identity model. *European Journal of Social Psychology, 14*, 1-21.

Reicher, S. D. (1987). Crowd behaviour as social action. In J. C. Turner, M. A. Hogg, P. J. Oakes, S. D. Reicher & M. S. Wetherell (Hrsg.), *Rediscovering the social group* (S. 171-202). Oxford: Blackwell.

Reicher, S. D. (1996). "The Battle of Westminster": Developing the social identity model of crowd behaviour in order to explain the initiation and development of collective conflict. *European Journal of Social Psychology, 26*, 115-134.

Reicher, S. D. & Levine, M. (1994a). Deindividuation, power relations between groups and the expression of social identity: The effects of visibility to the outgroup. *British Journal of Social Psychology, 33*, 145-163.

Reicher, S. D. & Levine, M. (1994b). On the consequences of deindividuation manipulations for the strategic communication of self: Identifiability and the self-presentation of social identity. *European Journal of Social Psychology, 24*, 511-524.

Reicher, S. D., Spears, R. & Postmes T. (1995). A social identity model of deindividuation phenomena. In W. Stroebe & M. Hewstone (Hrsg.), *European Review of Social Psychology* (Bd. 6, S. 161-198). Chichester: Wiley & Sons.

Reynolds, K. J., Turner, J. C., Haslam, S. A. & Ryan, M. K. (2001). The role of personality and group factors in explaining prejudice. *Journal of Experimental Social Psychology, 37*, 427-434.

Rickert, E. J. (1998). Authoritarianism and economic threat: Implications for political behavior. *Political Psychology, 19*, 707-720.

Roghmann, K. (1966). *Dogmatismus und Autoritarismus. Kritik der theoretischen Ansätze und Ergebnisse dreier westdeutscher Untersuchungen.* Meisenheim am Glan: Anton Hain.

Rokeach, M. (1954). The nature and meaning of dogmatism. *Psychological Review, 61*, 194-204.

Rokeach, M. (1960). *The open and closed mind.* New York: Basic Books.

Rokeach, M. (1968). *Beliefs, attitudes and values: A theory of organization and change.* San Francisco: Jossey-Bass.

Rokeach, M. (1973). *The nature of human values.* New York: Free Press.

Rokeach, M. & Cochrane, R. (1972). Self-confrontation and confrontation with another as determinants of long-term value change. *Journal of Applied Social Psychology, 2*, 283-292.

Rosenblatt, A., Greenberg, J., Solomon, S., Pyszczynski, T. & Lyon, D. (1989). Evidence for terror management theory: I. The effects of mortality salience on reactions to those who violate or uphold cultural values. *Journal of Personality and Social Psychology, 57*, 681-690.

Rost, D. H. & Schermer, F. J. (1986). Strategien der Prüfungsangstverarbeitung. *Zeitschrift für Differentielle und Diagnostische Psychologie, 7,* 127-149.

Rubenowitz, S. (1963). *Emotional flexibility-rigidity as a comprehensive dimension of mind.* Oxford: Almqvist and Wiksell.

Rubinstein, G. (1995). Authoritarianism in Israeli society. *Journal of Social Psychology, 135*, 237-249.

Runciman, W. G. (1966). *Relative deprivation and social justice.* London: Routledge and Kegan Paul.

Sachdev, I. & Bourhis, R. (1987). Status differentials and intergoup behaviour. *European Journal of Social Psychology, 17*, 277-293.

Sachdev, I. & Bourhis, R. (1991). Power and status differentials in minority and majority group relations. *European Journal of Social Psychology, 21*, 1-24.

Sales, S. M. (1972). Economic threat as a determinant of conversion rates to authoritarian and nonauthoritarian churches. *Journal of Personality and Social Psychology, 23*, 420-428.

Sales, S. M. (1973). Threat as a factor in authoritarianism: An analysis of archival data. *Journal of Personality and Social Psychology, 28*, 44-57.

Sales, S. M. & Friend, K. E. (1973). Success and failure as determinants of level of authoritarianism. *Behavioral Science, 18*, 163-172.

Samelson, F. (1993). The authoritarian character from Berlin to Berkeley and beyond: The odyssey of a problem. In W. F. Stone, G. Lederer & R. Christie (Hrsg.), *Strength and weakness* (S. 22-46). New York: Springer.

Sanford, N. (1973). The authoritarian personality in contemporary perspective. In J. Knutson (Hrsg.), *Handbook of political psychology* (S. 139-170). San Francisco: Jossey-Bass.

Saucier, G. (2000). Isms and the structure of social attitudes. *Journal of Personality and Social Psychology, 78*, 366-385.

Schmidt, P. & Heyder, A. (2000). Wer neigt eher zu autoritärer Einstellung und Ethnozentrismus, die Ost- oder die Westdeutschen? Eine Analyse mit Strukturgleichungsmodellen. In R. Alba, P. Schmidt & M. Wasmer (Hrsg.), *Deutsche und Ausländer: Freunde, Fremde oder Feinde?* Wiesbaden: Westdeutscher Verlag.

Schuman, H., Bobo, L. D. & Krysan, M. (1992). Authoritarianism in the general population: The education interaction hypotheses. *Social Psychology Quarterly, 55*, 379-387.

Schwartz, S. (1992). Universals in the content and structure of values. Theoretical advances and empirical tests in 20 countries. In M. P. Zanna (Hrsg.), *Advances in Experimental Social Psychology* (Bd. 25, S. 1-65). New York: Academic Press.

Schwartz, S. H. & Inbar Saban, N. (1988). Value self-confrontation as a method to aid in weight loss. *Journal of Personality and Social Psychology, 54*, 396-404.

Sears, D. O. (1988). Symbolic racism. In P. A. Katz & D. A. Taylor (Hrsg.), *Eliminating racism* (S. 53-84). New York: Plenum.

Secord, P. F. (1959). Stereotyping and favourableness in the perception of negro faces. *Journal of Abnormal and Social Psychology, 59*, 309-315.

Seipel, C., Rippl, S. & Kindervater, A. (2000). Probleme der empirischen Autoritarismusforschung. In S. Rippl, C. Seipel & A. Kindervater (Hrsg.), *Autoritarismus. Kontroversen und Ansätze der aktuellen Autoritarismusforschung* (S. 261-280). Opladen: Leske + Budrich.

Sherif, M. (1966). *Group conflict and cooperation.* London: Routledge and Kegan Paul.

Sherif, M., Harvey, O. J., White, B. J., Hood, W. R. & Sherif, C. W. (1961). *Intergroup conflict and co-operation: The robber's cave experiment.* Norman, Okla: University of Oklahoma.

Sherif, M. & Sherif, C. W. (1969). *Social psychology.* New York: Harper & Row.

Shils, E. A. (1954). Authoritarianism: 'Right' and 'Left'. In R. Christie & M. Jahoda (Hrsg.), *Studies in the scope and method of 'The authoritarian personality'* (S. 24-49). Glencoe, IL: Free Press.

Sidanius, J. (1985). Cognitive functioning and sociopolitical ideology revisited. *Political Psychology, 6*, 637-661.

Sidanius, J. & Pratto, F. (1999). *Social dominance. An intergroup theory of social hierarchy and oppression.* Cambridge: Cambridge University Press.

Six, B. (1996). Generalisierte Einstellungen. In M. Amelang (Hrsg.), *Temperaments- und Persönlichkeitsunterschiede, Enzyklopädie der Psychologie, Themenbereich C, Serie VIII, Differentielle Psychologie und Persönlichkeitsforschung* (Bd. 3, S. 1-50). Göttingen: Hogrefe.

Six, B. (1997). Autoritarismusforschung: Zwischen Tradition und Emanzipation. *Gruppendynamik, 28*, 223-238.

Six, B., Wolfradt, U. & Zick, A. (2001). Autoritarismus und Soziale Dominanzorientierung als generalisierte Einstellungen. *Zeitschrift für Politische Psychologie, 9*, 23-40.

Solomon, S., Greenberg, J. & Pyszczynski, T. (1992). A terror management theory of social behavior: The psychological functions of self-esteem and cultural worldviews. In M. P. Zanna (Hrsg.), *Advances in experimental social psychology* (Bd. 24, S. 93-159). San Diego, CA: Academic Press.

St. Claire, L. & Turner, J. C. (1982). The role of demand characteristics in the social catigorization paradigma. *European Journal of Social Psychology, 12*, 307-314.

Stangor, C., Jonas, K., Stroebe, W. & Hewstone, M. (1996). Influence of student exchange on national stereotypes, attitudes and perceived group variability. *European Journal of Experimental Social Psychology, 26*, 663-675.

Stellmacher, J. (1997). *Validierung zweier Autoritarismusskalen nach den Ansätzen von Altemeyer und Oesterreich.* Marburg: Unveröffentlichte Diplomarbeit.

Stellmacher, J., Petzel, T. & Sommer, G. (2002). Autoritarismus und Einstellung zu Menschenrechten im Ost-West-Vergleich. In K. Beohnke, D. Fuß & J. Hagan (Hrsg.), *Jugendgewalt und Rechtsextremismus. Soziologische und psychologische Analysen in internationaler Perspektive* (S. 93-118). Weinheim und München: Juventa.

Stellmacher, J. & Wagner, U. (1999). *Entwicklung einer deutschsprachigen Skala zur Sozialen Dominanzorientierung.* Marburg: Unveröffentlicher Bericht.

Stephan, W. G., Boniecki, K. A., Ybarra, O., Bettencourt, A., Ervin, K. S., Jackson, L. A., McNatt, P. S. & Renfro, C. L. (2002). The role of threats in the racial attitudes of Blacks and White. *Personality and Social Psychology Bulletin, 28*, 1242-1254.

Stephan, W. G. & Stephan, C. W. (1985). Intergroup anxiety. *Journal of Social Issues, 41*, 157-175.

Stephan, W. G. & Stephan, C. W. (1996). Predicting prejudice. *International Journal of Intercultural Relations, 20*, 409-426.

Stephan, W. G. & Stephan, C. W. (2000). An integrated threat theory of prejudice. In S. Oskamp (Hrsg.), *Reducing prejudice and discrimination* (S. 23-46). London: Lawrence Erlbaum.

Stephan, W. G., Ybarra, O. & Bachman, G. (1999). Prejudice towards immigrants: An integrated threat theory. *Journal of Applied Social Psychology, 29*, 2221-2237.

Stone, W. F. (1980). The myth of left-wing authoritarianism. *Political Psychology*, *2*, 3-19.

Stone, W. F., Lederer, G. & Christie, R. (Hrsg.) (1993). *Strength and weakness. The authoritarian personlity today*. New York: Springer-Verlag.

Stone, W. F. & Smith, L. D. (1993). Authoritarianism: Left and right. In W. F. Stone, G. Lederer & R. Christie (Hrsg.), *Strength and weakness. The authoritarian personality today* (S. 144-156). New York: Springer.

Struch, N. & Schwartz, S. H. (1989). Intergroup aggression: its predictors and distinctness from ingroup bias. *Journal of Personality and Social Psychology*, *56*, 364-373.

Tabachnick, B., G. & Fidell, L. S. (2001). *Using multivariate statistics* (4. Aufl.). Boston: Allyn and Bacon.

Tajfel, H. (1957). Value and the perceptual judgement of magnitude. *Psychological Review*, *64*, 192-204.

Tajfel, H. (1959). Quantitative judgement in social perception. *British Journal of Psychology*, *50*, 16-29.

Tajfel, H. (1970). Experiments in intergroup discrimination. *Scientific American*, *223*, 96-102.

Tajfel, H. (1975). Soziales Kategorisieren. In S. Moscovici (Hrsg.), *Forschungsgebiete der Sozialpsychologie* (S. 345-380). Frankfurt a.M.: Fischer-Athenäum.

Tajfel, H. (1978). Social categorization, social identity, and social comparison. In H. Tajfel (Hrsg.), *Differenciation between Social Groups. Studies in the social psychology of intergroup relations* (S. 61-76). London: Academic Press.

Tajfel, H. (1981). *Human groups and social categories: Studies in social psychology*. Cambridge: Cambridge University Press.

Tajfel, H. (1982). *Gruppenkonflikt und Vorurteil*. Bern: Huber.

Tajfel, H., Billig, M. G., Bundy, R. P. & Flament, C. (1971). Social categorization and intergroup behavior. *European Journal of Social Psychology*, *1*, 149-178.

Tajfel, H. & Turner, J. C. (1979). An integrative theory of intergroup conflict. In W. G. Austin & S. Worchel (Hrsg.), *The social psychology of intergroup relations* (S. 33-47). Monterey, CA: Brooks/Cole.

Tajfel, H. & Turner, J. C. (1986). The social of identity theory of intergroup behaviour. In S. Worchel & W. G. Austin (Hrsg.), *Psychology of intergroup relations* (S. 7-24). Chicago: Nelson.

Tajfel, H. & Wilkes, A. L. (1963). Classification and quantitative judgement. *British Journal of Psychology*, *54*, 101-113.

Taylor, D. M & Moghaddam, F. M. (1994). *Theories of intergroup relations*. Westport, CO: Praeger.

Titus, H. E. & Hollander, E. P. (1957). The California F scale in psychologcal research: 1950-1955. *Psychological Bulletin*, *54*, 47-64.

Triandis, H. C. (1995). *Individualism and collectivism*. Boulder, CO: Westview Press.

Triandis, H. C., Bontempo, R. N., Villareal, M. J., Asai, M. & Lucca, N. (1988). Individualism and collectivism: Cross-cultural perspectives on self-ingroup relationships. *Journal of Personality and Social Psychology*, *54*, 323-338.

Triandis, H. C. & Gelfand, M. J. (1998). Converging measurement of horizontal and vertical individualism and collectivism. *Journal of Personality and Social Psychology, 74*, 118-128.

Tropp, L. R. & S. C. Wright. (1999). Ingroup identification and relative deprivation: An examination across multiple social comparisons. *European Journal of Social Psychology, 29*, 707-724.

Turner, J. C. (1978). Social categorization and social discrimination in the minimal group paradigm. In H. Tajfel (Hrsg.), *Differentiation between social groups* (S. 101-140). London: Academic Press.

Turner, J. C. (1982). Towards a cognitive redefinition of the social group. In H. Tajfel (Hrsg.), *Social identity and intergroup relations* (S. 15-40). Cambridge: Cambridge University Press.

Turner, J. C. (1983a). A second reply to Bornstein, Crum, Wittenbraker, Harring, Insko and Thibaut on the measurement of social orientation. *European Journal of Social Psychology, 13*, 383-387.

Turner, J. C. (1983b). Some comments on. 'the measurement of social orientations in the minimal group paradigm'. *European Journal of Social Psychology, 13*, 351-367.

Turner, J. C. (1999). Some current issues in research on social identity and self-categorization theories. In N. Ellemers, R. Spears & B. Doosje (Hrsg.), *Social identity. Context, commitment, content* (S. 6-34). Oxford: Blackwell.

Turner, J. C. & Brown, R. (1978). Social status, cognitive alternatives and intergroup relations. In H. Tajfel (Hrsg.), *Differentiation between Social Groups: Studies in the Social Psychology of Intergroup Relations* (S. 201-234). London: Academic Press.

Turner, J. C., Hogg, M. A., Oakes, P. J., Reicher, S. D. & Wetherell, M. S. (1987). *Rediscovering the social group*. Oxford: Blackwell.

Vacchiano, R. B., Strauss, P. S. & Hochman, L. (1969). The open and closed mind: A review of dogmatism. *Psychological Bulletin, 71*, 261-273.

van Dick, R. (1999). *Streß und Arbeitszufriedenheit im Lehrerberuf.* Marburg: Tectum Verlag.

van Dick, R., Wagner, U., Adams, C. & Petzel, T. (1997). Einstellungen zur Akkulturation: Erste Evaluation eines Fragebogens an sechs deutschen Stichproben. *Gruppendynamik, 28*, 83-92.

Van Hiel, A. & Mervielde, I. (2002). Explaining conservative beliefs and political preferences: A comparison of social dominance orientation and authoritarianism. *Journal of Applied Social Psychology, 32*, 965-976.

van Ijzendoorn, M. H. (1989). Moral judgement, authoritarianism, and ethnozentrism. *Journal of Social Psychology, 129*, 37-45.

Vaughan, G. M. (1978). Social change and intergroup preferences in New Zealand. *European Journal of Social Psychology, 8*, 297-314.

Verkuyten, M. & Hagendoorn, L. (1998). Prejudice and self-categorization: The variable role of authoritarianism and in-group stereotypes. *Personality and Social Psychology Bulletin, 24*, 99-110.

Wacker, A. (1979). Zur Aktualität und Relevanz klassischer Faschismustheorien. In G. Paul & B. Schossig (Hrsg.), *Jugend und Neofaschismus: Provokation oder Identifikation* (S. 105-137). Frankfurt a. M.: EVA.

Wagner, R. K. & Sternberg, R. J. (1991). *Tacit knowledge inventory for managers.* San Antonio, TX: Psychological Corporation.

Wagner, U. (1982). *Soziale Schichtzugehörigkeit, formales Bildungsniveau und ethnische Vorurteile.* Bochum: Dissertation.

Wagner, U. (1994). *Eine sozialpsychologische Analyse von Intergruppenbeziehungen.* Göttingen: Hogrefe.

Wagner, U., van Dick, R., Pettigrew, T. F. & Christ, O. (2003). Ethnic prejudice in East- and West-Germany: The explanatory power of intergroup contact. *Group Process and Intergroup Relations, 6,* 23-37.

Wagner, U., Lampen, L. & Syllwasschy, J. (1986). In-group inferiority, social identity and out-group devaluation in a modified minimal group study. *British Journal of Social Psychology, 25,* 15-23.

Wagner, U. & Stellmacher, J. (2000). *Intergruppenprozesse.* Hagen: Fernuniversität-Gesamthochschule Hagen.

Wagner, U. & Ward, P. L. (1993). Variation of out-group presence and evaluation of the in-group. *British Journal of Social Psychology, 32,* 241-251.

Wagner, U. & Zick, A. (1990). Psychologie der Intergruppenbeziehungen: Der 'Social Identiy Approach'. *Gruppendynamik, 21,* 319-330.

Wagner, U. & Zick, A. (1993). Selbstdefinitionen und Intergruppenbeziehungen: Der Social Identity Approach. In B. E. Poerzgen & E. H. E. Witte (Hrsg.), *Selbstkonzept und Identität. Braunschweiger Studien zur Erziehungs- und Sozialarbeitswissenschaft* (Bd. 34). Braunschweig: Beiträge des 8. Hamburger Symposions zur Methodologie der Sozialpsychologie, Technische Universitaet, Fachbereich 9, Seminar für Soziologie und Sozialarbeitswissenschaft, Abteilung Sozialarbeitswissenschaft.

Walker, W. D., Rowe, R. C. & Quinsey, V. L. (1993). Authoritarianism and sexual aggression. *Journal of Personality and Social Psychology, 65,* 1036-1045.

Walter, M. I., Thorpe, G. L. & Kingery, L. R. (2001). The Common Beliefs Survey-III, the Situational Self-Statement, and Affective State Inventory and their relationship to authoritarianism and social dominance orientation. *Journal of Rational Emotive and Cognitive Behavior Therapy, 19,* 105-118.

Wang, A. Y. (1999). Gender and nature: A psychological analysis of ecofeminist theory. *Journal of Applied Social Psychology, 29,* 2410-2424.

Whitley, B. E. J. (1999). Right-wing authoritarianism, social dominance orientation, and prejudice. *Journal of Personality and Social Psychology, 77,* 126-134.

Whitley, B. E. J. & Ægisdottir, S. (2000). The gender belief system, authoritarianism, social dominance orientation, and heterosexuals' attitudes toward lesbians and gay men. *Sex Roles, 42,* 947-967.

Whitley, B. E. J. & Lee, S. E. (2000). The relationship of authoritarianism and related constructs to attitudes toward homosexuality. *Journal of Applied Social Psychology, 30,* 144-170.

Wiggershaus, R. (1986). *Die Frankfurter Schule. Geschichte. Theoretische Entwicklung. Politische Bedeutung.* München: Hanser.

Wilder, D. A. & Shapiro, P. N. (1984). Role of out-group cues in determining social identity. *Journal of Personality and Social Psychology, 47*, 342-348.

Worchel, S. ,Morales, J. F. , Paez, D. & Deschamps, J. C. (Hrsg.) (1998). *Social Identity: International Perspectives.* Thousand Oakes, CA: Sage.

Zakrisson, I. & Löfstrand, P. (2002). Tolerance, RWA, SDO, and perceived upbringing in Sweden. *Paper presented at the 25th annual scientific meeting of the International Society of Political Psychology, Berlin, July 16-19.*

Zick, A. (1997). *Vorurteile und Rassismus. Eine sozialpsychologische Analyse.* Münster: Waxmann.

Zick, A. & Petzel, T. (1999). Authoritarianism, racism and ideologies about acculturation. *Politics, Groups, and the Individual, 8*, 41-64.

Zick, A. & Six, B. (1997). Autoritarismus, Vorurteile und Einstellungen zur Akkulturation. *Gruppendynamik, 28*, 305-320.

Zick, A., Wagner, U., van Dick, R. & Petzel, T. (2001). Acculturation and prejudice in Germany: Majority and minority perspectives. *Jounal of Social Issues, 57*, 541-557.

Zimbardo, P. G. (1969). The human choice: Individuation, reason, and order versus deindividuation, impulse and chaos. In W. J. Arnold & D. Levine (Hrsg.), *Nebraska Symposium on Motivation* (Bd. 17, S. 237-307). Lincoln, NB: University of Nebraska Press.

Zimbardo, P. G. (1999). Stanford-Gefängnis-Experiment. Eine Simulationsstudie über die Psychologie der Haft. Durchgeführt an der Stanford Universität. Verfügbar unter: *http://www.prisonexp.org* (Stand: Mai 2003).

17. Anhang

Inhaltsverzeichnis

17.1. Dokumentation der Gruppenautoritarismusskalen

17.1.1. Gruppenautoritarismus-Skala – Basisversion

Im folgenden finden Sie einige Feststellungen darüber, wie eine gesellschaftliche Gruppe *(z.b. eine politische Initiative oder Partei, eine Gewerkschaft oder auch eine Sportgruppe)* funktionieren sollte. Geben Sie bitte an, wieweit Sie diesen Feststellungen zustimmen oder sie eher ablehnen würden.

Ein Gruppenmitglied sollte nichts tun, das den Normen oder Regeln der Gruppe widerspricht.	stimmt überhaupt nicht	1	2	3	4	5	6	stimmt voll und ganz
Ein Mitglied einer Gruppe darf sich auch anders verhalten, als die Gruppenregeln es verlangen.	stimmt überhaupt nicht	1	2	3	4	5	6	stimmt voll und ganz
Ein Gruppenmitglied sollte sich immer an die Regeln der jeweiligen Gruppe halten.	stimmt überhaupt nicht	1	2	3	4	5	6	stimmt voll und ganz
Ein Gruppenmitglied darf manchmal gegen die Regeln einer Gruppe verstoßen.	stimmt überhaupt nicht	1	2	3	4	5	6	stimmt voll und ganz
Ein Gruppenmitglied, das gegen die Regeln der Gruppe verstoßen hat, sollte streng bestraft werden.	stimmt überhaupt nicht	1	2	3	4	5	6	stimmt voll und ganz
Ein Gruppenmitglied sollte auf keinen Fall bestraft werden, wenn es einmal gegen die Regeln der Gruppe verstoßen hat.	stimmt überhaupt nicht	1	2	3	4	5	6	stimmt voll und ganz
Ein Mitglied, das die Regeln seiner Gruppe verletzt, sollte immer zur Rechenschaft gezogen werden.	stimmt überhaupt nicht	1	2	3	4	5	6	stimmt voll und ganz
Ein Gruppenmitglied muß nicht unbedingt bestraft werden, wenn es die Regeln der Gruppe verletzt.	stimmt überhaupt nicht	1	2	3	4	5	6	stimmt voll und ganz
Wenn eine Gruppe einen Anführer hat, schulden ihm die Gruppenmitglieder auf jeden Fall Respekt und Gehorsam.	stimmt überhaupt nicht	1	2	3	4	5	6	stimmt voll und ganz
Wenn ein Gruppenmitglied die Entscheidungen des Gruppenleiters nicht richtig findet, sollte es seinen Anordnungen nicht folgen.	stimmt überhaupt nicht	1	2	3	4	5	6	stimmt voll und ganz
Anweisungen eines Gruppenleiters sollten immer befolgt werden.	stimmt überhaupt nicht	1	2	3	4	5	6	stimmt voll und ganz
Ein Gruppenmitglied sollte Anweisungen eines Gruppenleiters nur dann befolgen, wenn sie auch seinen eigenen Interessen entsprechen.	stimmt überhaupt nicht	1	2	3	4	5	6	stimmt voll und ganz

17.1.2. Gruppenautoritarismus-Skala – Version "Studierende"

Im folgenden finden Sie einige Feststellungen darüber, wie die Studierenden-schaft ihres Fachbereichs funktionieren sollte. Geben Sie bitte an, wieweit Sie diesen Feststellungen zustimmen.

Ein Student sollte nichts tun, das den Normen oder Regeln des eigenen Fachbereichs widerspricht.	stimmt überhaupt nicht	1	2	3	4	5	6	stimmt voll und ganz
Ein Student muß nicht gleich sehr hart bestraft werden, wenn er einmal gegen die Regeln des eigenen Fachbereichs verstoßen hat.	stimmt überhaupt nicht	1	2	3	4	5	6	stimmt voll und ganz
Anweisungen von offiziellen Vertretern des eigenen Fachbereichs sollten immer befolgt werden.	stimmt überhaupt nicht	1	2	3	4	5	6	stimmt voll und ganz
Ein Student darf sich auch anders verhalten, als die Regeln des eigenen Fachbereichs es verlangen.	stimmt überhaupt nicht	1	2	3	4	5	6	stimmt voll und ganz
Ein Student, der die Regeln des eigenen Fachbereichs verletzt, sollte immer zur Rechenschaft gezogen werden.	stimmt überhaupt nicht	1	2	3	4	5	6	stimmt voll und ganz
Ein Student sollte Anweisungen von offiziellen Vertretern des eigenen Fachbereichs nur dann befolgen, wenn sie auch seinen eigenen Interessen entsprechen.	stimmt überhaupt nicht	1	2	3	4	5	6	stimmt voll und ganz
Ein Student sollte sich immer an die Regeln des eigenen Fachbereichs halten.	stimmt überhaupt nicht	1	2	3	4	5	6	stimmt voll und ganz
Ein Student sollte auf keinen Fall bestraft werden, wenn er die Regeln des eigenen Fachbereichs verletzt.	stimmt überhaupt nicht	1	2	3	4	5	6	stimmt voll und ganz
Wenn der eigene Fachbereich einen offiziellen Vertreter hat, schulden ihm die Studierenden auf jeden Fall Respekt und Gehorsam.	stimmt überhaupt nicht	1	2	3	4	5	6	stimmt voll und ganz
Ein Student darf manchmal gegen die Regeln des eigenen Fachbereichs verstoßen.	stimmt überhaupt nicht	1	2	3	4	5	6	stimmt voll und ganz
Ein Student, der gegen die Regeln des eigenen Fachbereichs verstoßen hat, sollte streng bestraft werden.	stimmt überhaupt nicht	1	2	3	4	5	6	stimmt voll und ganz
Wenn ein Student die Entscheidungen von offiziellen Vertretern des eigenen Fachbereichs nicht richtig findet, sollte er seinen Anordnungen nicht folgen.	stimmt überhaupt nicht	1	2	3	4	5	6	stimmt voll und ganz

17.1.3. Gruppenautoritarismus-Skala – Version "Nation"

Im folgenden finden Sie einige Feststellungen darüber, wie ihre Gesellschaft, in der Sie leben, funktionieren sollte. Geben Sie bitte an, inwieweit Sie den folgenden Feststellungen zustimmen.

Ein Mitglied meiner Nation sollte nichts tun, das den gesellschaftlichen Normen und Regeln widerspricht.	stimmt überhaupt nicht	1	2	3	4	5	6	stimmt voll und ganz
Ein Bürger muß nicht gleich sehr hart bestraft werden, wenn er einmal gegen die Regeln der eigenen Gesellschaft verstoßen hat.	stimmt überhaupt nicht	1	2	3	4	5	6	stimmt voll und ganz
Anweisungen der eigenen Regierung sollten immer befolgt werden.	stimmt überhaupt nicht	1	2	3	4	5	6	stimmt voll und ganz
Ein Mitglied meiner Nation sollte Anweisungen der Regierung nur dann befolgen, wenn sie auch seinen eigenen Interessen entsprechen.	stimmt überhaupt nicht	1	2	3	4	5	6	stimmt voll und ganz
Ein Bürger darf sich auch anders verhalten als die Regeln der eigenen Gesellschaft es verlangen.	stimmt überhaupt nicht	1	2	3	4	5	6	stimmt voll und ganz
Ein Mitglied meiner Nation sollte auf keinen Fall bestraft werden, wenn es gesellschaftliche Regeln verletzt.	stimmt überhaupt nicht	1	2	3	4	5	6	stimmt voll und ganz
Wenn meine Nation eine Regierung gewählt hat, schulden ihm die Mitglieder auf jeden Fall Respekt und Gehorsam.	stimmt überhaupt nicht	1	2	3	4	5	6	stimmt voll und ganz
Ein Bürger, der die Regeln der eigenen Gesellschaft verletzt, sollte immer zur Rechenschaft gezogen werden.	stimmt überhaupt nicht	1	2	3	4	5	6	stimmt voll und ganz
Ein Bürger sollte sich immer an die Regeln der eigenen Gesellschaft halten.	stimmt überhaupt nicht	1	2	3	4	5	6	stimmt voll und ganz
Ein Mitglied meiner Nation darf manchmal gegen die Regeln meiner Gesellschaft verstoßen.	stimmt überhaupt nicht	1	2	3	4	5	6	stimmt voll und ganz
Ein Mitglied meiner Nation, das gegen gesellschaftliche Regeln verstoßen hat, sollte streng bestraft werden.	stimmt überhaupt nicht	1	2	3	4	5	6	stimmt voll und ganz
Wenn ein Bürger die Entscheidungen seiner Regierung nicht richtig findet, sollte er ihren Anweisungen nicht folgen.	stimmt überhaupt nicht	1	2	3	4	5	6	stimmt voll und ganz

17.1.4. Gruppenautoritarismus-Skala – Version "Psychologinnen und Psychologen" aus Studie 1 (vgl. Kap. 12.1.)

Der größte Dachverband der Psychologen ist der Berufsverband Deutscher Psychologinnen und Psychologen (BDP). Der BDP stellte bei der Diskussion um das Psychotherapeutengesetz eine wichtige Vertretung der Psychologen dar. Jedoch wurden einige Stellungnahmen, die die offiziellen Vertreter des BDP's bei den Verhandlungen zum neuen Psychotherapeutengesetz abgaben, von einigen Psychologen stark kritisiert. Momentan werden die Ausführungsbestimmungen zur konkreten Umsetzung des Psychotherapeutengesetz verhandelt. *Im folgenden finden Sie einige Aussagen darüber, wie sich die Studierenden der Psychologie bzw. Diplom-Psychologen im Hinblick auf die weiteren Verhandlungen zur konkreten Umsetzung des neuen Psychotherapeutengesetz verhalten sollten.* Bei manchen Items wird auf Normen und Regeln Bezug genommen. Damit sind Normen und Regeln gemeint, wie sich Psychologen z.B. bei Diskussionen zur konkreten Umsetzung des Psychotherapeutengesetzes dem BDP gegenüber verhalten sollten.

Geben Sie bitte an, wieweit Sie den folgenden Aussagen zustimmen.

Aussage	stimmt überhaupt nicht	1	2	3	4	5	6	stimmt voll und ganz
Ein Psychologe sollte nichts tun, das den Normen oder Regeln der Gruppe der Psychologen widerspricht.	stimmt überhaupt nicht	1	2	3	4	5	6	stimmt voll und ganz
Ein Psychologe muß nicht gleich sehr hart bestraft werden, wenn er einmal gegen die Regeln von offiziellen Vertretern des BDP's verstoßen hat.	stimmt überhaupt nicht	1	2	3	4	5	6	stimmt voll und ganz
Anweisungen von offiziellen Vertretern der Psychologen sollten immer befolgt werden.	stimmt überhaupt nicht	1	2	3	4	5	6	stimmt voll und ganz
Ein Psychologe sollte Anweisungen von offiziellen Vertretern des BDP's nur dann befolgen, wenn sie auch seinen eigenen Interessen entsprechen.	stimmt überhaupt nicht	1	2	3	4	5	6	stimmt voll und ganz
Ein Psychologe darf sich auch anders verhalten, als die Regeln des BDP's es verlangen.	stimmt überhaupt nicht	1	2	3	4	5	6	stimmt voll und ganz
Ein Psychologe sollte auf keinen Fall bestraft werden, wenn er die Regeln der Gruppe der Psychologen verletzt.	stimmt überhaupt nicht	1	2	3	4	5	6	stimmt voll und ganz
Wenn die Gruppe der Psychologen einen offiziellen Vertreter hat, schulden ihm die Psychologen auf jeden Fall Respekt und Gehorsam.	stimmt überhaupt nicht	1	2	3	4	5	6	stimmt voll und ganz
Ein Psychologe, der die Regeln von offiziellen Vertretern der Gruppe der Psychologen verletzt, sollte immer zur Rechenschaft gezogen werden.	stimmt überhaupt nicht	1	2	3	4	5	6	stimmt voll und ganz
Ein Psychologe sollte sich immer an die Regeln der Gruppe der Psychologen halten.	stimmt überhaupt nicht	1	2	3	4	5	6	stimmt voll und ganz
Ein Psychologiestudent darf manchmal gegen die Regeln von offiziellen Vertretern des BDP's verstoßen.	stimmt überhaupt nicht	1	2	3	4	5	6	stimmt voll und ganz
Ein Psychologe, der gegen die Regeln des BDP's verstoßen hat, sollte streng bestraft werden.	stimmt überhaupt nicht	1	2	3	4	5	6	stimmt voll und ganz
Wenn ein Psychologe die Entscheidungen von offiziellen Vertretern der Gruppe der Psychologen nicht richtig findet, sollte er seinen Anordnungen nicht folgen.	stimmt überhaupt nicht	1	2	3	4	5	6	stimmt voll und ganz

17.1.5. Gruppenautoritarismus-Skala – Version "Bündnis90/Die Grünen Wählerinnen und Wähler" aus Studie 2 (vgl. Kap. 12.2.)

Die Partei Bündnis 90/Die Grünen ist während des Jugoslawien-Krieges aus den eigenen Reihen wegen ihrer Zustimmung zum Krieg z.T stark kritisiert worden. Im folgenden finden Sie einige Aussagen darüber, wie sich die Anhänger der Grünen im Hinblick auf die Fortführung der Regierungspolitik und der Vermittlung der Politik in der Öffentlichkeit verhalten sollten.

Geben Sie bitte an, wieweit Sie den folgenden Aussagen zustimmen.

Aussage	stimmt überhaupt nicht	1	2	3	4	5	6	stimmt voll und ganz
Ein Anhänger der Grünen sollte nichts tun, das den Normen oder Regeln der Partei widerspricht.	stimmt überhaupt nicht	1	2	3	4	5	6	stimmt voll und ganz
Ein Anhänger der Grünen sollte Anweisungen von offiziellen Vertretern der Partei nur dann befolgen, wenn sie auch seinen eigenen Interessen entsprechen.	stimmt überhaupt nicht	1	2	3	4	5	6	stimmt voll und ganz
Ein Anhänger der Grünen sollte auf keinen Fall bestraft werden, wenn er die Regeln der Partei verletzt.	stimmt überhaupt nicht	1	2	3	4	5	6	stimmt voll und ganz
Wenn die Partei der Grünen einen offiziellen Vertreter hat, schulden ihm die Mitglieder auf jeden Fall Respekt und Gehorsam.	stimmt überhaupt nicht	1	2	3	4	5	6	stimmt voll und ganz
Ein Anhänger der Grünen darf manchmal gegen die Regeln von offiziellen Vertretern der Partei verstoßen.	stimmt überhaupt nicht	1	2	3	4	5	6	stimmt voll und ganz
Ein Anhänger der Grünen, der gegen die Regeln der Partei verstoßen hat, sollte streng bestraft werden.	stimmt überhaupt nicht	1	2	3	4	5	6	stimmt voll und ganz

17.1.6. Gruppenautoritarismus-Skala – Version "SPD-Wählerinnen und Wähler" aus Studie 2 (vgl. Kap. 12.2.)

Die SPD ist während des Jugoslawien-Krieges aus den eigenen Reihen wegen ihrer Zustimmung zum Krieg z.t stark kritisiert worden. Im folgenden finden Sie einige Aussagen darüber, wie sich die Anhänger der Grünen im Hinblick auf die Fortführung der Regierungspolitik und der Vermittlung der Politik in der Öffentlichkeit verhalten sollten.

Geben Sie bitte an, wieweit Sie den folgenden Aussagen zustimmen.

Ein Anhänger der Grünen sollte nichts tun, das den Normen oder Regeln der Partei widerspricht.	stimmt überhaupt nicht	1 2 3 4 5 6					stimmt voll und ganz
Ein Anhänger der Grünen sollte Anweisungen von offiziellen Vertretern der Partei nur dann befolgen, wenn sie auch seinen eigenen Interessen entsprechen.	stimmt überhaupt nicht	1 2 3 4 5 6					stimmt voll und ganz
Ein Anhänger der Grünen sollte auf keinen Fall bestraft werden, wenn er die Regeln der Partei verletzt.	stimmt überhaupt nicht	1 2 3 4 5 6					stimmt voll und ganz
Wenn die Partei der Grünen einen offiziellen Vertreter hat, schulden ihm die Mitglieder auf jeden Fall Respekt und Gehorsam.	stimmt überhaupt nicht	1 2 3 4 5 6					stimmt voll und ganz
Ein Anhänger der Grünen darf manchmal gegen die Regeln von offiziellen Vertretern der Partei verstoßen.	stimmt überhaupt nicht	1 2 3 4 5 6					stimmt voll und ganz
Ein Anhänger der Grünen, der gegen die Regeln der Partei verstoßen hat, sollte streng bestraft werden.	stimmt überhaupt nicht	1 2 3 4 5 6					stimmt voll und ganz

17.1.7. Gruppenautoritarismus-Skala – Items der Kurzversion A

Ein Gruppenmitglied sollte nichts tun, das den Normen oder Regeln der Gruppe widerspricht.	stimmt überhaupt nicht	1	2	3	4	5	6	stimmt voll und ganz
Ein Gruppenmitglied sollte Anweisungen eines Gruppenleiters nur dann befolgen, wenn sie auch seinen eigenen Interessen entsprechen.	stimmt überhaupt nicht	1	2	3	4	5	6	stimmt voll und ganz
Ein Gruppenmitglied sollte auf keinen Fall bestraft werden, wenn es einmal gegen die Regeln der Gruppe verstoßen hat.	stimmt überhaupt nicht	1	2	3	4	5	6	stimmt voll und ganz
Wenn eine Gruppe einen Anführer hat, schulden ihm die Gruppenmitglieder auf jeden Fall Respekt und Gehorsam.	stimmt überhaupt nicht	1	2	3	4	5	6	stimmt voll und ganz
Ein Gruppenmitglied darf manchmal gegen die Regeln einer Gruppe verstoßen.	stimmt überhaupt nicht	1	2	3	4	5	6	stimmt voll und ganz
Ein Gruppenmitglied, das gegen die Regeln der Gruppe verstoßen hat, sollte streng bestraft werden.	stimmt überhaupt nicht	1	2	3	4	5	6	stimmt voll und ganz

17.1.8. Gruppenautoritarismus-Skala – Items der Kurzversion B

Ein Mitglied einer Gruppe darf sich auch anders verhalten, als die Gruppenregeln es verlangen.	stimmt überhaupt nicht	1	2	3	4	5	6	stimmt voll und ganz
Wenn ein Gruppenmitglied die Entscheidungen des Gruppenleiters nicht richtig findet, sollte es seinen Anordnungen nicht folgen.	stimmt überhaupt nicht	1	2	3	4	5	6	stimmt voll und ganz
Ein Mitglied, das die Regeln seiner Gruppe verletzt, sollte immer zur Rechenschaft gezogen werden.	stimmt überhaupt nicht	1	2	3	4	5	6	stimmt voll und ganz
Ein Gruppenmitglied sollte sich immer an die Regeln der jeweiligen Gruppe halten.	stimmt überhaupt nicht	1	2	3	4	5	6	stimmt voll und ganz
Anweisungen eines Gruppenleiters sollten immer befolgt werden.	stimmt überhaupt nicht	1	2	3	4	5	6	stimmt voll und ganz
Ein Gruppenmitglied muß nicht gleich sehr hart bestraft werden, wenn es die Regeln der Gruppe verletzt.	stimmt überhaupt nicht	1	2	3	4	5	6	stimmt voll und ganz

17.2. Dokumtentation der Itemstatistiken der Gruppenautoritarismus-Skalen

Im folgenden werden lediglich noch diejenigen Itemstatistiken der Gruppenautoritarismus-Skala dokumentiert, die noch nicht in Kapitel 11 dargestellt worden sind. Dies betrifft Studie 1 (Kap. 12.1.), Studie 3 (Kap. 12.3.), Studie 4 (Kap. 13) und die beiden Befragungen zur Studie 5 (Kap. 14). Die Items liegen in allen Tabellen in recodierter Form vor.

17.2.1. Itemstatistiken aus Studie 1

Tabelle 94: Itemstatistiken der Gruppenautoritarismus-Skala aus Studie 1 – Version "Psychologinnen und Psychologen".

	Mittelwerte	Std.abw.	Trennschärfen
Ein Psychologe sollte nichts tun, das den Normen oder Regeln der Gruppe der Psychologen widerspricht.	2.92	1.56	.54
Ein Psychologe darf sich auch anders verhalten, als die Regeln des BDP's es verlangen.	2.64	1.13	.70
Ein Psychologe sollte sich immer an die Regeln der Gruppe der Psychologen halten.	2.87	1.31	.72
Ein Psychologiestudent darf manchmal gegen die Regeln von offiziellen Vertretern des BDP's verstoßen.	2.39	1.23	.65
Ein Psychologe, der gegen die Regeln des BDP's verstoßen hat, sollte streng bestraft werden.	2.03	0.95	.66
Ein Psychologe muß nicht gleich sehr hart bestraft werden, wenn er einmal gegen die Regeln von offiziellen Vertretern des BDP's verstoßen hat.	2.75	1.30	.47
Ein Psychologe, der die Regeln von offiziellen Vertretern der Gruppe der Psychologen verletzt, sollte immer zur Rechenschaft gezogen werden.	2.87	1.27	.62
Ein Psychologe sollte auf keinen Fall bestraft werden, wenn er die Regeln der Gruppe der Psychologen verletzt.	3.78	1.48	.51
Wenn die Gruppe der Psychologen einen offiziellen Vertreter hat, schulden ihm die Psychologen auf jeden Fall Respekt und Gehorsam.	2.48	1.24	.47
Wenn ein Psychologe die Entscheidungen von offiziellen Vertretern der Gruppe der Psychologen nicht richtig findet, sollte er seinen Anordnungen nicht folgen.	2.56	1.24	.59
Anweisungen von offiziellen Vertretern der Psychologen sollten immer befolgt werden.	2.24	1.16	.62
Ein Psychologe sollte Anweisungen von offiziellen Vertretern des BDP's nur dann befolgen, wenn sie auch seinen eigenen Interessen entsprechen.	3.14	1.47	.34
Skalenwerte	2.72	0.83	α=.87

17.2.2. Itemstatistiken aus Studie 3

Tabelle 95: Itemstatistiken der Gruppenautoritarismus-Skala aus Studie 1 – Version "Nation"

	Mittelwerte	Std.abw.	Trenn-schärfen
Die Menschen in Deutschland sollten nichts tun, was den gesellschaftlichen Normen und Regeln widerspricht.	3.04	1.44	.46
Ein Bürger darf sich auch anders verhalten als die Regeln der eigenen Gesellschaft es verlangen.	3.02	1.39	.57
Ein Bürger sollte sich immer an die Regeln der eigenen Gesellschaft halten.	3.59	1.35	.65
Ein Mitglied meiner Nation darf manchmal gegen die Regeln meiner Gesellschaft verstoßen.	4.21	1.62	.55
Ein Mitglied meiner Nation, das gegen gesellschaftliche Regeln verstoßen hat, sollte streng bestraft werden.	2.98	1.40	.54
Ein Bürger muß nicht gleich sehr hart bestraft werden, wenn er einmal gegen die Regeln der eigenen Gesellschaft verstoßen hat.	2.75	1.35	.24
Ein Bürger, der die Regeln der eigenen Gesellschaft verletzt, sollte immer zur Rechenschaft gezogen werden.	4.09	1.45	.62
Ein Mitglied meiner Nation sollte auf keinen Fall bestraft werden, wenn es gesellschaftliche Regeln verletzt.	5.03	1.25	.28
Wenn in Deutschland eine Regierung gewählt wurde, schulden ihm die Menschen in Deutschland auf jeden Fall Respekt und Gehorsam.	2.40	1.30	.40
Wenn ein Bürger die Entscheidungen seiner Regierung nicht richtig findet, sollte er ihren Anweisungen nicht folgen.	3.57	1.26	.34
Anweisungen der eigenen Regierung sollten immer befolgt werden.	2.47	1.28	.48
Die Menschen in Deutschland sollten Anweisungen der Regierung nur dann befolgen, wenn sie auch Ihren eigenen Interessen entsprechen.	4.01	1.45	.00
Skalenwerte	3.43	0.75	.78

17.2.3. Itemstatistiken aus Studie 4

Tabelle 96: Itemstatistiken der Gruppenautoritarismus-Skala aus Studie 4 – Basisversion Kurzskala B

	Mittelwerte	Std.abw.	Trenn-schärfen
Ein Mitglied meiner Gruppe darf sich auch anders verhalten, als die Gruppenregeln es verlangen.	1,81	1,00	.56
Wenn ein Mitglied meiner Gruppe die Entscheidungen des Gruppenanführers meiner Gruppe nicht richtig findet, sollte es ihren Antworten nicht folgen.	1,69	,94	.72
Ein Mitglied, das die Regeln meiner Gruppe verletzt, sollte immer zur Rechenschaft gezogen werden.	1,84	,97	.49
Ein Mitglied meiner Gruppe sollte sich immer an die Regeln meiner Gruppe halten.	2,04	1,17	.54
Den Antworten des Gruppenanführers meiner Gruppe sollte immer gefolgt werden.	1,77	,98	.60
Ein Mitglied meiner Gruppe muß nicht gleich sehr hart bestraft werden, wenn es einmal gegen die Regeln der Gruppe verstoßen hat.	1,74	1,39	.16
Skalenwerte	1,81	,72	.74

17.2.4. Itemstatistiken aus Studie 5

Tabelle 97: Itemstatistiken der Gruppenautoritarismus-Skala aus der ersten Befragung der
Studie 5 – Version "Studierende"

	Mittelwerte	Std.abw.	Trenn-schärfen
Ein Student sollte nichts tun, das den Normen oder Regeln des eigenen Fachbereichs widerspricht.	3.28	1.51	.73
Ein Student darf sich auch anders verhalten, als die Regeln des eigenen Fachbereichs es verlangen.	2.91	1.34	.58
Ein Student sollte sich immer an die Regeln des eigenen Fachbereichs halten.	3.40	1.38	.56
Ein Student darf manchmal gegen die Regeln des eigenen Fachbereichs verstoßen.	2.69	1.26	.52
Ein Student, der gegen die Regeln des eigenen Fachbereichs verstoßen hat, sollte streng bestraft werden.	2.02	1.11	.66
Ein Student muß nicht gleich sehr hart bestraft werden, wenn er einmal gegen die Regeln des eigenen Fachbereichs verstoßen hat.	2.29	1.24	.51
Ein Student, der die Regeln des eigenen Fachbereichs verletzt, sollte immer zur Rechenschaft gezogen werden.	3.34	1.48	.70
Ein Student sollte auf keinen Fall bestraft werden, wenn er die Regeln des eigenen Fachbereichs verletzt.	3.83	1.50	.47
Wenn der eigene Fachbereich einen offiziellen Vertreter hat, schulden ihm die Studierenden auf jeden Fall Respekt und Gehorsam.	2.62	1.39	.56
Wenn ein Student die Entscheidungen von offiziellen Vertretern des eigenen Fachbereichs nicht richtig findet, sollte er seinen Anordnungen nicht folgen.	2.95	1.50	.58
Anweisungen von offiziellen Vertretern des eigenen Fachbereichs sollten immer befolgt werden.	3.45	1.33	.56
Ein Student sollte Anweisungen von offiziellen Vertretern des eigenen Fachbereichs nur dann befolgen, wenn sie auch seinen eigenen Interessen entsprechen.	3.52	1.36	.36
Skalenwerte	3.03	0.86	.86

Tabelle 98: Itemstatistiken der Gruppenautoritarismus-Skala aus der zweiten Befragung der Studie 5 – Version "Studierende"

	Mittelwerte	Std.abw.	Trenn-schärfen
Ein Student sollte nichts tun, das den Normen oder Regeln des eigenen Fachbereichs widerspricht.	2.52	1.21	.73
Ein Student darf sich auch anders verhalten, als die Regeln des eigenen Fachbereichs es verlangen.	2.52	1.26	.58
Ein Student sollte sich immer an die Regeln des eigenen Fachbereichs halten.	3.20	1.40	.56
Ein Student darf manchmal gegen die Regeln des eigenen Fachbereichs verstoßen.	2.59	1.30	.52
Ein Student, der gegen die Regeln des eigenen Fachbereichs verstoßen hat, sollte streng bestraft werden.	1.93	1.08	.66
Ein Student muß nicht gleich sehr hart bestraft werden, wenn er einmal gegen die Regeln des eigenen Fachbereichs verstoßen hat.	1.92	1.08	.51
Ein Student, der die Regeln des eigenen Fachbereichs verletzt, sollte immer zur Rechenschaft gezogen werden.	2.77	1.39	.70
Ein Student sollte auf keinen Fall bestraft werden, wenn er die Regeln des eigenen Fachbereichs verletzt.	3.74	1.48	.47
Wenn der eigene Fachbereich einen offiziellen Vertreter hat, schulden ihm die Studierenden auf jeden Fall Respekt und Gehorsam.	2.43	1.42	.56
Wenn ein Student die Entscheidungen von offiziellen Vertretern des eigenen Fachbereichs nicht richtig findet, sollte er seinen Anordnungen nicht folgen.	2.76	1.32	.58
Anweisungen von offiziellen Vertretern des eigenen Fachbereichs sollten immer befolgt werden.	2.83	1.42	.56
Ein Student sollte Anweisungen von offiziellen Vertretern des eigenen Fachbereichs nur dann befolgen, wenn sie auch seinen eigenen Interessen entsprechen.	3.73	1.55	.36
Skalenwerte	2.74	0.86	.86

17.3. Postexperimentelle Aufklärung der Studie 3

Dipl. Psych. Jost Stellmacher
Fachbereich Psychologie   Gutenbergstr. 18   Telefon: 06421-2823622
der Philipps-Universität Marburg   35037 Marburg   E-mail: stellmac@mailer.uni-marburg.de

Zum Hintergrund der Befragung zum Thema Einwanderung in die BRD

Die erhobenen Daten sind Grundlage für eine sozialpsychologische Dissertation. Der Kern dieser Erhebung dient der Überprüfung einer neuen Theorie, die u.a. Ursachen von Ausländerfeindlichkeit erklären soll. Um diese Theorie überprüfen zu können, wurde auf naive Gegebenheiten zurückgegriffen, um eine relativ große Alltagsnähe zu schaffen. Der im Zuge der Diskussion über die Zuzugsbegrenzung entbrannte Streit um eine neuerliche Veränderung des Asylrechtes und die Einführung eines Einwanderungsgesetzes erschien als geeignete Situation, die angesprochene Theorie zu überprüfen.

Im Kern wird untersucht, welchen Einfluss relative Bedrohlichkeit auf Einstellungen und Verhaltensweisen gegenüber ausländischen Menschen besitzt. Daher wurden in der Befragung zwei verschiedene Versionen des Fragebogens vorgelegt. Eine Version enthielt einen Text, dass die Einwanderung von Ausländerinnen und Ausländer als bedrohlich darstellt. Die andere Version sind auf der Rückseite dokumentiert. Die verwendeten Statistiken zum Hauptrückschluss bzw. der Polizeilichen Kriminalstatistik 1999 entnommen. Im folgenden werden einige Punkte bezüglich des Themas Asyl und Einwanderung nach Deutschland nochmals erläutert, um Missverständnisse zu vermeiden.

Das Recht auf Asyl ist ein Menschenrecht

In Artikel 14 der Allgemeinen Erklärung der Menschenrechte vom 10.12.1948 ist das Recht auf Asyl als Menschenrecht von der Generalversammlung der Vereinten Nationen deklariert worden. Die Bundesrepublik Deutschland hat sich in Artikel 1 (2) des Grundgesetzes zur Einhaltung von Menschenrechten verpflichtet. Somit versteht sich jegliche Einschränkung dieses Rechts nicht nur gegen das geltendes Menschenrecht, sondern auch gegen das Grundgesetz.

Asylantrag

Das Recht auf Asyl ist in der Bundesrepublik Deutschland im Grundgesetz verankert. Der starke Abfall der Asylanträge der in der nicht bedrohlichen Version gemeigt wird, ist u.a. auf die Verschärfung der Asylgesetzgebung im 1992 zurückzuführen. Besonders durch die sogenannte Drittstaatenregelung wurde das Grundrecht auf Asyl stark beschränkt. Nach dieser Regelung darf ein einreisender Flüchtling, der nicht auf das Grundrecht auf Asyl berufen, wenn er aus einem Land einreist, in dem er bereits Verfolgungsschutz hätte genießen können. Damit ist es Flüchtlingen erheblich erschwert worden, Asylanträge in der BRD zu stellen. Bei Betrachtung der Asylbewerber in Europa im Rotation zur Gesamtbevölkerung in 1999 lag Deutschland lediglich im 12. Stelle im europäischen Vergleich.

Anteil von Ausländern in europäischen Staaten

In der bedrohlichen Version wird eine Statistik über Ausländerzahlen in Europa präsentiert. Dort ist zu erkennen, dass in der Bundesrepublik Deutschland - bezogen auf die absolute Zahl - weitaus mehr Ausländer leben als in anderen europäischen Staaten. Dabei ist jedoch zu beachten, dass Deutschland auch die größte Einwohnerzahl in Europa aufweist. Berechnet man den Anteil von Ausländern in Relation zur Einwohnerzahl, so ist zu erkennen, dass andere europäische Länder einen höheren oder ähnlichen Anteil an Ausländern haben (Deutschland: 8,9%, Schweiz: 19,3 %, Luxemburg: 34,2%, Belgien: 8,8%). Hinzu kommt, dass Deutschland eines der wirtschaftlich stärksten Länder der Erde ist und somit auch über größere wirtschaftliche Kapazitäten verfügt, Ausländer aufzunehmen.

Die Kriminalität von Ausländern ist nicht höher als die Kriminalität von Deutschen

Ein stark verbreiteter Irrtum ist es, dass die Kriminalität von Ausländern höher ist als die Kriminalität von Deutschen. 1988 lag der Anteil nichtdeutscher Tatverdächtiger bei 27,1% gemessen an der Gesamtzahl der Tatverdächtigen, obwohl der Anteil von Ausländern an der deutschen Gesamtbevölkerung lediglich 8,9% betrug. Dies suggeriert, dass Ausländer dreimal häufiger kriminell werden als die Deutsche. Diese Aussage ist unschlüssig, da sie durch folgende Parameter korrigiert werden muss (vgl. Rainer Geißler (1996): Das gefährliche Gericht von der hohen Ausländerkriminalität. In: Aus Politik und Zeitgeschichte B35, S. 30-39).

1. Unter ein Viertel aller tatverdächtigen Ausländer haben sich Verstöße gegen das Ausländer oder Asylgesetz zuschulden kommen lassen, also Delikte, die Deutsche nicht begehen können.

2. In der Polizeistatistik sind Gruppen von Ausländern registriert, die in der Bevölkerungsstatistik nicht auftauchen. Dies sind Touristen, Besucher und Durchreisende, sowie Grenzpendler und Stationierungskräfte, die auch aus der Kriminalstatistik herausgerechnet werden müssen.

3. Unter Ausländern muss zwischen Asylbewerbern und den ausländischen Wohnbevölkerung in der BRD unterschieden werden. Lediglich die sozial besser angesiedelten ausländischen Arbeitnehmer lassen sich mit der deutschen Wohnbevölkerung vergleichen. Asylbewerber haben eine der deutschen Wohnbevölkerung nicht vergleichbare psychische und soziale Notlituation.

4. Es gibt Indizien, dass Ausländer häufiger unter falschen Tatverdacht geraten als Deutsche Personen.

5. Die Sozialstruktur der ausländischen Bevölkerung ist eine andere als die der deutschen Wohnbevölkerung. Unter den Ausländern gibt es mehr Männer, mehr Großstadtbewohner, mehr jüngere Menschen und erheblich mehr Unterschichtangehörige. Dies sind jedoch auch Gruppen, die ein höheres Maß an kriminellen Handlungen in Verbindung gebracht werden.

Auf Basis dieser Korrekturen errechnete Rainer Geißler für 1992 bezüglich der ausländischen und deutschen Wohnbevölkerung in der BRD sogar eine niedrigere Kriminalitätsrate von Ausländern im Vergleich zu Deutschen. Die Zahlen haben auch für den heutigen Stand Gültigkeit. Daher wird deutlich, dass die Behauptung, dass Ausländer krimineller sind als deutsche Personen nicht haltbar ist und meist für politische Ziele missbraucht wird.

Falls Sie weitere Fragen zu dieser Studie haben, können Sie sich an die oben genannte Adresse wenden.

Nochmals vielen Dank für Ihre Teilnahme

Dipl. Psych. Jost Stellmacher

17.4. Häufigkeitsverteilungen der Ingroup-Bias- und Konformitäts-Bias-Messungen in Studie 4

17.4.1. Häufigkeitsverteilungen der Ingroup-Bias-Messungen

Einfacher Ingroup-Bias

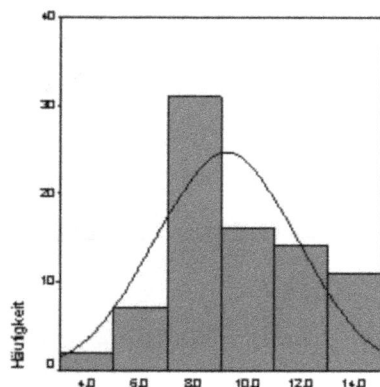

Pullscore MD on MJP + MIP

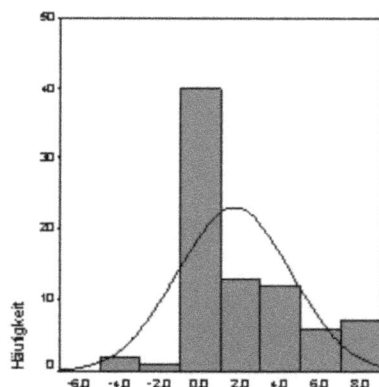

Pullscore F on MIP + MD

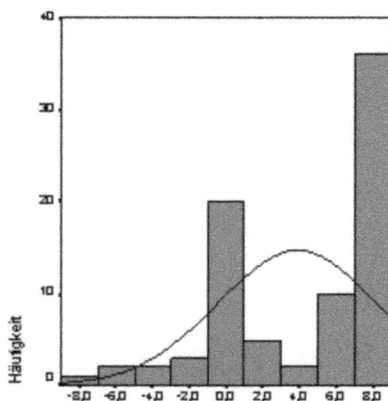

Pullscore MIP+MD on F

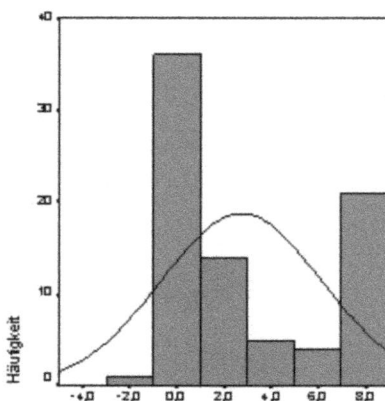

Pullscore MIP + MD on MJP

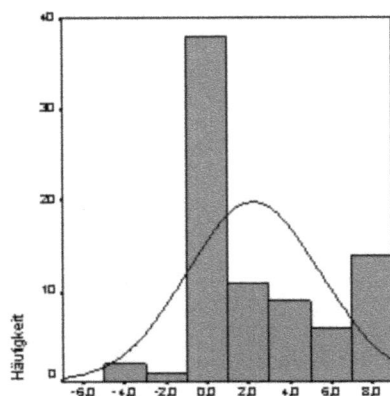

Pullscore MJP on MIP + MD

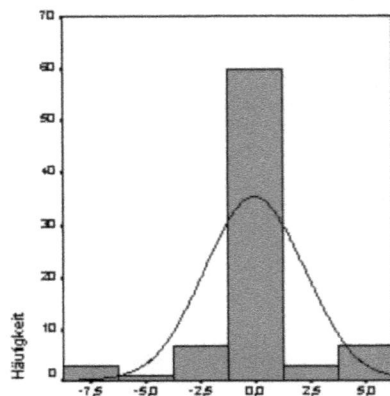

Pullscore MJP + MIP on MD

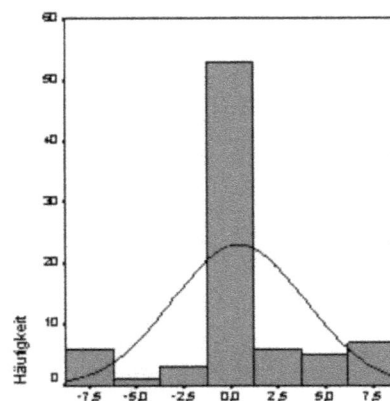

17.4.2. Häufigkeitsverteilungen der Konformitäts-Bias-Messungen

Bewertung konformer Mitglieder

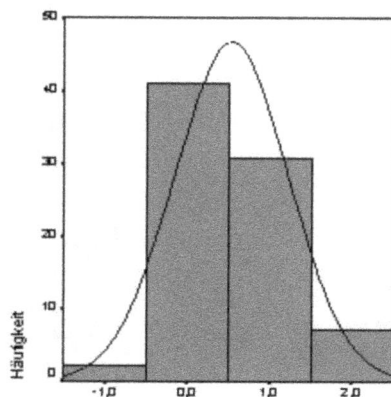

Bewertung nicht-konformer Mitglieder

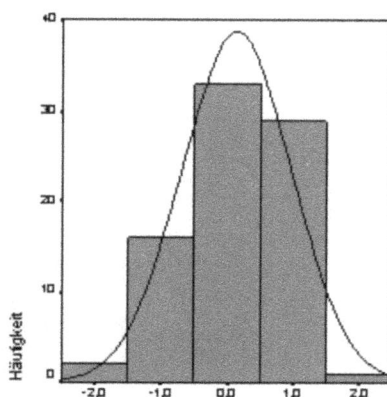

Bewertungsdifferenzwert

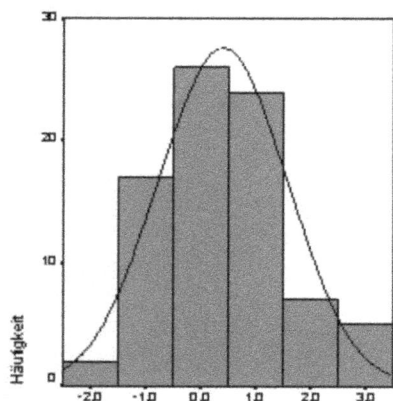

Einfacher Konformitäts-Bias

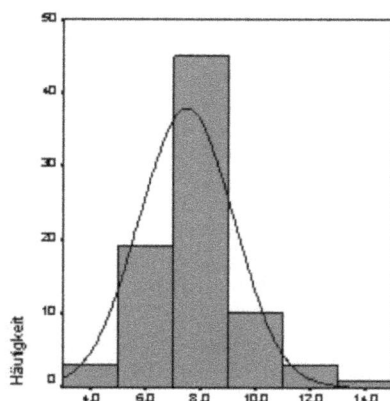

Pullscore F on MKP + MD   Pullscore MKP+MD on F

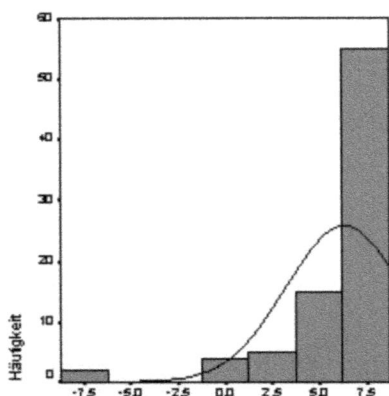

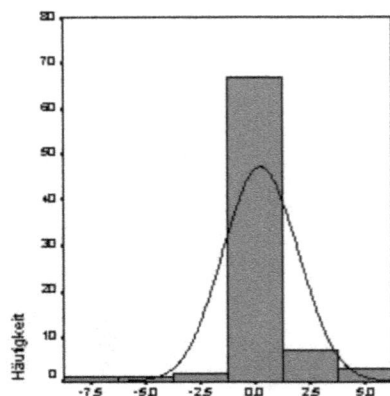

www.ingramcontent.com/pod-product-compliance
Lightning Source LLC
Chambersburg PA
CBHW020456270326
41926CB00008B/623